Maintenant,
je vais tout vous raconter…

Jean-Claude Gaudin

Maintenant, je vais tout vous raconter…

Albin Michel

Cet ouvrage est publié
sous la direction d'Alexandre Wickham

À tous ces amis qui m'ont permis de parcourir ce chemin

« Non, je ne rougis pas de mon accent !
Mon accent ? Il faudrait l'écouter à genoux…
Il nous fait emporter la Provence avec nous,
Et fait chanter sa voix dans tous mes bavardages
[…]
Et quand vous l'entendez chanter dans mes paroles
Tous les mots que je dis dansent la farandole. »

Miguel ZAMACOÏS, *La Fleur merveilleuse*

Prologue

Lorsque j'ai pris la décision de rédiger ces Mémoires, mes intentions étaient claires. Je souhaitais rétablir la vérité, du moins ma part de vérité, faire apparaître les mensonges dont j'ai eu à souffrir au long de ces années.

Au fur et à mesure de ce difficile exercice, j'ai pris conscience que ces pages dévoilent autre chose, qu'elles recèlent une autre réalité au-delà des faits, des étapes, des anecdotes. D'abord, je ne parviens qu'avec difficulté à « régler mes comptes ». Cette démarche, nécessaire pour mettre à plat des situations, va à l'encontre de mon caractère. Je ne suis porté ni à la rancune, ni à la méchanceté, ni à la délation. Je ne changerai pas sur ces points non plus.

À la relecture, je retrouve un itinéraire. Celui d'un adolescent puis d'un homme pour lequel la réussite politique et sociale semblait *a priori* exclue. Je n'avais reçu en héritage aucun des bienfaits qui ont permis aux élus m'ayant servi de modèles ou de références d'émerger sur la scène politique. Mes origines populaires auraient peut-être constitué un atout dans une formation de gauche. Mais mon histoire personnelle, mes racines familiales, mes croyances religieuses aussi, comme ma culture et mes convictions, m'ont poussé vers le centre et la droite. Ce choix n'est que l'expression de qui je suis.

Au fil des ans, j'ai mesuré combien l'origine sociale, les diplômes universitaires mais aussi la surface financière s'avèrent sinon indispensables du moins extrêmement nécessaires pour celles et ceux qui envisagent une carrière politique au sein du camp qui a toujours été le mien. Or, je ne suis pas un rejeton de la bourgeoisie marseillaise. Je ne possède aucun de ces prestigieux diplômes, je ne suis issu ni de l'ENA[1] ni de Polytechnique. Oui, j'étais enseignant, mais sans afficher le cursus qui en France ouvre les portes et vous rattache aux castes dominantes.

La situation financière de ma famille – et donc la mienne – n'avait rien de rutilant. Mon salaire de professeur restait modeste et ne me permettait en aucun cas de faire face aux dépenses imposées par l'action politique. Pourtant, marche après marche, mois après mois, élection après élection, j'ai grandi. J'ai franchi une à une les étapes de la vie politique, sans percevoir clairement où ce chemin, sur lequel j'avançais depuis mes dix-sept ans, allait me conduire. J'ai revécu, en rédigeant ces pages, les efforts, le travail, les luttes et le dépassement de soi-même que ce parcours a exigés.

La famille, la fortune, les diplômes, éléments essentiels de la réussite politique ? Certes. Il existe toutefois un autre facteur, plus décisif encore : être protégé, avancer sur une voie construite par d'autres. Les héritiers sont nombreux dans notre pays, qu'il s'agisse de népotisme pur et simple à l'abri du pouvoir, ou de successions faciles et préservées. Je ne dresserai pas la liste de ces privilégiés, ce n'est pas mon rôle. Ce dont je peux témoigner, c'est que je n'ai jamais bénéficié de pareil traitement de faveur, qu'il vienne de l'État ou de ma formation politique. Je n'ai jamais hérité de la circonscription facile ou de la commune imperdable.

1. École nationale d'administration.

Prologue

Un jour, j'ai invité Emmanuel Macron à déjeuner, à Paris, derrière les Invalides, au restaurant D'chez eux. Il est encore ministre de l'Économie et des Finances. Déjà, on lui prête des ambitions plus grandes encore. Quand je lui suggère de se faire élire, il me dévisage et répond : « Je ne veux pas être député, je veux être président de la République. » Puis, songeant sans doute à lui-même, il me demande : « Comment avez-vous fait pour durer si longtemps ? »

Après son élection, Emmanuel Macron me rend cette invitation, dans le même restaurant. Il me rappelle notre précédent échange et conclut : « Vous m'aviez conseillé de devenir député. Je suis président de la République. » Plus un mot sur la durée. Sans qu'il ait besoin de le dire, je sais que, pour lui comme pour moi, quand ce sera fini, tout cela va nous manquer.

Pour répondre, avec retard, à sa question initiale, je dirais que mon parcours, que certains trouvent sans doute trop long, je l'ai construit en affrontant mes adversaires. Et il ne s'agissait ni de figurants ni de seconds rôles. J'ai trouvé face à moi Gaston Defferre, Bernard Tapie et Jean-Marie Le Pen. Excusez du peu. Même contre Jean-Noël Guérini et Charles-Émile Loo, il ne s'est pas agi de duels à fleurets mouchetés. Aucun de ces combats n'a jamais été gagné d'avance. On se grandit de la taille de ses adversaires, on s'enrichit de la rudesse des épreuves que l'on a le courage d'affronter, on se renforce des difficultés et des échecs que l'on ose regarder en face pour les dominer.

Rien ne m'a été donné. Alors, pour compléter ma réponse au Président, j'ajouterai que ce long chemin, je le dois aux électeurs marseillais et, aussi, à l'aide de quelques amis vrais qui, par leurs efforts, leur travail et leur affection, m'ont aidé à surmonter les obstacles. Ce livre témoigne d'une longue marche, d'une osmose avec ma ville. Il retrace une histoire singulière dans un pays où la volonté, le travail et le don de soi peuvent encore compenser l'absence d'atouts jugés indispensables.

J'ambitionne de donner ainsi de l'espoir à ceux qui, aimant la vie publique, pourraient se décourager dès lors qu'ils n'appartiennent pas aux classes privilégiées. C'est, je crois, ce qu'il faut retenir de ces pages. J'ai tenté, avec sincérité, d'y montrer qu'avec le temps, le travail et la volonté, il est possible de faire vivre son rêve.

Marseille, février 2021

Prologue (2)

Avant d'entamer ce récit, je me rends compte que j'allais oublier de vous dire deux ou trois choses ! La première, c'est qu'avant le rêve il y a… les clichés.

« Sa faconde toute provençale en a fait le Marcel Pagnol de la politique[1]. » Combien de fois ai-je lu ou entendu, dans les médias, ce genre de lieu commun me concernant. Une de ces images d'Épinal paresseuses resservies à propos de Marseille et de la Provence, au même titre que l'accent, le pastis, la sieste, la voyoucratie, l'exagération, les cagoles et la pétanque. Et je pourrais prolonger la liste. Marcel Pagnol, dites-vous ? J'assume. « Le temps passe, et il fait tourner la roue de la vie comme l'eau celle des moulins[2]. »

Son œuvre comme sa famille m'ont accompagné depuis mes plus jeunes années. Voilà pourquoi je place cet exercice de mémoire sous son égide comme, en mai 1981, j'avais fait appel à lui pour mes premiers pas d'opposant à l'Assemblée nationale et répondre au premier chef de gouvernement nommé par François Mitterrand, Pierre Mauroy :

« Monsieur le Premier ministre, vous avez dit tout à l'heure, parodiant Winston Churchill, qu'après la période

1. Linternaute.com, 20 mars 2014.
2. Marcel Pagnol, *Le Château de ma mère.*

giscardienne vous n'aviez à proposer au pays que du sang, de la sueur et des larmes. Voyez-vous, en vous écoutant, une œuvre de Marcel Pagnol m'est revenue en mémoire. C'est *Le Schpountz*. Dans cette œuvre, l'oncle dit à son neveu : "Tu vois, ce n'est pas que tu es bon à rien, c'est que tu es mauvais en tout." »

Ma mère, Marie-Louise Piquenot, contremaître dans l'entreprise Bernard Duboul, fabrique de cordes et d'espadrilles où elle a travaillé pendant quinze ans et où on l'appelait « petite », a aussi servi chez les Rachet, des industriels du cinéma. À leur table défilaient les Raimu, Charpin et autres Fernandel, parmi lesquels l'inévitable Marcel Pagnol. Elle sollicitait de ces vedettes des photos dédicacées. J'avais une douzaine d'années quand j'ai commencé à fourrer mon nez dans cette collection et à découvrir ce milieu.

Lorsque Jacqueline, son épouse et muse, pour laquelle Marcel Pagnol a écrit et réalisé *Manon des sources*, est allée le rejoindre au village de La Treille sous une stèle de pierre de Cassis, j'ai jugé que la Provence devenait orpheline. Un an plus tard, en août 2017, je me suis rendu à l'inauguration, sur la voie historique de Marseille, rue Caisserie, de la boutique Marcel Pagnol. Oui, décidément, ce patronage me convient, même si je ne bois pas de pastis et ne joue ni à la belote ni à la pétanque !

Quant à l'accent, je constate que le Premier ministre Jean Castex, tout juste nommé, a dû affronter ce que le sociologue Philippe Blanchet nomme la « glottophobie » et qui n'est qu'une des formes, parmi tant d'autres, du mépris dont une certaine bourgeoisie parisienne témoigne à l'égard de quiconque n'adopte pas sa manière d'être et, pour le coup, de parler. François Ier, en imposant le français comme langue administrative par une ordonnance du 10 août 1539, dite de Villers-Cotterêts, puis à sa suite le pouvoir central ont fait disparaître les accents toniques, c'est-à-dire la musique de la langue. D'où l'incapacité dont témoignent le plus souvent les foules françaises à chanter en rythme. Combien de fois l'ai-je constaté avec *La Marseillaise*, ce chant que, nous autres Marseillais, avons donné à la France et pour lequel j'ai voulu qu'un mémorial soit érigé en ville.

À l'occasion du 120e anniversaire de la naissance de Pagnol, la trilogie restaurée *Marius*, *Fanny*, *César* a été projetée en plein air, sur le Vieux-Port. Un véritable retour aux sources pour cette œuvre qui fait partie du patrimoine marseillais. Quant au château de la Buzine et ses jardins, l'ancien « château de ma mère », bâtisse baroque qui domine la vallée de l'Huveaune, à l'est de Marseille, il tombait en ruine. Aujourd'hui flanqué d'un bâtiment moderne à la façade de verre, il est dédié au cinéma. En 2006, je suis allé à la rencontre de l'équipe de tournage des deux téléfilms *Le Temps des amours* et *Le Temps des secrets*, inspirés des souvenirs d'enfance de Pagnol. Ils sont une illustration de l'une des nouvelles dimensions de Marseille, qui accueille désormais de trois à quatre cents tournages par an, hissant la ville au deuxième rang en ce domaine, tous genres confondus.

Je me suis donné pour règle de n'accorder les autorisations de voirie nécessaires que si, en contrepartie, sont embauchés des techniciens et intermittents locaux. En refusant toutefois à l'équipe de la série télévisée *Marseille* l'accès à mon bureau de l'hôtel de ville. Ils ont dû se contenter de l'escalier d'honneur. L'occasion pour Gérard Depardieu, sympathique et chaleureux, de m'inviter sur son scooter. Deux maires sur le même engin, celui du cinéma et celui du réel. Je ne suis pas certain que le véhicule ait résisté à cette charge !

Comme tous ceux de ma génération, je n'ai pas grandi entouré d'écrans. La télévision n'a commencé à trôner à la maison qu'à l'occasion du couronnement d'Élisabeth II en juin 1953. J'étais surtout attaché à Radio Provence, où un journaliste du *Méridional*, Dominique Ambrosi, terminait sa chronique hebdomadaire sur la Corse par un « *A la settimana che ven*[1] » que j'ai encore dans l'oreille. Ces dernières années, c'est plutôt « La minute de l'OM » sur France Bleu.

Avec l'élection d'Emmanuel Macron à la présidence, nous serions donc entrés aussi dans un « nouveau monde » dominé par les (grandes) écoles, la technique, l'international. Passés « de l'ombre à la lumière » comme le clamait Jack Lang en mai 1981. Il y a dans ces dithyrambes grandiloquents autant d'aveuglement que de prétention. Qu'importe, j'appartiendrais donc à l'« ancien monde ». Qui en douterait lorsque vient l'heure de rédiger des Mémoires ?

De fait, mon cursus politique illustre, point par point, le modèle inverse des itinéraires contemporains. Là où les recrutements s'effectuent par cooptation au sein des plus prestigieuses écoles de la République, à commencer par l'ENA, je ne suis, à l'origine, qu'un modeste professeur d'histoire et de géographie. Là où les carrières débutent au sein des cabinets ministériels avec allers et retours dans le secteur privé, je suis demeuré ancré dans mon quartier natal de Mazargues, où j'ai grandi, où vivent toujours mes copains de jeunesse. Là où, depuis Paris, on se fait aider de quelques spécialistes pour trouver la circonscription idéale et y être parachuté, je me suis astreint à quadriller des années durant le terrain. Là où sont privilégiés les appareils nationaux et les carrières ministérielles, ma passion a été une certaine ville du Sud : Marseille. Un autre monde.

Pendant toutes ces années, j'ai vu plus de choses que ne l'imaginent les Parisiens. J'ai siégé à l'Assemblée nationale plus de onze années, et j'y ai présidé le groupe UDF[2]. J'ai

1. « À la semaine qui vient », à la semaine prochaine, donc.
2. Union pour la démocratie française.

siégé ensuite au Sénat vingt-huit années durant, là encore en assumant des responsabilités tant au niveau partisan que de l'institution elle-même. J'ai présidé aux destinées de la région Provence-Alpes-Côte d'Azur pendant douze ans. J'ai été ministre près de deux ans. Surtout, j'ai occupé le bureau de maire un quart de siècle. Je connais le jeu des ego et le poison des ambitions. J'ai vu à l'œuvre les opportunismes et les trahisons. Les amitiés aussi, heureusement !

Nous sommes gouvernés aujourd'hui par deux hommes, un Président et un Premier ministre, qui n'ont jamais siégé au Parlement. C'est la première fois, depuis de Gaulle et Pompidou, que pareille situation se constate. Quel contraste là encore avec ma conception de la politique, puisque à l'inverse, au fil de mes fonctions, j'ai fait bâtir trois hémicycles : pour le conseil régional, pour la métropole et même pour le conseil municipal de Marseille, qui jusqu'alors devait siéger en haut de l'escalier d'honneur de l'hôtel de ville, dans l'antichambre ! Dans cette situation, à l'échelon national, je vois le symbole de ce « nouveau monde » qui nous a été vanté et je ne m'en réjouis pas. Sans mettre en cause leurs qualités personnelles, c'est l'enracinement dans le terreau républicain qui fait défaut à ces hommes. Jamais un préfet ne gérera un territoire comme un élu, chacun le sait.

Car être parlementaire, c'est autre chose ! En effet, c'est non seulement percevoir et faire remonter les mouvements de l'opinion avec au moins autant de pertinence que les coûteuses études des sociétés spécialisées, mais c'est aussi fréquenter et connaître la plupart de ceux qui, un jour, siégeront au gouvernement. C'est pouvoir interpeller directement les ministres du moment sur les dossiers de sa ville qui exigent un appui de l'État. C'est nouer un lien humain concret et direct avec ses homologues des autres régions et ne pas se borner à la nomenklatura parisienne, une sorte de secte avec ses us et coutumes, ses restaurants et ses loisirs, qui se déplace dans un univers hors-sol, sans réel contact avec des réalités qui ne sont perçues qu'au travers de chiffres et de rapports.

Lorsque j'ai effectué mes adieux au Sénat, en juillet 2017, pour cause d'interdiction du cumul des mandats, Gérard Larcher, son président, a commenté ainsi mon départ : « Celui qui n'a pas traversé Marseille dans la voiture de Jean-Claude Gaudin, vitres baissées, entendant les passants lancer : “Bonjour, monsieur le maire !”, n'a pas connu le lien entre un maire et sa cité, ce lien charnel, viscéral. »

Le revers de la médaille, je l'ai connu dans les hôpitaux de Marseille. Le professeur qui doit m'opérer de la vésicule biliaire m'avertit sans ambages qu'en ces lieux je suis un patient comme un autre. « Je vais essayer d'absorber tout cela en pratiquant quatre petits trous depuis l'abdomen, m'indique-t-il ensuite. Comme vous êtes obèse, je risque de ne pas y arriver. Dans ce cas, je pratiquerai une méthode plus traditionnelle. Comme vous serez endormi, je ne vous réveillerai pas pour vous le dire ! »

Je découvre à mon réveil les quatre petits trous annoncés. Comme elle avait claqué la porte la veille, à l'heure où je commençais à m'endormir, le lendemain aux aurores l'infirmière de service m'annonce, toujours péremptoire :

« Il est noté que je dois vous faire une piqûre.

– Dans le bras ou dans le cul ? »

Fort de la précision et à présent totalement réveillé par ce déploiement de délicatesse, je me tourne vers elle. L'infirmière pique fermement, et précise :

« Vous serez traité comme tout le monde.

– Je vous remercie de m'avoir reconnu », me suis-je borné à commenter.

Le « nouveau monde » dans lequel nous serions entrés est à l'image de la société informatisée qui impose sa logique depuis ces dernières décennies et qui triomphe déjà au sein des générations montantes. Les contacts humains se raréfient et tendent à disparaître. Pour prendre un billet, vous ne vous rendez plus à un guichet ou à un comptoir pour dialoguer avec un de vos semblables. Dans les gares comme dans les aéroports, vous êtes invités à effectuer les opérations sur des bornes connectées. Je pourrais multiplier les exemples. Vous avez de moins en moins la possibilité d'échapper à ce formatage. Et l'État est le premier à imposer cette norme puisque nous sommes contraints d'effectuer nos déclarations de revenus par voie numérique. D'ailleurs, c'est mon ami Philippe Girard qui rédige toujours la mienne à ma place !

Emmanuel Macron s'est étonné un jour auprès de moi : « Pourquoi ne répondez-vous jamais à mes SMS ? » Parce que je ne le fais jamais. Parce que ce mode de communication n'appartient pas à mon univers, parce qu'il n'est pas le mien.

Oui, je suis un citoyen de l'ancien monde. À Mazargues, dans ma maison, les poutres sont apparentes, aux murs du salon les tableaux sont figuratifs et proposent natures mortes et paysages, notamment la calanque de Sormiou. Mon téléphone fixe est encore un modèle à cadran. Je peine à me servir d'un portable, que je n'utilise que depuis la cyberattaque qui, en pleine crise de la Covid-19, a paralysé les ordinateurs et les lignes téléphoniques de la mairie. J'ai simplement tenté de l'humaniser en choisissant le tintement des cloches comme sonnerie.

Rien ne m'a été donné, j'ai dû tout conquérir pas à pas. Les fonctions qui m'ont été confiées, j'ai dû les mériter, jour après jour. De Le Pen à Tapie, j'en ai vu passer, à Marseille, des voyageurs sans bagages ! Ils clament d'autant plus fort leur amour pour la ville et ses habitants qu'ils ne sont là qu'entre deux trains ou deux avions. Leur visée et leurs ambitions se situent bien sûr à Paris. Je connais donc le jeu de la démagogie et des divisions. J'ai vu à l'œuvre les opportunismes et les trahisons. Parvenir à rassembler, ce n'est pas ce qu'il y a de plus simple mais c'est un point de passage obligé, le maillon décisif de toute victoire.

La démocratie, a dit Barack Obama en quittant la Maison-Blanche, est « désordonnée ». De fait, les décisions prises, comme maire ou comme Président, sont toujours le fruit de négociations. Parfois, ces compromis gagnants supposent une certaine discrétion, au moins un temps, pour être viables. Nous sommes aux antipodes des schémas centralisés, proposés clé en main par la technostructure de l'État. Pour qu'une démocratie soit vivante, il convient que les élus soient les décideurs.

Ce sont aussi quelques leçons que la vie m'a apprises que j'entends illustrer au fil de ces pages. Et d'abord l'exigence première de croire en ses rêves. Tout se conquiert avec beaucoup de passion et d'engagement, une pointe d'inconscience, et un peu de chance, mais celle-ci ne tient pas qu'au hasard !

Rien ne me prédestinait à parcourir ce chemin. J'y ai cru au-delà de tout, avec la foi du charbonnier, l'énergie des désespérés et l'innocence des bienheureux. Je l'ai parcouru en surmontant mes doutes, en ignorant mes faiblesses, en dominant mes échecs aussi. Et en méprisant injures et bassesses. En aimant finalement les autres.

Voilà, je vais maintenant vous raconter comment ça marche.

1

Game of Thrones sur le Vieux-Port

Dans une course de relais, laisser tomber le témoin est éliminatoire. En politique, il en va de même. J'ai effectué le passage et la relayeuse s'est élancée. Tout aurait dû se dérouler au mieux. Il n'en fut rien. Erreur de casting ? Aurais-je effectué, comme je l'entends dire, le mandat de trop ?

Je m'étais posé cette question en 2014, lorsque avait sonné l'heure de décider d'une éventuelle candidature à un nouveau mandat. Je me suis assis alors à mon bureau, face à une page blanche que je noircissais de mon indécision. À gauche, une colonne agrège les arguments favorables à une candidature. À droite, l'inverse. Je dois me déterminer. Stop ou encore ? J'hésite alors qu'il est grand temps de trancher.

Il y a déjà plus de dix-huit ans que les Marseillais m'ont confié les clés de la ville et la responsabilité de notre destin collectif. J'avais cinquante-six ans en 1995, j'en ai soixante-quatorze alors. Je connais le bonheur et le poids de cette mission aussi exaltante que dévorante. J'en sais le prix. J'ai porté la responsabilité de dessiner l'avenir en gérant le présent sans renier le passé. J'ai ressenti l'angoisse des choix aux conséquences douloureuses pour certains, contraignantes pour tous. J'ai vécu l'adhésion des uns et l'éloignement des autres. J'ai cherché ce savant équilibre entre le devoir d'audace et l'exigence de raison, en respectant cet impératif qui consiste à privilégier l'intérêt collectif tel qu'on peut le pressentir.

Marseille est sur de bons rails. Nous sommes loin de la ville qui perdait chaque année des habitants, rebutait entreprises, investisseurs et touristes. Marseille n'est plus cette cité caricaturée de manière vulgaire, en référence à une légende d'un autre temps. Le programme des événements qui se sont succédé en 2013 l'a consacrée comme capitale européenne de la culture. Mes concitoyens sont redevenus fiers d'être marseillais et ils le clament pour d'autres raisons qu'un simple match de foot. Là, je devine les réactions ! Donc, non, je ne néglige pas le stade Vélodrome ni l'OM, trésor parmi les trésors !

Il reste que cette dimension artistique a permis d'offrir au monde le véritable visage de notre ville, loin des clichés auxquels certains appétits politiciens entendent la réduire, sur fond de trafic de drogue et de règlements de comptes, avec la complaisance gourmande de la plupart des médias.

Marseille s'est réconciliée avec la mer. Elle rayonne de nouveau en Méditerranée et au-delà. Les programmes d'aménagement Euroméditerranée se sont révélés le poumon d'un nouveau dynamisme économique, du Vieux-Port à la Joliette en passant par la Canebière restaurée. Notre démographie est revenue à ses meilleurs niveaux. Bref, la ville a retrouvé son rang de locomotive régionale.

Ce bilan, j'en suis fier mais je sais aussi tout ce qu'il reste à faire. J'imagine les voies qui permettront de faire rêver le monde à propos de cette cité que j'aime avec passion. Je sais ce que pourrait devenir un port affranchi des chaînes du conservatisme. Devenir le véritable « grand port » de Lyon et la porte méditerranéenne de l'Europe vers les Sud. J'apprécie la nécessité d'un urbanisme qui n'aurait peur ni des bulldozers ici, ni de hauteur là où le foncier manque.

J'anticipe une cité dont le cœur serait libéré de la voiture reine et débarrassé d'une malpropreté parfois endémique dans les régions du Sud. Je mesure ce que représenterait économiquement, culturellement et fonctionnellement, une métropole apaisée.

Je me suis interrogé, à l'époque. Ma force de conviction sera-t-elle suffisante pour compenser une lassitude née des épreuves et du temps ? À la tentation d'une vie personnelle plus apaisée, n'ai-je pas le devoir de privilégier, de nouveau, le bien commun ? La légitimité de mon ambition sera-t-elle assez évidente pour convaincre mes concitoyens, mais aussi les impatiences compréhensibles, parfois légitimes, de ceux qui m'entourent et piaffent depuis des mois à ma porte sinon dans les médias ?

Depuis l'élection présidentielle de 2012, et, surtout, depuis les élections législatives qui l'ont suivie, le paysage s'est éclairé, décanté. La donne n'est pas simplifiée pour autant. Renaud Muselier pense à la relève et aspire à l'assumer. Comment pourrait-il en être autrement ? Il en a tant rêvé, en dépit de ses échecs, en particulier celui des dernières législatives. Faisant fi de mes conseils, il claironne malgré tout sa détermination à s'éloigner de la vie politique. Les faits, bien sûr, viendront confirmer mon scepticisme face à ces mâles affirmations. J'en ai tant entendu annoncer leur retrait avant de les voir revenir. Montebourg, Bachelot, sans oublier Jospin ou Hollande, et tant d'autres ! À peine sortis et déjà de retour.

Toujours est-il que Renaud Muselier renonce à se présenter aux élections municipales de mars 2014. Je lui avais pourtant réservé une place éligible dans mon propre secteur. Il ne me l'a jamais demandée, je ne la lui ai donc pas proposée. Bref, il est prisonnier de ses déclarations.

En revanche, un autre notable, Guy Teissier, ne fait pas mystère de vouloir me remplacer à la mairie, même s'il désespère de se faire aimer. Il a constitué une équipe de qualité, capable de proposer un projet. Seulement, il commet, me semble-t-il, une erreur politique en annonçant qu'en cas de succès il n'effectuera qu'un mandat. Dans le système administratif français, le temps nécessaire pour instruire, décider, construire tel ou tel équipement est désespérément long.

Il est loin le temps où Guy Teissier venait voter pour moi sur un brancard ! Ce fut le cas lors des élections législatives de 1978. Alors membre du Parti des forces nouvelles, vague groupuscule très à droite, dirigé par le général Buisson, il nous rejoindra vite.

Je crois l'avoir bien reçu au Parti républicain puisqu'il fut élu, sous cette étiquette, aux élections cantonales, dès le premier tour, dans le IXe arrondissement. Il a participé ensuite aux élections municipales de 1983 à mes côtés. Nos relations, plutôt cordiales, ont changé en 1986 lorsque la proportionnelle fut instaurée par François Mitterrand.

J'ai alors privilégié mes compagnons de toujours, ceux dont l'amitié ne s'est jamais démentie, ni avant ni depuis d'ailleurs, Jean Roatta et Roland Blum. Je ne l'ai pas perçu sur le moment mais Guy Teissier m'en a voulu, considérant que je ne lui avais pas donné, sur la liste que je conduisais, la place qui lui revenait de droit. De droit ? De quel droit ? Nul ne s'était aperçu de ce prétendu manquement à part lui.

Lorsque Jacques Chirac, Premier ministre de cohabitation, décide de revenir à l'ancien mode de scrutin, en 1986, Teissier obtient une bonne circonscription puisqu'elle englobe son canton dans sa totalité. Lors des élections municipales de l'année suivante, je subis ce que je considère être ma seule véritable défaite, Robert Vigouroux l'emportant dans les huit secteurs municipaux de la ville. Toute défaite est amère. Elle révèle les êtres tels qu'ils sont. Voulant croire que l'échec devait m'être imputé et que son talent suffirait à renverser la donne, Guy Teissier n'hésite pas, dans son secteur, à réduire au minimum mon nom sur les bulletins de vote et les professions de foi du second tour et à grossir le sien au maximum. Je n'ajouterai pas la cruauté d'un commentaire à celle des chiffres[1].

Je l'ai beaucoup aidé. Sans doute ne s'en est-il pas rendu compte. Je suppose qu'il ne m'a jamais pardonné le fait qu'en dépit de mes suggestions, ni Jacques Chirac ni Nicolas Sarkozy n'aient concrétisé son rêve absolu : un strapontin gouvernemental. Puisque son ambition, comme pour tant d'autres, est de persévérer dans son statut d'élu, il est toujours député.

Il y a aussi Dominique Tian qui croit en son étoile. À juste titre. Il ne lui déplairait pas de toucher ce Graal. Bien des quadras en rêvent aussi mais ignorent tout de l'épreuve du feu et de l'ascèse qu'impose le long chemin conduisant au vaste bureau ouvrant sur le port, à droite du salon d'honneur de la mairie.

L'un d'entre eux saura-t-il incarner notre ville et fédérer nos concitoyens autour d'un grand dessein ? L'un d'entre eux saura-t-il écarter des adversaires liés par une mutuelle détestation et une ambition personnelle inversement proportionnelle à l'envergure de leur projet ? Pour y parvenir, pour sauter la passerelle qui relie les deux bâtiments de l'hôtel de ville, il faut beaucoup donner et beaucoup sacrifier. J'en sais quelque chose. Il faut le vouloir, le vouloir absolument mais pas pour soi. Le vouloir pour une cause qui se confond avec sa propre vie et qui devient une exigence de tous les instants.

J'ai choisi de procéder à plusieurs sondages afin d'écouter les Marseillaises et les Marseillais. J'apporte les résultats

---

1. Le maire sortant de ce secteur, a réuni 32 % des suffrages, soit 9 000 voix de moins que Charles-Émile Loo.

à la commission nationale des investitures de l'UMP[1], qui doit donner son label aux parlementaires et aux maires des villes de plus de 30 000 habitants. Lorsque le maire est sortant, ce qui est le cas pour Alain Juppé à Bordeaux, Christian Estrosi à Nice ou Hubert Falco à Toulon, l'investiture lui est attribuée *ipso facto*. Je suis dans ce cas mais j'indique à Jean-François Copé, président de notre formation, que je tiens à prendre toutes les précautions avant de me déterminer. Marseille est la deuxième ville de France avec ses 860 000 habitants. La compétition prend, de ce fait, une signification politique nationale. Dominique Tian et Guy Teissier ont commandé un sondage eux aussi, mais chacun de son côté. Ce dernier me montre ses scores.

« J'ai plusieurs sondages, me dit-il venant me rendre visite à mon bureau au Sénat. Visiblement, tu es le mieux placé. » Il m'avoue alors son souhait d'exercer un mandat exécutif et il considère que, si le sort des urnes m'est favorable, je ne devrai pas concentrer le pouvoir municipal et celui de la communauté urbaine. « Je renonce, conclut-il, mais je voudrais participer plus étroitement à la gestion de la ville en présidant la communauté urbaine. » J'accepte.

En cette fin d'été 2013, mon choix est fait et mon équipe est rodée. Elle se met au travail, prépare des argumentaires pour nos colistiers, organise des cercles de réflexion avec des personnalités de tous les horizons, afin d'étudier de nouvelles pistes. Elle choisit des photos, retient un slogan qui fixe notre cap et témoigne de notre énergie : « Marseille en avant ». Quand je me déclare officiellement, tout est prêt. Le dispositif est en place pour ceux de mes amis qui iront à l'assaut des bastions socialistes[2].

1. Union pour un mouvement populaire.
2. Dominique Tian choisit de rompre avec la voie qu'il suit depuis près de vingt ans dans notre fief des quartiers du Sud et surprend son

À gauche, la situation est complexe et pratiquement conflictuelle. Faute de parvenir à désigner un candidat qui fasse l'unanimité des militants, le Parti socialiste croit habile sinon moderne de se lancer dans l'organisation de primaires, s'inspirant de la démarche ayant précédé la victoire de François Hollande. Le scrutin, à deux tours, doit se dérouler sur l'ensemble de la ville et chaque militant peut faire acte de candidature. On assiste à un ballet de candidats clamant haut et fort leur volonté de rendre à la gauche une ville qu'elle n'aurait jamais dû perdre. Qui leur « appartient » en somme.

Au-delà de quelques candidatures farfelues, quatre personnalités se détachent. En premier lieu l'actuelle sénatrice Marie-Arlette Carlotti, éphémère ministre déléguée auprès du ministre de la Santé mais candidate, de fait, du président de la République. Cette femme passionnée vit l'action publique comme une forme de démarche ultime et, en dépit de ses emballements, respecte les individus. Du moins je l'ai cru jusqu'au drame de la rue d'Aubagne, cinq ans plus tard. Elle s'est changée alors en égérie venimeuse relayant les imprécations de collectifs acharnés à ma perte. Elle m'avait déjà agressé au cours d'un débat sur France 3, mais m'avait ensuite exprimé ses regrets.

Le vieux « système des cartes » – où l'on achète des cartes

monde en allant défier Patrick Mennucci dans les Ier et VIIe arrondissements. Richard Miron décide d'aller combattre le Front national dans les XIIIe et XIVe arrondissements, accompagné de Monique Cordier, la présidente de la confédération des comités d'intérêt de quartier. Solange Biaggi se lance dans les IIe et IIIe arrondissements, loin des bases plus confortables du Sud, face au président sortant de la communauté urbaine, Eugène Caselli, et au maire de secteur proche jusqu'alors de Jean-Noël Guérini, Lisette Narducci. Quant à la présidente de l'UDI (Union des démocrates et indépendants), Arlette Fructus, je réussis à la convaincre d'aller affronter la sénatrice Samia Ghali, dans les XVe et XVIe arrondissements du nord de la ville.

du PS dans les Bouches-du-Rhône, que l'on distribue aux obligés, ce qui permet ensuite de l'emporter dans les élections internes –, tant décrié à la fin des années Defferre, joue toujours un rôle majeur dans la vie du PS. Lors d'une visite à Marseille du Premier ministre Lionel Jospin, en 1997, je me suis autorisé, pour tenter de le dérider, à faire une référence implicite à cette tradition locale. « Puisque vous visiterez le stade Vélodrome tout à l'heure, ai-je glissé dans mon allocution de bienvenue, ne vous faites pas de souci, on ne contrôle pas les cartes, seulement les billets. » « L'austère qui se marre », comme il s'est lui-même qualifié, n'a que modérément apprécié.

Eugène Caselli fait aussi acte de candidature pour cette primaire socialiste. Longtemps proche de Jean-Noël Guérini, il s'est retrouvé de façon miraculeuse à la tête de la communauté urbaine Marseille-Provence, sans avoir fait quoi que ce soit pour y parvenir. Il a battu Renaud Muselier par surprise et, sans doute, parce que Guérini ne croyait pas assez à la victoire pour prendre le risque de se porter candidat lui-même.

Il n'a certes pas fait d'erreur fondamentale dans l'exercice de son mandat à la communauté urbaine, et j'ai toujours entretenu de bonnes relations avec lui, fondées sur l'intérêt général. Il se lance dans la bataille des primaires socialistes, soutenu par FO dont il surestime l'influence avec une coupable naïveté. Sa courtoisie ne constitue pas, hélas, un atout suffisant.

Samia Ghali se lance, elle aussi, dans la course avec sa pugnacité et son énergie coutumières. Sénatrice des Bouches-du-Rhône, redevable de tout à Jean-Noël Guérini, qui lui avait promis d'en faire sa première adjointe en cas de victoire aux élections municipales de 2008, elle s'appuie sur les avis du sociologue Jean Viard et, plus encore, sur les conseils avisés de son époux. Elle est devenue une personnalité incontournable du paysage politique marseillais, dans un rôle de passionaria des quartiers nord. Elle compte parmi les invités récurrents de BFMTV et se montre toujours prête à répondre aux sollicitations de médias appâtés par son verbe haut et ses outrances. Dans les XIVe, XVe et XVIe arrondissements, son implantation ne fait aucun doute. C'est-à-dire dans des secteurs où le système des achats de cartes du PS fonctionne encore avec vigueur et où les électeurs d'origine maghrébine sont nombreux. Il ne s'agit bien sûr que d'une stupide coïncidence.

Enfin, dernier et non le moindre, Patrick Mennucci. Je ne compte pas m'appesantir sur une vulgarité qui fait oublier des qualités d'organisateur mises au service de Ségolène Royal lors de l'élection présidentielle de 2007, puis de Jean-Noël Guérini pour les municipales de 2008. Patrick Mennucci emporte cette primaire face à Samia Ghali. Les socialistes les plus avisés étaient convaincus qu'elle recueillerait peu de suffrages hors des quartiers nord. Toutefois, cette pâle mais très médiatique copie du système de sélection à l'œuvre aux États-Unis, loin de recoller les morceaux entre des rivaux unis seulement par leur détestation réciproque, ne fait qu'accentuer les fractures. Une fois l'euphorie de l'effet de surprise dissipée, le « survivant » se trouve réduit à la fonction de leurre. Cette fragilité est accrue par la personnalité clivante et toute l'arrogance du candidat.

Dans ce contexte digne d'une téléréalité, ma campagne électorale se révèle moins difficile que la précédente, face à un Jean-Noël Guérini qui avait su réaliser l'union des forces de gauche. Autant celle de 2008 avait été âpre et tendue, autant celle-ci semble portée par une dynamique. Seule *La Provence* ne s'en rend pas compte. Le journal préfère croire à un scrutin serré dont l'issue se jouerait, *in fine*, dans quelques rues et trois bureaux de vote du centre-ville.

Ne manquent (presque) que les noms des électeurs susceptibles de faire la bascule !

À dire vrai, Patrick Mennucci s'est trompé d'emblée, croyant surfer sur les succès de 2012 et demandant, à tout moment, aide et assistance à des membres du gouvernement. Ceux-ci viennent en nombre le soutenir et n'hésitent pas à promettre monts et merveilles, comme l'ancien Premier ministre Jean-Marc Ayrault qui annonce la grande gare du XXIe siècle sur le site de Saint-Charles, promesse bien sûr enterrée depuis.

Le plus choquant reste toutefois l'interventionnisme du président de la République. Patrick Mennucci a convaincu jusqu'au plus haut niveau de l'État que Marseille est « prenable » et qu'un succès de la gauche effacerait les pertes socialistes, prévisibles sur l'ensemble du territoire. Dans la lignée de François Mitterrand avec Bernard Tapie, François Hollande reçoit diverses personnalités marseillaises à l'Élysée. Toutes sortent du palais présidentiel en s'empressant de raconter l'insistance avec laquelle le chef de l'État a voulu les convaincre de rejoindre Patrick Mennucci. Échec garanti.

Pareils agissements sont contraires à la déontologie républicaine. Même si le Président a le droit d'avoir ses préférences, il se doit, me semble-t-il, de les exprimer avec délicatesse. Tel n'a pas été le cas et cette attitude s'est retournée contre le poulain de l'Élysée. Compte tenu alors des errements, depuis deux ans, d'un gouvernement socialiste en chute libre dans l'opinion, mes amis se font les champions de la colle et du pinceau pour placarder, sous chaque affiche de Patrick Mennucci et des siens, un bandeau rouge en lettres blanches majuscules : « Avec François Hollande ». Succès du repoussoir assuré. Bien plus jeune que moi et enfermé dans ses certitudes, le candidat socialiste s'inspire du mantra de François Hollande avant son élection : « Moi, Président… » Bref, il s'est cru maire avant d'être élu, organisant sa campagne électorale comme on les faisait il y a cinquante ans : affirmations sans fondement, mensonges et beaucoup de méchanceté.

La victoire n'en est que plus belle. Avec 61 élus, je dispose de la plus large et de la plus sûre des majorités. Elle s'est même élargie grâce à la fusion, entre les deux tours, des listes de Solange Biaggi et de Lisette Narducci qui, tout en permettant à cette dernière de conserver son écharpe de maire de secteur, nous apporte les IIe et IIIe arrondissements si marqués à gauche que nous n'aurions jamais osé en rêver. Au point qu'ils feront de Jean-Luc Mélenchon leur député, trois ans plus tard !

Cette majorité aurait pu être plus large sans la forfanterie de Patrick Mennucci qui, cerise sur notre gâteau, est battu par Dominique Tian dans son secteur avant de l'être, sur le plan législatif, par Jean-Luc Mélenchon en 2017. Arrivé en troisième position derrière Stéphane Ravier et mon ami Richard Miron, le maire de secteur socialiste sortant des XIIIe et XIVe arrondissements, Garo Hovsepian, maintient sa liste au second tour. Il le regrettera publiquement plus tard. Trop tard.

Car, en dépit de vifs débats internes, c'est Patrick Mennucci qui impose ce maintien à ceux qui, dans son camp, plaident pour un retrait afin de barrer la porte au Front national. Loin des belles leçons de morale républicaine infligées jusqu'à plus soif par une gauche volontiers moralisatrice pour les autres, le reniement du dernier héritier du defferrisme offre vingt élus municipaux et sa première mairie de secteur à la formation lepéniste. Une vilenie consacrée dans une étonnante discrétion médiatique. J'imagine le tumulte et l'indignation tonitruante qui auraient déferlé de la rive gauche de la Seine au reste de la

France si la droite républicaine avait opté pour pareil comportement !

Il est vrai qu'Edmonde Charles-Roux avait déjà montré que, sur la Canebière, les propos peuvent être différents de ceux tenus à Saint-Germain-des-Prés. Éternelle duplicité de l'intelligentsia germanopratine. Je ne me suis pas fait faute, six années durant, de rappeler avec délices ce machiavélisme de pacotille et de renvoyer dos à dos les vingt élus de gauche et les vingt élus d'extrême droite qui me faisaient face.

Certains jours, la politique a des airs de royaume enchanté.

2

Passage de témoin

Ce qui a tout changé, c'est la loi. En l'occurrence, la loi sur le cumul des mandats. On vient d'inventer ce qu'on appelle les métropoles. Pour faire simple, ces messieurs de Paris ont ajouté un niveau d'administration aux départements, aux régions, etc. Dès lors, deux lignes de force s'opposent parmi mes aspirants successeurs. D'un côté, ceux qui considèrent que le maire de Marseille ne peut pas être président de la métropole ; de l'autre, ceux, dont je suis, qui considèrent que les deux fonctions doivent, par souci d'efficacité, être assumées par la même personne.

Le sénateur Bruno Gilles manifeste ses ambitions le premier. À peine revenu des portes du néant dont l'a miraculeusement sauvé une greffe du cœur, il officialise sa candidature en prenant prétexte d'une conversation privée que nous avons eue, avant son accident de santé, plus d'un an auparavant. Sitôt passé le choc « macronien » de l'élection présidentielle puis des législatives du printemps 2017, les tentations, conciliabules et initiatives se sont manifestés chez mes « dauphins supposés ».

Tantôt je m'entends suggérer de laisser immédiatement les clés de la mairie afin d'achever de manière paisible mon mandat de sénateur. Tantôt, je me vois proposer de conserver le fauteuil de maire mais, tel un roi fainéant, de confier la gestion à un premier adjoint, dont le nom change au gré des ambitions mais à qui reviendrait la responsabilité d'insuffler une énergie nouvelle à l'équipe municipale.

Dans ce contexte, j'avais dit à Bruno : « Cesse de dire que tu n'es pas candidat à la mairie ! Tu aurais autant de légitimité que les autres, s'il m'arrivait un accident et que je ne me réveille pas un matin. Tu as été quatre fois maire de secteur, député, deux fois élu sénateur avec moi. » Chacun entend ce qui lui convient. Lui veut comprendre mon propos comme une intronisation et la transmission d'un héritage. Il s'empresse de rapporter à ses interlocuteurs marseillais et parisiens, journalistes compris, une parole qui l'aurait sacré dauphin. Ne manque que la date de passation des pouvoirs, la plus rapprochée possible, espère-t-il.

De sondage en sondage, c'est pourtant une autre élue qui tend à s'imposer : Martine Vassal se révèle la mieux placée aux yeux des Marseillais. Prudente, elle prend soin de garder le silence sur ses intentions, mais chacun sent qu'elle y pense de plus en plus et que le vent tourne en sa faveur. Je le pense aussi mais je me tais, à la fois pour sauvegarder la cohésion de la majorité municipale, à dix-huit mois du scrutin, et pour pouvoir peser, le moment venu, en faveur d'une indispensable union dont j'ai pu mesurer le prix au long de ma carrière. Je me borne à rappeler, d'interview en interview, son importance.

Le credo de Bruno Gilles est clair : il faut un maire à plein temps. Le département et la fameuse métropole resteraient entre les mains de Martine Vassal, qui les dirige déjà. La région serait confiée à Renaud Muselier, qui en a hérité de Christian Estrosi sans avoir besoin de l'onction du suffrage universel. Muselier, à l'aise dans ces manœuvres de couloirs, se régale d'un double jeu. Il plaide l'union en façade et verse en douce du vinaigre sur les plaies de la division. Il ne désespère pas ainsi d'être appelé *in fine* en sauveur de la droite marseillaise en péril.

Pour Martine aussi le choix est clair : le poids et la place de Marseille sont à ce point dominants au sein de la métropole que les deux fonctions à leur tête sont indissociables. D'autant que partout où le choix inverse a été effectué, à Lyon, à Strasbourg, à Aubagne, la belle harmonie initiale s'est vite fracassée pour déboucher sur une rupture durable et dommageable pour tous.

Loin de rapprocher les deux camps, le temps les fige dans une résolution que je veux croire amendable. Nous voici à l'automne 2019. Je rencontre Christian Jacob au siège des Républicains. Qu'importe si le nouveau président du mouvement m'a snobé l'été précédent – il est venu passer deux jours à Marseille avec son vieux copain des Jeunes du RPR[1] Renaud Muselier, sans même me passer un coup de fil. C'est l'occasion de lui dire ce que j'ai déjà souligné auprès de Gérard Larcher, le président du Sénat, et de Bruno Retailleau, le président du groupe LR[2] : « La division est suicidaire. Attention ! Seule Martine Vassal a des chances de gagner et de garder Marseille dans notre camp. Elle rend service à notre formation politique en sollicitant son investiture alors que la confiance des Français dans les partis est si faible qu'elle pourrait trouver quelque intérêt à agir seule. »

Christian Jacob souhaite néanmoins prendre l'avis des parlementaires du département. Il organise une réunion, quelques jours plus tard, au siège du parti, en présence d'Éric Ciotti, président de la commission d'investiture. Une responsabilité que j'ai moi-même assurée naguère à l'UDF d'abord, puis à la demande de Jacques Chirac à l'UMP,

1. Rassemblement pour la République.
2. Les Républicains, parti qui a succédé au centre droit à l'UDF.

ensuite pendant au moins sept ans avec Nicolas Sarkozy, puis sous la présidence de Jean-François Copé, le maire de Meaux, jusqu'au jour où celui-ci m'a demandé de la coprésider avec Christian Estrosi. Il avait alors été temps pour moi de m'en retirer, facilitant la tâche au maire de Nice.

Cette réunion ne va pas du tout se dérouler comme prévu. Maire sortant, j'ai la parole le premier : « Je souhaite que Bruno Gilles soit désigné pour conduire la liste sénatoriale de notre parti lors des élections prévues pour le mois de septembre 2020 », dis-je d'emblée. Cette proposition, je la crois d'autant plus convaincante que, premier de notre liste, il est assuré d'être réélu, quel que soit le résultat des futures municipales marseillaises, compte tenu de notre implantation dans le département. La réplique de Bruno Gilles fuse avec une rapidité déconcertante et me laisse pantois : « Cette proposition est humiliante. »

Stupéfaction analogue chez tous les participants. Chacun s'exprime à son tour. Valérie Boyer et Anne-Marie Bertrand, Guy Teissier, Éric Diard, Bernard Reynès, tous sont là, et Bernard Deflesselles m'a donné pouvoir pour le représenter. Tous se déclarent en faveur de Martine Vassal, sauf Éric Diard, très alambiqué dans sa démonstration. Il ne souhaite prendre parti pour personne, après avoir pourtant assuré Martine de son soutien chaleureux quelques jours plus tôt ! Le charme des « amitiés » politiques… Chacun reste sur ses positions. Une réunion pour rien. Rebelote donc, quelques jours plus tard, devant la commission des investitures cette fois. Près de cinquante personnes y siègent et sont présentes au siège du parti. Avant que nous soyons admis à comparaître, la réunion débute par un huis clos. Huis clos certes, mais tout finit par se savoir. Tout, et notamment le fait que Renaud Muselier a chargé brutalement Martine Vassal.

Là encore, on me demande d'ouvrir la discussion. « En

politique, tout se tient, dis-je. Si nous perdons la mairie de Marseille que je dirige depuis quatre mandats, nous créerons les conditions pour perdre en cascade les élections suivantes, départementales et régionales. Et je ne parle pas des élections nationales à venir. » J'ai le sentiment que nombreux sont ceux qui apprécient mon analyse. Les parlementaires s'expriment à tour de rôle et se prononcent d'une manière très claire en faveur de Martine Vassal.

Comme il en a l'habitude, Renaud Muselier profite de cette assemblée pour fustiger ma gestion. Pire, il appuie sa démonstration sur un livre brûlot commis par un ancien journaliste que je n'ai jamais rencontré, très virulent à l'égard de Martine Vassal, de moi-même et de la droite en général. Muselier va jusqu'à citer un rapport récent de la chambre régionale des comptes, d'une grande violence à l'égard de la ville de Marseille. Le président de cette chambre a dirigé la campagne de François Hollande lors de l'élection présidentielle de 2012. Il n'a jamais tenu compte de mes réponses, pourtant argumentées. Je n'oublierai jamais cette charge inqualifiable, sur le plan humain plus encore que politique, de Renaud Muselier. Le vote de la commission intervient alors que François Baroin et Jean-François Copé ont quitté la réunion depuis un moment. Il est sans appel : Martine Vassal, 27 voix ; Bruno Gilles, 11. Elle est officiellement notre candidate.

Au retour à Marseille, l'incrédulité est totale. Bruno Gilles, qui préside la fédération départementale LR, qui a été au long de sa carrière un homme d'appareil, clientéliste jusqu'à la caricature, et qui doit tout à son parti, clame que celui-ci ne compte plus et annonce sa détermination à se présenter aux élections en dépit du vote de la veille. Il rappelle l'exemplarité de sa carrière et oublie la célèbre phrase de Léon Blum : « On n'a jamais raison contre son parti. » L'équipe Muselier-Gilles s'emploie à reconstituer un RPR

« pur sucre », face à une majorité municipale située plus au centre que dans une ligne droitière dure. À eux s'agrègent quelques autres « déçus de Gaudin » dans leurs intérêts particuliers ou laissés pour compte des listes de Martine Vassal. Le poison de la division est à l'œuvre.

La campagne interne est d'une rare brutalité tant le clan ex-RPR espère prendre enfin une revanche sur la droite libérale et centriste qui, depuis toujours, a devancé à Marseille la famille dite gaulliste. Au demeurant, aucun d'entre eux n'a connu le général de Gaulle ! D'ailleurs, la droite régionale se reconnaît peu dans la tradition bonapartiste et on peut faire remonter cette césure au traquenard d'Avignon qui a entraîné l'assassinat, le 2 août 1815, du maréchal Brune[1].

Toujours est-il que ces querelles à droite permettent aux réseaux sociaux de s'en donner à cœur joie, aux journalistes de remplir des pages entières et de rivaliser dans la critique de mon action. Ils me considèrent depuis vingt-cinq ans, sans oser le formuler, comme un usurpateur. En dénonçant « l'héritage », ils plombent à qui mieux mieux la campagne de Martine Vassal.

Pour ce qui me concerne, le témoin a été passé dans les meilleures conditions possibles. Il appartient à présent à la candidate désignée de s'imposer. Elle est, aux yeux de ceux

1. En raison de ses convictions républicaines, Guillaume Marie-Anne Brune avait été tenu à l'écart des hautes fonctions administratives et militaires par Napoléon. Il n'est rentré en grâce que lors du retour de l'île d'Elbe. Il est chargé de protéger la frontière avec le Piémont et de mettre un terme à la guerre civile en Provence. Après la défaite de Waterloo, alors qu'il remonte vers Paris et que la « terreur blanche » arrache les cocardes tricolores au profit des emblèmes monarchistes, il est bloqué par un groupe de royalistes place de la Comédie en Avignon et accusé, sans le moindre fondement, d'avoir promené sur une pique la tête de la princesse de Lamballe, avant d'être abattu à bout touchant par un portefaix.

qui l'ont investie, la mieux à même de prendre en main les destinées de Marseille, puisqu'elle a réalisé un sans-faute à la tête des deux institutions, le conseil départemental et la métropole, dont elle a la charge.

L'élection se rapproche, les dés roulent…

3

L'Élysée perd la tête

Les Parisiens sont les plus intelligents, c'est bien connu. Ils vont avoir à cœur de le démontrer une fois de plus dans cette affaire. Comme toujours, le pouvoir central a un œil sur la scène marseillaise et cherche à y pousser ses pions. C'est une règle que je connais d'autant mieux que j'en ai été victime.

Le clan macronien hésite. Longtemps, la préférence du président de la République a semblé aller vers Johan Bencivenga, un homme non sans talent mais inconnu, qui préside l'Union pour les Entreprises 13, le syndicat patronal local. Un choix étrange car celui-ci n'est absolument pas familier de la vie politique locale, dont la rudesse n'est pas une légende ! Il est venu me confier qu'il ne s'imaginait pas dans la fonction, en dépit des pressions en ce sens exercées par l'Élysée.

Des mois durant, LREM[1], le parti du Président, se livre à un étonnant casting, qui relève plus du travail de chasseur de têtes que de l'activité d'une formation politique. L'exercice révèle vite qu'on ne s'improvise pas leader et que le chemin vers la mairie de la deuxième ville de France ne passe pas par la case médiatique ou par la réussite professionnelle, fût-elle brillante. Les divers challengers n'en

1. La République en marche.

étalent pas moins, chacun son tour, leurs atouts pour briguer les couleurs présidentielles.

Il y a aussi Saïd Ahamada, ancien ami et colistier de Samia Ghali avant d'être élu député sous les couleurs d'En marche, s'autoproclamant « le Barack Obama des quartiers nord ». Il se lance mais sans succès du côté de son parti. Il y a Yvon Berland, professeur de médecine et, surtout, président sortant de l'université Aix-Marseille. Son âge est loin de plaire aux jeunes conseillers d'Emmanuel Macron. Il attend des mois avant d'être finalement retenu.

Une autre personnalité pourrait rassembler la Macronie. Il s'agit de Jean-Philippe Agresti, le jeune et dynamique doyen de la faculté de droit de Marseille. Il incarne une nouvelle génération et ce renouvellement de la vie politique dont Macron a fait son étendard. De plus, et ce n'est pas le moindre de ses atouts, son épouse, Sabrina Roubache, et lui entretiennent une belle amitié avec le chef de l'État depuis que celle-ci a prononcé le discours d'ouverture du premier meeting de campagne du futur Président, en novembre 2016, porte de Versailles. Il est vrai que les amitiés de Macron sont multiples.

Les collaborateurs de l'Élysée, à la manœuvre, ont longtemps cru que les élections municipales feraient se lever dans les 36 000 communes du pays un « petit Macron local ». Ils ont vite déchanté. À l'évidence, le scrutin ne va pas offrir de divine surprise, à l'image de ce qui s'était produit lors de l'échéance européenne de juin 2019. Les Français avaient alors trouvé, dans la liste voulue par le Président, un refuge où exprimer leur lassitude face aux manifestations incessantes de Gilets jaunes infiltrés et noyautés par l'extrême gauche. L'Histoire ne repassera pas le plat.

Le désir de LREM de s'enraciner dans le pays en obtenant mairies et conseillers municipaux ne se réalise pas. L'hésitation des leaders du parti au pouvoir entre renouvellement en profondeur et alliance avec des sortants installés finit dans une forme de procrastination qui compromet leurs chances. « Nous sommes un grand parti et nous allons le montrer en faisant notre propre liste », me confie, avec l'arrogante certitude des néophytes, Saïd Ahamada, le jour où les députés macronistes ont enfin consenti à venir me voir à l'hôtel de ville.

Brigitte Macron est plus fine et sage. Plus habile aussi. Elle me demande de lui faire visiter l'E2C, l'école de la deuxième chance implantée dans d'anciens bâtiments industriels des abattoirs de Saint-Louis. S'appuyant sur notre relation de confiance, elle accepte de participer à un déjeuner que j'organise avec Martine Vassal et Yves Moraine, le maire des VIe et VIIIe arrondissements, dans un restaurant marseillais « où il faut être vu ». Une manière de se forger son opinion ? Assurément. D'envoyer un signal quant aux préférences de son mari ? Sans doute. L'aile gauche de La République en marche ne s'y trompe pas et met vite fin à cette ouverture porteuse d'espoir et de nature à sauver la face du parti au pouvoir. La division exerce déjà ses ravages à Paris comme à Lyon. Elle va conduire le Président et ses amis à la déroute.

La désignation de la tête de liste tourne au vaudeville. De « subtils » envoyés spéciaux de l'Élysée s'emploient, au long de l'été puis de l'automne 2019, à trouver la perle rare. Ils poussent leur « formidable audace » jusqu'à investir Yvon Berland. Nombreux sont ceux qui se réjouissent de voir le président de l'université Aix-Marseille-Provence quitter ses fonctions pour la vie politique. Un homme de soixante-sept ans pour incarner le monde nouveau ? Un candidat quasiment par défaut, dont les premières affiches, lugubres, provoquent plus d'effroi chez les Marseillais qu'elles n'illustrent la modernité invoquée par ses conseillers en communication !

Si la droite locale part en ordre dispersé, la gauche ne va

pas mieux. Jean-Luc Mélenchon a depuis longtemps fait savoir que seule la dimension présidentielle l'intéresse. Patrick Mennucci a jeté l'éponge mais soutient en sous-main Samia Ghali contre le jeune président du groupe PS au conseil municipal, un certain Benoît Payan.

Ce dernier, incontestablement, sera l'artisan majeur de la victoire d'un tout nouveau mouvement, le Printemps marseillais. Encore peu connu des électeurs, même si son activité sur les réseaux sociaux lui a fourni une importante visibilité, cet homme intelligent et habile est entré au conseil municipal, en mars 2014, lesté d'un parcours militant déjà important qui l'a conduit, tour à tour, au sein des cabinets de Jean-Noël Guérini, de Michel Vauzelle et de Marie-Arlette Carlotti. Son élection à la tête du groupe municipal socialiste découle de l'aveuglement de Patrick Mennucci et de Samia Ghali. Ils imaginaient pouvoir contrôler sans difficulté cet homme de trente-six ans qui n'a jamais détenu de mandat politique significatif et qui ne compte pas d'obligés au sein du conseil municipal. Une erreur d'appréciation classique. L'observer me rajeunit. J'ai connu, moi aussi, cette sous-estimation du nouveau venu par les aînés !

Les recettes sont toujours les mêmes. À force de travail, en utilisant avec intelligence ses talents oratoires, la créature a échappé à ses maîtres avec, en outre, une belle maîtrise des réseaux sociaux, qui n'existaient pas de mon temps. Quand Mennucci et Ghali prennent conscience de la réalité, il est trop tard. Benoît Payan, dès qu'il est en poste, s'attache au rassemblement de la gauche. Lorsqu'il devient, en 2015, conseiller départemental en binôme avec une médecin à l'époque totalement inconnue, Michèle Rubirola, ce projet politique apparaît comme une utopie. Le chemin est semé d'embûches. Hypnotisés par le succès d'Emmanuel Macron, Samia Ghali et Patrick Mennucci rejettent toute idée d'union. Les Verts, aiguillonnés par leur score flatteur lors des élections européennes, tiennent à leur bannière. Quant aux multiples collectifs nés dans le sillage du drame de la rue d'Aubagne[1], ils ne veulent pas entendre parler du PS.

Dès lors, Payan se met en retrait et propulse, avec adresse, sa partenaire, Michèle Rubirola, sur le devant de la scène. Le consensus devient possible. La gauche se rassemble sur la base d'une union « rose, rouge, verte », fondée sur les collectifs qui ont fleuri au fil des mois et qui masquent leur ultragauchisme derrière des polémiques, artificiellement entretenues avec une admirable mauvaise foi. Certes, leur Printemps marseillais est encore concurrencé par une liste verte. Le seul point d'entente entre ces clans rivaux se résume par un « tout sauf Martine ». Ils s'emploient à la marquer du sceau, diabolique à leurs yeux, d'« héritière de Gaudin » !

Leur campagne a débuté depuis plusieurs mois avec une offensive médiatique concernant l'état des écoles marseillaises, présentées comme la « honte de la République ». Qu'importe si les faits, les analyses, les expertises démontrent qu'il n'en est rien ! Comme partout en France, nos établissements sont globalement en bon état. La honte n'est pas celle que l'on croit. Je suis le ciment de leur campagne, l'usurpateur, l'incompétent ! Je suis, sans pouvoir me défendre faute d'être candidat au cœur de la campagne, accusé de tous les maux de Marseille et au-delà !

La consultation électorale ne reflétera, à l'arrivée, en rien la réalité politique ni celle de l'opinion. La Covid-19 est venue perturber un scrutin qui se déroule avec distances de sécurité, masques et gel hydroalcoolique. Une première. Et une horreur. À Marseille, moins de 33 % des citoyens se rendent aux urnes. L'abstention des personnes âgées est particulièrement forte, plus forte que la réelle mobilisation

1. L'effondrement de deux immeubles vétustes du centre-ville s'est produit le 5 novembre 2018.

de la gauche. Elle pénalise d'abord la droite. La gauche réalise, dès lors, un score plus qu'honorable. Le Rassemblement national, que chacun annonçait à des niveaux stratosphériques, plafonne à 19,45 % et occupe la troisième place sur la ville, loin de ses espérances. Quant au parti présidentiel, il ne réalise de score convenable dans aucun secteur de la ville !

Yvon Berland, que La République en marche a finalement choisi, se présente dans les VIe et VIIIe arrondissements face à Martine Vassal. Un secteur où j'ai été candidat six fois, et cinq fois élu au premier tour. Par courtoisie, le président de la République m'a fait prévenir par son conseiller politique, Maxence Barré, de sa candidature, la veille de son dépôt officiel. J'ai hurlé : « C'est plus qu'une erreur, c'est une faute qui ne facilitera en rien un éventuel rapprochement pour le second tour. » Je ne me suis pas trompé. Yvon Berland réussit à se qualifier pour le second tour avec 12 % des voix. À se qualifier tout juste, mais à se qualifier néanmoins, en pompant ses voix dans le réservoir de la droite.

4

Les vents mauvais

Depuis le premier jour, la presse a choisi de présenter Martine Vassal en privilégiant, comme dot, un bilan, le mien, qui n'a rien de glorieux à l'en croire. Ce statut d'héritière ne lui convient pas. Elle se révèle très sensible, trop sensible, aux attaques de la presse.

Nous sommes pourtant tous l'héritier de quelque chose ou de quelqu'un, l'héritier d'un bien, de valeurs, d'une culture, sans que cela nous contraigne en rien. Ni à ne pas être soi-même ni à ne pas tirer les leçons du passé. Cette présentation ne me convient toutefois pas non plus car j'ai toujours considéré qu'en démocratie, la notion d'héritier ou de dauphin n'est pas recevable. Face au suffrage universel, les électeurs seuls choisissent. Je le dis et le répète, de conversation en interview. Sans succès. D'autant que Renaud Muselier et Bruno Gilles se livrent, sur ce thème, à une véritable surenchère.

Certes, sur le plan politique Martine me doit beaucoup. Elle le sait mais souhaite, dès le démarrage de sa campagne, se démarquer le plus possible de la majorité sortante. C'est son droit. Elle y est encouragée, lors de leurs réunions hebdomadaires, par plusieurs de ses têtes de liste. J'y vois l'une des conséquences du matraquage médiatique sur nos écoles et sur le drame de la rue d'Aubagne. Chaque fois qu'elle le peut, pourtant, elle me rend hommage et salue mon action et mon parcours.

Son projet, elle l'élabore suivant ses propres visions. De même, elle constitue ses listes selon ses seuls souhaits, ne faisant appel qu'à un minimum de sortants de mon équipe municipale. Au demeurant, nombre de mes amis, Roland Blum, Jean Roatta, Dominique Vlasto, Marie-Louise Lota, Richard Miron ou encore Dominique Tian, n'ont pas souhaité, pour diverses raisons, être de nouveau candidats.

Bien que je ne sois guère sollicité, je fais néanmoins ce que je crois utile pour le succès de notre famille politique. Je réponds à chaque demande d'interview, tant dans la presse locale que nationale ; j'enregistre un message téléphonique qui, au dire des propres collaborateurs de Martine Vassal, a bénéficié d'un taux d'écoute important ; je me rends disponible chaque fois que ma présence est souhaitée. Je réponds même favorablement à la demande, subitement pressante lors de la dernière semaine d'avant le second tour, de Martine de l'accompagner pour déjeuner dans divers restaurants des VIe et VIIIe arrondissements, où nos électeurs traditionnels pourraient nous voir ensemble.

Les vents mauvais se sont levés en réalité quelques jours avant le premier tour. Des sondages sont apparus, très différents de ceux des semaines et des mois précédents. La candidate de la gauche distance tout à coup nettement notre championne. Ces chiffres attestent l'existence d'un courant favorable, à Marseille comme dans tout le pays, à la gauche et à l'écologie. Les urnes le confirmeront. À ce phénomène national s'ajoute la division provoquée par la candidature de Bruno Gilles. Enfin, les excès des réseaux sociaux alourdissent encore le handicap pour notre camp.

En réalité, tout était mal engagé depuis plus d'une année. Dès les premiers jours de l'été 2019, s'appuyant sur des élections européennes qui venaient de consacrer la liste de LREM comme une force centrale, Martine Vassal a semblé favorable à un rassemblement avec les macronistes. Son intention s'est concrétisée par un premier meeting, au Silo, assez largement ouvert à tous ceux qui « veulent le meilleur pour Marseille », au-delà des étiquettes politiques.

Salle comble, ambiance chaude, tout paraît réuni pour faire de ce meeting un tremplin, bien que Martine ne déclare toujours pas officiellement une candidature qui est un secret de Polichinelle. Tout le suggère, jusqu'à la présence à ses côtés de Jean-Philippe Agresti.

Las, quelques sifflets fusent quand Jean-Philippe Agresti imagine, dans son discours, que Marseille pourrait connaître un mouvement à l'image de celui qui a porté Macron à l'Élysée et initié, à ses yeux, une modernisation du pays. Des sifflets venus évidemment de quelques Républicains « intégristes », militants de Bruno Gilles. Ils préfèrent le repliement sur soi plutôt que le rassemblement des meilleurs. Ils sont sans véritable vision politique, mais les médias en font leur miel. Ces sifflets ont raison des velléités d'ouverture de Martine Vassal et des élus qui la conseillent. L'exact opposé de ce que j'ai toujours préconisé.

Oui, le ver est dans le fruit.

5

Le virus de la division

En son temps, le Général avait déploré de « rencontrer souvent la petitesse des Français, en face de la grandeur de la France » : « Ils mijotent dans leurs petites querelles et font cuire leur petite soupe. » Toutes proportions gardées, je reprendrais volontiers ce propos pour qualifier le comportement d'un homme qui se revendique gaulliste.

Après avoir commenté de la pire des manières, sinon avec une commisération confinant au mépris, la déclaration de candidature de Bruno Gilles, dès septembre 2018, Renaud Muselier s'est activé en sa faveur auprès de Christian Jacob et des leaders nationaux des Républicains, tout en sachant sa démarche condamnée. Il a feint ensuite de pouvoir lui obtenir une investiture au sein de la commission *ad hoc*, là encore au mépris des évidences. Après l'échec de ce brillant scénario, il s'est employé à jeter des ponts en direction de la sénatrice PS, Samia Ghali – celle qui contribuera à l'élection de Michèle Rubirola comme maire de Marseille.

Tout y passe. Ses collaborateurs directs à la région composent le premier cercle de l'équipe de campagne de Bruno Gilles et s'appliquent à placer des proches dans différentes listes. Celle de Gilles bien sûr mais plus encore celle d'Yvon Berland. Convaincu sans doute d'être un fin stratège, Muselier achève ce remarquable parcours par un appel à un pacte de raison entre les deux rivaux de droite, qu'il sait d'autant mieux voués à l'échec qu'il a tout fait pour les y condamner. Oui, rien ne manque à ce jeu de dupes qui ne peut guère restaurer la confiance des concitoyens dans l'univers politique ni les ramener vers les urnes.

Quel objectif poursuit-il ? Celui de réduire Martine Vassal à la défaite. Certes, il finit par la soutenir officiellement, abandonnant sans vergogne son « cher » Bruno pour ne pas trop fâcher son parti. Sans doute ne désespère-t-il pas de concrétiser le rêve qui est le sien depuis des années, devenir maire de Marseille – d'où son ressentiment à mon égard, moi qui l'en aurais empêché. Et pour cela d'apparaître comme le seul capable de fédérer la droite, le centre et les « modernes » contre les « méchants anciens ». En témoigne son slogan, qu'il fait reprendre par Bruno Gilles : « Ni système, ni extrêmes ».

« Ni extrêmes », comprenez le Rassemblement national et la gauche mélenchonienne. « Ni système », entendez un prétendu « système Gaudin », dont chacun sait pourtant, à Marseille, qu'il est le produit d'un RPR local dont Bruno Gilles est le fruit et l'incarnation suprême. Bref, « la droite la plus bête du monde », pour reprendre la célèbre formule de Guy Mollet, retrouve ses réflexes et lance une formidable machine à perdre. Elle ouvre un boulevard à un improbable Printemps marseillais et lui permet d'incarner un supposé renouveau. Un véritable cas d'école !

Que va-t-il se passer finalement ?

Au soir du premier tour, les résultats sont décevants pour nous partout, et plus encore à Marseille. Rien, pourtant, n'est totalement perdu. En tête dans deux secteurs, notre liste est en situation d'enlever aussi celui que le FN a gagné, contre toute attente, en 2014. Arrivé en deuxième position derrière le sénateur lepéniste Stéphane Ravier, notre candidat, l'ancien général de gendarmerie David Galtier, peut l'emporter si la gauche, arrivée en troisième position, se retire pour « barrer la route au Front », conformément à sa position « morale » si souvent énoncée et si rarement mise en œuvre.

Pour ce second tour tant attendu, il ne peut échapper au gouvernement et aux stratèges élyséens que 30 000 maires sur 35 000 ont déjà été élus et que très peu d'entre eux se réclament du pouvoir. Ma stupéfaction n'en est que plus intense lorsqu'un collaborateur du chef de l'État me fait savoir qu'Yvon Berland se maintient face à Martine Vassal dans les VIe et VIIIe arrondissements. Il n'y a pourtant franchi que péniblement la barre éliminatoire au premier tour et n'a aucune chance de compter un seul élu dans cette opération.

Je le déplore fortement et le dis fermement. Même si elle prolonge le choix aberrant du premier tour, cette attitude agressive des grands cerveaux parisiens chargés du dossier me paraît due à la position des députés LREM de Marseille. Ils ont, pour trois d'entre eux, pris position pour le Printemps marseillais. Sans doute les dirigeants de LREM ne veulent-ils pas les indisposer, ni courir le risque de les voir, comme de nombreux autres, quitter le groupe majoritaire à l'Assemblée nationale.

Soutenu par Sylvie Andrieux et Benoît Payan, le candidat du Printemps marseillais dans les XIIIe et XIVe arrondissements a le courage de se retirer. Il résiste aux multiples pressions de ses amis, inquiets d'ouvrir à Martine Vassal la route de la mairie qui leur tendait les bras. David Galtier l'emporte donc. Tout va se jouer dans les VIe et VIIIe arrondissements, dans ce qui a été surnommé la « maison Gaudin », où le candidat de Bruno Gilles a rallié Martine Vassal, faute d'avoir franchi la barre fatidique des 10 % de votants au premier tour et d'avoir pu se maintenir. Ce n'est malheureusement pas le cas de nombre de ses colistiers. Certains multiplient les assauts, jusqu'aux plus odieux, sur les réseaux sociaux, qui sont « devenus le creuset de l'abjection », pour reprendre une formule de l'ancien Premier ministre Bernard Cazeneuve. Tout semble bon pour la faire battre alors que beaucoup d'entre eux doivent fonction et logement à notre camp. Ce qui s'appelle perdre dans le déshonneur.

Cette défaite dans les VIe et VIIIe arrondissements est pour moi un véritable choc. Le maintien d'Yvon Berland, dont le score a été très inférieur à celui du premier tour – ce qui ne constitue une surprise pour personne –, participe à l'échec de Martine, battue de moins de mille voix. Il demeure incompréhensible que les responsables de LREM aient, par cette stratégie absurde, permis la conquête de la deuxième ville de France par les opposants les plus résolus du président de la République. Après le rocambolesque épisode de la vidéo sexuelle de l'ancien porte-parole du gouvernement Benjamin Griveaux, à l'heure de la candidature à la mairie de Paris « à l'insu de son plein gré » de la ministre de la Santé Agnès Buzin alors en charge de la gestion d'une pandémie naissante et ravageuse, au moment où Gérard Collomb s'enlise dans des alliances surréalistes jusqu'à faire perdre Lyon et sa métropole aux macronistes, je reste désarçonné par ce qu'il faut bien appeler la stratégie suicidaire de l'Élysée.

Pire, voilà qu'éclate à quelques jours du scrutin la bombe médiatique dite des « fausses procurations ». Les journalistes se focalisent jusqu'à la nausée sur les XIe et XIIe arrondissements, où les candidats de Martine Vassal sont suspectés d'avoir obtenu des procurations sans respecter la réglementation en vigueur et parfois, dit-on, sans en informer les personnes âgées concernées résidant en Ehpad. Ces vigilants informateurs, promus défenseurs de la démocratie, oublient évidemment d'aller voir du côté des XVe et XVIe arrondissements, où les amis de Samia Ghali, opposée au communiste Jean-Marc Coppola, ne restent pas inactifs non plus !

Curieusement, ils ne le découvriront qu'une fois l'élection passée. Et tout aussi curieusement, la colère de Coppola s'est éteinte lorsque Samia Ghali a fini par voter en faveur de Michèle Rubirola, le jour de l'élection de la maire, en juin 2020, obtenant en contrepartie une place de deuxième adjointe et une prometteuse délégation aux grands événements locaux. Comme l'a chanté Guy Béart, il existe « les grands principes » mais aussi « les grands sentiments ».

Sur la véracité des faits, la justice tranchera. En attendant, les électeurs se sont abstenus, quasiment aussi nombreux qu'au premier tour. En emportant les VIe et VIIIe arrondissements, avec l'aide de l'Élysée, le Printemps marseillais a gagné le droit légitime de diriger Marseille pour les six prochaines années. À en juger par ses débuts, entre tractations et démission surprise, on ne va pas s'ennuyer !

6

Troisième tour sous pressions

Les derniers sondages disaient donc vrai. Ils confirment ma conviction, jamais démentie dans les faits, quant aux « courants porteurs ». Quand ils poussent dans un sens, ils poussent partout à l'échelle de la ville, simplement modérés ou accentués ici ou là par l'enracinement de la tête de liste locale et par des sociologies différentes. En cette année 2020, ils ont poussé. Pas pour nous, malheureusement. Ils ont bénéficié à une coalition hétéroclite peut-être, mais créditée, il faut le reconnaître, d'une image de renouveau.

Certains de mes amis ont cru pouvoir sauver le fauteuil de maire au prix d'accords d'arrière-boutique. Ils ont imaginé faire basculer le verdict des urnes. J'ai toujours pensé, et dit, que lorsque le corps électoral s'est prononcé, il est difficile, au-delà de toute dimension morale, de conclure une quelconque entente avec des adversaires pour le troisième tour de l'élection du maire. Certes, le système électoral, ancré dans la loi Paris-Lyon-Marseille en 1982, permet de concevoir toutes les hypothèses. Même les plus saugrenues. Ce scrutin indirect n'a d'ailleurs été créé, à l'époque, que pour gêner Jacques Chirac à Paris et faciliter la réélection périlleuse de Gaston Defferre à Marseille face à ma candidature.

J'ai souvent suggéré à la direction nationale de l'UMP, comme ensuite aux Républicains, de rétablir un scrutin identique à celui des autres villes de France, tout en conservant bien entendu des mairies de secteur pour répondre aux nécessités de proximité avec des habitants. Mes amis parisiens n'ont jamais eu cure de ces propositions. Sans doute se sentaient-ils trop forts pour leur prêter attention ou se contentaient-ils des quelques mairies de secteur que leur octroyait la loi PLM. Bref, mes suggestions ont été balayées d'un revers de main. J'ai néanmoins l'impression que le débat pourrait réapparaître et je n'hésiterai pas à affirmer de nouveau la nocivité de ce système créé par les socialistes.

Lorsqu'on a perdu, le plus dur reste à venir le jour de l'installation du nouveau conseil municipal. J'ai connu un sommet en la matière avec l'attitude de Robert Vigouroux, contraire à tous les principes républicains, en 1989. Au lieu de respecter la tradition qui installe les élus de droite à droite, ceux de la majorité au centre et les communistes à gauche, il avait fait siéger sans vergogne les siens et leur écrasante majorité face à lui, comme un bouclier, et relégué toutes les oppositions au fond de la salle. Surprenant et méprisant. Ce comportement ne serait plus possible aujourd'hui, dans l'hémicycle que j'ai fait construire pour accueillir comme il convient les 101 conseillers municipaux.

Dans la semaine précédant l'élection du maire, j'ai voulu évoquer la situation et les grands dossiers de la ville, et avec Michèle Rubirola, et avec Martine Vassal, susceptibles l'une comme l'autre de l'emporter. Cette dernière n'est venue que pour m'annoncer son intention de laisser la place à Guy Teissier. Sans doute pour ne pas être battue une nouvelle fois et préserver son image dans la perspective de son élection à la tête de la métropole. La suite a montré qu'elle a eu raison.

En ce début juillet 2020, les vainqueurs demandent à leurs partisans d'être présents en nombre devant l'hôtel de ville pour accueillir chaleureusement leurs élus et, à l'inverse, faire une « conduite de Grenoble » aux autres. Une attitude, elle aussi, bien peu républicaine, et surtout révélatrice d'une soif de revanche, sinon de vengeance. De manière plus immédiate, cette démonstration de force a pour objectif d'impressionner une Samia Ghali en position de « faiseuse de reine ». Ayant totalisé moins de 5 % des suffrages sur l'ensemble de la ville, mais avec neuf élus dans son secteur, elle va décider de l'avenir de Marseille en s'alliant soit avec la droite, soit avec la gauche.

Dans le droit fil des relations qui furent les leurs lorsqu'il présidait la communauté urbaine, Guy Teissier est toujours persuadé, lorsque la doyenne de l'assemblée ouvre la séance, que Samia Ghali acceptera les propositions qu'il lui a faites. Rien de moins, déjà, que le poste de premier adjoint et quatre adjoints au maire à choisir sur la liste des XVe et XVIe arrondissements. Il prépare son discours triomphal. Pour rien. La stratégie élaborée par Benoît Payan va porter ses fruits.

Après plusieurs interminables suspensions de séance et d'âpres négociations, Samia Ghali n'obtient de ses « amis » du Printemps marseillais que le poste de deuxième adjointe au maire. Suivant l'expression populaire, la messe est dite. Bravo l'artiste ! Payan a réussi là où Michel Pezet et Jean-Noël Guérini, qui pourtant possédaient bien plus d'atouts *a priori*, ont échoué. Il lui reste une marche à gravir pour rejoindre le destin qu'il ambitionne d'écrire.

Au deuxième tour, Michèle Rubirola obtient 51 voix, c'est-à-dire la majorité absolue du conseil municipal. Elle reçoit même la voix de Lisette Narducci, l'ancienne égérie de Jean-Noël Guérini, devenue colistière de Bruno Gilles après m'avoir rejoint en 2014 et s'être comportée en ennemie de l'intérieur comme une maire de secteur souvent irascible, pour finalement retourner au sein de sa supposée « famille d'origine ». Conviction, quand tu nous tiens…

Sortant d'une petite pièce annexe où je suis venu attendre ce moment, j'entre dans l'hémicycle pour remettre son écharpe à celle qui me succède. C'est un geste de respect républicain qui correspond à ma culture et à ma conception de la démocratie. L'expression, aussi, de ma volonté d'offrir enfin toute sa dignité à ce moment fort de l'histoire politique locale.

Le rêve de Guy Teissier s'est évanoui. Il s'offrira une pitoyable consolation, susceptible je l'espère de lui faire évacuer tant d'années d'aigreurs. À l'occasion de la séance suivante du conseil municipal, en juillet, l'unanimité se fait pour me confier la représentation de la ville au sein de l'instance Marseille Espérance, une structure qui rassemble les différentes autorités religieuses, catholiques, islamiques, juives, orthodoxes, protestantes et bouddhistes, afin de contribuer au vivre ensemble du kaléidoscope marseillais.

Michèle Rubirola indique qu'à ce titre Marseille Espérance disposera des moyens humains et matériels pour mener à bien cette mission. Une seule voix s'élève. Celle de Teissier. Se prétendant soucieux des deniers publics, il s'inquiète de savoir si, au titre de ces moyens, figurent une voiture et un chauffeur[1]. Bien sûr, le bon apôtre assure ne se préoccuper que de la protection de la ville au regard du droit et de supposées critiques de la chambre régionale des comptes ! Il est le seul à ne pas participer à un vote acquis à l'unanimité.

Ce tacle misérable, alors que je ne suis plus là pour répondre, trahit surtout la médiocrité de son auteur.

1. Dont j'ai l'usage et que je finance personnellement.

7

Calvaire

L'ultime étape de ce calvaire intervient quelques jours plus tard. Rien n'est encore clair dans ce chemin de croix ponctué de retournements de situation et de recherche d'alliances improbables dans tous les camps. Une situation qui m'évoque la guerre de Sept Ans dans l'histoire de France[1]. Faute d'une réforme institutionnelle qui, en fusionnant la métropole au département comme c'est le cas à Paris[2], en aurait fait une collectivité de plein exercice avec des membres élus au suffrage universel direct, les habitants des 92 communes des Bouches-du-Rhône ont donc, comme en 2014, « fléché » ceux de leurs conseillers municipaux qui les y représentent.

Moins d'une semaine après l'élection des maires, l'assemblée métropolitaine se réunit pour désigner son président. *A priori*, l'avantage est en faveur de la droite républicaine,

1. La guerre de Sept Ans (de 1756 à 1763), conflit majeur de l'histoire européenne, a été la première à être qualifiée de « mondiale ». Elle a concerné la France alliée à l'Autriche, face à la Grande-Bretagne alliée à la Prusse, provoquant un remaniement des empires coloniaux britannique, français et espagnol. Au final, la France a perdu influence et prestige.

2. Le conseil de Paris siège à la fois comme conseil municipal et conseil départemental.

malgré le succès de la gauche à la mairie de Marseille : 92 maires siègent dans cette assemblée où les villes de plus de 30 000 habitants bénéficient de places supplémentaires. Martine Vassal dispose d'un large appui des maires, qu'elle a beaucoup aidés financièrement grâce au conseil départemental. Comme elle a beaucoup aidé la ville de Marseille, au cours des dernières années. Sans surprise, elle retrouve sa présidence avec 145 suffrages dès le premier tour de scrutin.

Jean-Pierre Serrus, maire de La Roque-d'Anthéron, qui avait été un dynamique vice-président de la métropole, en charge des transports, à mes côtés, totalise 22 suffrages. Un score faible au regard des ambitions échevelées de LREM quelques mois plus tôt. Peut-être a-t-on compris, de ce côté-là, que pour être utile à son champion lors de la prochaine élection présidentielle, ce parti doit désormais être présent à chaque consultation. L'avenir le dira.

En coulisses, les négociations sont rudes, notamment avec le pays d'Aix, où Maryse Joissains conçoit toujours l'action au seul bénéfice des territoires. Et d'abord du sien. En réalité, j'observe à la lecture de la composition du bureau, c'est-à-dire du « gouvernement » de la métropole, que la part belle des responsabilités est concédée à des élus non marseillais. Le signe de la « mort » de la métropole, une toute-puissance rendue aux féodalités locales, c'est-à-dire l'illustration d'un émiettement face au retour d'un esprit de clocher et du chacun chez (ou pour) soi. Adieu, l'espérance d'une grande structure fédératrice.

Mon appréhension est malheureusement confirmée avec la fin du chapelet des scrutins, à la fin septembre 2020, lors des élections sénatoriales. Les Bouches-du-Rhône, comme la moitié des départements du pays, renouvellent leurs représentants à la Haute Assemblée. La liste élaborée conjointement par Martine Vassal et Renaud Muselier, en dépit de leur inimitié, avec la complicité intéressée de Patrick Boré, maire de La Ciotat, en témoigne. Le cas de Bruno Gilles étant réglé, la candidature de Boré comme tête de liste s'impose. J'y suis favorable.

Souhaitant passer de l'Assemblée nationale au Sénat, Valérie Boyer occupe la deuxième place. J'approuve sa démarche. Élue et réélue par deux fois dans une circonscription conquise puis détenue près de vingt-cinq ans durant par Roland Blum, Valérie Boyer est une femme de conviction, engagée d'abord auprès de François Fillon puis au sein du groupe Les Républicains à l'Assemblée nationale. Elle saura mettre sa passion au service d'un Sénat encore majoritairement masculin.

L'enjeu est ailleurs, dans le choix du candidat à la troisième place de notre liste, à qui le « poids » de notre famille politique dans le département semble garantir l'élection. Reconnaîtra-t-on ce que notre parti et notre camp doivent à l'action politique qu'Yves Moraine a menée, à la fois à la mairie des VIe et VIIIe arrondissements et comme président du groupe majoritaire au conseil municipal à Marseille ? Sans doute est-il trop brillant et son talent fait-il de l'ombre à certains.

S'abritera-t-on derrière l'argument selon lequel sa présence placerait deux Marseillais en position éligible contre un seul pour le reste du département ? Fallacieux, d'abord parce que ce fut le cas en 2008 et en 2014, ainsi que le souhaitait alors avec force Renaud Muselier. Trompeur ensuite, parce que la droite marseillaise pèse toujours, malgré sa défaite municipale, 400 suffrages environ à elle seule, soit un siège au quotient. Bien que Martine Vassal le propose à Yves Moraine, je crains fort que cette opération ne se concrétise pas. À dire vrai, je n'y ai jamais cru. À raison.

Lors de la constitution de la liste, on n'évoque pas non plus le nom d'Anne-Marie Bertrand. Celle-ci m'a pourtant succédé au Sénat en 2017 et a parfaitement accompli son mandat tant au Parlement que sur le terrain, dans le nord du département.

Maire à trois reprises de Rognonas, conseillère générale de Châteaurenard par deux fois, cette authentique Provençale est aussi la créatrice de la communauté de communes Alpilles-Durance. Elle ne recevra guère d'appel, sinon, tardivement, de Gérard Larcher, le président du Sénat, puis, plus tard encore, de Patrick Boré. Certes, Anne-Marie Bertrand ne souhaitait pas se représenter. La moindre des corrections aurait pourtant été de l'informer de la composition de la liste et de la remercier pour son action politique. Dans le monde dit « nouveau », la politique semble souvent oublier certains principes essentiels !

Les huit candidats de la liste de droite n'en sont pas moins en tout cas des personnalités respectables. Les noms de Martine Vassal et de Renaud Muselier, figurant aux deux dernières places comme suppléants – sinon parrains – de ce cortège, ne manquent pas de sel. Sans doute l'approche des scrutins départementaux et régionaux de 2021 a-t-elle allumé dans leur cœur les feux d'un amour ignoré jusqu'ici.

Ainsi va la vie politique. Et ce nouvel épisode, sans relief, me rappelle la séance du « baiser Lamourette », à l'Assemblée législative le 7 juillet 1792, pendant la Révolution[1]. L'avenir nous révélera la profondeur de sa sincérité. Le scrutin sénatorial lui-même se déroule de manière hors normes en raison toujours de la Covid-19. Le préfet a délocalisé les opérations électorales dans un vaste hall du parc Chanot, la Foire internationale de Marseille ayant été, pour la première fois, annulée. Huit sièges sont à pourvoir, 3 588 grands électeurs des Bouches-du-Rhône sont convoqués et ne peuvent se dispenser de venir voter sous peine de sanction.

1. L'épisode est une tentative de réconciliation proposée par Antoine-Adrien Lamourette, un ecclésiastique, durant le débat sur « la patrie en danger ». Il propose à ses collègues élus de s'embrasser en signe de réconciliation, et provoque un court moment d'union entre les partis.

La liste Les Républicains est conduite par Patrick Boré, sénateur depuis deux mois en raison du départ de la Haute Assemblée de Sophie Joissains, la fille de Maryse Joissains-Masini, la maire d'Aix-en-Provence qui, inquiète du verdict ultime de la justice, s'apprête à lui laisser son fauteuil. Du fait de la défaite municipale à Marseille, la liste est privée de 156 voix par rapport à son potentiel de 2014. Un déficit en grande partie compensé par les conquêtes d'Allauch, de Plan-de-Cuques, de Gardanne et d'Arles. Surtout, elle n'a pas à subir la fronde des maires contre la perspective d'une métropole que je soutenais à l'époque. La liste Boré se classe logiquement en tête avec ses 1 243 grands électeurs, même si son total est inférieur de 104 voix à celui que j'avais rassemblé six ans plus tôt. Elle n'atteint pas son objectif, publiquement affiché, de faire élire quatre sénateurs, voire « cinq avec un peu de chance ». Elle se borne à conserver les trois fauteuils dont notre famille politique disposait jusqu'alors dans les Bouches-du-Rhône.

Les 303 voix rassemblées par le maire de La Roque-d'Anthéron, Jean-Pierre Serrus, au nom d'une République en marche qui n'a conquis aucune mairie et ne compte donc que peu de grands électeurs officiels, constituent un score honorable. Probablement sa liste a-t-elle « mordu » sur le potentiel de la droite républicaine au point de ne rater l'élection d'un sénateur que de 27 maigres suffrages.

Ce n'est pas la seule surprise d'un scrutin marqué par une exceptionnelle et révélatrice abstention de quelque cent grands électeurs et, plus encore, par quarante non-votants qui ne se sont pas déplacés et que la rumeur politique situe plutôt du côté d'Aix-en-Provence. Il en est résulté le sauvetage du seul fauteuil sénatorial dont disposait le Rassemblement national. Une douce revanche pour Stéphane Ravier, que sa défaite municipale dans les XIIIe et XIVe arrondissements de Marseille semblait condamner. Comme paraissait l'être aussi Jean-Noël Guérini, du fait de sa perte du conseil départemental en 2015, de son absence aux dernières municipales et de son interminable saga judiciaire. À la tête d'une liste riche de maires enracinés dans leur terroir, il est aisément réélu, réussissant à rassembler 538 voix. J'y vois la manifestation de fidélités, sinon d'amitiés, nouées lorsqu'il présidait le département. Il a su les conserver, voire les renforcer, grâce à son « labourage » systématique du terrain plusieurs mois durant.

Quant à la gauche, elle totalise certes 987 voix et compte trois élus, dont le premier écologiste représentant les Bouches-du-Rhône au Sénat. Au-delà des chiffres, elle a surtout atteint son premier objectif, dès avant le jour du vote, en réussissant à composer une liste « rose, rouge, verte », nouvelle projection de ce Printemps marseillais qui lui autorise quelques rêves à l'échelle du département et de la région.

Mais la vie politique est une roue où tout est possible, où « jamais » veut dire « pas pour l'instant », où le vaincu garde toujours l'espoir sinon la certitude d'une prochaine victoire et où tout « disparu » est quasi promis à la résurrection. Et à Marseille, cette roue-là n'hésite jamais à devenir folle…

Si j'en suis resté maire pendant vingt-cinq ans, la seule femme à l'être devenue à ce jour, depuis 1789, a jeté l'éponge moins de six mois après son élection. La preuve sans doute du niveau d'engagement, de préparation et d'exigences que requiert cette mission.

À la vérité, la démission de Michèle Rubirola est tout sauf une surprise. La victoire avait été belle pour cette femme médecin que nul n'avait vue venir mais dont la personnalité seule avait permis de fédérer une mosaïque au sein d'un improbable Printemps marseillais. Mais pendant la campagne déjà, sa détermination n'avait vraiment pas semblé absolue et son aptitude pour la fonction encore moins. Pas plus, d'ailleurs, que celle des autres élus de sa majorité ni de leurs projets.

Certes, l'alternance constitue toujours une période parmi les plus délicates. Mais sitôt installée dans le fauteuil de maire, Michèle Rubirola a très vite éprouvé le poids de la charge qui était d'un coup devenue la sienne, la multiplicité et la diversité des responsabilités qui lui incombaient désormais, la nécessité de sacrifier quasiment tout de sa vie personnelle. Et probablement son peu de goût pour pareille tâche, qui impose de conjuguer sans cesse autorité et compromis, de malmener parfois ses propres convictions. Une élection comme un acte manqué, en quelque sorte.

Des ennuis de santé ont probablement convaincu cette femme chaleureuse et sincère de passer le relais plus vite encore qu'elle n'osait même en rêver. Dès l'été, elle envisagera un temps de conduire la liste de gauche aux élections sénatoriales. Trop tard toutefois pour s'y engager à quelques jours seulement du dépôt de candidature.

La tentation lui était venue, elle ne la quittera plus. D'autant qu'elle s'est constamment appuyée, dès le début, sur l'expérience et le savoir-faire de Benoît Payan. Et puis elle a pu observer aussi, depuis son lit d'hôpital, la maîtrise avec laquelle ce dernier a conduit le conseil municipal en son absence. Dès la rentrée, ils avaient dû multiplier les interventions médiatiques conjointes pour tordre le cou aux rumeurs qui, déjà, soulignaient ses propres failles jusqu'à les opposer l'un à l'autre. Effet inverse garanti : plus ils se sont employés à démontrer que ce binôme anachronique fonctionnait bien, moins ils y ont réussi.

Pas sûr que ce roque, comme on dit aux échecs, ait convaincu et satisfait, en décembre, des électeurs marseillais attirés, en mars, par le « Rubirola est là » de leur campagne. Pas sûr non plus que cet épisode n'ait pas ravivé, dans une droite réduite au seul rôle d'observateur impuissant face à cette opération inédite, les plaies de la défaite lors d'une élection imperdable…

Fidèle à l'obligation de silence que je me suis imposée, par respect vis-à-vis de mes successeurs, dès mon départ, je ne l'ai pas commentée et j'ai récusé les multiples sollicitations de journalistes malgré les alibis désobligeants quant à « l'héritage », avec lesquels Michèle Rubirola a essayé de justifier sa démission.

Noël 2020 offre donc un nouveau maire aux Marseillais, dont le nom viendra s'inscrire sur l'ultime cartouche libre au fronton de la salle des pas perdus de l'hôtel de ville. Me voilà maintenant avec un successeur !

La course de relais continue.

8

La faute aux autres !

Toute cette histoire doit beaucoup à quelques personnages obsédés par l'idée d'un destin à l'ombre du Vieux-Port. S'il n'avait pas passé son temps, ces dernières années, à critiquer toutes mes décisions, le plus éminent d'entre eux aurait pu être élu, naturellement, maire de Marseille. Sa recherche permanente du conflit, que je me suis sans cesse appliqué à refuser malgré l'outrance de ses attaques, n'a conduit qu'à la défaite de notre camp. Même dans cette démarche, son attitude n'a jamais été d'une grande cohérence.

Avec son tempérament abrupt et la conviction quasi instinctive que tout lui est dû, Renaud Muselier est donc passé à côté de nombreuses opportunités. Notamment lors de l'élection à la présidence de la communauté urbaine Marseille-Provence-Métropole en 2008. Après avoir téléphoné à quelques-uns des maires qu'il considérait comme les plus importants, et sans considération aucune pour les autres, il a convoqué un certain nombre d'anciens élus appelés à siéger au sein de la nouvelle assemblée pour leur annoncer qu'il leur enlèverait les fonctions qui étaient les leurs jusqu'alors. Bravo ! Un modèle de diplomatie, à n'en pas douter.

Il est allé plus loin encore, ordonnant au directeur général de l'institution de commander, avant même son élection à la présidence de la communauté, un nouveau véhicule de fonction. Et pour faire bonne mesure, il lui a indiqué, lors du même entretien, qu'il ne le conserverait pas à ce poste et s'installerait immédiatement dans son bureau vacant. Habile.

Les conséquences ? Alors que notre famille politique disposait d'une confortable majorité d'une dizaine de voix, le vote fut sans appel. Le socialiste Eugène Caselli eut la stupéfaction d'être élu par 79 voix contre 77 ! Loin de lire dans cet échec, aussi cinglant qu'humiliant, une sanction, Renaud Muselier crut en dénicher les raisons dans une prétendue trahison dont je ne pouvais, évidemment, qu'être le maître d'œuvre !

À dire vrai, je n'ai pas été surpris par cette mise en cause, tant sont difficiles l'autocritique, l'analyse de ses propres faiblesses en vue de comprendre les causes d'une défaite et d'éviter qu'elle ne se répète. Il est tellement plus facile de désigner un bouc émissaire et d'évoquer on ne sait quel complot. Muselier s'est déchaîné aussi bien à Paris que dans des médias locaux, trop heureux d'accréditer une légende porteuse de zizanie. Aucun ne prend la peine d'indiquer que j'ai créé cette communauté urbaine, comme je créerai, plus tard, la métropole, au détriment de mes intérêts électoraux puisque aucun maire du département ne voulait en entendre parler.

J'ai accédé à la demande de Muselier, qui souhaitait prendre cette présidence alors que ma victoire aux municipales de 2008 aurait justifié que je la revendique. Penser que je la lui avais offerte pour mieux l'en priver et le faire battre relève d'une forme de perversion de l'esprit qui n'a, heureusement, jamais été mienne.

Au demeurant, Muselier a adopté une attitude analogue lors de son échec aux élections législatives de 2012 face à Marie-Arlette Carlotti. Il a reproché vivement aux élus des VIe et VIIIe arrondissements la faiblesse de son score dans le VIe, au lieu de reconnaître qu'il avait complètement abandonné cette partie de sa circonscription. La preuve est dans les chiffres[1]. Deux mille voix et 12,5 % des électeurs perdus en un an, bravo la valeur ajoutée ! Là aussi, c'est sans doute la faute des autres.

En 2015, c'est dans sa position favorite d'héritier qu'il obtient sa première fonction exécutive sans passer par les urnes. Ébranlé par sa rude campagne contre Marion Maréchal-Le Pen, Christian Estrosi ne doit son succès qu'au retrait de la gauche au second tour. Il en tire la leçon en quittant peu après la présidence de la région, non sans avoir orienté vers Nice et les Alpes-Maritimes tous les moyens susceptibles de les intéresser. Il abandonne son fauteuil à un Renaud Muselier qui, lors du premier tour de scrutin, n'est arrivé que très loin derrière (17 points) la candidate du FN dans les Bouches-du-Rhône !

J'espérais qu'une fois assouvi son rêve de présidence, il aiderait Marseille. Illusion. La réalisation la plus emblématique qui devait voir le jour, la Cité scolaire et universitaire internationale, indispensable au développement par son attrait pour les cadres d'entreprises, a été retardée pour de ténébreuses raisons. En fait, Renaud Muselier à la région a eu à l'égard de Marseille le même comportement que Jean-Noël Guérini au conseil général : surtout ne jamais rien donner.

Il est même allé jusqu'à retarder, pour qu'elle ne se fasse pas avec moi avant le terme de mon mandat, la signature de la convention qu'il a prétendu avoir initiée afin de soutenir plusieurs de nos projets « verts ». Un budget de 42 millions d'euros qui revient de droit à Marseille. C'était

1. Dans le VIe arrondissement, je réunis 5 448 voix aux municipales de 2014 (soit 42,22 %) alors que Renaud Muselier n'en récoltera que 3 485 (soit 29,7 %) un an plus tard, aux élections régionales de 2015.

la période où, affirmait-il, « Gaudin et Muselier doivent sauver Marseille en 2020 comme ils l'ont fait en 1995 ». La sauver de qui, d'après lui ? Du Printemps marseillais ? De Martine Vassal ? J'ai ma petite idée…

9

De grands-pères en petits-fils

Toutes ces péripéties électorales tiennent beaucoup à l'histoire politique de la ville, qui a longtemps reposé sur un certain nombre de grandes familles aussi discrètes qu'influentes. Le premier maire de Marseille que l'on peut qualifier de « droite » s'est installé à l'hôtel de ville le 3 août 1902. Il s'agit d'Amable Chanot. Le parc accueillant la Foire internationale porte aujourd'hui son nom. Il avait réussi l'exploit politique, quelques années auparavant, de battre le célèbre général Boulanger lors d'élections cantonales. Dans l'équipe municipale de Chanot, en 1912, figurait déjà un membre de la famille Rastoin, une des grandes dynasties marseillaises du début du XXe siècle. Cette présence népotique a duré jusqu'en 1995 ! Il s'agissait en 1912 d'Émile, le père d'Édouard, de Bernard et de Jacques Rastoin ; ce dernier a été premier adjoint au maire de 1953 à 1977 et sénateur des Bouches-du-Rhône de 1966 à 1971.

Olivia Fortin, tête de liste du Printemps marseillais dans les VIe et VIIIe arrondissements, appartient à la famille Rastoin. Son oncle Pierre a siégé au conseil municipal de 1977 à 1986 avec Gaston Defferre puis avec Robert Vigouroux de 1986 à 1995. Le principal exploit de Pierre Rastoin reste sa candidature aux élections législatives de 1993. Petit score, grandes conséquences : privant Michel Pezet des quelques voix qui lui auraient permis de se maintenir au second tour face au FN, il met fin à sa carrière parlementaire et, par contrecoup, favorise celle, largement inespérée, de Bernard Leccia, notre candidat. Seul le long séjour parisien d'Olivia Fortin a pu la parer d'un air de nouveauté dans le paysage marseillais.

Ces dynasties politiques ne sont bien sûr pas propres à Marseille. Il s'en trouve un peu partout en France. « De 1839 à nos jours, le canton de Vézelay aura été représenté sans interruption par un Flandin », a par exemple relevé le sociologue Marc Abélès[1]. Ce phénomène est de toutes les régions, de toutes les époques et de tous les courants politiques. Les communistes ont connu les Laurent comme l'extrême droite les Le Pen, le centrisme a les Barrot. Souvent les étiquettes fluctuent en fonction des vents dominants comme avec les Ceccaldi-Raynaud à Puteaux dans les Hauts-de-Seine, ou les Alduy à Perpignan. La liste serait trop longue pour être reproduite mais, des Abelin aux Zuccarelli, n'avons-nous pas connu les Dassault, Debré, Giacobbi, Poniatowski et autres Wauquiez ?

Je ne me réclame pas de ces héritages. J'ai dû me construire seul et m'imposer sans parrain. J'ai découvert et mesuré la vanité, ou parfois le revers, de certaines ascendances en constatant, par exemple, le traitement réservé à Michel Poniatowski. J'ai entretenu, jusqu'à ses derniers jours, des rapports d'amitié sincère avec lui. Bien des années après mon entrée à l'Assemblée nationale, j'ai demandé au ministre de l'Intérieur de l'époque de le promouvoir officier dans l'ordre de la Légion d'honneur. Jean-Louis Debré a refusé. Il a fallu que je devienne ministre, en 1995, pour qu'il soit promu sur mon propre contingent.

---

1. *Jours tranquilles en 89. Ethnologie politique d'un département français*, Odile Jacob, 1989.

Je sais ce que ces distinctions signifient dans la représentation sociale. Je sais ce que ressentent ceux que l'élite autoproclamée du pays dédaigne, au motif d'un cursus non conforme aux codes. C'est sans doute pourquoi je fais bon accueil aux demandeurs de ces témoignages de reconnaissance, et que j'ai plaisir à les décerner. Si j'en crois mes notes, j'ai soutenu 913 dossiers de postulants au fil de ma carrière et remis 366 médailles, soit de l'ordre du Mérite soit de la Légion d'honneur.

Michel Poniatowski m'a fait l'amitié de me demander de le parrainer. C'est dans l'appartement du questeur de l'Assemblée nationale que s'est déroulée la cérémonie. J'ai commencé mon discours en disant : « Ce soir, la République honore un prince. » J'ai maintenu au fil du temps ces liens d'amitié avec ses deux fils, Ladislas, sénateur de l'Eure, et Axel, qui fut député du Val-d'Oise et président de la commission des Affaires étrangères à l'Assemblée. Il a obtenu cette présidence d'une voix, face à Roland Blum à qui a manqué, curieusement, celle d'un député des Bouches-du-Rhône ! Les fidélités en politique sont souvent fluctuantes. Longtemps maire de L'Isle-Adam, comme son père naguère, Axel Poniatowski a cédé son fauteuil à son fils. Et son épouse, Anne, vient d'être élue maire des Baux-de-Provence avec un certain Jean Reno, l'inoubliable héros des *Visiteurs*, comme adjoint.

En 1965, les élections confirment Jacques Rastoin comme premier adjoint. Comme il est déjà à la fois chef d'entreprise et président de la Caisse d'épargne et de prévoyance des Bouches-du-Rhône, c'est Madeleine, son épouse, qui dirige la famille. À la mairie, contrairement à Théo Lombard, il n'est jamais parvenu à s'imposer comme un chef susceptible de contester le leadership de Gaston Defferre. Ce qui est d'autant plus regrettable que les centristes avaient enfin obtenu plus d'élus que les socialistes. Dans un tel contexte, ce n'est pas sans amusement que j'ai vu, en mai 1968, Jacques Rastoin, détenteur de l'une des plus grandes fortunes marseillaises, défiler sur la Canebière derrière le drapeau rouge de la contestation !

Non seulement Rastoin ne tente pas d'exploiter le nouveau rapport de force au sein de la majorité municipale, mais ses collaborateurs vont prendre consciencieusement leurs consignes auprès de Jean Calvelli, le tout-puissant directeur de cabinet du maire. Fonctionnaire municipal devenu secrétaire départemental de la SFIO[1] dans les années 1930, avant d'entrer en résistance et d'être déporté à Buchenwald, Calvelli constitue un passage obligé pour tout dossier. Cette puissance est illustrée lorsque Gaston Defferre doit trancher un litige entre l'ancien préfet Biguet et le tandem Calvelli-Simone Orsoni. Biguet a été recruté par le maire pour devenir secrétaire général à l'expansion de la ville, c'est-à-dire dessiner les projets d'avenir. En conséquence, il ne peut qu'égratigner les situations établies. Emportée par son caractère, la fidèle secrétaire du maire, Simone Orsoni, se laisse aller à le gifler en public. C'est pourtant Biguet qui est désavoué. Il se suicidera d'une rafale de mitraillette, en raison surtout de la maladie incurable qui le rongeait.

Il n'en demeure pas moins que lorsque, en 2001, dans la perspective des élections municipales, le journaliste du *Monde* Michel Samson vient effectuer un état des lieux du renouveau marseillais, il constate que la ville « change, investit, bâtit » et il en donne pour preuve que, « pour la première fois depuis 1953, il n'y aura plus de Rastoin à la mairie ».

Le 21 mars 1965, j'entre justement pour la première fois au conseil municipal, dirigé alors d'une main vigoureuse

1. Section française de l'Internationale ouvrière, parti qui deviendra plus tard le PS.

par Gaston Defferre. Jean Masse est là, continuateur d'une autre dynastie politique ; elle règne sur Château-Gombert depuis le bar familial implanté sur la place de ce « village » marseillais. Son père, Marius, a été l'adjoint d'Henri Tasso entre 1935 et 1939. Et dans le droit fil de cet exceptionnel népotisme politique, son fils Marius, à partir de 1981, puis son petit-fils Christophe lui ont succédé tant à l'Assemblée nationale qu'au conseil général dont il avait assuré la présidence en 1957. Avec quelques zigzags parmi les multiples chapelles de ce qui reste du socialisme local, moins de bonheur en matière électorale et, surtout, moins de présence oratoire, sa petite-fille assure aujourd'hui la pérennité du nom au sein du conseil municipal.

Attaché à son terroir et élu de proximité par excellence, comme on dit aujourd'hui, Jean Masse était l'un des « poids lourds » de la vie politique marseillaise. Si « lourd » même, que « Gaston », comme l'appelaient les Marseillais, avait cru habile de l'enrôler comme suppléant lorsqu'il s'était réfugié dans une circonscription extérieure à Marseille, pour fuir la « vague bleue » annoncée lors des élections législatives de 1958. En vain. Personnage au physique imposant et à la voix de stentor, Jean Masse possédait un verbe truculent qui caractérisait bon nombre d'élus du peuple de l'époque.

Ainsi interpella-t-il un jour l'archevêque de Marseille, Mgr Georges Jacquot, lors de l'apéritif qui suivait l'inauguration de l'église de la Bourdonnière : « Monseigneur, vous ne m'avez pas oublié, vous m'avez béni des pieds à la tête ! » Son costume immaculé portait en effet la trace de l'eau bénite dont le prélat l'avait abondamment aspergé. Celui-ci ne se laisse pas démonter et rétorque : « C'est vrai. Mais pour l'instant, je vous exorcisais seulement ! »

« Massiste » plus encore que « defferriste » ou socialiste, Jean Masse a donné l'impression, pour la campagne municipale de 1965, de s'engager aux côtés de Daniel Matalon, dont il partageait le bureau au Palais-Bourbon, et de François Billoux, dans une stratégie d'union de la gauche contraire aux choix politiques de Defferre. Il a abandonné par crainte, sans doute, d'être privé du soutien actif du *Provençal*. Est-ce un effet de la mémoire ? Lorsque Jean Masse, adjoint au maire chargé de la voirie, est attaqué bien des années plus tard pour ses liens avec une importante société de revêtement routier, Gaston Defferre ne renonce pas seulement, le matin même, à lui remettre la rosette de la Légion d'honneur : au dernier moment il interdit au préfet Pierre Somveille de le décorer. Quant aux petits fours commandés pour la circonstance, ils ont fait le bonheur des huissiers de la préfecture !

Jean Masse m'a confié, un jour, la souffrance qui fut la sienne d'avoir dû répondre à la convocation d'un juge d'instruction. Il a répliqué à l'affront que lui avait infligé Defferre en se faisant remettre sa décoration par Paul Ricard. Cet ennemi déclaré du maire, j'ai eu l'honneur de le faire commandeur de la Légion d'honneur lorsque je suis devenu ministre, comme je l'ai fait pour le professeur Pierre Pène, maire de Carry-le-Rouet, et pour Jean-Claude Beton, le fondateur d'Orangina.

À l'aube du XXIe siècle, les Masse sont toujours présents sur le théâtre marseillais ! Sollicité par ses amis, Marius accepte de se dévouer pour m'affronter au nom des socialistes lors des élections municipales de 2001. Il s'apprête à transmettre son écharpe de député à son fils, comme lui-même l'a reçue de son père et ce dernier de son propre père. Rien d'étonnant donc, s'il choisit, pour déclarer sa candidature, le bistrot de Château-Gombert, sous le portrait de Raimu et de ses compagnons de belote immortalisés par Marcel Pagnol.

Avec les dynasties locales, de droite comme de gauche, dont la tradition s'est poursuivie avec les Guérini et, aujourd'hui, les Jibrayel, l'une des autres légendes marseillaises qui colorent la vie politique concerne la criminalité. Après Amable Chanot, le député de droite Eugène Pierre devient maire. Il le reste durant la Première Guerre mondiale, du 18 juin 1914 au 9 décembre 1919. Quand le docteur Siméon Flaissières, redevenu maire à cette date, démissionne en 1931, c'est le docteur Georges Ribot, de la tendance « Toujours à gauche », qui lui succède, jusqu'en 1935. Affable, courtois mais peu habile sur le terrain politique, il concède l'essentiel du pouvoir municipal à son premier adjoint, Simon Sabiani. Un homme dont le nom figure dans la légende noire de la vie politique marseillaise.

Implanté dans les quartiers qui entourent le port, Sabiani entame sa carrière, en 1929, comme député communiste. Il la termine dans une collaboration intense aux côtés de Jacques Doriot, le fondateur du Parti populaire français. Il le rejoint à Sigmaringen, en compagnie de Laval, de Céline et de Pétain. Condamné à mort par contumace, il part en Argentine puis en Espagne et ne revient jamais à Marseille. Au-delà de toute appréciation morale ou politique, l'honnêteté intellectuelle impose de relever la dimension politique assez exceptionnelle de ce personnage doté d'un charisme rare. Ami des célèbres truands Carbone et Spirito, « patron » tout-puissant du quartier du Panier, Sabiani savait rassembler des foules. Elles l'ont suivi au mépris des contorsions de sa trajectoire politique. Au premier rang de ses fidèles figurait, bien évidemment, la diaspora corse dont il était une vivante icône. « *L'aiu vistu, Sabiani ?* » était le sésame pour tout nouvel arrivant de l'île de beauté, la promesse d'un logement et d'un emploi.

De dynastie Gaudin, il n'y avait guère, et mes premiers pas dans la vie publique s'apparentent plutôt à ceux d'un « Petit Chose » de la politique. L'histoire commence un beau matin de 1956. Je dispute une languissante partie de foot avec mes copains sur la place Robespierre, que les Mazarguais appellent encore place du Marché, lorsque se produit un événement apparemment anodin. Anodin pour tout le monde sauf pour moi, car il va orienter définitivement ma vie.

Arrivent en effet deux tractions, ce modèle mythique de Citroën qui exerce sur moi une véritable fascination. Plusieurs personnes en descendent, qui s'affairent, installent un micro sur pied et se retrouvent rapidement entourées de Mazarguais que j'ai l'habitude d'apercevoir à la messe, le dimanche. Ce manège m'intrigue, je demande ce qui se passe. « C'est Germaine Poinso-Chapuis qui est en campagne électorale pour les législatives », m'explique-t-on.

Germaine Poinso-Chapuis ! Je suis émerveillé. À table, à la maison, mes parents ne parlaient d'elle qu'avec déférence et admiration. Avocate de son état, elle avait été la première femme ministre après la Libération. D'autres femmes, certes, avaient siégé dans des gouvernements de la IIIe République mais aucune n'avait jamais été élue députée, comme elle, ni ministre de plein exercice. Il faut dire que le droit de vote et l'éligibilité des femmes dataient seulement de 1945 !

Ce jour-là, elle arrive sobrement vêtue d'une robe noire. Elle porte pour toute fantaisie un ample collier de perles. Les bras croisés devant le micro, style ORTF de l'époque, elle s'exprime avec conviction. Sur quoi ? Peu importe. Je suis subjugué. Si le virus de la politique me taraudait inconsciemment déjà, il s'affirme alors brutalement.

« Si c'est ça, la politique, je voudrais faire de la politique ! dis-je à mon père, sitôt rentré à la maison.

– C'est bien d'avoir écouté Mme Poinso-Chapuis, me répond-il. Car tu vois, c'est pour elle que nous allons voter dimanche, avec ta mère. »

Quand j'apprends qu'elle n'a pas été réélue, ma déception est immense. Cette femme de grande envergure, qui a fait voter des lois majeures en faveur de la protection de l'enfance, a continué longtemps à s'investir au service des handicapés profonds et des personnes en difficulté. Mais elle n'a jamais retrouvé le chemin du Palais-Bourbon et ne siégera plus que trois ans au conseil municipal de Marseille.

Mon père m'ouvre une autre voie : « S'il n'y a plus Germaine Poinso-Chapuis, il y a un autre député que je connais un peu. Il s'appelle Henry Bergasse. Lui a été élu. Tu devrais aller le voir. » Me Bergasse est membre du CNI[1]. J'avais appris, à la lecture du *Méridional*, qu'il avait l'habitude de tenir réunion avec ses amis, chaque lundi, au 7, quai de Rive-Neuve, avant de partir pour l'Assemblée nationale.

À quoi bon brosser la légende fictive d'un adolescent pétri de certitudes définitives, plus de soixante ans après ? À seize ans, je n'avais ni vision ni convictions politiques aiguisées. Mon père m'aurait suggéré de rejoindre le MRP que mon enthousiasme eût été identique. Il m'a orienté vers le CNI d'Antoine Pinay, qui vivait alors ses plus grandes heures. J'en ai fait mon parti.

Un lundi, je m'enhardis et me rends à cette adresse. J'y suis retourné bien des fois, restant discrètement à observer, à écouter et à apprendre. Ce lundi-là, Henry Bergasse me demande qui je suis. « Le fils du maçon de Mazargues. » L'accueil, si surprenant que cela puisse paraître, est amical. Mon assiduité aidant, on m'invite à dîner, à quelques mois de là, avec Henry Bergasse et ses collaborateurs. Je le suis ensuite pour leur repas du lundi soir, dans un restaurant du quartier de l'Opéra, au cœur de Marseille.

Invité, je le serai, plus tard, au déjeuner qui réunit l'ensemble de notre groupe, une fois par mois, au Club du Vieux-Port. Invité n'est pas tout à fait le terme approprié : aucune de ces personnalités installées dans la vie n'a jamais

1. Centre national des indépendants.

pensé à me faire rempocher le billet, important au vu de mon maigre salaire d'enseignant, qui correspondait au règlement de mon repas. Un repas que, le plus souvent, je n'entame même pas, contraint par l'horaire de quitter la table pour rejoindre le lycée et mes cours de l'après-midi. Qu'importe : à dix-neuf ans, je milite au sein d'une équipe de jeunes où je retrouve notamment Jean-Pierre Fouque ou Jean-Michel N'Guyen. Notre enthousiasme est sans limite et nous multiplions les initiatives.

Chaque mois, nous organisons des dîners-débats autour de diverses personnalités, députés ou sénateurs le plus souvent. Nous participons à toutes les grandes réunions politiques et nous essayons d'être actifs dans les comités d'intérêt de quartier regroupés au sein d'une confédération reconnue d'utilité publique depuis plus d'un siècle. Les années passent, rythmées par des échéances où je mets systématiquement ma fougue au service des candidats de mon camp, de réunion publique sous un préau en rassemblement militant dans un bistrot, de rédaction de dépliants en diffusion de tracts. C'est un excellent apprentissage.

J'ai même l'occasion, lors des élections législatives de 1958, de prendre pour la première fois la parole en public ! C'était au bar de l'Arrêt, rue Émile-Zola à Mazargues.

Qu'ai-je dit ce jour-là, alors que la IVe République s'effondre et que la guerre d'Algérie commence à peser sur l'ensemble de la vie des Français ? Je ne m'en souviens évidemment plus. Je me souviens, en revanche, de la réaction compréhensive mais ferme de mon père à la table familiale. « Ne néglige pas tes études, elles te seront nécessaires pour ce que tu veux faire, m'enjoint-il, désireux de modérer mon ardeur sans chercher à me décourager pour autant. Il y a un temps pour tout… »

Celui de l'aventure politique s'annonce.

10

Mazargues

C'est dans ma maison de Mazargues, celle que Claude Gaudin, mon père, artisan maçon, a construite de ses mains, que je travaille. Et que j'écris. Si elle a été réaménagée, le cèdre est toujours là. J'ai poursuivi ce lent travail de mémoire à Saint-Zacharie, dans la « maison du succès ». Une vie publique qui n'est qu'une des dimensions d'une vie, puisque chacun de nous porte en lui de multiples combats, tisse des fils divers qui, en s'enchevêtrant, constituent une aventure humaine singulière.

Mazargues est l'un des cent onze noyaux villageois qui constituent la ville de Marseille, dont les limites ont été arrêtées au lendemain de la Seconde Guerre mondiale[1]. Cette spécificité marseillaise demeure vivace. La preuve en est qu'à Mazargues, par deux fois, a été organisé un rassemblement de ceux qui sont restés au village. En 2010, nous étions une cinquantaine à fêter nos soixante-dix ans. L'un de mes meilleurs amis, Jean-Claude Di Salvio, nous a quittés définitivement quelques jours plus tard, comme nous le redoutions. Comme Jean-Michel N'Guyen, un autre ami fraternel, parti quelques années auparavant et qui, pour m'être agréable, a présidé le Cercle catholique Saint-Pierre

1. Décret n° 46-22.85 du 18 octobre 1946.

de Mazargues, l'un des groupements fondés au XIXe siècle par les députés Albert de Mun et René de La Tour du Pin en faveur des ouvriers catholiques. Il existait deux autres cercles à Mazargues, un cercle républicain qui a disparu au début du XXe siècle et le cercle laïque, fondé en 1903, qui demeure sous la forme d'un bar tout en longueur où se retrouvent nombre de mes anciens copains.

J'entretiens des relations régulières avec ces amis de jeunesse. J'ai essayé, au long de ma vie publique, d'apporter un peu d'aide à ceux qui l'ont souhaité, pour eux ou pour leurs enfants. Je n'y ai pas toujours réussi mais je m'y suis employé chaque fois, du fond du cœur. Je suis sensible à l'amitié qu'ils n'ont cessé de me témoigner. Tout au long des premières étapes de ma vie politique, Jean-Michel N'Guyen a été l'un de mes plus fidèles compagnons, toujours présent dans les moments difficiles. Il a partagé le pain noir mais n'était plus parmi nous lorsque a sonné l'heure du pain blanc. Il possédait les qualités qui lui auraient permis, s'il l'avait voulu, de faire une carrière politique.

Mazargues est mon port d'attache, mon quartier, mes racines. Autour de son clocher, j'ai vécu une enfance et une adolescence heureuses, dans un bonheur familial paisible. Pourtant, ma venue au monde ne s'est pas effectuée sous les meilleurs auspices. Le 8 octobre 1939, profitant de la faiblesse des démocraties, Hitler a déjà annexé l'Autriche depuis plus d'un an, démembré la Tchécoslovaquie après s'être emparé des provinces sudètes et oublié les accords de Munich qui valurent à Neville Chamberlain et à Édouard Daladier la sentence prémonitoire de Churchill : « Ils devaient choisir entre le déshonneur et la guerre, ils ont choisi le déshonneur, ils auront la guerre. » Les troupes allemandes sont entrées depuis un bon mois en Pologne et s'apprêtent à dévorer l'Europe.

Ce dimanche-là, Paris et Londres refusent à Hitler de

négocier sur les bases qu'il propose. « La paix de Hitler n'est pas la paix », affirme la France, dont les chefs militaires ont rencontré, la veille, leurs homologues anglais. *Paris-Soir* publie la photo de sir Cyril Newall, le chef de l'armée de l'air britannique, serrant la main du général Vuillemin, comme pour affirmer la communauté de vues des deux nations. La veille, Édouard Benès, président du gouvernement provisoire tchécoslovaque, est arrivé à Paris. Le monde tremble et retient son souffle.

Dans l'immédiat, ce dimanche 8 octobre 1939, Claude, mon père, doit revenir dare-dare de sa partie de pêche dans la calanque de Sormiou au chevet de la parturiente. Il accourt. Tardivement. Sans doute a-t-il fêté l'heureux événement avec un peu d'ardeur sur le chemin, du moins au goût de son épouse, qui le sermonne copieusement quand il arrive enfin, ravi, à son chevet. Cet « heureux événement » doit être compris, pour lui, dans son sens premier. Il a quarante ans et Marie-Louise née Piquenot, ma mère, trente-quatre. En ces années 1930, il semble bien tard pour procréer. Après une première fausse couche, cet enfant tant attendu prend enfin corps. Il peut le saisir dans ses bras. Par la suite, constatant parfois ma solitude, ma mère évoquait le passé en me disant : « Tu aurais eu une sœur. »

De la France et de Marseille sous l'Occupation, je ne garde en mémoire que le bombardement du 27 mai 1944. Les Américains comptaient bloquer ainsi le port et la gare. Je revois ma mère, un ruban tricolore dans les cheveux. Et j'entends mon père nous enjoindre de nous tenir dans les angles de la maison. L'artisan maçon connaît les points de résistance d'un bâtiment. Le vacarme est assourdissant bien que Mazargues elle-même ne soit pas bombardée. À sept ou huit kilomètres de là, à Saint-Charles et sur le boulevard National, près de quatre mille morts sont dénombrés.

Une autre image demeure gravée dans mon esprit. Celle

des goumiers entrant à cheval dans Mazargues, à la Libération, coiffés de leur turban. Je n'avais jamais vu autant de cavaliers. Le martellement des sabots sur les pavés du boulevard de la Concorde résonne à mes oreilles dès que je me remémore la scène.

L'histoire de Mazargues, indépendant de Marseille sous l'Ancien Régime, est liée à celle des familles qui le possédèrent. Les Durand de Pontevès, par exemple, dont l'un des héritiers a provoqué le soulèvement des Mazarguais en prétendant leur supprimer le droit de chasse. Les d'Ornano, lignée issue du mariage tragique entre le *condottiere* corse Sampiero Corso et Vannina d'Ornano. Après s'être battu pour le compte de la Florence des Médicis, le Corse s'est mis au service de François Ier afin de se dresser contre la république de Gênes à laquelle, en revanche, son épouse est demeurée fidèle. En conséquence, Sampiero Corso condamne sa femme à mort et, à la demande de cette dernière, procède lui-même à l'exécution en l'étranglant de ses mains. Si on peut comprendre que son fils, Alphonse, ait choisi de porter le nom de sa mère, par un paradoxe de l'histoire, c'est au service de la France qu'il combat et obtient le maréchalat. Un parcours suivi jusqu'à la dignité de maréchal de France par le représentant de la génération suivante, Jean-Baptiste.

Il y eut aussi les Gantel-Guitton, qui ont le tort de posséder Mazargues au moment de la Révolution mais la chance de parvenir à s'enfuir lors du pillage du château. Sans oublier François Adhémar de Monteil de Grignan, duc de Termes et de Campobasso, dont ma collègue de l'Académie de Marseille, Jacqueline Duchêne, a écrit la biographie[1]. La mère de son épouse, Mme de Sévigné, a effectué de nombreux séjours au domaine Bel Ombre. L'abbé Marius Ganay

1. *François de Grignan*, Éditions Jeanne Laffitte, 2008.

en a rédigé un minutieux récit[1]. De Mazargues, enfin, je ne peux manquer d'évoquer la paroisse. Pas seulement parce que j'ai été élevé dans la foi chrétienne : l'église est le cœur et peut-être l'âme du village. C'est autour d'elle que s'ordonnait la vie collective, c'est devant elle que nous nous retrouvions pour nous amuser, enfants. Elle a, elle aussi, une histoire. L'ancien lieu de culte se situait à l'emplacement du Cercle Saint-Pierre, sur le site industriel devenu celui de la société d'Élie Gilles. Construit entre 1849 et 1851, l'édifice actuel a été consacré par Mgr Eugène de Mazenod, qui était également sénateur et dont l'Église a fait un saint. On peut y voir un remarquable tableau peint à même le mur par un curé de Mazargues, l'abbé Roubieu, qui représente saint Joseph mourant dans les bras de Jésus et de Marie sous un envol impressionnant de phalanges célestes.

Dans cette église figure également le souvenir d'une centaine de Mazarguais morts au combat, soit en 1914-1918, soit en 1939-1945. Parmi eux, Gabriel Gaudin, l'oncle de mon père, qui lui a appris le métier de maçon. Il a disparu au début de la Grande Guerre, en 1915. Le nom de Gaudin est gravé une seconde fois dans cette église, où l'électrification des cloches fut réalisée dès 1933. À leur renouvellement, trente ans plus tard, la grande cloche Gertrude eut pour parrains Mlle Baptistine Castiglione, directrice de l'école catholique, et Arlès des Arnas. La seconde eut pour marraine ma tante, Thérèse Gaudin, et pour parrain le docteur Alexandre Ranque, grand résistant et fondateur, à Marseille, de la transfusion sanguine.

Dans le chœur, la croix centrale est l'œuvre du père André Gence, auquel on doit aussi le grand vitrail de l'hémicycle du conseil régional Provence-Alpes-Côte d'Azur. J'ai cependant regretté qu'on enlève une tapisserie

1. *La Poétique Histoire de Mazargues*, 1986.

de Valère Bernard représentant le Christ, Dieu le Père et les apôtres. Le père Barrucand et la communauté du Chemin neuf font vivre la paroisse et sont très appréciés par l'ensemble des habitants du quartier. J'ai eu plusieurs fois l'occasion de le dire à l'ancien archevêque, Mgr Georges Pontier, et au nonce apostolique, à Paris.

Une autre anecdote circule parmi les témoins de cette *Poétique Histoire de Mazargues* dont l'abbé Ganay a été le chantre enflammé. Au carrefour des VIIIe et IXe arrondissements se trouve la résidence des Petites Sœurs des pauvres, une congrégation connue qui symbolise l'entrée de Mazargues. Une boulangerie y remplace la guinguette qui appartenait au maître Valentin Jean-Baptiste Gaudin vers 1835. Ce dernier avait servi dans le corps des lanciers au temps de l'Empereur. Fier de son passé, il n'avait de cesse de raconter à ses clients ses exploits, véritables ou supposés : « Quand j'étais… » Aussi, pour le distinguer des autres Gaudin du pays, les gens de Mazargues ne l'appelèrent plus autrement que « le lancier ». Un habile peintre local, M. Comte, voulut immortaliser l'épopée et s'en alla un soir au clair de lune peindre facétieusement un magnifique lancier à cheval sur l'enseigne de Gaudin, donnant ainsi son nom au quartier !

Mazargues était alors un véritable village, ancré en pleine nature et aux portes de Marseilleveyre. Il a fallu attendre l'ouverture de voies d'accès et, notamment du tramway en 1903, pour que le rapprochement avec la ville s'accélère. Champs, prairies, pinèdes, tous ces lieux étaient facilement accessibles à un coût peu onéreux. Aussi, de nombreuses familles italiennes qui avaient fui le fascisme et opté pour la nationalité française s'y sont installées dans les années 1930, créant de fait une « agriculture interstitielle ».

C'est à la fin de la Seconde Guerre mondiale que l'urbanisation gagne ces territoires. Les maraîchers revendent les propriétés acquises deux décennies plus tôt, les plus anciens réussissant de belles opérations financières, les plus jeunes partant s'installer autour de l'étang de Berre. Mazargues connaît sa première mutation en profondeur. Une transformation marquée aussi par la disparition du camp d'hébergement des Juifs à la Cayolle et le transfert de celui des Arméniens vers Sainte-Anne. Au début des années 1970 s'ouvre enfin la belle avenue de Hambourg.

11

À l'ombre de l'Empereur

Il y a presque quarante ans, je m'étais déjà isolé afin de coucher sur le papier les raisons profondes et la signification du combat que j'allais engager : la conquête de la mairie de Marseille[1]. Aujourd'hui, il me faut tirer le bilan de cette aventure tant personnelle que collective. Ne pas livrer son témoignage revient à laisser à d'autres le soin d'écrire cette histoire. Or, tous ne sont pas bien informés voire bien intentionnés. À l'époque, je m'étais installé dans le « cabanon de l'ânier », que mon père louait dans la calanque de Sormiou, l'une des deux, avec celle de Morgiou, qui se trouvent sur le territoire de Mazargues, dans le IXe arrondissement, dans le sud de Marseille. Pour être ouverte à tous, elle est privée et appartient au patrimoine des Buzonnière, une vieille famille de l'aristocratie locale. Un gérant, André Pacitto, dont le père a été élu avec moi lors de mes premiers mandats, est chargé de récupérer les loyers des cent vingt cabanons et se démène sans relâche pour garder cohésion et authenticité à ce coin de paradis menacé par l'affluence touristique, l'été.

Lorsque, en 1979, un immense incendie a balayé la calanque de Morgiou, contraignant les cabanoniers épuisés

1. *Une passion nommée Marseille,* Albin Michel, 1983.

à évacuer par la mer, j'ai téléphoné à Gaston Defferre. Avec sa sécheresse et son absence d'empathie coutumière, il me répond : « C'est vous le député, faites ce que vous voulez ! »

Je conseille donc aux sinistrés de reconstruire vite, avant que l'administration ne vienne s'en mêler. Je pensais, avec naïveté, avoir été compris. J'imaginais des reconstructions à l'identique. Je n'avais pas envisagé que tous allaient profiter de l'aubaine – qui en élevant un étage, qui en agrandissant sa parcelle de manière parfois spectaculaire. Quand les services de l'État sont entrés dans la danse, les positions étaient acquises. Je dois reconnaître que les préfets successifs ont conservé le dossier sous le coude, histoire sans doute de ne pas remettre le feu à la pinède.

À la suite de cet épisode, je suis devenu rapporteur de la commission d'enquête de l'Assemblée nationale sur les feux de forêt. Dans le cadre d'une de nos missions, je survole en hélicoptère le secteur de Prades, dans les Pyrénées-Orientales, d'où nous vient le Premier ministre Jean Castex. Je suis accompagné par André Tourné, député communiste du cru. Ancien des Brigades internationales pendant la guerre d'Espagne, blessé en Alsace en juin 1940, entré dans la Résistance à Lyon, il prend la direction des Francs-Tireurs et Partisans (FTP) sous le nom de Lepetit. À nouveau blessé lors de combats en août 1944, il est amputé de l'avant-bras gauche et porte un crochet à la place. Durant notre périple, il me parle d'un autre résistant, démocrate-chrétien celui-ci, Noël Barrot, qui fut député MRP[1] sous la IVe République. Il s'agit du père de Jacques Barrot, plusieurs fois ministre, en particulier dans les gouvernements de Raymond Barre. Quand André Tourné m'explique avoir fermé les yeux de Noël Barrot, je ne peux éviter d'observer son crochet avant de lui demander : « Comment avez-vous fait ? »

1. Mouvement républicain populaire.

La crique de Sormiou, creusée dans le calcaire, a des allures de fjord miniature. Elle est demeurée presque intacte au fil des décennies et j'éprouve un pincement au cœur chaque fois que je redécouvre, depuis le château, le contraste entre le vert cru de la végétation et les eaux turquoise de la Méditerranée. À gauche du petit port, je sais que le cabanon est toujours debout. C'est là que mon père pêchait à l'heure où ma mère me mettait au monde. C'est en raclant ces rochers qu'il nous rapportait, de temps à autre, une araignée de mer qui faisait mon bonheur. Il a souvent tenté de m'initier à cet art de vivre, sans succès. Je préférais jouer dans les rochers avec les copains de Mazargues. Encore qu'en réalité, je sois demeuré un enfant plutôt solitaire et introverti.

Si j'ai déçu les ambitions paternelles dans le domaine sportif, que ce soit avec le tennis, la natation ou plus encore la plongée sous-marine où il aurait apprécié que je m'investisse, je les ai satisfaites au-delà de ses espérances sur le plan social. Il ne m'a malheureusement connu ni sénateur, ni maire et encore moins ministre, mais il a accompagné mes campagnes législatives. Lorsque je viens le voir à l'Institut Paoli-Calmettes, au soir du second tour des législatives de 1988, pour lui annoncer ma victoire, la religieuse servante de Marie qui le veillait me dit : « Nous avons déjà bu le champagne. » Il s'est éteint peu après en ayant demandé à être inhumé vêtu d'un des tee-shirts « Avec Jean-Claude Gaudin » que portaient les militants lors des campagnes électorales.

Ma mère, en revanche, m'a vu ceindre l'écharpe de maire. Lorsque je me présente dans la salle des délibérations de l'hôtel de ville pour la séance d'élection, avant de rejoindre les bancs de la droite je me dirige vers elle pour l'embrasser. Elle aussi a contribué à l'aboutissement de ce parcours. Outre son travail d'employée de maison, elle gérait la comptabilité de l'entreprise familiale et savait se montrer âpre au gain. Il faut dire que mon père, qui a travaillé jusqu'à soixante-dix ans, a dû mener sa barque sur une mer agitée. L'instauration des quarante heures et des congés payés, en 1936, a constitué un obstacle qui lui a paru, un temps, infranchissable. J'ai souvent entendu, à la table familiale, ses lamentations à ce propos.

Derrière ce matriarcat, cette apparente dureté, se cachait sa volonté de m'appuyer dans mes ambitions, de me soutenir financièrement. « Tu auras les maisons de Mazargues », me répétait-elle. Quand est venu le temps d'en prendre possession, c'est en les vendant et en contractant un prêt auprès de l'Assemblée nationale que j'ai pu faire l'acquisition de Saint-Zacharie. Avec le même engagement farouche, elle a suivi non seulement mes campagnes électorales mais l'ensemble de ma carrière, témoignant d'une rancune tenace contre quiconque se permettait d'élever des critiques à mon endroit. Lorsque, devenu parlementaire, j'ai commencé à effectuer des séjours prolongés à Paris, chaque matin elle me téléphonait pour me lire ce qui pouvait m'intéresser dans *Le Méridional*. Elle repérait en particulier, parmi les avis de décès, les familles auxquelles il convenait que j'adresse des condoléances.

Ces calanques qui nous ont abrités nous faisaient tourner le dos à la ville, à ce Marseille qui constitue un autre univers que le nôtre, au sein duquel nous vivons en autarcie. Elles possèdent leur histoire. L'abbé Ganay prête leur cadre grandiose à deux événements, l'un historique, l'autre (sans doute) romancé. En voyage en Provence en novembre 1622, Louis XIII vint à Morgiou pêcher le thon. L'étroitesse de la calanque facilitait l'organisation de cette distraction royale par la prud'homie des pêcheurs de Marseille. La légende retient que la trompette royale sonna vingt-cinq fois pour célébrer chaque prise. La petite histoire précise que le souverain connut bien des difficultés pour planter, sur le dos des malheureux poissons, le trident d'argent surdoré qui lui avait été offert. Qu'importe, chasseur autant que pêcheur, Louis XIII pousse le lendemain jusqu'à l'île de Riou afin d'y visiter les fauconneries royales.

Plus tard, le 2 ventôse de l'an II, c'est-à-dire le 27 février 1794, le jeune Bonaparte, qui vient d'arracher Toulon, sa rade et son arsenal aux Anglais, rejoint la cité phocéenne où les patriotes marseillais ont demandé à le voir. Il passe devant le fortin de Morgiou, négligeant ses occupants et ignorant que le destin mettrait une nouvelle fois leur chef, Hudson Lowe, sur son chemin, une vingtaine d'années plus tard, lorsque celui-ci sera son geôlier à Sainte-Hélène. Pour l'heure, les Anglais n'ont d'autre préoccupation que de quitter le cap au plus vite, en jetant leurs canons à la mer pardessus la falaise. C'est le commandant Cousteau qui les a retrouvés et remontés à la surface. On peut les voir aujourd'hui au Club de la mer de la calanque de Sormiou.

Mazargues et Napoléon semblent unis par un lien particulier. C'est dans les collines de Marseilleveyre que se serait nouée, en 1793, l'idylle du jeune Bonaparte avec Désirée Clary, avant qu'elle n'épouse Bernadotte et ne devienne, à Stockholm, une reine de Suède nostalgique des pinèdes de sa jeunesse. C'est ici, au château Saint-Joseph, qu'il choisit de placer en résidence – très – surveillée le roi d'Espagne, Charles IV, après l'avoir dépossédé de son trône lors du traité de Bayonne.

Le château n'est qu'à deux pas des Aygalades où demeurait alors Barras, lié aux Anglais. Trop lié à eux pour que Napoléon prenne le risque d'une conspiration. Il fait donc exiler Barras à Rome et assigne Charles IV à résidence au cœur même de Marseille, dans l'actuel lycée Montgrand. L'ancien souverain y passe ses nuits, avec sa femme et ses deux enfants, mais durant la journée il a le loisir, le matin, de prendre les eaux à la source thermale des Camoins et de bénéficier, l'après-midi, du château dit maintenant du Roy d'Espagne.

Royal bien au-delà de son seul statut, Charles IV distribue volontiers de l'argent aux nécessiteux lors de ses visites à travers la ville. Superbe, il refuse même l'évasion à bord d'une frégate ancrée près du château d'If que lui ont organisée ses partisans. L'amiral anglais qui commande la petite flottille venue le chercher a en effet opposé son veto à l'embarquement de Manuel Godoy, ministre et favori du roi. Charles IV ne veut pas abandonner l'homme qui l'a suivi dans l'exil et il reste, du coup, quelques mois encore à Marseille, avant que Napoléon ne l'expédie lui aussi à Rome.

C'est à Mazargues, enfin, que se dresse l'obélisque que Napoléon a fait ériger en l'honneur de la naissance de l'Aiglon. Initialement élevé place Castellane, il a été déplacé jusqu'à l'extrémité du boulevard Michelet, en 1912, pour faire place à la fontaine que le sculpteur Jules Cantini venait d'offrir à la ville de Marseille. La météo a vengé l'affront fait à la famille impériale. Le jour de l'inauguration de la fontaine, le mistral souffle, et lorsque le député-maire de l'époque, Bernard Cadenat, met en marche les grandes eaux, l'orphéon municipal, malencontreusement installé dans le sens du vent, est douché et rend une interprétation de *La Marseillaise* pour le moins approximative !

À l'origine, une plaque commémorative figurait sur l'obélisque. Elle était en bronze et fut rapidement volée. Celle qui la remplaça, en 1815, pour faire honneur à Louis XVIII, sous la Restauration, connut le même sort. Comme celle, en forme de coq gaulois, posée lorsque Louis-Philippe devint roi des Français. Découragés par un sort si contraire, les édiles de Marseille laissèrent l'obélisque sans évocation de son histoire. Ce silence s'est perpétué jusqu'à mon élection comme maire de Marseille, en 1995. J'ai souhaité qu'une plaque, en marbre cette fois, rappelle le parcours de l'obélisque. Jusqu'à ce jour, elle résiste.

12

La gloire de mon père

Je conserve de ma vie d'enfant l'image d'une existence rythmée par les fêtes religieuses. Certaines de ces traditions ont survécu. Pour la Saint-Pierre, par exemple, le Cercle catholique ouvrier préparait la soupe de poissons pour au moins une centaine de personnes. Saint Pierre est l'un des saints majeurs fêtés l'été en Provence, surtout sur le cordon littoral. À Mazargues, ces festivités se sont déplacées, au fil des ans, vers le noyau villageois des Goudes. Le maire de l'époque, Robert Vigouroux, nous y rejoint un jour pour l'apéritif à la fin de la messe. Le voyant se profiler et connaissant ses habitudes, je passe commande : « Préparez tout de suite un grand verre de whisky ! » À mes côtés, le cardinal-archevêque Robert Coffy me reprend en souriant : « Si c'est pour Vigouroux, ce ne sera pas suffisant. » Après l'avoir récupéré lors de la dissolution du cercle, j'ai offert le drapeau tricolore frappé de l'inscription « Cercle catholique ouvrier » à André Pacitto.

En revanche, la célébration des Rameaux a disparu sous la forme que j'ai connue et qui venait d'Italie. L'Église a heureusement choisi de mettre un terme à cette tradition. Il est vrai qu'elle mettait en relief, de manière criante, les inégalités de revenus. À l'époque, chaque enfant allait faire bénir un rameau décoré de cadeaux et friandises, plus ou moins richement fourni selon le statut social. Comme à l'occasion des baptêmes, à la sortie de l'église, les friandises étaient jetées aux enfants. Des sous, aussi, comme doivent le faire les parrains. La nuée enfantine qui attendait les présents criait alors : «*Jito, peirin !*» («Jette, parrain ! »), et si le parrain se montrait pingre, il entendait résonner : « *O peirin rascous, lou pitchoun vendras gibous.* » (« Parrain radin, le petit deviendra bossu. »)

Tout culminait, bien sûr, avec les fêtes de Noël. En Provence, elles commencent à partir du 4 décembre et se terminent le 2 février. C'est la période calendale. Elle s'étend des blés de la Sainte-Barbe aux crêpes de la Chandeleur en passant par la préparation de la crèche. Le sapin ne faisait pas partie de nos traditions familiales. Je n'en ai jamais vu à la maison. Tandis que mon père se plongeait dans la préparation de son pâté de lapin en croûte, ma mère et moi étions préposés à la mise en place de la crèche et de ses santons. Je les ai gardés et je les utilise chaque année à Saint-Zacharie, dans cette maison blottie au pied de la Sainte-Baume où j'ai édifié mon refuge.

La crèche provençale n'est pas seulement une représentation de la naissance du Christ, elle est l'illustration de la pastorale et de ses personnages : le meunier, le pistachier et la poissonnière, l'aveugle, le *boumian* (bohémien), le charbonnier, les bergers… Depuis, une cohorte infinie les a rejoints sous forme de santons, au sein de laquelle il était inévitable que je prenne place comme le fait, en ces temps de Covid-19, le professeur Didier Raoult. Je conserve « mon » santon sur le manteau de la cheminée de la maison de Mazargues, à côté de la Nativité et des Rois mages que le cardinal Bernard Panafieu m'a offerts.

Lors de ces périodes calendales, mes parents et moi « descendions à Marseille ». Le périple prévoyait, comme première étape, une visite à Nana et Michel, un couple de poissonniers sur le Vieux-Port. J'étais à chaque fois émerveillé par ces étals ruisselants et les reflets luisants des superbes poissons de la Méditerranée. Un peu surpris aussi par les cris des poissonnières rivalisant entre elles pour attirer le chaland et vanter à qui mieux mieux des produits en réalité identiques. Puis, mon père me conduisait dans les grands magasins vers l'amoncellement de jouets. Je n'en ai pas été privé, bien au contraire.

Je conserve le souvenir ému d'un théâtre de Guignol et de ses marionnettes avec lesquelles j'ai pu concevoir toutes sortes d'aventures. Un apprentissage de la vie politique en somme. Il y eut également une panoplie de mousquetaire avec l'épée, la cape et le chapeau. Peut-être la source de ma passion, dans l'histoire de France, pour la période Louis XIII. Ne pouvaient manquer à l'appel les bandes dessinées d'Hergé et la figure de Tintin. Avec, en ce qui me concerne, une polarisation sur *Le Sceptre d'Ottokar.* Une autre image du pouvoir.

Non seulement mon père régnait sur le cérémonial des fêtes, mais surtout il passait aux fourneaux. Il aimait faire la cuisine. Pour Noël et le premier de l'An, ayant rassemblé les ingrédients nécessaires, il confectionnait, outre son pâté de campagne, un autre aux foies de volaille truffé. Un régal. Comme la fameuse *bagna cauda* (« bain chaud »), une sauce onctueuse à base d'anchois. Par respect de la tradition familiale, il préparait aussi le civet de lièvre, veillant avec une vigilance particulière à la liaison de la sauce avec du sang. Cette tradition, que j'ai toujours connue, se poursuit. Mon amie Anne-Marie Bertrand, dans sa commune de Rognonas, doit même confectionner trois civets, tellement sa famille est nombreuse !

Au nombre des exploits culinaires qui ont fait la gloire de mon père, il convient aussi de mentionner ses langoustes à l'armoricaine. C'était pour nous un mets de luxe, exceptionnel donc. Au début, j'ai été heurté par le caractère relevé de cette sauce. Depuis, j'avoue m'y être largement fait ! Mes souvenirs des Noëls passés demeurent associés à ces appétissants fumets de cuisine. Comme s'en moquent régulièrement mes proches, la table ne tient pas une place négligeable dans mon existence. D'où cette obésité qui posait problème au chirurgien chargé d'intervenir sur ma vésicule biliaire. Si, à Marseille, par nécessité plus que par goût, je dois papillonner, à Paris je m'étais créé de véritables cantines, d'abord au Relais de l'Alma, avenue George-V, puis, une fois devenu sénateur, dans un restaurant italien derrière le Panthéon ou chez Allard en bas de la rue Saint-André-des-Arts.

Tandis que mon père s'affairait sur ses viandes, ma mère était chargée de préparer le reste. Elle se concentrait sur son gratin de cardes, et sur des blettes que nous dégustions trempées dans la fameuse *bagna cauda*. Succulent. Elle rassemblait les treize desserts et d'abord la pompe à huile, aromatisée à l'eau de fleur d'oranger, que fabriquait et nous offrait un voisin et ami, Émile Pera, personnalité renommée dans le village car il chantait l'*Ave Maria* d'une voix chaude et puissante lors des fêtes religieuses. Avec la fougasse, ce pain provençal à croûte molle, à mie épaisse et moelleuse, nous restons dans le classique en l'agrémentant avec des anchois. Ces desserts traditionnels sont associés aux ordres monastiques et se composent : du nougat noir, pour les Pénitents noirs ; du nougat blanc pour les Pénitents blancs ; des quatre mendiants pour les quatre ordres mendiants : Franciscains (figues sèches), Carmélites (amandes), Dominicains (raisins secs), Augustins (noix). Les pruneaux secs, les dattes, la pâte de coing, les pommes, les poires, le melon d'hiver, etc., complètent l'assortiment.

Noël, nous le fêtions en famille. Tous les trois et avec deux amis très proches de mon père, qui venaient se joindre à nous ; l'un, Jean Bonneto, maraîcher de Mazargues, l'autre, Marius Gras, habitant la traverse Parangon, près des lycées Marseilleveyre et Germaine-Poinso-Chapuis. Par la suite, ils ont assisté avec mon père à toutes mes réunions politiques.

C'est à mon père que revenait, de manière évidente, le privilège d'allumer les trois bougies neuves. Elles sont posées sur la table le soir de Noël, comme les trois brins de Sainte-Barbe que l'on a plantés le 4 décembre précédent[1] et qui sont dans la crèche le reste du temps, jusqu'à l'arrivée des Rois mages. Si la Sainte-Barbe est encore verte à cette date, l'année sera prospère. Lorsque les Rois mages font leur entrée pour l'Épiphanie, nous pouvons, pour mon plus grand bonheur, déguster la brioche sucrée du gâteau des Rois. Elle n'a rien à voir avec la platitude d'une parisienne, cette galette à la frangipane qui n'appartient pas à notre univers. Le cycle se termine le 2 février pour la Chandeleur avec les crêpes et les navettes[2], des pâtisseries dont la forme symbolise la barque qui amena les saintes Maries sur la côte de Provence. Il est temps de démonter la crèche jusqu'à l'année prochaine.

Ces crèches sont devenues un enjeu politique depuis que certains ont vu une atteinte à la laïcité dans le fait d'en placer dans des édifices publics. La question s'est posée lorsque le sénateur FN Stéphane Ravier en a installé une dans sa mairie d'arrondissement. Un problème particulièrement aigu sur nos terres puisque les santons relèvent moins du religieux que d'une forme de satire sociale. Les tribunaux ont tranché en acceptant ces crèches traditionnelles dans les

1. Le jour de la Sainte-Barbe, il est de tradition de planter, dans trois coupelles, des grains de blé de la récolte précédente, réservés pour les semailles de la prochaine saison, afin de les faire germer. L'usage des lentilles et des pois chiches est aussi admis.

2. Un nom dérivé de *naveta*, diminutif de *nau* (« nef » en provençal).

lieux publics dès lors qu'elles ne sont pas bénies. Ne dit-on pas que le diable se niche dans les détails ?

Entre un père mobilisé sur ses chantiers et une mère travaillant dur elle aussi, je grandis ainsi dans le giron de l'Église. Au moment de l'entrée en sixième, mes parents m'inscrivent chez les maristes, au collège-lycée Saint-Joseph. J'y demeurerai un quart de siècle : dix années comme élève et quinze comme enseignant. Les jeudis de mon enfance se passent au patronage, où je m'amuse, comme tous les gamins de mon âge, à taper dans un ballon. Nous regardons les projections tantôt des *Aventures de Robin des bois,* tantôt de *Tintin et Milou,* sur un drap faisant office d'écran. C'est l'époque des « Cœurs vaillants » avec l'abbé Chapuis et, comme chef, la fille du président du tribunal de Marseille, Charlotte Tyrat, que j'apprécie énormément.

Un été, j'accompagne mon père sur un chantier avenue du Maréchal-de-Lattre-de-Tassigny. Il intervenait souvent chez les religieuses trinitaires. L'une d'elles entreprend de m'apprendre à lire. Ou plutôt à bien lire. Nous l'appelions Mlle Marie, puisqu'elle n'avait pas repris l'habit depuis les lois de séparation des Églises et de l'État. Elle le retrouvera à l'occasion de son centième anniversaire, ses sœurs entendant saluer ainsi une vie de foi et de dévouement au service d'autrui. Dans le même esprit, devenu conseiller municipal, je lui ai remis la médaille de la ville.

13

« Je ne sais pas si je suis un bon député, mais j'ai été un excellent enfant de chœur »

Tout au long des années, à côté de la politique, l'Église a compté dans ma vie. J'ai ainsi, au début des années 1980, l'occasion d'évoquer dans le bureau du préfet des Bouches-du-Rhône, qui était alors Lucien Vochel, l'action de l'abbé Jean-Baptiste Fouque en faveur de l'enfance délaissée. J'ai été nourri, sur ce sujet, par les récits de l'abbé Marius Ganay, prêtre érudit[1]. C'est pourquoi je n'ai pas hésité lorsque Dominique et Pierre Bar m'ont demandé une préface à leur superbe bande dessinée consacrée à ce prêtre d'exception dont l'Église a fait un saint. Véritable « saint Vincent de Paul marseillais », l'abbé Fouque méritait d'être béatifié. Au début du XXe siècle, il a créé puis fait vivre plusieurs œuvres de charité, à commencer par l'hôpital Saint-Joseph.

Sollicité par les responsables de l'institut Les Écureuils, dépendant de son œuvre, je suis allé expliquer au préfet les difficultés que rencontre leur établissement. Soucieux d'efficacité, Lucien Vochel pianote aussitôt sur le clavier

1. Il a exercé son sacerdoce au petit et au grand séminaire de Marseille comme professeur de lettres et de latin, avant d'achever sa carrière comme aumônier des religieuses trinitaires de Mazargues. Il a obtenu le prix Monthyon de l'Académie française pour sa biographie de l'abbé Jean-Baptiste Fouque.

de son téléphone. Il appelle le directeur des affaires sociales du département pour lui demander de mettre un terme aux problèmes des Écureuils et conclut son propos d'un péremptoire : « Si vous avez besoin de renseignements complémentaires, n'hésitez pas, téléphonez à l'abbé Fouque. » Je ne peux réprimer un éclat de rire. « Que se passe-t-il ? Pourquoi riez-vous ? » me demande le préfet, surpris. Nous rirons tous deux, plus librement encore, après que je lui aurai expliqué que nous venions de célébrer le cinquantième anniversaire de la mort de l'abbé Fouque. Qu'importe : les difficultés de l'institut furent aplanies. Les chrétiens appellent cela la providence !

Pour soutenir la paroisse Saint-Roch et Notre-Dame-du-Mont-Carmel, patronyme de notre église villageoise, l'abbé Marius Ganay avait accepté d'en célébrer l'une des trois messes dominicales. Et j'ai eu la chance, enfant, de la lui servir avec enthousiasme et ferveur, pendant cinq ans au moins. C'était la deuxième, celle de neuf heures trente. Asthmatique, l'abbé posait sur l'autel une pompe à oxygène. Avant le Jeudi saint et le cérémonial du lavement des pieds, il nous recommandait avec insistance de bien nettoyer au préalable notre pied droit.

Dans cette lignée, il était naturel que je rédige la préface de son livre, *La Poétique Histoire de Mazargues*, lorsque je l'ai fait rééditer en 1986, en avouant : « Je ne sais pas si je suis un bon député, mais j'ai été un excellent enfant de chœur. » J'ai joint à cette édition le cahier de doléances des habitants de Mazargues avant 1789. C'est un modèle que tous les étudiants en histoire liront avec intérêt. On y apprend qu'existait seulement un « four banal », appartenant au seigneur, où les Mazarguais allaient faire cuire leur pain en échange de volailles ou de lapins. Car tel était alors le prix à payer. Comme il fallait payer aussi pour écraser, au pressoir, le raisin de ses vignes.

Au temps de mon enfance, la vie quotidienne de nos villages s'organisait souvent autour de l'église et de la place qui l'entourait – sinon autour de la foi elle-même. La communion solennelle était un moment de grandes festivités. L'occasion, pour mes parents, d'inviter mon oncle maternel, contremaître aux huileries Unipol (une entreprise des industriels Rocca, Tassy, de Roux, qui est devenue ensuite propriété de la famille Rastoin). Ces activités religieuses ont largement disparu aujourd'hui. Pourtant, même quand je me suis hasardé à des expériences que ma mère aurait désapprouvées, comme fumer le narguilé par exemple, je l'ai fait à l'ombre de Notre-Dame-du-Liban qui jouxte le parc Borély.

Tout au long de ma vie politique, j'ai affirmé mon attachement à l'Église. L'influence que ses hommes ont eue sur mon engagement au service du bien commun a toujours pesé sur mes choix. Je me suis appliqué, autant que je le pouvais, à en respecter les enseignements. Quant aux amitiés et aux relations que j'ai nouées, puis entretenues au fil du temps, avec le Vatican, sans doute ont-elles compté, aux yeux des sénateurs, à l'heure de m'élire à l'unanimité président du groupe d'amitié France-Saint-Siège à la Haute Assemblée. De fait, les cardinaux Roger Etchegaray, Robert Coffy, Bernard Panafieu, Paul Poupard et Jean-Louis Tauran ont été des amis précieux.

Disparu à plus de quatre-vingt-seize ans dans la maison d'Espelette où il coulait une retraite paisible, le cardinal Etchegaray est resté quatorze ans archevêque de Marseille. Doté d'une forte personnalité, ce Basque charismatique a marqué l'histoire du diocèse. Les Marseillais ont conservé de lui l'image d'un pasteur dévoué et attaché à notre ville, bien qu'il ait connu une période difficile lorsqu'il a envisagé de transformer la crypte de Notre-Dame-de-la-Garde en lieu œcuménique. Un membre du conseil épiscopal a dévoilé ce projet à la presse, notamment au *Méridional.* Le tollé soulevé par cette initiative a contraint l'archevêque à renoncer. Il devint la cible d'attaques violentes, au point d'être poursuivi, plusieurs années durant, par une association de défense de Notre-Dame-de-la-Garde constituée pour l'occasion.

À Rome, où il fut créé cardinal, il devint préfet de la Congrégation « justice et paix » et responsable de Cor Unum, c'est-à-dire le dispensateur des fonds destinés aux communautés catholiques. « Très précieux, le cardinal Etchegaray », disait en roulant les « r » le pape Jean-Paul II. Celui-ci fit appel à lui pour améliorer la situation des chrétiens d'Orient, ce qui amena Roger Etchegaray à rencontrer Saddam Hussein et Yasser Arafat au travers de missions diplomatiques où sa bonhomie et son habileté firent merveille. D'un voyage à Cuba, le cardinal m'a rapporté une boîte de cigares que lui avait offerte Fidel Castro et que mon ami Roland Blum, grand amateur à l'époque, s'est délecté de fumer.

Je me souviens aussi de ce jeudi soir, à Orly, où j'attendais de m'embarquer pour Marseille avec quelques autres parlementaires du département. Nous apercevons de loin la haute stature de Mgr Etchegaray, encore archevêque de Marseille. Il tient d'une main son habituel cartable et, de l'autre, une énorme boîte en carton. Nous lui faisons signe, la sénatrice Irma Rapuzzi et moi, en lui signalant que nous lui réservons une place à proximité des nôtres. L'époque n'était pas encore aux sièges numérotés. Nous nous installons mais, quand l'archevêque arrive, les coffres à bagages au-dessus des sièges sont pleins. Où ranger sa grande boîte en carton ? Les hôtesses se précipitent, la boîte circule de main en main. Mgr Etchegaray, soudain inquiet, lance :

« Attention, attention ! Prenez-en soin !

– Ce n'est quand même pas le saint sacrement ! sourit Irma Rapuzzi.

– Non, mais c'est ma tête, offerte par le musée Grévin ! » réplique l'archevêque dans un sourire empreint de gravité.

Le jour de son départ pour Rome, Gaston Defferre organise une réception en son honneur à l'hôtel de ville. L'échange est plus que courtois, amical, et les compliments chaleureux. Pour ma part, j'invite Mgr Etchegaray à déjeuner chez moi, à Saint-Zacharie, avec quelques-uns de mes amis. À la fin du repas, je le raccompagne à sa voiture. Lorsque je regagne la salle à manger, je retrouve les autres convives riant de bon cœur. « Les éloges publics pour Defferre, le chapelet pour Gaudin ! » ironise Roland Blum, notant qu'à son départ, le cardinal m'a offert… un chapelet du pape. J'ai toujours eu plaisir, lorsque j'allais à Rome, à rencontrer Mgr Etchegaray.

J'ai accueilli à Marseille, en diverses occasions, deux cardinaux français qui ont exercé des fonctions importantes auprès de Jean-Paul II : Mgr Paul Poupard, qui fut conseil pontifical pour la culture, et Mgr Jean-Louis Tauran, qui fut longtemps le ministre des Affaires étrangères de l'Église.

J'ai rencontré le pape Jean-Paul II à plusieurs reprises. En allant notamment au Vatican avec Jacques Barrot, devenu membre du Conseil constitutionnel, Edmond Alphandéry et Roland Blum. Ou en assistant, avec le maire de Toulon, Hubert Falco, à sa messe personnelle, dans sa chapelle privée, aux côtés de seize autres invités. J'ai même eu la chance de le rencontrer plus intimement encore, en emmenant les musiciens de l'Orchestre des jeunes de la Méditerranée à Castel Gandolfo, sa résidence d'été, afin de lui offrir un concert. Il m'a fait l'honneur de me nommer commandeur de l'ordre de Saint-Grégoire-le-Grand lors de la canonisation de Mgr Eugène de Mazenod, qui fut évêque de Marseille et fondateur des Oblats de Marie, en compagnie de deux autres Marseillais aujourd'hui disparus, Me Testot Ferry, avocat au barreau, et Bruno Fabre, qui a présidé longtemps le conseil d'administration de l'hôpital Saint-Joseph.

Véritable Légion d'honneur du Vatican, que seuls quelques hommes politiques français ont reçue, cette décoration est la plus importante que l'Église puisse décerner. Outre une superbe cravate rouge, elle accorde à son récipiendaire le droit de porter l'épée et d'entrer à cheval à Saint-Jean-de-Latran. L'ennui, c'est que je n'ai pas de cheval ! « Qu'à cela ne tienne, nous avons des haras », m'a lancé sans l'ombre d'un sourire le marquis Roland de Luart, président du conseil général de la Sarthe, alors que je plaisantais sur cette faveur anachronique au milieu de quelques sénateurs venus me féliciter pour cette distinction. C'est dans ce contexte que Jacques Chirac, alors président de la République, m'a ainsi invité à l'accompagner à Saint-Pierre de Rome lors des obsèques de ce pape charismatique, artisan essentiel de la chute du mur de Berlin voire du régime communiste.

J'ai été reçu également par son successeur, le pape Benoît XVI, en deux occasions, lors de visites officielles de Nicolas Sarkozy au Vatican. Lors du premier déplacement, je me présente, comme il se doit, au rendez-vous fixé à Villacoublay avant l'arrivée du Président et de Carla Bruni, qu'il a rencontrée quelques mois plus tôt.

Au moment de monter dans l'avion, une belle femme s'avance vers moi, tout sourire. « J'ai grand plaisir à faire ce voyage avec vous, monsieur Gaudin », me dit-elle tout de go. Le temps de rassembler mes souvenirs, de me convaincre que rien dans mon passé ne nous a liés, le Président arrive. Il embrasse cette dame et, alors qu'il s'apprête à me présenter à elle, j'entends celle-ci asséner : « Inutile de me présenter M. Gaudin, Nicolas, il y a bien longtemps que je le connais ! » Regard incrédule du chef de l'État, qui m'interroge en haussant son épaule gauche, un tic souvent caricaturé par les humoristes :

« Tu connais Marisa ?

– Rassure-toi, je ne connais que la belle-mère ! » ai-je répliqué, ayant réalisé tout à la fois qu'elle était la mère de Carla Bruni et que je l'avais effectivement rencontrée, des années plus tôt, alors que je présidais la région Provence-Alpes-Côte d'Azur.

Le mari de Marisa Bruni-Tedeschi organisait en effet des spectacles clé en main. L'un de ses programmes nous avait été proposé et il m'avait invité à déjeuner chez lui pour parapher notre accord. Or, en pénétrant dans le hall de son hôtel particulier du XVIe arrondissement de Paris, mon œil est attiré par un remarquable tableau figurant un dignitaire de l'Empire. L'une de mes périodes favorites dans l'histoire de France, ce qui m'a conduit à acquérir quelques figurines de cavaliers de l'armée impériale, une collection vite repérée par mes collaborateurs et mes amis qui, depuis, ne cessent de l'enrichir. Courtois, je m'extasie donc devant le tableau, ce qui me vaut d'être soumis à la question « qui tue » par la future belle-mère de Nicolas.

« Il n'est pas possible que vous ne sachiez pas qui en est le peintre », me provoque-t-elle.

Je cherche désespérément une signature, un indice susceptible de me mettre sur la piste. En vain.

« C'est Martin Gaudin, le duc de Gaëte, qui fut ministre des Finances de Napoléon ! » lâche, triomphante, Marisa.

Comme sortie honorable, je n'ai trouvé que de solliciter avec ferveur une photo de l'œuvre. Je la conserve depuis dans mon bureau du Pharo.

Bref, j'ai partagé avec Marisa Bruni-Tedeschi la visite au Vatican.

« Comment se porte l'Église de Marseille ? m'interroge le Saint-Père quand s'ouvre son audience.

– Elle se porte bien.

– Dieu merci ! » répond-il en me serrant chaleureusement les deux mains.

Mon attachement à la foi et à l'Église catholiques est sincère, connu. On a même souvent évoqué ma supposée appartenance à l'Opus Dei. Une rumeur dont je sais l'origine. Elle remonte à l'époque où j'étais enseignant. L'Opus Dei était alors dirigé, à Marseille, par un brillant scientifique et l'ordre possédait une villa, sur le boulevard Michelet, où il recevait pendant les vacances d'été de jeunes Espagnols désireux d'approfondir leur connaissance de la langue française, de notre littérature et de notre histoire. On m'a proposé de leur donner quelques cours, le matin, ou de les conduire dans différents musées et lieux culturels de Marseille et de Provence. J'ai saisi l'occasion d'améliorer une situation financière qui, chez les enseignants, n'est jamais fameuse.

Bien des années plus tard, l'Opus Dei a engagé le processus destiné à obtenir la béatification puis la canonisation de Mgr Josemaría Escrivá de Balaguer, son fondateur. Ses responsables marseillais ont demandé au député des Bouches-du-Rhône que j'étais devenu de rédiger une lettre de soutien à cette démarche. Ce que j'ai fait volontiers. Cette lettre rendue publique, il n'en faut pas plus pour que mes adversaires politiques s'en emparent et racontent avec force sous-entendus que je fais partie de l'Opus Dei. Il n'en est rien mais je me flatte, oui, d'avoir toujours entretenu d'excellents rapports avec ses dirigeants, en particulier à Marseille.

La vérité m'impose toutefois de dire que ce n'est pas pour le seul plaisir de me retrouver au Saint-Siège que j'aime aller à Rome. J'aime la Ville éternelle, tout simplement. C'est l'une de mes destinations préférées avec Florence, Marrakech, l'Irlande et l'Écosse. Je demeure chaque fois ébloui par le formidable panorama qui s'offre depuis la terrasse de l'Hôtel de la Ville, via Sistina. Ici, l'église de la Trinité-des-Monts et la villa Médicis. Sur la droite, la basilique Saint-Pierre. Au loin, les collines qui encerclent la ville. Sur la gauche, le Quirinal où réside le président de la République. Vers le centre, la piazza Navona, la Chambre des députés et le Sénat, où Virginio Rognoni, qui fut garde des Sceaux, et Amintore Fanfani, le président du Sénat, m'ont décoré de l'Ordre national de la République italienne. J'en suis aujourd'hui grand officier.

Voici le Capitole et l'hôtel de ville avec Castor et Pollux, derrière la roche Tarpéienne et le Forum. Puis les églises, Saint-Paul-hors-les-Murs et Saint-Jean-de-Latran avec son escalier, la célèbre Scala Santa dont le Christ gravit les marches pour aller vers Ponce Pilate et qui fut transportée à Rome. Voilà encore le Trastevere, où se trouve le palais San Callisto, la résidence des cardinaux, donnée au Vatican lors des accords de Latran en 1929. Magnifique ! Et là, enfin, le fameux, l'incontournable rendez-vous de Sabatini au Trastevere ou celui de la trattoria Toscana, via Campania, au sommet de l'avenue Vittorio Veneto. À chaque capitale ses adresses de restaurants…

Avec Mgr Bernard Panafieu, longtemps archevêque d'Aix et d'Arles avant d'être, pendant dix ans, celui de Marseille et de devenir cardinal, notre proximité a également été forte. Très attentif à la vie des communautés et à l'évolution sociologique de la ville, il s'est montré présent dans le diocèse et apprécié. Ses homélies, le jour de la fête du Sacré-Cœur commémorant la fin de la peste de 1720, étaient marquées d'une remarquable élévation d'esprit, tout en restant étroitement liées à l'actualité du moment.

L'occasion d'évoquer aussi Mgr Benoît Rivière, dont Mgr Panafieu avait fait l'évêque auxiliaire de Marseille et qui, aujourd'hui, est évêque d'Autun, de Chalon et de Mâcon, ce qui lui permet de porter le titre d'abbé de Cluny.

Un Marseillais, petit-fils de Jeanne et Edmond Michelet qui fut garde des Sceaux sous la présidence du général de Gaulle. Pierre Messmer, alors ministre des Armées, m'a raconté une réunion interministérielle à Matignon, en 1960, en présence de Michelet. Le jeune secrétaire d'État aux Finances Valéry Giscard d'Estaing s'inquiète du coût des camps de rétention où sont enfermés des milliers d'Algériens. Les ministres entreprennent d'élaborer un schéma afin de faire travailler ces prisonniers. Seul le garde des Sceaux, qui fut déporté comme son épouse, demeure silencieux. Quand le projet commence à prendre bonne forme, il se borne à remarquer : « Messieurs, vous venez de réinventer les camps de concentration. » Le dossier s'est refermé sitôt ouvert.

Mgr Georges Pontier, que j'ai connu évêque de Digne alors que je présidais la région, succède à Mgr Panafieu. Ensemble, nous lançons la restauration du monastère de Ganagobie et nous nous retrouvons régulièrement au stade Orange-Vélodrome pour voir les All Blacks et autres génies du ballon ovale. Une passion qu'il partage avec Mgr Michel Mouisse, ancien joueur de Castres et évêque émérite de Périgueux et de Sarlat, aujourd'hui chapelain de Notre-Dame-de-la-Garde. Outre qu'il me fait bénéficier de son érudition, il a le bon goût de m'alimenter régulièrement en foie gras du Périgord...

Je porte aussi une grande considération à Mgr Jean-Marc Aveline, intellectuel brillant, spécialiste du dialogue interreligieux. Je suis convaincu qu'il sera un archevêque de Marseille dans la grande tradition. En revanche, pour les titulaires actuels, la pourpre semble s'éloigner. En effet, on ne compte plus de cardinal dans les grandes villes françaises.

Authentique Marseillais, Mgr Jean-Michel Di Falco Léandri compte, lui, parmi mes amis de jeunesse. Longtemps porte-parole de l'épiscopat et particulièrement apprécié des médias, il a rétabli heureusement la ligne officielle de l'Église lorsque Mgr Gaillot, alors évêque d'Évreux, s'en était éloigné. Avec lui, l'évêché de Gap et d'Embrun a cessé de sentir la vieille encaustique et les fleurs fanées. Il y a fait construire une maison diocésaine rassemblant tous les services du diocèse.

En 2009, il fait scandale en dévoilant, la veille du dimanche des Rameaux, *La Pietà*, une sculpture de l'artiste britannique Paul Fryer, que l'homme d'affaires François Pinault avait accepté de lui prêter. Cette œuvre, qui représente, à taille réelle, un Christ mort sur une chaise électrique, est un objet de controverse. Partant du constat que nous n'éprouvons plus de réelles émotions face à la crucifixion, Jean-Michel Di Falco avait voulu, par cette initiative, faire reprendre conscience du scandale de cette exécution.

C'est à Jean-Michel également que revient l'initiative d'avoir fait chanter trois ecclésiastiques dans l'album *Spiritus Dei*. Un exploit qui a dépassé, et de loin, sa seule ambition initiale : récolter des fonds pour rénover le sanctuaire marial de Notre-Dame du Laus et construire une école à Madagascar. À travers le formidable succès médiatique et commercial des Prêtres, il a contribué à ramener notre religion au cœur du quotidien des Français, par le biais de la chanson, à l'heure où le film *Des hommes et des dieux* traduisait le besoin de retrouver les racines catholiques de notre pays.

Notre Église, décidément, reste bien vivante.

14

La démocratie chrétienne

Certains de mes amis politiques aiment à me brocarder justement sur ma connaissance des arcanes de l'Église. Ils prétendent que je connaîtrais mieux les limites des archevêchés que la carte électorale, dont, pourtant, chacun s'accorde à me dire spécialiste !

Dans le contexte marseillais, se trouver associé à l'Église dans l'imaginaire public n'est pas anodin. J'avais pu m'en rendre compte en côtoyant Théo Lombard, pour lequel j'ai toujours eu affection et admiration. En 1953, c'est lui qui aurait dû devenir premier adjoint et non Jacques Rastoin. Par la suite, la députation et la mairie ne se sont jamais offertes à lui, sans doute du fait de l'affichage de son engagement au sein du monde catholique et de ses liens avec les Jésuites. Il passait pour le candidat de l'Église, ce qu'il n'était pas.

Or, à Marseille, les relations conflictuelles qui accompagnèrent la rupture des liens entre l'Église et l'État ont été particulièrement houleuses. Le mandat de Siméon Flaissières, par exemple, a été marqué par la sanglante « affaire des processions ».

La réunion publique organisée le 9 février 1925 par la Ligue de défense religieuse et d'action catholique de Marseille en témoigne. Y est invité comme orateur le général de Castelnau, ancien chef d'état-major de Joffre durant la Première Guerre mondiale. Un homme dont le nom électrise la gauche et les défenseurs de la laïcité, dont le maire est l'un des principaux porte-parole. Celui-ci, Siméon Flaissières, lance un appel présentant cette manifestation comme un défi à l'ordre public et les catholiques comme des « conjurés fomenteurs de guerre civile », des « ennemis héréditaires de la République ».

Ses anathèmes sont si bien entendus que des milliers de manifestants convergent vers le lieu de la réunion, le théâtre de la Nation, là où dominent aujourd'hui les immeubles dits de Noilly-Prat, dans la rue Paradis. En dépit de la mobilisation d'importantes forces de police, les affrontements sont terribles. On dénombre deux morts – l'un par balle, l'autre par un jet de pavé – et plus de cinquante blessés. De nombreux prêtres sont roués de coups.

Théo Lombard a été le principal interlocuteur de Defferre et le porteur de projets aussi novateurs que la décentralisation et la régionalisation. Ce démocrate-chrétien, en dépit de sa clairvoyance et de son application, n'a pas eu la carrière politique qui lui semblait promise, faute d'avoir su fédérer les énergies et s'attacher les hommes. J'en ai tiré la leçon.

Néanmoins Gaston Defferre voyait en lui un rival, qui lui était donc devenu insupportable. Depuis que Lombard avait épousé Cécile Grawitz, la bourgeoisie locale se reconnaissait volontiers en ce docteur en droit, autrefois chef scout et qui était président des anciens élèves de l'École de Provence. À l'inverse, elle considérait Defferre comme un « parvenu sans conscience ».

Au lendemain de l'élection municipale de 1953, le maire prendra prétexte de l'affaire Finaly pour nommer Jacques Rastoin premier adjoint, plutôt que Me Lombard.

Celui-ci a en effet mis son talent oratoire au service de deux enfants juifs placés dans une famille catholique alors que leurs parents étaient déportés puis exterminés à Auschwitz. Au sortir de la guerre, les gamins souhaitent rester auprès de leur famille d'accueil plutôt que partir vivre avec leur tante en Israël. Invoquant leur baptême, les autorités catholiques entreprennent de les cacher d'un institut à l'autre, jusque dans l'Espagne franquiste. Les relations entre les deux confessions se tendent. Pour régler le différend, un accord en bonne et due forme est passé entre l'archevêque de Lyon et le Grand Rabbin de France. Il stipule que les enfants doivent être rendus à leur famille naturelle.

Je suis décidé à suivre le sillon de la démocratie chrétienne. Je m'y applique d'autant plus volontiers après mon élection que Théo Lombard et son épouse m'entourent d'une certaine sympathie. Sincère, peut-être. Intéressée, sans doute aussi, par le concours que mon enthousiasme et mon dynamisme juvénile peuvent apporter. Que de déjeuners partagés en tout cas – toujours avec beaucoup de cordialité – à leur domicile du boulevard Rodocanachi ou dans leur propriété de Roquevaire, afin d'examiner des situations politiques fluctuantes !

Cette fin des années 1960 constitue pour moi une période fondatrice. Secondé par une seule secrétaire, Josette Deluy, je cours les réunions de comités d'intérêt de quartier, je ne manque aucune manifestation publique, je m'invite au moindre événement susceptible d'attirer l'attention d'un quelconque rédacteur de la presse locale, je célèbre nombre de mariages. Rien ne me rebute, surtout pas les charges les plus ingrates. J'engloutis avec fièvre ma courte indemnité d'élu et mon maigre salaire d'enseignant dans une action politique que mes parents soutiennent, heureusement, de manière active. Bref, j'apprends avec passion à assumer ma mission d'élu.

La première consigne qui me tombe dessus est parfaitement claire. Lors de la réunion inaugurale de notre groupe, Paul Louchon, son président, me remet sèchement à ma place : « Toi, tais-toi. C'est déjà exceptionnel que tu sois là. Tu parleras dans six ans ! » Sans le vouloir, peut-être me rend-il un réel service. La technique de présidence de Gaston Defferre consiste en effet à terroriser les orateurs, quels qu'ils soient. Il leur coupe systématiquement la parole d'un impatient : « Dépêchez-vous, dépêchez-vous ! »

Sans me l'avouer, j'ai le rêve de devenir adjoint au maire en 1971. Je traverse ces six premières années d'élu en observateur curieux. Surpris de constater, chez les vieux « tigres » de la droite locale, l'absence totale d'appétit politique et de pugnacité malgré la « gifle » magistrale que Defferre a reçue au premier tour de l'élection présidentielle de 1969 en ne rassemblant que 5,01 % des suffrages au plan national et moins de 8 % à Marseille. Peiné de découvrir, mois après mois, la timidité et la déférence que le maire inspire aux miens, jusqu'à Théo Lombard lui-même. Que personne, dans notre camp, ne soit capable de contester Defferre me donne à réfléchir.

Puisque la nature politique a horreur du vide, j'y vois une chance d'exister un jour dans l'univers local. Aussi, quand Irma Rapuzzi me demande, comme un service personnel, de solliciter Adolphe Palidoni, le responsable de la puissante Action catholique des hommes, afin qu'il accepte de figurer sur sa liste municipale de 1971, je m'empresse avec autant d'ardeur que de naïveté.

« Dodo, c'est de la dynamite, il ne se laissera rien imposer par Gaston Defferre », affirment ceux que je consulte mais dont la présomption va rapidement être démentie. Dans la fraîcheur inconsciente de ma jeunesse, je me réjouis, moi aussi, de l'accord de « Dodo ». Et du succès de ma mission. Je n'ai que trente ans, aucune carte de visite ni poids électoral et personne pour me soutenir mais je crois la situation idéale pour me lancer ! Plus rude est ma déception en découvrant que Gaston Defferre a fait de lui son adjoint et le représentant de la mouvance chrétienne au sein du conseil municipal. On n'apprend réellement que dans l'épreuve...

J'apprends donc et d'autant plus douloureusement que deux nouveaux venus, le polytechnicien Jean-Pierre Grima, premier assistant de Théo Lombard, et l'ancien supporter du très droitier Jean-Louis Tixier-Vignancour[1], Jean-Louis Vidal, sont nommés d'emblée conseillers municipaux délégués, à la demande de Théo Lombard. Comme moi ! En dépit de ma promotion comme délégué aux visas et légalisations, j'en conçois, un temps, une certaine amertume. Je me rends surtout compte que je n'appartiens pas à la même caste. Il en faut pourtant plus pour doucher ma passion et freiner mon ardeur, même si mon amour-propre est écorché. Je mets le cap sur l'élection législative de 1973, fort de la conviction qu'une génération ne va guère tarder à passer la main. Je me sens, en effet, autorisé à exercer le rôle de « chef en second » auprès de Théo Lombard, dans notre équipe d'élus chenus. Après en avoir été le chouchou en raison de mon dynamisme, j'ai perdu ce statut dès que j'ai pris du poids dans l'appareil partisan du CNI puis des Républicains.

Au lendemain d'une victoire municipale qui a octroyé sept secteurs à notre coalition socialo-centriste et laissé les seuls XVe et XVIe arrondissements aux communistes, je ressens le besoin de relever la tête face à la toute-puissance du maire. Un maire qui vient de « disparaître » plusieurs semaines durant pour un voyage en Asie destiné à évacuer la tension de la campagne et à oublier les désagréments de

1. Candidat d'extrême droite, en 1965, à la présidence de la République, lors du premier scrutin au suffrage universel direct.

son divorce avec « Paly » Cordesse, membre de l'une des familles les plus influentes, à l'époque, du patronat marseillais.

L'heure, pensons-nous, est venue pour Jacques Rastoin de passer la main à Théo Lombard comme premier adjoint, pour en finir avec la tiédeur de sa « résistance » au maire et mieux affirmer notre identité et notre poids politiques. La proposition que nous faisons à Jacques Rastoin repose sur une promesse : l'assurance du renouvellement de son fauteuil sénatorial, en échange de son poste de premier adjoint. Ne reste plus qu'à convaincre Gaston Defferre !

Le maire nous ferme la porte. Face à un Théo Lombard trop timide, sa réponse sonne comme une fin de non-recevoir et témoigne de son autorité absolue : « D'accord si Jacques Rastoin est d'accord. Sinon, son nom et le mien ont été affichés côte à côte sur tous les murs de la ville, tout au long de la campagne des municipales, et je ne changerai rien. »

Gaston Defferre gagne sur tous les tableaux. D'un côté, il peut se réjouir de la déchirure qui se creuse chez ses alliés de droite. De l'autre, il se satisfait du maintien, avec 961 voix, des trois sénateurs de la SFIO : son adjointe, Irma Rapuzzi, Roger Delagnes, qui va rapidement laisser son fauteuil à Antoine Andrieux, et Félix Ciccolini. Le communiste Léon David conserve le sien avec 447 voix.

La leçon est claire : la vie politique est un rapport de force où la détermination pèse son poids. Je ne vais plus l'oublier.

15

Entre Jacques et Bernadette

Cette dureté n'est pas réservée à la politique locale, aux « territoires », comme on dit aujourd'hui, ainsi que je vais vite le constater.

Tout s'annonce bien à l'automne 2007, à l'heure de retourner devant les électeurs. Nicolas Sarkozy a été confortablement élu à la présidence de la République face à Ségolène Royal. Sa campagne tonique a fait lever un espoir dans l'opinion. Un climat général que les sondages locaux confirment en m'accordant 55 % des suffrages, même si ces études, comme chacun sait mais l'oublie aussitôt, ne reflètent l'état de l'opinion qu'à l'instant T. L'horizon politique me semble d'autant plus dégagé que je me suis, depuis longtemps, prononcé. Dans une interview accordée à Charles Jaigu pour *Le Point*, j'ai annoncé la couleur dès l'été 2004 : « À la présidentielle, je vote Sarkozy. »

Je m'étais, bien sûr, douté que Jacques Chirac ne serait pas enchanté par mon choix, tant la compétition est rude et brutale entre, d'un côté, Dominique de Villepin, que le Président soutient fermement, et de l'autre Nicolas Sarkozy. Chirac, tout à sa rancune depuis le ralliement de celui-ci à Édouard Balladur en 1995, répète avec complaisance : « Sarkozy, faut lui marcher dessus et du pied gauche, ça porte bonheur ! » Je m'attends donc à une belle colère. Je vais être servi. En ce 15 août 2004, je me trouve à Lourdes pour la visite officielle du pape Jean-Paul II qui vient célébrer le 150e anniversaire de l'apparition de la Vierge à Bernadette Soubirous. Il est à bout de forces. Ceux qui comme moi se trouvent près de lui, et les téléspectateurs mieux encore, comprennent qu'il ne tiendra pas longtemps sur le prie-Dieu où l'évêque de Tarbes et Lourdes l'a installé. Ses efforts sont visibles, comme les larmes qui coulent sur son visage.

Plusieurs dizaines de milliers de pèlerins sont présents, mais la classe politique ne s'est pas mobilisée pour cette huitième et dernière visite du pape. Je suis avec Dominique de Villepin, alors ministre de l'Intérieur, et Philippe Douste-Blazy, son homologue de la Santé et de la Solidarité. S'il a accueilli le souverain pontife la veille, à l'aéroport de Tarbes-Lourdes-Pyrénées, Jacques Chirac est reparti pour Toulon, où il préside une revue navale à l'occasion du 60e anniversaire du débarquement en Provence. Lorsqu'il arrive sur le vaisseau-amiral, il est accueilli par mon ami le sénateur-maire de Toulon, Hubert Falco, ministre délégué aux Personnes âgées.

À peine l'a-t-il salué qu'il se retourne pour interroger à haute voix, courroucé : « Où est Gaudin ? Où est Gaudin ? » C'est plutôt flatteur que le chef de l'État vous cherche ainsi. Sans doute est-ce ce que j'aurais ressenti si j'avais été là. Il a mieux valu que ce ne soit pas le cas. Chirac est furieux. Il a d'autant moins apprécié ma prise de position que j'occupe, depuis le mois de juillet précédent, les fonctions de président par intérim de l'UMP en raison de la démission forcée d'Alain Juppé, du fait de ses ennuis judiciaires. Si j'avais été présent, notre échange aurait été vif, même si j'ai toujours entretenu avec lui d'excellentes relations... que j'ai retrouvées par la suite.

J'avais déjà eu l'occasion de l'agacer, sans l'avoir voulu, quelque temps auparavant. Je m'étais trouvé à Rome, avec

Bernadette, lors de la béatification de mère Teresa, la fondatrice de la congrégation des Missionnaires de la charité à Calcutta. La France est représentée par le Premier ministre, Jean-Pierre Raffarin, qui m'a invité en même temps qu'elle. Le soir, au bar de l'hôtel Hassler, Bernadette Chirac me dit : « Jean-Claude, est-ce que je peux un peu parler politique avec vous puisque c'est vous qui présidez la commission nationale des investitures ? Plusieurs amis me demandent pourquoi je ne serais pas candidate au Sénat, à Paris. »

Je lui réponds instantanément : « Bernadette, n'y pensez pas. Nous avons perdu Paris. On dira que vous-même et Jacques voulez toujours avoir une mainmise sur Paris et, tels que je connais nos amis politiques, vous ne franchirez pas les obstacles. Mais puisque vous venez régulièrement à Brégançon, que vous participez souvent aux festivités varoises à Bormes-les-Mimosas, pourquoi ne pas figurer sur la liste menée par Hubert Falco ? Il y a une possibilité de devenir sénatrice du Var et lui-même serait très honoré de vous avoir avec lui. »

Visiblement, ma suggestion approuvée par Hubert Falco produit son effet.

Peu après, je me trouve aux vœux du président de la République à l'Élysée, installé en tant que vice-président du Sénat à côté du pupitre d'où Jacques Chirac va répondre aux orateurs qui lui présentent leurs souhaits. Le Président termine son allocution et, tout à coup, se dirige vers moi. Un instant, j'imagine qu'il veut me manifester publiquement son amitié. Je comprends vite qu'il n'en sera rien : « Qu'est-ce que c'est que cette histoire pour le Sénat, avec Bernadette ? »

Je n'ai rien le temps de balbutier. Le ton est net et la conclusion tranchée : « Bernadette, c'est la Corrèze et que la Corrèze. »

Elle ne siégera en conséquence jamais avec nous à la Haute Assemblée. Je le regrette. Au-delà de sa forte personnalité et de son énergie, elle aurait beaucoup apporté à nos débats. J'en aurais été ravi, ayant toujours entretenu des rapports cordiaux avec elle depuis que, ministre, j'avais eu à dialoguer avec la conseillère générale de la Corrèze qu'elle était. Elle s'était montrée déterminée à défendre les intérêts de son terroir, attirant mon attention sur telle ou telle commune pour laquelle elle sollicitait un coup de pouce de l'Aménagement du territoire. Bien entendu, j'avais répondu favorablement à ses attentes.

Après avoir fondé l'association des Pièces jaunes, Bernadette Chirac est venue à Marseille. Chaque fois, elle apporte un chèque substantiel pour les hôpitaux de la ville. Le plus souvent, je l'accompagne dans ses visites. Elle prend son temps, beaucoup de temps, pour parler avec les enfants malades, les médecins, le personnel médical. Une attention non feinte, celle d'une femme engagée dans l'action politique. Nous avons tenu plusieurs meetings côte à côte. En 2015, lors des élections régionales, nous avons présidé ensemble le comité de soutien de Christian Estrosi, maire de Nice, face à Marion Maréchal-Le Pen. Au soir du premier tour, la situation est claire : une triangulaire avec la droite conduite par Christian Estrosi et la gauche menée par Christophe Castaner entraînerait irrésistiblement l'élection de Marion Maréchal-Le Pen. Après de légitimes hésitations, Christophe Castaner se retire en appelant à voter Estrosi. Ce dernier l'emporte finalement (54,78 % des voix) mais la progression de Marion Maréchal-Le Pen a été impressionnante sur l'ensemble de la région.

La première fois que j'ai rencontré Castaner, c'était au restaurant La Villa. Il y dînait avec Samia Ghali, sénatrice socialiste des Bouches-du-Rhône, et son mari, Franck Dumontel. *A posteriori*, j'ai compris qu'il lui proposait de l'accompagner dans son ralliement à En marche. Elle hésitait à franchir le Rubicon. Ce ne fut pas le cas de Castaner, dont la montée en puissance dans le sillage d'Emmanuel Macron sera fulgurante.

Son amitié, Bernadette Chirac me l'a témoignée directement en assistant, aux côtés de Pierre Messmer, à mon intronisation à l'Académie de Marseille à l'orée des années 2000. Ou en tenant des propos plus qu'aimables à mon égard, aux côtés de Roger Hanin, un jour où j'étais assis sur le fauteuil rouge de Michel Drucker pour un « Invité du dimanche » qui m'était consacré. Quant à son mari, j'avais donc entretenu d'excellentes relations avec lui jusqu'alors. Je le voyais souvent avec son épouse, l'été, pendant leurs vacances à Brégançon. Il me rendait visite à Marseille pour aller dîner, tantôt au restaurant La Grotte de Callelongue, tantôt dans la calanque de Sormiou, ou pour aller déguster des cigales de mer à la baie des Singes. Je crois qu'il y prenait un réel plaisir, marchant cent mètres devant nous, saluant l'un, embrassant l'autre, discutant avec le troisième et se prêtant volontiers au rite des photos avec les enfants.

Peu avant l'épisode de la candidature de Bernadette au Sénat, nous avions déjeuné ensemble à l'occasion de l'inauguration de la bibliothèque de l'Alcazar, réalisée par mon ami l'architecte Didier Rogeon. Plutôt qu'un déjeuner républicain, à la préfecture, auquel sont conviés de droit les parlementaires, droite et gauche confondues, Jacques Chirac avait préféré partager ce repas avec ses amis. J'ai suggéré le Calypso. Mauvaise idée, la presse constaterait qu'il s'agit d'un repas entre amis politiques. En définitive, le dîner aura lieu chez moi, à Mazargues. J'offre une bouillabaisse. L'histoire provençale retiendra que le président de la République Raymond Poincaré avait fait arrêter le train à Graveson pour décorer personnellement Frédéric Mistral de la Légion d'honneur. Peut-être ferai-je moi aussi apposer une plaque sur le mur de ma maison de Mazargues en indiquant que, tel jour, le président de la République y a déjeuné…

J'ai retrouvé, heureusement, des relations très amicales avec Jacques Chirac. Dans les dernières années de sa vie, même atteint par la maladie, il est venu régulièrement passer des vacances chez François Pinault, à Saint-Tropez. Le sénateur-maire de Toulon, Hubert Falco, et moi avons souvent été invités à l'un de ces grands repas rassemblant une quarantaine de personnes. La dernière fois, avant l'élection présidentielle de 2012, au moment de passer à table, Jacques Chirac interpelle Jean-Michel Di Falco, alors évêque de Gap et d'Embrun : « L'évêque, dites le bénédicité. » Visiblement embarrassé, celui-ci m'interroge du regard. Même s'il est habitué au show-business et à la cohorte politicienne, il me fait comprendre que la bénédiction ne lui semble guère utile. Pour apaiser son inquiétude, je proclame : « Le bénédicité, c'est déjà fait, on peut passer à table. »

Jacques Chirac a du mal à se lever. Patrick Ricard, qui décédera brutalement quelque temps plus tard, le prend par le bras pour le conduire à sa place. À haute voix, pour être certain d'être entendu, Jacques Chirac lâche : « De toute manière, je vote pour Hollande. » Le sang de Bernadette, assise à côté de moi, ne fait qu'un tour. « Si vous pouviez arrêter de dire cela ! lance-t-elle. N'oubliez pas que je suis renouvelable au conseil général de Corrèze dans quelques semaines. » Rires gênés autour de la table, mais le doute sur son vote persistera.

Le charme de la Provence et de la côte méditerranéenne m'offre l'occasion de voir défiler la plupart des dirigeants politiques, le plus souvent en situation de détente. Portés donc aux confidences. Durant la troisième année du mandat de Nicolas Sarkozy, je suis ainsi convié au cap Nègre dans la villa de la famille Bruni, deux tours bâties sur un promontoire rocheux du Lavandou, que les locaux appellent le « château Faraggi ». (La propriété a, en effet, été construite dans les années 1930 par André Faraggi, un aviateur proche de Marcel Dassault et du père de Jacques Chirac.) Le Président ne supporte plus son Premier ministre, qui, peste-t-il, s'est présenté en outre au fort de Brégançon en col Mao. Seulement, François Fillon refuse de partir. Nicolas Sarkozy renâcle à ouvrir une crise frontale. À la recherche de solutions, il m'interroge. « Pourquoi aggraver encore tes problèmes ? » lui ai-je répondu.

Même les réunions les plus officielles peuvent elles-mêmes abriter des échanges décalés. Lors du sommet franco-allemand qui se tient au Pharo début septembre 2018, Emmanuel Macron et moi bavardons en attendant l'arrivée de la chancelière allemande. Je lui reproche de ne pas bien traiter les personnes âgées, et notamment de trop taxer leurs retraites. Il me répond qu'il vient d'alléger les impôts pour 300 000 d'entre elles. Je me permets d'insister : « C'est la preuve que vous vous étiez trompé. » Je lui conseille aussi de ne pas limiter ses contacts aux maires des grandes villes mais de nouer un dialogue avec les élus locaux. Quelques mois plus tard, l'irruption des Gilets jaunes viendra illustrer de manière brutale le bien-fondé de cette recommandation. Une fois Angela Merkel arrivée, Emmanuel Macron me suggère de profiter de la vue panoramique qu'offre la terrasse du palais du Pharo pour expliquer la ville à la chancelière. Je me lance dans une présentation enthousiaste mais je me rends vite compte que mon propos est le cadet des soucis de Mme Merkel. Je change de registre et, me tournant vers elle, je lui précise que nous sommes du même camp politique. L'interprète marque un temps d'arrêt, comme gêné, puis traduit. J'ai enfin droit à un sourire d'Angela.

C'est à cette occasion aussi qu'Emmanuel Macron est soudain pris de l'envie de se promener sur le Vieux-Port. Par un miraculeux hasard, il tombe nez à nez sur Jean-Luc Mélenchon. Le ton se fait amical sous l'œil de caméras opportunément présentes. De fait, au-delà de son rôle d'ogre sur la scène politique et de ses colères homériques, Mélenchon sait être agréable et, de notre cohabitation au Sénat, nous conservons des relations courtoises. Pourtant chef de file des « insoumis », il se montre très correct avec moi dans la presse et souligne volontiers que si je suis réélu depuis si longtemps, « dans une ville qui n'est pas de gauche, ce n'est pas le fait du Saint-Esprit ». Lui qui, à l'aube de sa campagne présidentielle, aimait rappeler qu'il fut, comme moi, enfant de chœur servant la messe en latin, demande un jour où nous le croisons, Mgr Michel Mouisse et moi, en sortant d'un déjeuner au restaurant *Chez Maddie* : « Monseigneur, bénissez-moi. »

Ainsi va la vie politique, avec ses ambiguïtés et ses (bonnes) surprises.

16

Privé ou libre ?

Au-delà des fonctions qui m'ont été confiées, mon histoire personnelle m'a toujours rapproché des maîtres et des établissements de l'enseignement privé. N'ai-je pas vécu un quart de siècle parmi les maristes ? J'ai enseigné durant quinze ans l'histoire et la géographie, une fois « bouclés » les vingt-huit mois de service militaire. Un service qui s'est effectué sans rompre avec l'enseignement.

Ce privilège a été le fruit d'un double coup de chance. À l'occasion d'une permission, passant par mon lycée, je tombe sur un collègue qui s'enquiert de ma situation.

« Je fais la guerre aux moustiques à Istres, avant de partir la faire en Algérie, ai-je répondu.

– La base d'Istres ? J'en connais le colonel, c'est un de mes anciens élèves. Je vais lui envoyer un petit mot. »

Aussitôt dit, aussitôt fait. Quelques jours plus tard, je suis convoqué chez le colonel. « Comme vous êtes enseignant, me dit-il, je vais vous affecter à l'École des pupilles de l'air à Grenoble. »

J'y reste d'août 1959 à novembre 1962. Je n'ai pas été envoyé en Algérie pour les ultimes affrontements avant l'indépendance. Nous sommes plus d'une centaine de conscrits mis au service de cet établissement, certains pour des tâches de blanchisserie, d'autres pour le ménage, d'autres encore pour la cuisine. Quant à ceux qui viennent de l'univers enseignant, ils sont chargés de la surveillance des élèves, de la tenue de la bibliothèque, et du remplacement des professeurs civils quand ceux-ci ont à s'absenter. Une chance pour moi.

Dès mon adolescence, j'ai rêvé de raconter l'histoire de Marseille. J'étais focalisé sur le règne de Louis XIII. Une période que je voulais faire connaître. J'ai aimé ce métier, les matières que j'enseignais, les élèves, et je me suis appliqué à entretenir un dialogue avec eux. Mes cours d'histoire se sont souvent transformés en causeries civiques. Je n'ai jamais eu à connaître le chahut dont quelques collègues se plaignaient parfois. Il m'arrive, au fil de mes visites en ville, de rencontrer certains de mes anciens élèves. Tous ne votent pas pour moi, mais je veux croire que la complaisance leur est étrangère lorsque tous, sans exception, me disent avec un sourire complice s'être « régalés » à suivre mes cours. J'en éprouve une profonde fierté. Au demeurant, les inspecteurs pédagogiques d'histoire et de géographie, MM. Jacquin, Ménard et Maunier, qui auscultaient régulièrement mon enseignement m'honoraient chaque fois de rapports élogieux. À mon grand soulagement.

J'ai eu la chance, il est vrai, de ne subir cette épreuve qu'en histoire et jamais en géographie. À l'époque, les élèves devaient apprendre par cœur les fleuves et leurs affluents, comme la liste des départements. Les salles de classe étaient tapissées de cartes murales Vidal-Lablache, qui sont devenues aujourd'hui des pièces de collection. Si les inspections sont une épreuve, c'est aussi parce que le jugement vaut sanction. Notre agrément en dépend et donc le financement de notre poste dans le cadre de la loi Debré[1].

1. La loi du 31 décembre 1959, dite loi Debré, du nom du Premier ministre et ministre de l'Éducation nationale, garantit l'existence de

Par prudence donc, j'avais préparé et gardé à portée de main des fiches d'instruction civique pour, le cas échéant, glisser vers un terrain sur lequel je me sentais particulièrement à l'aise. Venant à l'improviste, l'inspecteur tombe la première fois sur un cours que je consacre aux guerres de Religion. J'évoque les batailles d'Arques, d'Ivry et de Fontaine-Française[1]. Dans sa critique, il me reproche de n'avoir pas inscrit ces trois noms à la craie au tableau noir – une grave défaillance en effet ! La deuxième inspection tombe sur l'histoire romaine et, plus précisément, l'occupation du sud de la France actuelle. L'inspecteur, lors du débriefing, me reproche de n'avoir pas signalé aux élèves le trophée d'Auguste à La Turbie[2]. Peuchère…

À dire vrai, je dois beaucoup à la congrégation des Frères maristes, fondée par le bienheureux Marcellin Champagnat au début du XIXe siècle afin de promouvoir l'enseignement dans les campagnes. Encore très présents à travers le monde, un peu moins sur le territoire national, ces hommes de foi, riches de grandes qualités intellectuelles et humaines, se consacrent à l'éducation des jeunes. J'éprouve, pour ceux que j'ai connus, amitié et reconnaissance. Ils m'ont fait

l'enseignement privé à côté de l'enseignement public en le légitimant comme « l'expression d'une liberté essentielle ». Le contrat d'association à l'enseignement public, défini à l'article 4, exige que l'enseignement soit aligné sur « les règles et programmes de l'enseignement public » pour qu'en contrepartie l'État assure les traitements des personnels qualifiés et les dépenses de fonctionnement sur les mêmes bases que dans les établissements publics.

1. La bataille d'Arques eut lieu du 15 au 29 septembre 1589 entre les troupes royales d'Henri IV et les ligueurs dirigés par Charles de Mayenne.

2. Le trophée d'Auguste, érigé en l'an 6 avant Jésus-Christ en l'honneur d'Octave, neveu de César et futur empereur Auguste, célèbre la soumission des peuples des Alpes. Situé sur la frontière entre la Gaule et l'Italie, il exprime l'unité et la puissance de l'Empire romain.

partager, outre les connaissances nécessaires à l'enseignement, des valeurs que j'ai respectées. Ils m'ont permis d'ancrer ma vie personnelle comme ma vie publique dans le catholicisme social de Lamennais et de Lacordaire. Celui du Sillon[1] de Marc Sangnier ou, plus près de nous, de Paul Mélizan.

Ce Marseillais, agrégé de l'université, a fondé l'institut qui porte son nom. Pétri d'altruisme et de générosité, persuadé que presse et éducation se conjuguent harmonieusement au service des hommes, Paul Mélizan a compté longtemps parmi les éditorialistes du *Méridional*, le quotidien que les catholiques résistants créèrent à la Libération dans un garage proche de l'abbaye de Saint-Victor. Son fils, mon ami le chanoine Raymond Mélizan, poursuit son œuvre. Ce qui lui a valu de recevoir la croix de chevalier de la Légion d'honneur des mains de René Monory, ministre de l'Éducation nationale avant de devenir président du Sénat.

En raison de ce cursus, il était naturel qu'une fois devenu député, je m'intéresse à l'évolution de cette loi Debré.

À la fin de l'année 1980, Guy Guermeur me prévient qu'un décret est en préparation au ministère de l'Éducation nationale et doit être publié pendant les fêtes de fin d'année. Il stipule que « seuls les maîtres de l'enseignement privé se rattachant à une catégorie de titulaires de l'enseignement public auront droit à la retraite ». Autant dire que si ce texte voit le jour, en l'état, la moitié seulement des enseignants du privé bénéficiera d'une retraite. Inacceptable. Avec Guy Guermeur et Jacques Barrot, respectivement députés du Finistère et de la Haute-Loire, mais aussi avec Hélène Missoffe, députée de Paris puis sénatrice du Val-d'Oise, nous formons un noyau dur,

1. Le Sillon est un mouvement créé en 1894 par Marc Sangnier et visant à rapprocher les catholiques de la République.

largement soutenu par des personnalités extérieures : Mgr Jean Honoré, archevêque émérite de Tours devenu cardinal, le regretté Pierre Daniel, un Marseillais qui préside alors l'Association nationale des parents d'élèves de l'enseignement catholique, et Nicole Fontaine, la secrétaire générale adjointe de l'Enseignement catholique qui sera, plus tard, présidente du Parlement européen puis ministre de l'Industrie.

Décidés à l'alerter sur les conséquences de cette décision, nous demandons un entretien à Jacques Wahl, secrétaire général de l'Élysée. Ce dernier, que je n'ai jamais revu depuis, se fait rassurant. Il nous promet un appel du ministre de l'Éducation nationale, à l'époque Christian Beullac. Nous sommes le 21 ou 22 décembre 1980. De mon petit bureau de l'Assemblée nationale, j'observe Sainte-Clotilde, l'église la plus proche du Palais-Bourbon, et je m'imagine déjà passant les fêtes de Noël à Paris. L'attente, heureusement, n'est pas longue.

« Alors, Gaudin, vous allez dire du mal de moi à l'Élysée ! De quoi s'agit-il ?

– Seulement de votre décret, qui ne nous convient pas, cher Christian.

– Je sais. Bon, venez dîner ce soir au ministère, rue de Grenelle, nous en parlerons. »

Je remercie Christian Beullac et lui suggère d'inviter aussi Nicole Fontaine dont je ne doute pas qu'elle saura énoncer précisément, elle, les modifications à apporter à ce décret. Il l'invite donc. Et s'en trouve bien. Nous en sommes à déguster un soufflé au fromage avec Mgr Cuminal, le responsable de l'épiscopat pour l'enseignement catholique, qui deviendra ensuite évêque de Saint-Flour, et Mgr Gérard Defois, qui sera archevêque de Lille, lorsque Nicole Fontaine propose une nouvelle rédaction du texte, accordant le droit à la retraite à tous les enseignants du privé. Sans exception. Cet épisode, qu'il m'arrive de rappeler au cours de mes visites dans les lycées catholiques, constitue une belle fierté pour le professeur d'histoire-géographie du lycée Saint-Joseph, tenu par les maristes, que j'ai été. J'en ai pris congé après mon élection à l'Assemblée nationale et mon destin politique ne m'y ramènera plus qu'en visiteur.

Cette affaire n'était qu'une escarmouche. Le véritable affrontement n'allait plus tarder. L'état de grâce qui suivit l'élection de François Mitterrand ne dure guère. Le passage « de l'ombre à la lumière » annoncé pompeusement par Jack Lang n'illumine ni la France ni les Français. Il se prolonge d'autant moins que le nouveau pouvoir se distingue par une rafale de lois liberticides. La principale bataille que nous, la nouvelle opposition, avons à mener concerne la liberté de l'enseignement.

Que celle-ci soit remise en cause est inacceptable pour des millions de Français. Ils ne se privent pas de le faire savoir. Au printemps 1984, des centaines de milliers de personnes, peu coutumières de ce type de sport, descendent dans les rues de Paris, de Lille, de Versailles et d'ailleurs. Elles défendent cette liberté fondamentale menacée par le projet Savary, du nom du ministre de l'Éducation nationale du moment. Ce combat, nous l'avons déjà engagé, nous les parlementaires de l'opposition et ceux du groupe UDF spécialement, bien avant ces manifestations géantes. Nous sommes sur la brèche depuis l'été 1981.

Enseignement « privé » ? À cette époque, ce lapsus ne m'aurait pas échappé. Car la bataille est aussi sémantique. Face aux socialistes qui martèlent consciencieusement l'expression, nous parlons, nous, d'enseignement « libre ». Ce qui m'a permis d'apostropher un jour Pierre Mauroy : « Monsieur le Premier ministre, je comprends pourquoi vous préférez le terme "privé" à celui de "libre". Car tel que vous le concevez, l'enseignement libre est effectivement privé... de finances et de liberté. »

La bataille parlementaire proprement dite est difficile. Nous sommes si minoritaires ! Il faut croire pourtant que nous effrayons la majorité puisqu'elle choisit d'utiliser le 49-3 alors que les socialistes avaient promis de ne jamais recourir à cet article qualifié d'antidémocratique. Heureusement, nous restons majoritaires au Sénat. Et bien déterminés à attaquer les articles devant le Conseil constitutionnel. Jacques Barrot n'en relève pas moins de 14 sur 26 susceptibles d'être sanctionnés par les sages. Et nous savons pouvoir compter sur une large mobilisation de l'opinion. C'est elle qui emporte la victoire. Les manifestations de 1984 ont raison du projet de loi, en même temps que de la carrière du ministre, Alain Savary.

Jamais en peine d'imagination en matière de subtilités tordues, François Mitterrand élabore à cette occasion le célèbre « référendum sur le référendum ». Un référendum destiné à évaluer l'opportunité de procéder à un autre référendum concernant, cette fois, la réforme du système d'enseignement elle-même. Il fallait l'inventer ! Il fallait oser ! Mitterrand ose. Inutile de rappeler que le pouvoir socialiste, sitôt le projet de loi évacué, n'a procédé à aucune de ces deux consultations.

Dans ma mémoire, ce combat pour la liberté scolaire compte parmi mes plus grandes fiertés. Dans cet affrontement, comme dans tous ceux que nous menons face au pouvoir de la gauche, j'occupe une place souvent centrale. Tout semble s'ordonner pour que s'ouvre, sous mes pas, un avenir ministériel de premier plan.

Mon esprit, pourtant, est toujours tourné vers Marseille.

17

La nature a horreur du vide

C'est à Marseille, en février 1965 que tout a commencé pour moi. La coalition municipale socialo-centriste traverse alors une zone de fortes turbulences. L'élection présidentielle du mois de décembre, la première au suffrage universel direct, se profile. Les partisans d'une candidature unique de la gauche face au général de Gaulle se font entendre. Certains socialistes, allergiques à la suprématie de Gaston Defferre, donnent le signal de la révolte. Une liste composée de communistes et de socialistes se met en place sous la conduite de François Billoux et de Daniel Matalon.

Le premier a été l'un des ministres communistes de De Gaulle à la Libération. Le second est le député d'une vaste circonscription qui couvre l'intégralité des VIIIe et IXe arrondissements ainsi qu'une partie du VIe. Il est le chef de file incontesté de la SFIO dans le sud de la ville. Un rival potentiel pour le maire. La liste Billoux-Matalon n'est donc pas qu'une simple dissidence, elle constitue une menace sérieuse pour Gaston Defferre. Pour la droite aussi, dont les quartiers sud constituent, en principe, un bastion. Théo Lombard ainsi que Jean Goudareau qui, quelques décennies plus tard, se retrouvera dans les bagages du Front national, préfèrent migrer vers les VIe et VIIe arrondissements où se présente Defferre. Quant à l'ancien conseiller général[1] du littoral sud, Paul Louchon, il gagne les terres moins inhospitalières des XIe et XIIe arrondissements. Cet exode crée un vide. De nouveaux candidats doivent être trouvés. La chance me sourit. Je suis enrôlé sur la liste de la municipalité sortante qui, localement, est conduite par le docteur Étienne Girbal pour la droite centriste alliée au maire et par Charles-Émile Loo pour les socialistes. Non seulement j'ai été retenu, mais je figure en position éligible en cas de succès. Au soir du scrutin, l'écart est si mince entre les deux principales listes que le maintien pour le second tour de celle de Francis Ripert provoquerait notre perte. Comment obtenir qu'il retire sa candidature ?

Mon rêve de devenir conseiller municipal vacille. Respectueux des consignes données au nom de sa formation par le professeur Joseph Comiti, futur ministre de Georges Pompidou, Jean Fraissinet et Francis Ripert, ancien député CNI, maintiennent la liste. Ripert signe le document officiel en ce sens avant de disparaître prudemment du côté de La Ciotat. Sommes-nous condamnés ? Pas nécessairement, car les règles électorales exigent que tous les candidats figurant sur une liste paraphent le document pour en confirmer le maintien avant qu'elle ne soit déposée en préfecture. Si l'un venait à manquer…

Une « cible » est choisie : Georges Grosson. Ce maraîcher de Mazargues et patron d'un bar de la rue de Rome a été affublé d'un surnom peu flatteur reposant sur un simple changement de consonnes au milieu de son patronyme. Pour le cas où il refuserait de céder de manière spontanée à nos sollicitations pressantes, un plan B a été élaboré. Un malencontreux incendie pourrait se déclarer chez lui et, dans la confusion, il serait fermement invité à monter dans un véhicule qui l'emmènerait passer quelques jours de

1. Ancien titre des conseillers départementaux.

villégiature loin de Marseille jusqu'à ce que soit écoulé le délai de dépôt des candidatures. Car, une fois encore, l'affirmation d'Aristote mérite d'être nuancée : la nature politique n'a pas forcément horreur du vide.

Seulement, Grosson est méfiant. Il s'est aperçu qu'Urbain Esmingaud et Francis Ambrosini, les deux agents électoraux defferristes désignés pour l'inviter dans les Alpes, l'ont pris en chasse. Or, sa notoriété n'est pas telle que nous puissions le repérer facilement. À l'exception des deux pisteurs sur ses traces, le seul qui le connaisse également, c'est moi. On prévoit de me déguiser en marin-pompier. Lorsque l'incendie se sera déclaré, je devrai être sur place afin de le désigner.

Par chance, dès les premières sollicitations d'Esmingaud et d'Ambrosini, Grosson cède et renonce à signer la liste des candidatures pour le second tour. Je n'aurai heureusement pas à inaugurer ma carrière politique par une participation à cette douteuse mise en scène. Avec un duel au second tour entre la liste Matalon et la nôtre, nous sommes vainqueurs. J'ai vingt-cinq ans et, ce 21 mars 1965, j'entre au conseil municipal de la deuxième ville de France. J'achète un costume pour l'occasion, afin de faire bonne figure au sein de l'assemblée. Je suis heureux. L'avenir m'appartient.

18

Gaston

Conquérir Marseille a nécessité que je me dresse contre l'homme aux côtés duquel j'ai inauguré ma carrière d'élu : Gaston Defferre.

« Du paysan, il a la dignité un peu méfiante : on ne lui tape pas sur le ventre, on ne le tutoie guère. C'est un mélange compliqué d'orgueil et de modestie, de rudesse et de rouerie, de puritanisme et de liberté d'allure, avec le goût des plaisirs coûteux et l'horreur de l'argent, avec de la séduction et de la raideur », tel est le portrait qu'en trace Pierre Viansson-Ponté[1]. Je n'ai rien à y redire. Surtout lorsque le chroniqueur du *Monde* ajoute : « En fait, il n'a rien d'un militant et peu d'un socialiste. » Telle est la raison pour laquelle la droite et le centre ont travaillé avec lui sans réticence. J'ai été, des années durant, le benjamin du conseil municipal. Un statut qui me conduisait à siéger à ses côtés lors de la séance inaugurale puis à l'occasion des appels. Ensuite seulement, je pouvais me replier parmi les miens, m'installer au sein du groupe de la droite républicaine. Ce maire, je l'ai observé non sans une certaine admiration. J'ai toujours eu avec Gaston Defferre des relations courtoises.

1. *Histoire de la République gaullienne. Le temps des orphelins, août 1962-avril 1969*, tome II, Fayard, 1971.

Courtoises mais limitées. D'une part, il n'était guère un personnage chaleureux. D'autre part, les trente années où Marseille fut sous sa coupe furent longues. Trop longues. Mais à son contact, j'ai appris un certain nombre de techniques de gestion. C'est lui qui a pris la responsabilité, en 1976, de nous écarter, mes amis et moi, de rompre le pacte qui unissait socialistes, indépendants et centristes depuis vingt-quatre ans. Un pacte que j'avais toujours connu depuis qu'adolescent j'avais effectué le choix de l'engagement.

En raison même de sa personnalité, peu compatible avec un leadership politique, Gaston Defferre ne semblait en rien prédestiné à devenir le premier magistrat de Marseille au sortir de la guerre en 1944 et 1945, ni à retrouver cette fonction si longtemps – puisqu'il l'a occupée de 1953 à sa mort en 1986. Après la Seconde Guerre mondiale, le plus glorieux des combattants de l'ombre locaux pouvant briguer la mairie semblait être Francis Leenhardt, alias Lionel dans la Résistance. Penchant davantage vers la démocratie chrétienne que vers les socialistes, il participe, en juin 1945, à la fondation de l'UDSR[1] en compagnie d'Eugène Claudius-Petit, de François Mitterrand et de René Pleven. Pour parvenir à être élu à l'Assemblée constituante, il devra faire alliance avec Defferre et la suite de sa carrière s'est déroulée sous cette ombre tutélaire.

Le rôle de Leenhardt a été, pour l'essentiel, lié au contrôle de la presse quotidienne locale. Lors de la Libération, la véritable conquête des centres de pouvoir s'est plus apparentée à l'attaque de la banque dans un western qu'à une opération démocratique. Le 21 août 1944, Gaston Defferre prend le contrôle du *Petit Provençal* où il est entré avec Francis Leenhardt et quelques éléments de sa troupe de résistants,

1. Union démocratique et socialiste de la Résistance.

Henri Birri, Horace Manicacci et Henri Rossi, auxquels il fait d'abord composer en lettres de plomb le nouveau titre du journal, *Le Provençal libéré*. Il file ensuite vers la préfecture, où il fait extraire des geôles Vincent Delpuech, le propriétaire du journal, auquel il annonce qu'il sera libéré s'il lui vend son bien. « Avec quoi allez-vous me le payer ? » s'inquiète celui-ci. La réponse fuse : « Avec l'argent que nous avons trouvé dans votre coffre. » La loi sur les journaux collaborationnistes viendra officialiser cette rocambolesque acquisition que Vincent Delpuech lui-même me racontera bien des années plus tard lors d'un déjeuner au Club du Vieux-Port.

Cette force de frappe alliée à la maîtrise de l'information régionale constitueront le socle du pouvoir local de Defferre. Il s'est assuré la direction de la fédération SFIO des Bouches-du-Rhône et la gardera jusqu'à sa mort. Jusqu'à ce que sa mise en minorité au sein de cette fédération contribue à son accident vasculaire cérébral.

Durant l'Occupation, la ville avait été placée sous l'autorité d'un préfet administrateur, mais à la Libération une délégation municipale s'autoproclame. Elle est composée de vingt-cinq personnalités, dont trois femmes : la démocrate-chrétienne Germaine Poinso-Chapuis, Madeleine Laurenti de la CGT et Andrée Guisard du Parti communiste. Gaston Defferre la préside. Il démissionne dès 1945, après l'échec des socialistes aux élections cantonales. Le communiste Jean Cristofol le remplace onze mois durant. Il a connu les aléas de la fin de la IIIe République puis de la guerre. Le dimanche 8 octobre 1939 – le jour de ma naissance –, des inspecteurs de la brigade mobile ont frappé, au petit matin, à sa porte. Ils sont venus l'interpeller, comme vingt-six autres députés d'un groupe suspecté « d'agissements apparaissant propres à compromettre la défense et la sécurité de la nation ». Cet embastillement des parlementaires communistes est une conséquence du départ du secrétaire général du PCF, Maurice Thorez, pour Moscou, de la signature du pacte germano-soviétique et de la dissolution du Parti communiste. Cet ancien responsable syndical, marxiste convaincu, et ses camarades ne sortiront de la prison de la Maison carrée, à Alger, que trois ans plus tard, en février 1943.

Aux élections municipales de 1946, la coalition formée par le communiste François Billoux et Gaston Defferre l'emporte largement. Élu, officiellement cette fois, maire, Jean Cristofol ne le reste que quelques mois. Ces messieurs de Paris décident de procéder à de nouvelles élections dès 1947. La liste de Jean Cristofol récupère, pour le PCF, 24 des 63 sièges du conseil municipal, mais Gaston Defferre refuse de continuer à jouer les supplétifs. Il obtient neuf élus et Alexandre Chazeaux cinq pour le MRP. La surprise vient de la liste présidée par un cardiologue et gaulliste éminent, le professeur Robert de Vernejoul.

Porté par la vague en faveur du RPF[1] qui déferle sur le pays, il obtient 25 sièges… mais refuse le poste de maire ! Du coup, c'est son second, le bâtonnier Michel Carlini, qui est élu. Élu certes, mais au troisième tour de scrutin et avec une seule voix de majorité relative ! Le résultat est proclamé à l'issue d'une véritable bagarre : la salle du conseil municipal est envahie par des militants communistes survoltés et le nouveau maire doit s'enfuir par un escalier dérobé qui débouche (presque) directement dans la rue.

L'hostilité de la gauche à l'égard de la municipalité « RPF et modérés » qui se met en place ne s'éteint pas. Au contraire. Elle devient si violente durant les six années de son mandat que le fonctionnement et le développement de la ville en sont gravement perturbés. La majorité sortante le paie lors du renouvellement de 1953. La droite

1. Rassemblement du peuple français.

locale est alors composée d'hommes et de femmes dont la vie politique a commencé avant la guerre. Qui plus est, elle est divisée entre les centristes de Germaine Poinso-Chapuis et d'Alexandre Chazeaux, les gaullistes du docteur Étienne Girbal, du compagnon de la Libération Paul-Hughes Tatillon et de Pierre Marquand-Gairard, et les indépendants du CNI dirigés par Me Henry Bergasse.

Le scrutin s'effectue à la proportionnelle mais un « signe préférentiel » sur la liste a été introduit. Résultat, le dépouillement se révèle si ardu qu'il faut plus de quarante-huit heures pour déterminer le nom de l'ensemble des élus. Et il n'est pas certain que la vérité des urnes n'ait pas été approximative. Les quatre principaux courants politiques – gaulliste (RPF), démocrate-chrétien (MRP), socialiste (SFIO) et communiste – sont en lice pour se répartir les 63 sièges à pourvoir. Les communistes font de nouveau la course en tête (24 sièges), devant les tenants de la municipalité sortante (16 sièges), la liste socialiste conduite par Defferre n'arrivant qu'en troisième position (15 sièges). Sur de telles bases, comment parvenir à décrocher le fauteuil de maire ? En se présentant comme le meilleur rempart contre le communisme.

Au premier tour de l'élection du maire, chaque élu vote sagement pour son chef de file. Rapidement, la situation se gâte pour la droite. Au second tour, on compte d'abord quatre bulletins blancs, deux du MRP et autant du RPF. Ensuite, les deux derniers élus de la liste Girbal et les deux derniers colistiers de Germaine Poinso-Chapuis se reportent sur Gaston Defferre, qui compte alors 19 suffrages, soit trois de plus que Me Henry Bergasse. Le dirigeant socialiste a, dit-on, effectué un vilain chantage sur celui-ci pour le contraindre à s'effacer. Il l'aurait menacé de dévoiler une affaire financière dans laquelle l'un de ses très proches aurait été impliqué. Les dés sont (quasiment) jetés.

La négociation s'amorce entre socialistes, droite républicaine et centre pour éviter la réélection d'un maire communiste. Les transactions dépassent le cadre marseillais puisque Henry Bergasse est alors ministre des Anciens Combattants au sein du gouvernement de René Mayer. À Bordeaux, Jacques Chaban-Delmas, figure authentique du gaullisme et ami personnel de Gaston Defferre, bénéficie, à l'inverse, du soutien des socialistes pour enlever la mairie. Était-ce une contrepartie ? Toujours est-il qu'un accord est trouvé, répartissant à égalité les postes d'adjoints entre socialistes et centristes, et laissant le premier d'entre eux à l'incontournable Jacques Rastoin, élu de la droite républicaine. Ce pacte sera respecté durant plus de vingt-quatre ans. Quant à Gaston Defferre, il vient de s'installer dans le fauteuil de maire pour trente-trois ans[1] !

Cette alliance électorale entre les socialistes et nous découlait plus d'un choix de raison que de cœur. Nous n'avions pas la même lecture des mouvements de la société, même si le « socialisme » selon Defferre m'est toujours apparu assez peu idéologique. Il relevait surtout d'une combinaison aléatoire entre pragmatisme et populisme.

Ce qui s'était imposé sous la contrainte des réalités électorales sera défait pour des motifs analogues. Après avoir, trente années durant, cherché la solution dans des alliances sur leur droite, les socialistes décident de forcer les portes

1. Les élections municipales de 1959 se sont déroulées à la proportionnelle sur l'ensemble de la ville, mais les « signes préférentiels » avaient été supprimés. Gaston Defferre n'avait eu aucune difficulté à être réélu grâce à l'addition des voix socialistes, de la droite républicaine et des gaullistes. Un paradoxe dans la mesure où l'avènement de la Ve République, un an plus tôt, lui avait valu une cruelle défaite aux élections législatives. La décision du général de Gaulle de renouveler le Sénat, en 1959, lui offrit l'occasion de retrouver rapidement le Parlement. Et Paris.

du pouvoir en s'alliant aux communistes. Et Defferre cède, à contrecœur, aux orientations nationales de sa formation politique. Il sacrifie les équilibres marseillais aux ukases de ce qui va devenir l'union de la gauche. Une stratégie politique qui conduira François Mitterrand à l'Élysée. Après avoir interdit aux communistes, par des alliances à droite, de bénéficier de leur prééminence électorale, les socialistes ont contribué par ce « baiser de la mort », symbolisé par la signature d'un « programme commun » puis les trois années de gouvernement conjoint après 1981, à précipiter la marginalisation du PCF.

C'est ce contexte qui va enfin m'entrouvrir les portes du sérail.

19

Premières campagnes

« Baissé le pont-levis de Mazargues, Gaudin, il n'existe pas. » La cruelle formule est de Gabriel Domenech. Il n'est pas seul de cet avis. « Je me présente n'importe où contre vous, je ferai toujours plus de voix que vous ! » pérore de son côté Jean Goudareau. Bref, lorsque je décide de me lancer dans la bataille des élections législatives de 1973, j'ai tout à prouver et à conquérir. Je suis seul, je le sais. Je n'ai rien à perdre. J'ai compris que, pour compter dans la vie politique, il faut peser électoralement. L'heure est venue de sortir de la marginalité à laquelle me condamne mon manque de moyens financiers et de réseau relationnel.

Quand Charles-Émile Loo me demande d'être son suppléant, je refuse poliment. Et je me lance seul. Contre lui. Ce fils de concierge d'une école communale est devenu un chef d'entreprise prospère, le « patron » de fait de la Socoma, une coopérative ouvrière créée au lendemain de la Libération et spécialisée dans l'acconage sur le port de Marseille. La plupart des ténors du socialisme marseillais siègent dans son conseil d'administration. Il est loin, le temps de ses débuts comme brancardier à l'Assistance publique des hôpitaux de Marseille. Député sortant et leader de la tentaculaire 10e section du PS, qui couvre alors la quasi-totalité des quartiers sud de la ville, trésorier national du Parti socialiste, c'est à l'évidence un adversaire redoutable.

Pour mener cette première campagne sur mon nom, je bénéficie de la présence, comme suppléante, de Marthe Robeyrenc, la présidente des « Femmes chefs d'entreprise ». Elle est proche de Madeleine Rastoin. À cette époque, il n'est question ni de marketing ni de sondages. Encore moins de panneaux publicitaires. De toute manière, ces outils, même s'ils avaient été disponibles, auraient été hors de portée de mon budget. Nous menons donc campagne par l'intermédiaire d'un affichage militant, de déclarations dans les journaux et, surtout, d'un quadrillage du terrain. Je parcours rageusement la circonscription en tous sens, chaque soir, dès ma sortie du lycée. J'apprends.

J'apprends, avec émerveillement, ce qu'est la télévision. Figurant parmi les plus jeunes membres d'un Centre national des indépendants dont les adhérents ont tous les tempes blanches, je suis invité à participer à l'une des émissions officielles organisées par l'ORTF[1] pour permettre à chaque parti de présenter ses propositions. Je saute, ravi, dans ma 504 d'occasion, je roule toute la nuit pour rejoindre Paris et j'assure, fièrement, ma première apparition sur le petit écran. J'apprends aussi, douloureusement cette fois, qu'avec 4,5 % des suffrages on n'est pas remboursé de ses frais de campagne. J'apprends enfin qu'une déception peut cacher une promesse, en constatant que Jacques Rastoin, tout premier adjoint qu'il est, n'a réuni que 7 % des voix dans une circonscription réputée « facile ». Bien plus « facile » que la mienne.

J'ai même obtenu un score supérieur à celui de Marcel Leclerc, pourtant auréolé des victoires de l'OM dont

1. L'Office de radiodiffusion télévision française créée en 1964 incarne alors la télévision d'État.

il était le président voici peu. Et quel OM ! Celui qui fait encore briller les yeux des supporters à la seule évocation des Skoblar et Magnusson, des Bosquier, Carnus ou Keita que Marcel Leclerc avait enlevés au rival honni de l'époque, les Verts de Saint-Étienne. L'époque des banderoles clamant à l'Europe du football : « Tremble, Ajax, l'OM arrive. » Il y avait cru, Leclerc, fort de ces succès et de ces foules euphoriques. Vingt ans avant Bernard Tapie, il s'était enivré lui aussi et avait confondu les vivats des supporters du stade Vélodrome et les bulletins de vote des marseillais. C'est sa petite-fille, Laure-Agnès Caradec, spécialiste en aménagement du territoire, qui a relevé le gant et les couleurs familiales. À mes côtés. Elle a marqué du sceau de sa compétence la délégation de l'urbanisme que je lui ai confiée.

J'apprends surtout que 4,5 % des voix constituent cependant un objet de séduction majeur pour les candidats qualifiés au second tour. Par l'entremise de Théo Lombard, j'accepte l'invitation du gaulliste sortant, Pierre Lucas, dans sa villa de Sainte-Anne. Il me demande de le rejoindre. Revanchard à l'égard de Gaston Defferre qui, deux ans plus tôt, n'a pas fait de moi un adjoint, choqué par son arrogance et convaincu que ni mon camp ni mes convictions ne se situent de son côté, j'accepte la main tendue. Je me prononce en faveur de Lucas, qui n'échoue que d'un souffle, à 49 %. Ce faisant, je me démarque de Rastoin et de Grima qui ne soutiennent ni Comiti ni Gardeil et attisent ainsi la vieille haine des gaullistes à l'égard des centristes. J'ai transgressé la loi de mon clan. J'ai écorné la règle, non écrite, du pacte municipal. Me voici « tricard » à la mairie.

Un bien grand mot, en vérité. De quoi peut-on me priver ? Je ne dispose que d'une seule secrétaire, là où Charles-Émile Loo en compte une bonne dizaine à son service et Marcel Paoli, l'adjoint à la culture, quatre. Je n'ai, évidemment, pas de voiture de fonction. J'ai certes perdu dans les urnes mais j'existe en politique. Quand survient, en 1974, l'élection présidentielle provoquée par le décès de Georges Pompidou, cette première marque d'affirmation, cette première rupture oriente mon destin.

J'opte immédiatement pour Valéry Giscard d'Estaing. Comme Théo Lombard et Roger Lebert. À l'inverse de Jean Goudareau et de Jean-Pierre Grima, qui sont aspirés vers leur droite et prennent fait et cause pour l'ancien ministre Philippe Malaud. Quant à Barsotti, qui compte parmi les représentants des pieds-noirs bien qu'originaire de Tunisie, il est largement dévalorisé au sein de cette communauté depuis qu'il s'est engagé auprès de Gaston Defferre par détestation du général de Gaulle et il disparaît parmi les affidés socialistes.

Qu'importe, à cette occasion, j'apprends que lorsque souffle le vent de l'Histoire, rien ne peut l'arrêter. Je perçois rapidement que la victoire est là, promise, au bout du chemin. Elle va nous sourire. Il suffit de voir la foule entassée, debout, dans une salle Vallier archi-comble, lors d'un meeting de VGE. La fièvre est telle que Jacques Rastoin tombe de la tribune, poussé sans ménagements par la cohue des élus qui s'agglutinent.

L'élection de Valéry Giscard d'Estaing à la présidence de la République constitue le premier signe annonciateur d'une inévitable rupture dans le pacte municipal de 1953. Certes, Gaston Defferre peut se réjouir des divisions toujours plus profondes de la droite locale. Pourtant, ce qui prime chez lui est la déception. Il rêvait de Matignon, où une victoire de François Mitterrand l'aurait propulsé. Cette déception accentue sa dureté naturelle. En outre, l'influence d'Edmonde « la rouge » s'affirme depuis que le maire s'est séparé de « Paly » Cordesse. Ses nouvelles amours sont en harmonie avec la stratégie d'union de la gauche dans laquelle le PS s'est engagé au plan national. Maintenir à

Marseille un socialo-centrisme municipal est devenu une gageure.

Trois années s'écoulent néanmoins avant l'inévitable rupture. À la mairie, l'ambiance est tendue. Une tension qui croît à mesure que l'inéluctable se rapproche. Chaque séance du conseil municipal tourne à l'affrontement. Les communistes ne perdent pas une occasion de se moquer, au mieux, de s'indigner, souvent, de notre présence sur les bancs de la majorité municipale. Ils se font un malin plaisir d'interpeller sur cette « incongruité » l'un des principaux dirigeants du parti dont ils sont l'allié au niveau national. Pour notre part, nous défendons pied à pied l'action d'un Président que les socialistes locaux s'emploient à clouer au pilori. Ces passes d'armes se déroulent sous le regard noir d'un Gaston Defferre amer, toujours hésitant entre Paris et l'union de la gauche d'un côté, et Marseille de l'autre. L'atmosphère devient irrespirable.

En coulisses, nombre de personnalités s'agitent. Chacun cherche à s'imposer comme le meilleur – et donc le premier – des giscardiens de Marseille. L'étiquette est devenue séduisante depuis qu'elle ouvre des perspectives nouvelles à une droite locale qui ne s'est jamais reconnue dans le gaullisme triomphant des années 1960. Pour parler clair, la bataille fait rage.

L'industriel Maurice Genoyer s'appuie sur son aisance financière mais souffre d'un agenda dévoré par la gestion de ses affaires. L'agrégé d'histoire Jean Chélini mise sur sa présence au cabinet du ministre de la Coopération, Pierre Abelin, mais se trouve, en conséquence, trop souvent retenu à Paris. L'ancien député giscardien de 1968, Robert Gardeil, se prévaut d'une légitimité historique mais peine à faire oublier qu'il est inféodé aussi bien à Joseph Comiti qu'à Gaston Defferre à travers les activités de son frère, architecte de l'office HLM de la ville. L'assureur Jean-Claude Tarrazi se souvient d'avoir été naguère le numéro 2 des « amis » locaux de VGE mais compte la ville parmi ses clients. Quant à la vieille garde de la droite municipale, elle se perd, tel l'âne de Buridan, hésitant entre un avenir aléatoire et limité et un présent rassurant, en discussions stratégiques de haute volée sur sa situation en mairie en cas de rapprochement (trop) marqué avec VGE. Et, bien évidemment, sur le confort personnel de chacun !

Bref, la situation ouvre un trou de souris pour l'émergence d'une nouvelle génération. Je m'applique à m'y faufiler, avec d'autant plus de conviction que Paul Dijoud, le jeune secrétaire d'État aux Travailleurs immigrés, vient d'être « parachuté » depuis sa mairie de Briançon, avec pour mission d'enlever celle de Marseille. Aucun des ténors du passé ne peut lui offrir un point d'appui solide. Il a essayé de s'entendre avec Antoine Andrieux et Irma Rapuzzi, deux des adjoints historiques de Gaston Defferre, dans l'espoir de s'imposer d'abord comme le bras droit du maire avant de s'emparer de la mairie. Il s'inscrit ainsi dans une stratégie conçue par Michel Poniatowski, le fidèle second de Giscard, devenu son ministre de l'Intérieur, par le préfet Jean Riolacci, en charge des élections à l'Élysée, et par Joël Le Béchu, leur conseiller technique. L'objectif est de faire alliance avec ceux des socialistes qui refuseront le programme commun, puis de rafler la mise grâce à l'introduction de la proportionnelle dans le mode de scrutin des élections municipales suivantes.

Paul Dijoud a besoin d'une formation politique, structurée et conquérante. Et de militants dévoués. Il s'appuie sur quelques-uns, dont je suis.

Étant le plus expérimenté de cette équipe ambitieuse, je mesure pleinement l'opportunité que les hasards de la vie politique nous offrent. Indispensable pour mener à bien cette stratégie, la conquête des Républicains indépendants va durer quelques mois. Le temps de nous organiser et de conduire une active bataille d'adhésions, quand vient l'heure du vote dès la fin de l'année 1975, je suis élu président du « parti du Président » dans les Bouches-du-Rhône. L'annonce, quelques mois plus tard, que le mode de scrutin municipal ne sera pas modifié fait capoter le projet dont Paul Dijoud est, chez nous, le bras armé. Elle ouvre, en revanche, de nouvelles perspectives à notre bande. Car Dijoud jette rapidement l'éponge et repart, aussi vite qu'il était arrivé, vers Paris, en nous adressant quelques mots aux allures d'encouragement : « Vous êtes assez grands pour vous débrouiller sans moi. » Il a raison, nous avons commencé à grandir. Tout reste pourtant à faire. Et d'abord les choix politiques. Ils vont orienter mon destin. En pratique, Gaston Defferre nous en évite les affres en décidant pour nous.

Chacun pressent, depuis des semaines et des semaines, que le moindre incident sera décisif. La tempête se déchaîne pourtant au moment où nous l'attendons le moins, lors d'un de ces rituels où la trêve va de soi. Jacques Rastoin reçoit la rosette de la Légion d'honneur dans la grande salle du conseil de la Caisse d'épargne. Au mépris des conventions, Gaston Defferre affiche ses intentions : « La gauche a fait un programme commun. Cela, bien sûr, cause des problèmes dans nos municipalités. À Lille, à Marseille, en Avignon et ailleurs, nous dirigeons les villes avec la droite et, à Paris, nous sommes alliés avec le Parti communiste. Cette situation est trop compliquée et il n'est plus possible de maintenir nos coalitions avec la droite. Il faut y mettre un terme. »

C'est bien plus qu'un avertissement. Le moment choisi nous cingle comme une insulte. Certes, Gaston Defferre ajoute une pincée de sucre dans sa potion. Il nous assure que son journal, *Le Provençal*, nous rendra hommage et écrira que les réalisations et autres grands chantiers des dernières décennies, à Marseille, ont été le fruit d'une œuvre commune. Bien sûr, il n'en sera rien !

Avec Jean Goudareau, je suis partisan de remettre, le soir même, nos délégations au maire et de quitter la majorité municipale avec les honneurs. Bien que prévenus, nos amis politiques s'efforcent de croire que le chemin n'est pas sans retour et refusent de nous emboîter le pas. Faute d'unanimité, il ne se passe rien. La rupture annoncée se concrétise le 22 décembre 1976, lors du dernier conseil municipal de l'année. Antoine Andrieux, alors adjoint aux bâtiments communaux, qui « complotait » avec Paul Dijoud quelques mois plus tôt, s'indigne que la ville doive rembourser, à l'État, une TVA sur les constructions scolaires dont le montant est plus important que la subvention accordée par ce même État. Avec l'accord du maire et dans un scénario soigneusement ficelé, il propose au vote des élus municipaux une motion virulente pour condamner le gouvernement.

Qu'importent à Gaston Defferre nos explications sur la prise en charge de ces mêmes constructions par l'État, à travers son plan de relance. La motion est adoptée par les trois partis de gauche. Tour à tour, Théo Lombard, Jean Goudareau, Eugène Agostini et Jean Chélini dénoncent cette manœuvre et rappellent que notre pacte de gestion municipale repose sur des décisions concernant la ville, en aucun cas sur une analyse de politique nationale. Les dés sont jetés : le 8 janvier, le maire leur retire leur délégation.

Preuve que la démarche ne doit rien à l'improvisation, Pierre Mauroy à Lille et d'autres maires socialistes à travers la France calent leurs pas sur ceux de Gaston Defferre. Les conseils municipaux se règlent sur l'horloge de l'union de la gauche. Aussitôt l'acte de rupture posé, Defferre engage les opérations de débauchage. Elles visent les élus de droite qui ne se sont pas exprimés. Je reçois un appel du préfet

Jean Poggioli, le secrétaire général de la ville, m'indiquant que si je souhaite prendre la délégation à l'urbanisme – détenue jusqu'alors par mon ami Théo Lombard – « le maire observerait cette démarche d'un œil très positif ». Je n'hésite pas sur la réponse mais les plus âgés de notre groupe sont déconcertés, perturbés. Jacques Rastoin, Paul Louchon notre président, le docteur Étienne Girbal aimeraient conserver leur délégation. Ce qui nous diviserait et causerait un trouble sérieux dans l'électorat de droite.

C'est Claude Bertrand qui est l'artisan de la révolte et de l'unité. Secrétaire administratif de notre groupe, il mobilise sa force de persuasion et la solidité de ses convictions et réussit à influencer ceux que démange la tentation du ralliement. Cette fois-ci, l'unanimité des présents est réalisée. Nous rendons, tous ensemble, nos délégations à Gaston Defferre et nous l'annonçons aux Pennes-Mirabeau, lors d'une réunion des Républicains indépendants au domaine de Fontblanche, que gère alors le propre beau-frère de Gardeil. Je suis naturellement en pole position pour exprimer notre réaction. Les journalistes du *Provençal* et du *Méridional* sont présents, comme un correspondant de l'AFP et un reporter de FR3. Pour moi qui suis habitué à de rares échos médiatiques concernant les réunions de quartier, cette mobilisation est une « première ». J'indique notre position : « À une exception près [celle de Benoît-Antoine Barsotti qui le lendemain démissionnera de notre groupe], nous quittons Gaston Defferre et la majorité municipale. »

Ce séisme politique fait l'effet d'une onde de choc dans l'ensemble du pays. Et dans l'ensemble des formations politiques. Depuis vingt-quatre ans, Defferre dirige la ville avec la droite et le centre. À titre personnel, voici douze ans que je participe à cette coalition. Cette période a correspondu aux Trente Glorieuses et à l'envol de l'économie française.

Marseille s'est transformée. Notre bilan est plus que satisfaisant : de nombreux grands chantiers ont été menés à bien, des dizaines d'écoles construites, l'hôpital nord bâti, le Jarret couvert, la Corniche ceinturée et élargie, les premières plages du Prado aménagées en polders et enrichies du même sable que celui du Larvotto, à Monaco.

D'autres réalisations se révéleront plus contestables. La nécessité, dans les années d'après-guerre, de loger les nouveaux habitants d'une ville en expansion ont en effet conduit à construire beaucoup et vite. Des groupes d'habitations tentaculaires et de grandes cités aux noms prometteurs sont apparues en périphérie : les Lauriers, les Cèdres, les Oliviers, le Plan d'Aou, la Bricarde, la Castellane, la Savine…

Chacun des habitants s'est réjoui de disposer d'un logement neuf, doté du confort moderne et d'une hygiène remarquable pour l'époque. Toutefois, en raison des critères d'attribution retenus, la crise économique et le déclin de la ville aidant, ces ensembles se détériorent rapidement et se paupérisent en même temps que les secteurs géographiques où ils sont implantés. En dépit des sommes considérables allouées pour la Politique de la ville – l'Agence nationale pour la rénovation urbaine d'aujourd'hui –, la tendance ne s'est jamais pleinement inversée. Si bien qu'un demi-siècle plus tard, nous devrons intervenir dans des ensembles privés particulièrement dégradés – la cité Bellevue, la première –, ce qui me vaudra les réactions brutales de ceux qui considèrent que ces opérations ne concernent pas l'action municipale.

Notre rupture marque la fin d'une belle période pour Marseille. Même si Defferre attend 1983 avant de choisir une gestion socialo-communiste, ses centres d'intérêt sont désormais essentiellement nationaux. D'ailleurs, sa nomination au ministère de l'Intérieur l'absorbe au détriment de la gestion de la ville. Et les dernières années de ses mandats conduisent à un véritable déclin de Marseille.

Le pacte de 1953 en tout cas a vécu. Hormis Barsotti, tous les membres de notre groupe acceptent de laisser voiture de fonction, chauffeur et secrétaires pour achever leur mandat dans un honneur que j'avais cru perdu. Quant à moi, Gaston Defferre vient de m'offrir sans le vouloir la merveilleuse opportunité de me libérer des ambiguïtés passées, d'écarter la vieille génération et de franchir une nouvelle marche. À dire vrai, je n'en suis pas encore à interpréter cet événement politique en ce sens, tant s'en faut. Car la droite non gaulliste de Marseille est K.-O., tétanisée par sa propre audace et terrorisée à l'idée d'être laminée aux élections municipales de l'année suivante.

Brusquement, mon avenir me semble peint en noir.

20

Grenouilles cherchent leur roi

Les colonnes du *Provençal* nous sont interdites et celles du *Méridional*, où je ne compte alors que le soutien résolu de Claude Maubon, de Georges Mercadal et d'Alex Mattalia, restent chichement attribuées, tant la coalition fondée sur l'accord municipal défunt n'a toujours pas été digérée. Il faut réagir. Comment ? Sous quelle forme ? Avec quels moyens ? C'est dans cette situation délicate que se présente le scrutin municipal de 1977. D'autant plus délicate que Gaston Defferre se montre particulièrement habile dans la constitution de ses listes.

L'union de la gauche qu'il soutient à Paris ? Une union, quelle union ? Un soutien, quel soutien ? Libéré du « péché » d'alliance avec les centristes, il peut se dispenser d'intégrer dans sa future équipe des communistes convaincus. Comme chacun sait, les socialistes n'ont pas « le monopole du cœur », pour reprendre la célèbre réplique de Valéry Giscard d'Estaing à François Mitterrand, c'est une urne qu'ils ont à sa place.

Defferre en offre une illustration glaçante. Il évite toute négociation avec le PCF et écarte soigneusement ses représentants. Avec le même cynisme, il a recours à l'autre béquille déjà évoquée : les dynasties. Il recrute les fils, nièces et neveux de ses anciens élus de droite, ainsi que quelques personnalités de bonne renommée dans la bourgeoisie marseillaise. C'est ainsi que se retrouvent à ses côtés Pierre Rastoin, le fils de Jacques, l'architecte et ancien président des élèves de l'École de Provence, Yves Bonnel ou encore Jacques Rocca Serra, le président de la Jeune Chambre économique qui poursuivra ensuite son parcours politique auprès de Robert Vigouroux puis avec moi. Comme Adolphe Palidoni s'était vite plié, en son temps, à l'autorité toute-puissante de Defferre, ces ralliés clament que, n'appartenant pas au PS, ils vont en mairie pour « gérer et influencer les décisions socialistes ». On sait ce qu'il en fut. N'empêche, le coup est bien joué.

Ces fâcheux événements portent aussi une part positive à plus long terme. Le danger conduisant à la sagesse, et face au risque d'une exclusion radicale de la municipalité, les gaullistes et nous sommes condamnés à l'union. Certes, la situation nationale ne nous y encourage guère. Jacques Chirac quitte Matignon avec fracas et crée le RPR, une véritable « machine de guerre » destinée à le mettre sur orbite présidentielle face à Giscard. En représailles, les giscardiens ne cachent pas leur détermination à triompher une fois pour toutes des gaullistes. Nous n'ignorons rien de ce bras de fer mais, sur place, nécessité fait loi. Le scrutin par secteur, avec des listes bloquées, est en vigueur. Pour survivre, nous devons faire liste commune.

Reste à trouver un chef ! Le professeur Comiti ? Il aurait été accepté sans difficulté mais, battu aux cantonales de l'année précédente, il fait connaître très tôt un refus prudent. Les centristes ? Paul Dijoud a quitté la scène, Robert Gardeil a été écarté, la vieille garde s'est éloignée et mon autorité ne dépasse pas le cadre des « nouveaux » Républicains indépendants. Personne ne souhaitant un parachutage et nul ne se proposant, nous sommes semblables aux grenouilles qui se cherchent un roi. Notre choix se porte sur le député Marcel Pujol. Un homme sympathique mais sans réelle envergure politique, ni réseau structuré ni expérience. Ce chef d'entreprise d'une honnêteté absolue, courageux et déterminé, n'a dû son entrée à l'Assemblée nationale qu'à la nomination au gouvernement de Joseph Comiti, dont il était le suppléant.

La campagne électorale est morose. Égayée seulement par le débat télévisé entre Gaston Defferre, le communiste Georges Lazzarino et Marcel Pujol qui bouscule le maire sortant avec une vigueur dont celui-ci a perdu l'habitude. La soirée est surtout animée par Jean-Marie Chabert. Promoteur de l'« Opération 2000 », ardent défenseur de l'ouverture d'une ligne de métro vers le sud et colistier de Joseph Comiti lors des élections municipales de 1971, il s'est lancé en solitaire. Sa campagne est fortement teintée d'écologie. Sans doute n'a-t-elle pas convaincu Yves Mourousi, journaliste vedette de TF1 et animateur du débat, qui ne l'a pas convié. Révolté, Chabert s'est invité. Il s'enchaîne dans la salle du conseil municipal où le débat doit avoir lieu. Il exige de participer. Dans un brouhaha indescriptible, il est emporté de force. Tandis que Chabert hurle, Pujol réclame qu'on le laisse parler. Gaston Defferre écume de rage. Yves Mourousi trépigne : « C'est l'heure, il faut commencer, vite, il faut commencer… » Un grand moment, du grand spectacle !

Les résultats ne sont, de nouveau, pas à la hauteur de nos prévisions. Notre score est amputé par la présence de la liste Chabert. Ce n'est pas une défaite mais une bérézina. La droite ne gagne aucun secteur, les communistes un, et Defferre tous les autres. Dans le secteur où j'ai été candidat, nous totalisons 45 % au second tour. Un score révélateur de notre potentiel et peut-être encourageant pour l'avenir mais décevant sur l'instant. J'ai perdu le mandat municipal obtenu en 1965 et je quitte l'hôtel de ville K.-O.

À dire vrai, je ne suis pas le seul à subir une terrible déception. Quand Gaston Defferre retrouve son fauteuil pour la cinquième fois, il désigne Irma Rapuzzi comme premier adjoint. Le coup est rude pour Charles-Émile Loo. Il s'y voyait déjà. Fort de son mandat de député et de ses responsabilités de trésorier national du PS, il avait cru dur comme fer à cette promotion municipale. Une marche décisive, à ses yeux, pour s'assurer la succession du maire. Ayant refusé d'être son suppléant avant de l'affronter, je suis à des années-lumière de pareils plans de carrière, de telles ambitions. Ma conviction est qu'une longue traversée du désert nous est promise. Il n'en sera heureusement rien.

La permanence du 229 de l'avenue du Prado commence à tourner à plein régime. Nous nous débattons avec les factures. Nous achetons, chacun son tour, les fournitures ménagères les plus indispensables. Le système D est notre règle de vie. À tous, c'est-à-dire l'ensemble des membres de cette nouvelle génération, qui en ont fait leur club, leur carrefour, leur lieu de rendez-vous. C'est devenu un véritable hall de gare où vont les uns et où viennent les autres, où chacun entre à toute heure, où la vie bouillonne le jour comme la nuit, où la rigolade permanente n'empêche pas le travail politique, où l'enthousiasme de la jeunesse et la convivialité suppléent des moyens absents. Nous n'avons pas d'argent, nous jonglons jour après jour avec tous les subterfuges (licites) pour en obtenir. À commencer par les dîners-débats que nous organisons chaque mois et qui permettent d'asseoir ma notoriété. Nous débordons d'énergie et de projets. Très vite, nous nous retrouvons nombreux autour de Claude Bertrand et de Gisèle Weiss. Sitôt sorti de la mairie, où il travaille, le premier entame une seconde vie à la permanence. Il donne déjà le ton, ébauche nos stratégies, organise la manœuvre, distribue les tâches et structure les premiers pas de notre marche en avant. « Il fait sa tambouille », a-t-on coutume de le moquer, lorsqu'on le voit accoudé sur la planche de bois qu'il a installée dans la minuscule cuisine de l'appartement transformée en bureau. Chacun, faute de place, vient à son tour s'enrichir du fruit de sa réflexion.

Quant à Gisèle, elle a accepté d'assurer, quasi bénévolement, notre permanence et mon secrétariat dans l'attente d'un hypothétique avenir. Elle m'accompagnera tout au long de ma vie politique avec la même générosité et le même dévouement. Elle siégera plus tard à mes côtés au conseil municipal, où elle prendra en charge les établissements cultuels de la ville et dont elle sera la doyenne respectée.

Paradoxe de ce temps où nous avons été battus et (apparemment) éliminés de la scène politique locale : nous semons les graines des victoires à venir, dans la bonne humeur de ceux qui n'ont rien à perdre ! Ma vie se partage ainsi entre le lycée Saint-Joseph et le creuset fondateur du 229 de l'avenue du Prado. Et je sens monter une fièvre chaleureuse qui me porte en même temps que j'en suis le porteur. Car déjà de nouvelles élections approchent en ce printemps 1978. Et je compte bien être candidat.

21
S'imposer

En cette fin d'année 1977, l'heure est aux investitures. Mon premier combat est d'abord interne au parti. Je dois convaincre les leaders nationaux de la légitimité de ma candidature dans la 2e circonscription, détenue par Charles-Émile Loo. Pourquoi la 2e circonscription ? Parce que c'est là que je suis né, là que je vis et là que je vivrai toujours. Parce que c'est celle où est situé Mazargues. Parce que c'est ici que j'ai conduit, quatre ans plus tôt, le premier combat électoral sur mon nom. Et parce que c'est une circonscription « critique », au sens où elle n'a jamais, en vingt ans, élu le même homme deux fois d'affilée.

Je ne me décourage pas. Le 229 de l'avenue du Prado se transforme en ruche. Nous nous lançons à corps perdu dans un double combat : pour l'investiture d'abord, l'élection législative de mars 1978 elle-même ensuite. « Là-haut, ils font les cartons », m'annonce un jour Roland Blum, de retour de Paris, pour décrire, accablé, l'ambiance qui règne dans les ministères. En revanche, dans le petit bureau qui leur avait été attribué, Jean-Pierre Raffarin et Dominique Bussereau, son inséparable « Bubus », forment, eux, un tandem fourmillant d'idées pour le développement du Mouvement des jeunes giscardiens.

À l'inverse des élèves fraîchement issus des grandes écoles

qui envahissent les allées du pouvoir, Jean-Pierre Raffarin a gravi marche par marche les escaliers de la vie politique. Un parcours pour lequel temps et patience sont indispensables. Il faut lutter contre des adversaires qui viennent souvent de son propre parti. Le vieux monde, dit-on maintenant. Plutôt que de chercher une implantation locale à travers un mandat législatif à Poitiers dont il est originaire, Raffarin mise sur son travail de fourmi à Paris, histoire de franchir plus rapidement les étapes. Passionné par l'actualité et la publicité, il se fait remarquer par son sens de la formule, des sorties ciselées et soigneusement préparées.

Ma chance est de détenir les clés du « parti du Président » dans les Bouches-du-Rhône. Et de connaître personnellement l'homme qui le dirige sur le plan national, Jean-Pierre Soisson, mon voisin de cabanon à Sormiou et ami de jeunesse. Avec le Parti républicain, je dispose dans les Bouches-du-Rhône d'une force de frappe militante que celui-ci ne connaît nulle part ailleurs ! Elle s'impose par son dynamisme et galvanise les salles à chaque rassemblement d'envergure nationale. L'espace de quelques mois, notre fédération est devenue celle dont tous les responsables départementaux du PR rêvent. Au point que Gérard Founeau, notre candidat des cantonales de 1976 dans les quartiers sud, intègre un état-major parisien où il s'emploie, avec Dominique Bussereau et Jean-Pierre Raffarin, à faire élire Jean-Pierre Soisson comme secrétaire général.

Pour décrocher l'investiture en vue des élections législatives, (presque) toutes les méthodes sont employées. En lice comme moi, le maire de Cassis, Gilbert Rastoin, et le responsable départemental du Centre démocrate, le professeur Jean Chélini, jouent de leur carte de visite. Le premier argue de sa légitimité municipale et de ses relations d'énarque à Paris, laissant croire dans la capitale que Cassis figure dans la 2e circonscription des Bouches-du-Rhône alors qu'elle relève de celle d'Aubagne-La Ciotat ! Le second met en avant sa dimension d'universitaire, sa respectabilité de notable et sa présence dans un cabinet ministériel, pour faire oublier ses défaites de 1967, 1968 et 1973. Comme de bien entendu, ils soulignent à l'unisson mes maigres 4,5 % de 1973 et prétendent en déduire mon absence de crédibilité. Soyons francs, un premier sondage – dans lequel mon nom ne figurait même pas – a donné 35 % des intentions de vote à Charles-Émile Loo au premier tour et bien peu de suffrages à mes deux rivaux.

Aux yeux des stratèges électoraux de l'Élysée, Loo ne peut être battu et la seule circonscription marseillaise susceptible d'être récupérée par l'UDF n'est pas la deuxième mais la première, située entre la préfecture et le palais de justice, entre la rue Édouard-Delanglade et Notre-Dame-du-Mont. Rassemblant les quartiers « bourgeois » du centre-ville, le vote à droite ne s'y dément pas d'une échéance l'autre. Le député sortant est le professeur Comiti, élu en 1968 puis réélu en 1973. Un chiraquien. Bref, cette 1re circonscription dispose des atours susceptibles de charmer les leaders de mon parti. La volonté élyséenne d'y donner un coup de pouce au candidat giscardien est accentuée par sa propre personnalité, un ancien avoué devenu avocat, membre reconnu de la bourgeoisie marseillaise.

De fait, Jean Roussel parviendra à siéger à l'Assemblée nationale entre 1986 et 1988, mais seulement après avoir rallié Jean-Marie Le Pen et le Front national. En 1977, il semble pourtant réunir les atouts, y compris financiers, pour rassembler une majorité de droite sur son nom. C'est donc à lui et à lui seul qu'est attribué, comme cela se faisait à l'époque, un contingent d'électeurs français vivant à l'étranger dont l'orientation politique est sans ambiguïté. Et je ne dois qu'à l'action discrète de mon ami Henri Sogliuzzo, qui travaille alors au service municipal des listes électorales, d'en récupérer un demi-millier environ à mon profit. Ce dernier deviendra secrétaire général adjoint de la ville de Marseille, chargé du personnel, lorsque je gagnerai la mairie dix-sept ans plus tard.

Je ne me décourage pas pour autant. Je connais bien Charles-Émile Loo, ce « lieutenant » de Gaston Defferre, madré et habile manœuvrier avec lequel, comme nous étions élus du même secteur, j'ai cheminé depuis 1965 et que j'ai déjà défié quatre ans plus tôt. Il ne manque de moyens ni politiques, ni militants, ni financiers pour aborder avec confiance l'élection législative à venir. D'autant que le contexte national semble lui être favorable. C'est en tout cas ce que proclament les affiches, placardées sur les murs de France, barrées du slogan « Le socialisme, une idée qui fait son chemin ». Tous les sondages le donnent vainqueur.

Qu'importe, je suis décidé. Ma bande de galopins s'est muée en « machine de guerre ». Je n'attends aucune investiture, aucun feu vert national pour débuter ma campagne. Dès le début de l'été 1977, nous avons entrepris de coller un peu partout dans la circonscription des affiches récupérées après les précédentes municipales. Patiemment, nous les avons découpées de manière que n'y figure plus que mon nom ! Tout nous fait défaut sauf l'énergie et la détermination. Nous avons foi en l'avenir. Nous ne nous embarrassons pas des contingences matérielles : on passe commande et on se débrouille ensuite.

Il en va sur le fond comme sur la forme. Là non plus, nous n'optons pas pour la nuance. Les tracts que nous confectionne avec constance le directeur de l'imprimerie du collège Don-Bosco, Adrien Virilli, et que nous distribuons à l'envi soulignent d'une formule radicale le bonnet d'âne des députés que détient Charles-Émile Loo en raison de son manque d'assiduité et d'activité au Palais-Bourbon : « Votre circonscription est rouge, pour quel résultat ? »

Nous multiplions les apéritifs avec des membres de la bourgeoisie marseillaise, dont le patron de l'entreprise Daher, Francis Magnan, Dominique Vlasto et Marie Brunet nous ont entrouvert les portes.

En fait de porte, c'est celle de la modernité que nous poussons avec cette campagne. Elle est fondée sur l'enthousiasme. Elle nous sert, sans que nous le sachions alors, de banc d'essai. Pour la première fois, nous testons une méthodologie que nous affinerons progressivement ensuite. Avec l'appui de l'informatique naissante, Claude Bertrand sélectionne les bureaux de vote qui nous sont le plus favorables. Afin de tirer le meilleur parti de nos maigres forces, il entreprend d'en « cibler » les habitants : distributions en boîtes aux lettres de tracts personnalisés, appels téléphoniques, visites programmées. Nous rodons notre savoir-faire. Mieux, nous établissons une charte graphique unique pour l'ensemble de nos candidats marseillais, histoire de donner à la campagne l'image d'une force supérieure à sa réalité. Bref, nous faisons feu de tout bois. Avec l'aide des publicitaires Georges Farinacci et Gérard Gineste, qui nous accompagnent pour la première fois, nous nous ouvrons au marketing... les moyens économiques en moins. Quand vient l'heure de recourir à de grands panneaux, mes affiches sont surmontées d'un « Le bon choix » catégorique, issu du discours de Giscard à Verdun-sur-le-Doubs.

Il faut néanmoins les résultats d'un sondage démontrant que je rassemble trois fois plus d'intentions de vote que Gilbert Rastoin et deux fois plus que Jean Chélini, pour enlever la décision du préfet Jean Riolacci, le « Monsieur Élections » de Valéry Giscard d'Estaing à l'Élysée. Il faut aussi s'employer, non sans vigueur, à convaincre Jean-Pierre Soisson de m'accorder l'étiquette du Parti républicain. Et les subsides qui vont avec. L'occasion de lui rappeler fermement ses engagements : s'il entend traduire ses paroles en actes et donner leur chance à des jeunes, il sait ce qu'il lui reste à faire dans les Bouches-du-Rhône. Avec ses collaborateurs Bernard Lehideux et Yves Verwaerde venus prendre la température locale, Claude Bertrand se fait plus clair encore : « Donnez-nous les moyens et remontez à Paris ! »

Je suis investi. Je choisis Élisabeth Joannon comme suppléante. Fille du fondateur de l'Apel[1], elle déborde d'activité au sein du Secours catholique et son dévouement pour accueillir les rapatriés d'Algérie lui vaudra une Légion d'honneur méritée. Dans cette circonscription, je ne suis pas le seul représentant de la majorité présidentielle. Le RPR a lancé dans la bataille le conseiller général et ancien député Pierre Lucas. Le soutien loyal que je lui avais apporté entre les deux tours de 1973 évite que la primaire à droite se transforme en affrontement suicidaire. Nous prenons un engagement d'honneur de désistement mutuel : celui de nous deux qui arrivera en seconde position, au soir du premier tour, soutiendra le premier.

Convaincu de sa victoire, Charles-Émile Loo se trompe d'adversaire. Il choisit Lucas comme concurrent privilégié, au point de me glisser, un jour où nos campagnes respectives nous font nous croiser du côté de la place Castellane :

« On restera amis quoi qu'il arrive, n'est-ce pas, Jean-Claude ?

– Bien sûr », lui ai-je répondu avec d'autant plus de sincérité que j'avais compris, en 1973, l'intérêt que représentent, dans la perspective d'un second tour, les suffrages du troisième homme supposé.

Les meilleurs stratèges se trompent parfois. Finalement, je domine nettement Pierre Lucas (24,73 % contre 21,31 %), confirmant les enseignements confidentiels d'un ultime

1. Association des parents d'élèves de l'enseignement libre.

sondage. Fidèle à notre accord et encouragé par un Joseph Comiti soucieux d'obtenir le renfort de Jean Roussel, Pierre Lucas se désiste en ma faveur dès le soir du premier tour. Je traverse la semaine suivante sur un nuage. Un nuage agité de bien des turbulences toutefois.

Charles-Émile Loo fait donner l'artillerie lourde. Distribution de gadgets, briquets et autres insignes en tous genres. Il appose des milliers d'affiches sur lesquelles sa photo est imprudemment accompagnée d'un simple slogan : « Il a bien défendu les quartiers sud ». Imprudemment parce que mes amis l'accompagnent aussitôt d'un ironique « Ci-gît Charles-Émile Loo » ! C'est seulement lors de la réunion publique au cours de laquelle Raymond Barre vient me soutenir que je me prends à croire à une possible victoire. Une salle archi-comble, un public survolté. En descendant de la tribune où je viens de prononcer l'un de mes premiers discours publics, une phrase, une simple phrase que je saisis au vol, échangée entre Philippe Mestre et Jean-Louis Chaussende, deux des proches conseillers du Premier ministre : « Il faut faire élire ce type... »

Le dimanche 19 mars 1978, quand je rejoins le 229 de l'avenue du Prado depuis mon domicile, j'ai vécu une affreuse journée d'angoisse. Les jeux sont faits. Avec 53,7 % des suffrages, j'assure la première victoire de la droite contre les socialistes à Marseille depuis 1968. Une victoire que personne n'attendait mais que beaucoup espéraient. Francis Ripert, qui avait longtemps été le champion de notre camp au conseil général, me remet son écharpe tricolore. Celle qu'il avait lui-même reçue d'André Daher, élu député de Marseille en 1936.

Je l'accueille comme on reçoit un flambeau qui se transmet de génération en génération.

22

« Si tout se passe bien, vous serez au gouvernement »

1981, c'est l'échéance décisive, celle de la présidentielle ! Rançon de son dynamisme et de son efficacité, le « 229 » a commencé à essaimer au-delà des VIe et VIIIe arrondissements. Nous sommes tournés vers l'offensive. Aux élections cantonales de 1979, Roland Blum enlève le canton de Jules Rocca Serra dont les tracts clamaient innocemment qu'il avait naguère « couru avec Jules Ladoumègue ». Ce qui ne manquait pas de mettre en lumière l'impérieuse nécessité d'un changement de génération. Le dégagisme, déjà ?

Je suis confiant. Mon enthousiasme se lézarde néanmoins lorsque, intégré au staff de campagne de Valéry Giscard d'Estaing, j'en mesure l'inefficacité et le décalage par rapport à la réalité du terrain. Ma confiance s'effrite plus encore lorsque j'observe, d'une réunion à domicile à l'autre, le désenchantement qui semble gagner nos électeurs. Et l'affiche choisie par Giscard, « Il faut un président à la France », m'apparaît comme une erreur grossière, comme si notre pays n'avait pas eu de Président au cours des dernières années. La foule de quinze mille personnes enthousiastes – largement enrichie, il faut le dire, par plusieurs milliers de harkis conduits par le bachaga Boualem –, qui envahit le grand hall du parc Chanot le 15 avril 1981, se charge de me rasséréner.

Les caprices de l'entourage du Président me laissent parfois sans voix. L'un exige une loge où VGE pourra se préparer, l'autre réclame, afin que le Président patiente à la tribune pendant que j'y prononcerai mon discours, un fauteuil Louis XV. Rien de moins. Nous en empruntons un dans les salons de la préfecture. Pendant ce temps, Richard Martin, le directeur du théâtre Toursky, mobilise les médias en s'enchaînant aux mâts des projecteurs du parc pour protester contre la réduction des crédits accordés à son établissement. Il se lancera plus tard dans des grèves de la faim chaque fois que le million d'euros de subvention annuelle accordée par la ville de Marseille ne lui paraîtra pas suffisant. Il finira sa brillante carrière politique, trente-neuf ans après, comme candidat sur les listes dissidentes de droite de Bruno Gilles !

En dépit de ces péripéties, le meeting est un triomphe. Ma confiance remonte en flèche. Et que dire à titre personnel ! Au moment de plonger dans cette arène chauffée à blanc, Valéry Giscard d'Estaing me retient par le bras : « Gaudin, si tout se passe bien le 10 mai, vous serez au gouvernement. Je vais prononcer quelques phrases que tout le monde comprendra. » Je ne peux que bafouiller : « Oui, oui, monsieur le Président. » Le fait est qu'il lâche, dans une clameur indescriptible : « Marseille est trop absente de notre vie nationale. J'ai l'intention dans l'un des premiers gouvernements du septennat nouveau de voir y figurer un représentant de la deuxième ville de France. »

Certains, comme Paul Dijoud, comprennent et me félicitent dès la fin du meeting. D'autres croient l'heure de la consécration ministérielle venue pour le professeur Henri Gastaut, qui préside le comité de soutien à VGE. La roche Tarpéienne n'est jamais loin du Capitole. Moins d'un mois plus tard, le « ministrable Gaudin » n'est plus que l'un des députés rescapés d'une famille politique en pleine débâcle, suspendu comme ses collègues au sort des urnes. Un sort qui promet d'être redoutable.

La fin d'après-midi de ce dimanche 10 mai 1981 s'égrène comme un calvaire. Nous sommes réunis dans la permanence de la rue Borde, quartier général des Jeunes giscardiens. Des écrans de télévision sont branchés. La tension est extrême. Roland Blum reste debout face à eux, appuyé contre le mur, plus pâle encore que d'habitude. Nous savons la défaite probable mais nous espérons toujours. Vingt heures. Les écrans dessinent, dans un lent et cruel déroulement, le visage du vainqueur. Dès qu'apparaissent le front puis les yeux de François Mitterrand, Roland Blum glisse le long du mur. Pour ma part, je suis plongé dans une véritable sidération. Adieu veaux, vaches, cochons, ministère, députation…

Que vais-je devenir ? Mon angoisse personnelle est d'autant plus forte que parmi mes « amis » de l'enseignement catholique, seuls les responsables du lycée Don-Bosco m'ont garanti un poste d'enseignant en cas de défaite. Les autres ? Peut-être sont-ils, plus que moi, convaincus de ma réélection ? Un optimisme étrange vu le contexte national. À moins qu'ils n'aient été heureux de trouver une occasion de se débarrasser de moi. Peut-être que, face au nouveau pouvoir, ils me jugeaient encombrant. J'en suis profondément meurtri.

Après vingt-trois ans d'un pouvoir de droite, l'heure de l'alternance sonne. Ce basculement est en grande partie provoqué par l'action de Jacques Chirac, solidement secondé par Charles Pasqua. Le 10 mai, le président de la République est balayé. Quarante-huit heures auparavant, j'ai entendu René Monory, ministre de l'Économie, ordonner à son interlocuteur téléphonique d'emporter tous les dossiers de la Vienne et de brûler les archives. J'ai encore dans l'oreille la voix de ma secrétaire au PR, Dominique Pinet, m'annonçant depuis Paris, sur le coup de dix-huit heures trente : « C'est du 52-48 pour Mitterrand ! »

Je revois les larmes de nos militants et les visages défaits de nombreux Marseillais venus chercher nouvelles et réconfort au « 229 ». Je ne trouve à leur dire que quelques mots simples : « Souvenez-vous qu'en matière politique, rien n'est jamais fini. Nous allons avoir d'autres combats à mener et nous les mènerons courageusement. » Sans surprise, dans le sillage de son élection, François Mitterrand prononce la dissolution de l'Assemblée nationale. Si Valéry Giscard d'Estaing avait agi de même en 1974, peut-être le cours des événements aurait-il été différent. Nul ne peut changer le passé.

À l'UDF, la campagne législative qui se présente prend des allures de sauve-qui-peut. La mésentente règne avec le RPR. Les députés sortants renâclent à faire référence à Giscard d'Estaing, brûlant sans vergogne ce qu'ils adoraient quelques semaines auparavant. Pour tenter de sauver leurs sièges, une large majorité d'entre eux souhaitent une entente avec les partisans de Jacques Chirac. À Marseille comme ailleurs, l'union est bien plus qu'un combat, pour reprendre la formule par laquelle les communistes font pression sur leurs alliés socialistes.

Ce combat est, pour moi aussi, celui de la survie. Charles-Émile Loo met tout en œuvre afin de ne pas se laisser surprendre une seconde fois. La bataille s'annonce d'autant plus rude que notre camp n'a plus ni leader, ni moyens, ni projet. À mon slogan, « L'homme qui se bat », barrant sur toute leur largeur les affiches où je figure sur fond d'hémicycle, Loo répond par une personnalisation maximale, sur le mode de la « force tranquille » qui a si bien réussi à Mitterrand. Le national contre le local, en somme. L'affrontement entre afficheurs est terrible. Nuit et jour, les Jeunes giscardiens collent le plus haut possible sur les murs pour éviter que mes affiches ne soient aussitôt recouvertes ou arrachées. Le climat est détestable.

Inconscience de la jeunesse sans doute, je ne cède rien lorsque Pierre Lucas vient me proposer son soutien, pour le second tour, en échange d'une voie libre pour les élections cantonales. « Si je suis battu, j'irai aux cantonales », lui dis-je d'une voix d'autant plus assurée que je ne le suis pas. Est-ce le bon choix ? « Si tu ne fais pas 47 % des voix au premier tour, c'est fichu », estiment mes amis. J'en rassemble 45,6 %. Au contraire de la situation qui existait en 1978, mes réserves sont maigres. Après un score médiocre, le chiraquien Pierre Lucas se désiste cette fois en faveur du candidat socialiste. Les voies impénétrables du Seigneur sans doute !

Loin de la retenue qui s'impose à un ministre de l'Intérieur, Gaston Defferre ne se prive pas, au soir du premier tour, d'annoncer ma défaite le week-end suivant. Il se trompe. De nouveau. Les abstentionnistes, soit qu'ils aient voulu sanctionner l'ancienne majorité, soit qu'ils aient cru la victoire socialiste consommée, sont particulièrement nombreux. Je mène avec Jean Roatta, que j'ai choisi comme suppléant, une campagne de second tour exceptionnellement active. Je bénéficie, cette fois-ci, d'un soutien total du RPR et de l'appui exemplaire du *Méridional*. Le quotidien rend coup pour coup aux pages que *Le Provençal* consacre à mon adversaire.

Le soir du scrutin de second tour, le résultat n'est pas long à se dessiner. Dès dix-huit heures trente, on m'apporte le dépouillement du premier bureau, celui de la cité Besançon, qui ne compte que 370 inscrits et où votent nombre de militaires. J'y totalise 60 % des voix alors que Giscard n'en avait obtenu que 55 % et que la « vague rose » annoncée est supposée amputer ce potentiel. Au « 229 », entouré de quelques amis, j'attends néanmoins avec anxiété le coup de téléphone que doit me donner Claude Bertrand, depuis le bar du rez-de-chaussée où il compile les chiffres des bureaux de vote au fur et à mesure de leur arrivée. Le mode de calcul qu'il a instauré, fondé sur une grille d'évaluation par bureau aussi originale qu'efficace, prévaut encore aujourd'hui. L'usage de l'ordinateur nous a simplement permis d'en affiner les tendances avec une remarquable précision et d'accélérer les indications.

Prudent, il fait le choix de ne m'informer du score final qu'une fois sa certitude acquise. Si bien que l'appel libérateur vient du préfet Lucien Vochel, vers vingt heures dix, au moment où Claude Bertrand pénètre en trombe dans mon bureau : « Ça y est, c'est irréversible, vous y êtes ! » Je l'emporte de 781 voix avec 50,7 % des suffrages. Rien de triomphal certes, mais ma victoire est d'autant plus significative, dans le contexte de l'époque, que Michel d'Ornano à Deauville, Alain Madelin à Redon, Philippe Seguin à Épinal ou Louise Moreau à Cannes, eux aussi rescapés du désastre, sauvent leur siège avec une marge plus réduite.

La « vague rose des instituteurs » déferle sur l'Assemblée nationale. Le RPR n'y compte plus que 84 députés et l'UDF 62. Je suis de ceux-là. Jamais le 229 de l'avenue du Prado n'a connu pareille affluence. Une cohue indescriptible. Une joie à la mesure de notre soulagement. Après avoir téléphoné à mes parents, qui ont préféré attendre sagement l'issue du scrutin à la maison, je prends le chemin du *Méridional* pour la traditionnelle visite de remerciements. Il titre le lendemain, pour saluer mon succès : « La victoire en shootant ». Je diffuse l'un des deux communiqués que j'ai rédigés dans l'après-midi, faute de trouver le sommeil pour une courte sieste au terme d'une campagne éreintante. Le communiqué qui célèbre ma victoire. L'autre, qui m'aurait permis de remercier mes électeurs malgré la défaite, reste dans ma poche.

Le moment est exceptionnel. Il marque – qui l'eût cru

un mois plus tôt ? – la renaissance de la droite marseillaise. Hyacinthe Santoni a été élu face à Michel Pezet, une nouvelle fois envoyé au « casse-pipe » par Gaston Defferre dans la 1re circonscription abandonnée par le professeur Comiti.

Ce dernier avait créé une réelle surprise en annonçant qu'il ne souhaitait plus se représenter. Âgé de soixante et un ans seulement, élu de la circonscription la plus à droite des Bouches-du-Rhône, sa réélection semblait probable en dépit de la poussée socialiste. Personne ne comprend les raisons de cet étrange effacement, qui suscite de nombreuses interrogations. Notamment parce que Comiti soutient son assistant parlementaire, Hyacinthe Santoni, un enseignant d'origine corse comme lui, un homme de petite taille, au visage sombre et aux faux airs d'Aznavour. Santoni cultive son personnage comme pour s'éloigner de tout contact humain, dissuader toute proximité. Il était jusqu'alors demeuré dans l'ombre de son mentor.

En choisissant son collaborateur, Joseph Comiti pense sans doute conserver le contrôle de la circonscription comme de la fédération RPR des Bouches-du-Rhône. Selon une vieille règle illustrée par le docteur Frankenstein, la créature échappera bien entendu à son créateur. En quelques mois, la lutte qui oppose les deux hommes atteindra une rare violence.

Cette campagne fédère aussi un groupe de femmes engagées peu à peu à mes côtés depuis 1978[1]. Issues, pour la

1. Il y a Marie Brunet, née Estrine, dont le père avait réalisé le tunnel du Rove, Odette Delanglade, Loute Fabre, Mireille Legré ou Simone Toy-Riont, dont le père fut député puis sénateur des Hautes-Alpes. Il y a aussi Mireille Jourdan Barry, dont j'ai donné le nom au nouveau boulevard qui relie l'avenue de la Madrague de Montredon à la traverse Parangon et dont la famille a offert à la ville de Marseille pour plus de quinze millions de francs (de l'époque) de faïences provençales. Sans parler du bréviaire de Saint-Victor, datant du Moyen Âge, dont les

plupart, de la bourgeoisie locale, elles n'ont cessé de m'apporter, de meetings en réunions mensuelles ou en déjeuners-débats, un concours actif et chaleureux. Toujours présentes et exceptionnellement efficaces, ces femmes auxquelles je voue une grande reconnaissance et une affection profonde ont vite été baptisées les « Gaudinettes ». Je leur rends hommage volontiers, comme à Mme Marquand-Gairard, qui a accompli la même tâche, par la suite, auprès de mon ami Jean Roatta.

enluminures paraissent avoir été imprimées hier. Il y a encore Jeannette Castinel, qui a laissé un important immeuble en héritage à la ville, Marie-Thérèse de Cazalet, Nano Rousset et, bien sûr, Mado Giraud, née de Roux, qui à chaque élection a accepté de figurer en dernière position sur mes listes municipales dans les VIe et VIIIe arrondissements. C'est grâce à elle que la ville a pu acheter à la famille Falque la dernière huilerie L'Abeille, afin de l'offrir aux artistes et acteurs de la rue.

23
Médiatiser

Mes premiers souvenirs concernant les journalistes et leur rôle remontent à 1952. Cette année-là, comme de coutume au début du mois d'août, nous nous sommes installés tous les trois, ma mère, mon père et moi, dans la Peugeot 203. En route pour Eygliers, dans les Hautes-Alpes, lieu traditionnel de nos vacances en famille. Avec pour décor la barre des Écrins, dont le mont Pelvoux et la station de la Vallouise, je vais retrouver le pré de Mme Carle. Tout cela m'émerveille : l'eau des torrents, la beauté des paysages, la fraîcheur de l'air. Chaque élément constitue une révélation. Sans parler, je dois l'avouer, de repas substantiels : jambon cru et tourtons, ces beignets farcis de purée et frits dans l'huile qui comptent parmi les spécialités alpines. À dire vrai, ces repas tranchent, et pas seulement par leur qualité, avec ceux que nous avons en ville, soumis aux restrictions alimentaires. J'ai toujours aimé ce département et je crois l'avoir montré durant ma présidence du conseil régional Provence-Alpes-Côte d'Azur.

Étape à Manosque, puis nous empruntons la route sinueuse en direction de Gap. En ces temps-là, nul ne sait qu'existeront un jour des autoroutes. En traversant la commune de Lurs, j'aperçois une kyrielle de tractions avant, comme il était d'usage de nommer, par ce pléonasme, le véhicule phare de

Citroën. La voiture de mes rêves ! Quel événement peut justifier pareille débauche ? Nous ne vivons pas dans le flot d'informations continu qui est de règle aujourd'hui. Nous ignorons que cette concentration résulte de la venue d'une pléthore d'enquêteurs en raison d'un crime exceptionnel : le crime de Lurs, l'assassinat, quelques jours auparavant, d'une famille anglaise, sir et lady Drummond ainsi que leur fille, Elizabeth. L'affaire Dominici débute. Ce jour-là, le commissaire Sébeille s'est déplacé afin de mener ses premières investigations.

J'apprendrai par la suite qu'un reporter du *Méridional* couvre l'événement. Je le retrouverai des années après, homme de presse et homme politique mêlés. Selon l'adage de cette profession, « le journalisme mène à tout à condition d'en sortir ». Certains préfèrent jouer sur les deux tableaux. Gabriel Domenech entre dans cette catégorie. Il ignore, pour l'heure, que cette affaire va le conduire, à Digne, sur les bancs du conseil général des Basses-Alpes, comme s'appelle alors le conseil départemental des actuelles Alpes-de-Haute-Provence, puis à l'Assemblée nationale. Fort de la notoriété acquise par ses reportages aux allures de feuilleton quotidien et des élections cantonales s'annonçant, Gaby décide de se présenter à Peyruis, dont l'élu sortant est le maire communiste du chef-lieu, Paul Jourdan. Les deux candidats disposant exactement du même nombre de voix au soir du second tour, le plus âgé est proclamé élu. C'est Jourdan. Pas pour longtemps. La consultation est annulée et Domenech facilement élu lors du nouveau scrutin.

Sous des vents favorables, un succès en amène souvent un autre. Ayant parcouru les Basses-Alpes en tous sens depuis l'affaire Dominici et son élection cantonale, Gabriel Domenech se présente aux élections législatives de 1958. Il bat un socialiste éminent, Marcel-Edmond Naegelen, qui fut ministre de l'Éducation nationale à la Libération et gouverneur général de l'Algérie avant d'être le candidat de la gauche à l'élection présidentielle de 1953. Soucieux d'indépendance mais respectueux d'une certaine hiérarchie, Gabriel Domenech ne siège pas sur les bancs du Centre national des indépendants à l'Assemblée nationale comme Jean Fraissinet, son patron, propriétaire du *Méridional*, également député de la 2ᵉ circonscription des Bouches-du-Rhône.

Domenech s'inscrit donc au Mouvement républicain populaire (MRP) pour un seul mandat. Il devra ensuite attendre une vingtaine d'années avant de retrouver, en 1986, son écharpe de député, élu cette fois dans les Bouches-du-Rhône sur la liste de Jean-Marie Le Pen. Cette même année, il effectuera son entrée au conseil régional Provence-Alpes-Côte d'Azur puis, trois ans plus tard, en 1989, deviendra le doyen du conseil municipal de Marseille.

Nous n'en sommes pas là, ni à la véritable fatwa lancée par la gauche, quelques décennies plus tard, lorsque je souhaite répondre favorablement à une demande du Rassemblement national de donner son nom à une rue. Pour l'heure, Gabriel Domenech n'est pas l'éditorialiste aussi vigoureux que redouté, et parfois excessif, qu'il va devenir. Il n'est qu'un simple mais bon journaliste, rigoureux et ciselant ses reportages.

Compte tenu de la domination des titres contrôlés par Gaston Defferre sur le marché local de la presse, journalisme et politique partisane sont indissociablement liés. Sans m'appesantir sur le rôle du *Provençal*, devenu *La Provence*, force m'est de constater qu'en dépit des mutations au fil des décennies, ce quotidien n'a pas pour vocation d'informer mais de promouvoir les uns et de dénigrer les autres. Une conception de l'information qui n'a pourtant pas rebuté de grandes plumes à la conscience souple.

Je conserve un souvenir plus affligé que révolté de la campagne médiatique qui a accompagné, à partir de 2004, notre candidature au titre de « capitale européenne de la culture ». Nous ne pouvions pas réussir. Telle était l'évidence, si je me réfère à l'impressionnante collection d'articles prophétiques. On passait d'une candidature « qui s'essouffle », au fait qu'elle irait de « crise en crise », en passant par les turpitudes d'une « ville qui n'a rien fait pour la culture ».

Pour avoir subi les contraintes de ces monopoles partisans, les tentatives de prise en main de la presse écrite, au niveau national, par les socialistes, ne pouvaient que m'alarmer et me mobiliser. Je veux parler de ce projet baptisé, par antiphrase, « Loi sur le pluralisme, la transparence et la liberté ». Il illustre le climat politique de l'époque et l'arrogance d'une gauche dogmatique. Dans la pratique, ce texte vise à anéantir la presse libre, et plus particulièrement le groupe de Robert Hersant, l'un des principaux opposants à François Mitterrand, dont *Le Figaro* est le navire amiral. Tout est concocté pour Robert Hersant, ou plutôt contre lui.

Cet *a priori* suffit à entacher la loi d'irrégularité. Il est notamment prévu qu'un même groupe de presse ne pourra désormais posséder plus de trois publications nationales, dont un seul quotidien. Ou qu'il sera possible de posséder trois journaux nationaux à condition que leur diffusion totale ne dépasse pas 15 % du total de la diffusion d'ensemble des médias nationaux. Et ainsi de suite… Chaque article de la loi est un prodige de complexité visant un seul objectif : contraindre Robert Hersant à disloquer son groupe. L'ensemble est présenté, dans un superbe élan d'hypocrisie, comme une merveille d'ambition destinée à « favoriser la liberté d'expression ». Comme l'a écrit Philippe Tesson, directeur du *Quotidien de Paris* : « L'actuel régime est mal venu de parler de la défense des libertés contre les monopoles lorsqu'il laisse certains autres monopoles de fait interdire la libre circulation et la libre distribution des journaux, ou lorsqu'il s'arroge, pour lui-même, l'exorbitant monopole de la communication audiovisuelle. On ne dira jamais assez le scandale que représente cette hypocrisie. »

En dépit du titre alléchant de ce projet de loi, mes collègues du groupe UDF ne sont jamais parvenus à ce que soit écrit ce principe simple : la presse est libre. Bref, le pouvoir revendique de la façon la plus officielle rien de moins que la suppression de la liberté de la presse – sauf à considérer que la seule liberté acceptée en ce domaine est celle que Gaston Defferre tolère du *Provençal* : sa propagande ! Le débat parlementaire est à l'image et à la hauteur de l'enjeu. Surprenant. Il est marqué par un événement demeuré fameux dans les chroniques de la vie parlementaire.

Nous sommes en juillet 1984. À l'Assemblée, les débats s'enflamment. Les invectives fleurissent dans l'hémicycle, surtout le soir venu en raison de la fatigue accumulée. Cette nuit-là, la gauche s'applique, avec succès, à nous faire sortir de nos gonds. Elle fustige une droite trop proche, à ses yeux, de la collaboration pendant la Seconde Guerre mondiale. Les députés de la droite et du centre répliquent d'une manière d'autant plus brutale que ceux qui interviennent à la tribune, en cette occasion, sont nés pour les plus âgés en 1943, 1944 ou 1945.

« Où était Georges Marchais à cette époque ? Était-il au STO, le service du travail obligatoire en Allemagne, ou travaillait-il chez Messerschmitt ? » Ça cogne déjà fort lorsque Alain Madelin brandit une revue jaunie par le temps et intitulée *Votre beauté*. Un hebdomadaire dont le rédacteur en chef fut un temps François Mitterrand et dont le propriétaire, détenteur par ailleurs de L'Oréal, était Eugène Schueller. Un homme connu pour avoir compté parmi les financiers de la Cagoule[1] puis qui a soutenu un parti collaborationniste. Tempête dans l'hémicycle.

Le président de la République ayant été cité, le député UDF de la Marne, Bernard Stasi, qui assure la présidence, ne trouve d'autre issue au tumulte que la suspension de séance. On réveille le président de l'Assemblée nationale, Louis Mermaz, un ami de François Mitterrand. L'Élysée est, bien entendu, prévenu. Les conseillers de la présidence pensent avoir trouvé la parade en réveillant une « figure » du gaullisme et de la Résistance, le général de Bénouville, député RPR de Paris et ami, lui aussi, du président de la République. Une heure plus tard, appuyé sur sa canne, le général entre dans l'hémicycle et demande la parole dès la reprise d'une séance présidée cette fois par Louis Mermaz lui-même. Il adjure ses jeunes collègues, auxquels il prédit un avenir prometteur, de retirer leurs propos concernant François Mitterrand au sujet d'un passé et de liens que le temps révélera plus crûment encore. Avec force talent oratoire chacun, François d'Aubert, Jacques Toubon et Alain Madelin s'y refusent.

La séance se poursuit. La gauche est déchaînée. Quant à nous, députés UDF, nous sommes furieux face aux mises en cause à l'encontre de la droite et qui remontent aux années d'Occupation. Il me semble que la présence de l'un des nôtres, à la personnalité incontestable, serait la bienvenue. Je pense au docteur Frédéric Dugoujon, député de Caluire-et-Cuire, qui a prêté son domicile à Jean Moulin, mais aussi à Charles Deprez, député-maire de Courbevoie, qui a passé de longues années en déportation. De ces deux hommes, le second se trouve à proche distance du Palais-Bourbon. Je

1. D'extrême droite, anticommuniste, antisémite, antirépublicaine et proche du fascisme, la Cagoule fut une organisation politique et militaire clandestine, fort active dans les années 1930 en France.

prends mon téléphone au milieu de la nuit et je l'appelle. Avant de lui demander de nous rejoindre à l'Assemblée, je procède à une vérification : « As-tu bien été déporté à Dachau ?

– C'est pour ça que tu me réveilles ! » s'agace-t-il. Je lui explique la situation. Une heure après, il effectue, à son tour, son entrée dans l'hémicycle. Son intervention coupe court aux allusions malveillantes des députés communistes. Une partie de la nuit s'écoule encore avant que la fatigue et le sommeil ne s'abattent sur l'ensemble des bancs. Quelques jours plus tard, une sanction est prise contre les trois députés Madelin, d'Aubert et Toubon : ils sont privés, un mois durant, de leur indemnité parlementaire.

Je vois désormais à l'œuvre ces messieurs de Paris. C'est, pour un Marseillais, une expérience qui donne confiance en soi !

24

Le drame de la rue d'Aubagne

Le buste d'Henri Tasso s'élève place de Lenche. J'y passe régulièrement et je veille à ce qu'aucun graffiti ni autre inscription ne vienne le salir. J'éprouve, depuis toujours, beaucoup de compassion pour ce lointain prédécesseur dans le fauteuil de maire. Je ne l'ai, bien sûr, pas connu mais je crois comprendre, pour les avoir éprouvées, ce que purent être son émotion et ses réactions face à l'une des pires épreuves que puisse traverser un maire.

Celle que j'ai subie m'a marqué d'une trace indélébile et pourtant, bien que de même nature, elle n'a pas l'ampleur de celle qui s'est abattue sur Henri Tasso. Le Printemps marseillais a trouvé dans cette tragédie un os à ronger. Ses animateurs se sont empressés de me faire porter la responsabilité, morale sinon pénale, des huit morts de la rue d'Aubagne alors qu'aucune des malheureuses victimes n'est morte dans un immeuble appartenant à la ville. Certains se sont même appliqués à faire l'amalgame entre l'incendie des Nouvelles Galeries, en 1938, et le drame du 5 novembre 2018.

Ce jour-là, à neuf heures du matin, Julien Ruas, mon efficace adjoint aux marins-pompiers, me prévient : « Il y a un effondrement de deux immeubles au cœur du centre-ville et vraisemblablement des morts. Vous devez venir tout de suite. » Ce que je fais. Nous attendons l'arrivée du préfet, qui nous annonce la venue prochaine de Julien Denormandie, ministre du Logement. Nous ne pouvons que constater le drame. Le soir même, je retourne sur les lieux en compagnie du ministre de l'Intérieur, Christophe Castaner. Nous ignorons le nombre de victimes et nous l'ignorerons plusieurs jours encore. Les marins-pompiers poursuivent leurs travaux de recherche avec l'espoir de retrouver des survivants.

Dans le cadre de l'enquête judiciaire déclenchée par le procureur de la République, les experts ont établi que le premier immeuble à s'être effondré est le numéro 65, une copropriété privée habitée. C'est là que se trouvent les victimes. Selon les experts, ce premier effondrement a entraîné dans sa chute le bâtiment possédé par Marseille Habitat, les fortes pluies enregistrées les jours précédents constituant un facteur aggravant. Depuis plus de dix ans, cet organisme qui dépend de la ville avait engagé une procédure pour en faire évacuer les habitants. Le jour du drame, son immeuble est vide et muré.

Cette catastrophe déclenche un mouvement de panique dans le centre-ville et chez les locataires d'immeubles anciens. Le périmètre de sécurité qu'il faut créer provoque l'évacuation de centaines d'habitants qui doivent être relogés. Des milliers de signalements parviennent à nos services techniques pendant les semaines suivantes. Il convient de les expertiser. Plusieurs centaines d'arrêtés de péril sont pris par Julien Ruas. Chaque jour, le préfet réunit un comité de crise. Le ministre du Logement, Julien Denormandie, se tient quotidiennement informé et vient à de nombreuses reprises à Marseille. La priorité est d'assurer la sécurité des riverains et d'entreprendre le relogement de près de deux mille personnes. Des dispositifs exceptionnels sont mis en place : un espace d'accueil ouvert pour les personnes évacuées, des centaines de logements sociaux et privés mobilisés, une convention de gestion passée avec la Soliha[1] pour reloger plus rapidement les habitants évacués. Il faut plus de six mois pour normaliser la situation.

Quant aux victimes, toutes d'origine étrangère, la ville prend en charge le rapatriement des corps vers l'Italie pour l'une et l'Algérie pour les autres. La famille italienne fait montre d'une admirable dignité lors de la messe célébrée à Marseille.

Ce drame et la crise qui en résulte ont deux conséquences sur la politique du logement de la ville. D'une part, avec l'État et la métropole, de nouveaux dispositifs sont déployés pour accélérer la mutation des immeubles et des quartiers anciens. Un projet partenarial d'aménagement (PPA) est voté concernant un périmètre défini et doté d'un engagement budgétaire massif de 700 millions d'euros. D'autre part, les moyens de contrôle et de contrainte à l'encontre des propriétaires privés sont renforcés. Il n'en demeure pas moins que l'image de la ville se trouve, une nouvelle fois, abîmée et réduite à un habitat dégradé et une absence d'action publique. C'est bien entendu faux.

Il reste que le principe de base est intangible : dans une ville, le maire est considéré comme responsable de tout ! L'instrumentalisation du drame par la gauche et le déferlement médiatique qui l'a suivi ont rendu impossible toute tentative d'explication rationnelle. Le chœur des censeurs m'accable personnellement. Les éditorialistes, dans un réflexe moutonnier si caractéristique du fonctionnement

1. Premier acteur associatif dans le domaine de l'amélioration de l'habitat, Soliha Provence (Solidaires pour l'habitat) est le nouveau nom du PACT (Protection, amélioration, conservation, transformation de l'habitat) des Bouches-du-Rhône, né en 2015 de la fusion de deux mouvements : la fédération des PACT et Habitat et développement.

médiatique, incriminent sans savoir, condamnent avant d'enquêter. Le contexte politique de la fin du mandat municipal exacerbe ces dérives. Je suis traité d'assassin et, devant la mairie, les victimes sont symbolisées par huit cercueils en carton. L'ultragauche est à la manœuvre. Sans vergogne, ses réseaux exploitent le drame, grâce aux possibilités offertes par le numérique, et surfent sur les douleurs. L'indécence le dispute à la bassesse.

Mon choix est celui du silence et de la dignité. On me reprochera cette discrétion. Je choisis de travailler avec les élus et les fonctionnaires qui m'entourent au fil de multiples réunions quotidiennes destinées à prendre les décisions qui s'imposent face à pareil drame. L'urgence ne consiste pas à communiquer, à me précipiter vers les micros tendus. D'autres n'ont pas cette délicatesse. Avant le drame de la rue d'Aubagne, chaque matin en arrivant en mairie j'étais déjà préparé à devoir gérer une difficulté, un problème, un conflit qui aurait été, au préalable, passé au filtre des services et de mon cabinet. Depuis ce jour tragique, je vis dans une sorte de stress permanent. Chaque matin, chaque soir, je le sens monter. Quelle nouvelle catastrophe va donc s'abattre ? Mes séjours dans la capitale s'apparentent à un passage en zone de décompression. Le souvenir des victimes ne cesse de me hanter.

Rares sont les élus qui m'accompagnent dans cette épreuve. Pourtant, les maires de notre métropole et ceux des multiples villes de France savent que ce genre de drame peut survenir, hélas, dans n'importe quel centre-ville ancien.

Le drame, Henri Tasso l'avait connu lui aussi. Et d'une tout autre ampleur. Député socialiste des Bouches-du-Rhône puis secrétaire d'État à la Marine marchande, son élection à la mairie de Marseille a provoqué, en 1935, un puissant enthousiasme populaire. La foule se rassemble ce jour-là de l'hôtel de ville jusqu'à la Samaritaine. La popularité de cet enfant de l'immigration italienne, qui habitait rue Fonderie-Vieille, à côté de la place de Lenche, au bas du quartier du Panier, est telle qu'en fin de semaine les poissonnières de Saint-Jean et la fanfare du Lacydon l'accueillent à la gare Saint-Charles quand il revient de l'Assemblée nationale. Elles le raccompagnent ensuite en cortège jusqu'à la mairie.

Henri Tasso est assurément intègre, travailleur et très attaché à sa ville. Pourtant, le souvenir qui demeure de son mandat reste le drame du 28 octobre 1938. Plus par inadvertance que par malveillance, quelqu'un a jeté ce matin-là un mégot à même le sol des Nouvelles Galeries, dont la façade donnait sur la Canebière et l'arrière sur la rue de l'Arbre, devenue aujourd'hui rue Vincent-Scotto. Cette imprudente incivilité se produit au moment de la fermeture de midi. Quand les portes sont rouvertes, peu après quatorze heures, le feu qui a couvé se propage à une vitesse extraordinaire à travers l'amoncellement des piles de tissus. D'autant plus vite qu'un fort mistral souffle. De surcroît, l'établissement est en partie en travaux dans la perspective des fêtes de fin d'année ; en outre ses étages de bois et de parquets cirés, abondamment garnis de tentures et de tapis, reposent sur une structure métallique. La France redécouvrira le danger de ce type de structure, le 6 février 1973, lors de l'incendie, d'origine criminelle cette fois, du collège Édouard-Pailleron dans le XIXe arrondissement de Paris. Il a entraîné la mort de 20 personnes dont 16 enfants.

En cette fin d'octobre 1938 donc, Marseille accueille au parc Chanot le 35e congrès du Parti radical, qui est à la tête du pays. En conséquence, une fraction importante des forces de l'ordre est mobilisée dans ce secteur. Comble de malchance, le chef des pompiers est absent. Il s'est blessé, quelques jours auparavant, en luttant contre un incendie à l'usine des Trois Mathilde, dans le secteur nord de Marseille. Son adjoint, en charge de l'intervention aux Nouvelles Galeries, se blesse dès le début de l'intervention. Rien, dès lors, n'empêche les badauds de se presser, comme au spectacle. Leur présence perturbe la tâche des pompiers sans pour autant bloquer la circulation automobile. Le passage des véhicules provoque, ici et là, la rupture des tuyaux des lances d'incendie. Pire : confronté à une augmentation brutale du débit, un employé du service des eaux croit à une fuite et coupe purement et simplement l'alimentation des pompes. Bref, les secours sont totalement dépassés par les événements.

Il faut attendre l'arrivée d'un détachement des marins-pompiers de Toulon et de leurs bateaux-pompes, appelés en urgence par le contre-amiral Muselier, qui commande la Marine à Marseille, pour venir à bout de l'incendie. À l'intérieur du magasin, employés et clients sont pris au piège. Affolés, plusieurs d'entre eux se jettent par les fenêtres qui donnent sur la Canebière ou la rue de l'Arbre. On dénombre 73 morts. Un désastre.

Le feu « saute » la Canebière et embrase les toits du prestigieux hôtel Noailles, qui abrite aujourd'hui le commissariat central de Marseille et où descendaient, alors, les célébrités de passage. C'est justement là que séjournent la plupart des membres du gouvernement et les ténors du Parti radical, à commencer par Édouard Daladier, le président du Conseil – équivalent de notre actuel Premier ministre –, ainsi qu'Édouard Herriot, président de l'Assemblée nationale, Albert Sarraut, ministre de l'Intérieur, Camille Chautemps, les frères Boncour et bien d'autres. Il faut évacuer précipitamment leurs affaires et sauver les documents restés dans leurs chambres.

À Marseille règnent le deuil et la consternation. À Paris sonne l'heure des comptes. Et même des règlements de comptes. La réaction gouvernementale est terrible : la ville est mise sous tutelle pour la deuxième fois de son histoire, et le maire, suspendu. Fait unique dans les annales de la République, on lui enlève son titre : il n'est plus que « président » du conseil municipal, tandis qu'un préfet est nommé pour administrer la ville. En conséquence, celle-ci abrite deux représentants du corps préfectoral : l'un, à l'hôtel de ville, pour gérer Marseille ; l'autre, à la préfecture, pour s'occuper des Bouches-du-Rhône. Ce régime d'exception durera jusqu'au 10 février 1946.

Quelques jours après le drame, Henri Tasso doit remonter la Canebière, à pied, en suivant les 73 cercueils. Le protocole s'est appliqué à lui faire subir une ultime humiliation en lui imposant de marcher seul, en tête du cortège, pendant que les autres personnalités se tiennent à une trentaine de mètres derrière lui. La population se dresse vite contre cet homme qu'elle a pourtant plébiscité trois ans plus tôt, et qui a triomphalement été élu sénateur des Bouches-du-Rhône le dimanche précédant le drame.

L'incendie des Nouvelles Galeries n'a pas fini d'essaimer ses braises. Dès 1939, le gouvernement édicte un décret-loi créant un bataillon de marins-pompiers que l'on place sous l'autorité du préfet administrateur puis, aujourd'hui, sous celle du maire. Très vite, ces soldats du feu gagnent la confiance des Marseillais. De fait, l'efficacité des 2 400 hommes et femmes qui interviennent en toute circonstance sur les 24 000 hectares de la commune, du port autonome, ainsi que sur l'aéroport est unanimement reconnue. Quatre-vingt-un ans plus tard, la population leur témoigne un attachement profond malgré la charge financière considérable (80 millions d'euros par an environ) que ce bataillon fait peser sur la ville.

Marseille est la seule ville de France qui paie ses pompiers. Elle ne bénéficie d'une aide du département que depuis peu ! À Paris, en revanche, cette charge est partagée avec l'État, et dans les autres communes, elle relève des seules compétences du conseil départemental. Avant moi, Gaston Defferre et Robert Vigouroux se sont battus pour aligner le statut financier des pompiers de Marseille sur celui de Paris. Vingt-cinq années durant, je me suis empoigné avec tous les Présidents, les Premiers ministres et les ministres de l'Intérieur successifs afin d'alléger cette charge. En dépit d'un avis favorable de la Cour des comptes, je n'ai jamais pu obtenir un règlement équitable pour ce dossier, même si l'État verse maintenant 10 millions d'euros à la ville de Marseille.

De peur sans doute de déplaire au puissant lobby des sapeurs-pompiers, en 2011, le Premier ministre François Fillon a fait repousser, à l'Assemblée nationale, un amendement déposé par le député Dominique Tian visant à faire bénéficier le bataillon des marins-pompiers de Marseille, comme tous les autres services départementaux d'incendie, de la taxe sur l'assurance automobile qu'encaissent les conseils départementaux. Un audit de la chambre régionale des comptes a pourtant mis cette anomalie en exergue. En vain : les impôts que paient les Marseillais profitent aux sapeurs-pompiers dans le reste du département mais pas à leurs propres soldats du feu ! Je ne doute pas qu'un jour cette lâcheté, assumée par nos gouvernants successifs, sera surmontée. L'actuel mandat municipal en offrira, je l'espère, l'occasion.

Être maire, c'est aller d'émotion en émotion. Vivre dans l'appréhension d'un coup de téléphone nocturne ou d'un appel au petit matin qui annonce un drame, comme à la rentrée scolaire 2019, quand deux « tatas[1] » ont été poignardées alors qu'elles venaient de prendre leur service dans

1. Personnel des écoles en charge de la restauration.

une cantine de La Pauline. Victimes d'un jeune déséquilibré et sérieusement blessées, elles ont, heureusement, la vie sauve. Ce n'est pas le cas de Maurane et Laura, tuées par un fou d'Allah un dimanche d'octobre 2017. Maurane avait vingt ans et venait de franchir brillamment la difficile première année de médecine à la faculté de Marseille. Elle raccompagnait sa cousine Laura, vingt ans elle aussi, au train qui devait ramener cette élève infirmière vers Lyon après un joyeux week-end passé ensemble. La barbarie les attend sur le parvis de la gare Saint-Charles. L'horreur absolue.

Cette horreur, je l'ai déjà vécue le 9 septembre 1996. Il est à peine plus de treize heures, lorsqu'un jeune homme poignarde un collégien de quatorze ans, tranquillement assis sur les marches d'escalier du quartier de Consolat. Il dévore un sandwich avec un copain avant de retourner en cours dans son collège voisin. Il n'a eu que le tort de refuser une cigarette, qu'il n'avait pas, à son assassin. Il s'appelait Nicolas Bourgat. Le malheureux est d'origine européenne, l'assassin d'origine maghrébine. Il n'en faut pas plus pour que Jean-Marie Le Pen et l'extrême droite s'emparent de cette tragédie. Ils appellent à une manifestation sur la Canebière le samedi suivant, au matin des obsèques. Des cars sont affrétés, des militants acheminés de toute la région et jusque du Sud-Ouest.

Je condamne aussitôt ce comportement scandaleux et incite les Marseillais à se rassembler devant l'église Saint-Pierre-Saint-Paul où les obsèques doivent avoir lieu. Avec une exceptionnelle dignité, le père du malheureux Nicolas, Michel Bourgat, un médecin particulièrement estimé qui accompagne notamment les jeunes d'un club de boxe des quartiers nord dans une démarche éducative, appelle au calme et récuse tout amalgame et quelque récupération politicienne du drame que ce soit. L'ambiance est lourde en ville quand, à midi, les cloches des églises sonnent pour accompagner Nicolas Bourgat dans son dernier voyage. Seul, dans mon bureau, je suis inquiet. Je commence à respirer lorsqu'on me rapporte que le rassemblement de la haine, avec ses banderoles racistes, s'est réduit à un faible cortège.

Quand nous arrivons dans la nef, le préfet Hubert Blanc et moi, quelques heures plus tard, nous sommes impressionnés par le nombre de gens qui se pressent à l'entrée de l'église et dans les rues voisines. Au fur et à mesure de la cérémonie, la police me glisse de petits papiers pour m'indiquer le nombre de Marseillais qui, faute de pouvoir pénétrer dans l'église pour se recueillir autour du cercueil, ont tout de même tenu à être présents. Je les montre au député communiste, Guy Hermier. Cinq mille Marseillais se sont rassemblés en silence et dans la prière. Je ne suis pas seulement soulagé, je suis fier de mes concitoyens. Ils ont fait honneur à Marseille.

Près de vingt-cinq ans ont passé depuis ce drame. Le docteur Michel Bourgat a accepté de figurer dans mon équipe aux élections municipales de 2001 puis de 2008. Il a réalisé un travail remarquable, sur le terrain social toujours. Le temps n'a rien effacé de ma mémoire. Ces heures et ces jours-là ont compté parmi les plus émouvants de ceux qui m'ont conduit devant des cercueils dans des églises. Il y a des morts qui vivent toujours dans notre souvenir. J'ai conservé sur mon bureau un petit livre à la couverture bleutée. Il a pour titre *Rue Nicolas-Bourgat.* Je l'ai emporté en quittant la mairie.

25

Les tricheurs

On doit traverser la vie, ou au moins essayer, sans ressentiment : telle a toujours été ma philosophie personnelle.

En cette année 1983, celle-ci va être soumise à rude épreuve. La victoire face à Gaston Defferre va m'être volée par des manipulations qui mobilisent l'appareil gouvernemental et par des accusation mensongères. Le procédé est ancien et récurent. De Flaissières à Defferre, c'est le même type de propos haineux qui est déversé lorsque les Arméniens, fuyant le génocide perpétré par les Ottomans, débarquent à Marseille en 1915, puis lorsque, en 1962, nos compatriotes, des Français, sont rapatriés d'Algérie. Les gens d'Arménie – dénommée pour l'occasion le « Caucase » et l'« Albanie » – sont accusés d'apporter le typhus et la variole ; les rapatriés sont dénoncés à la vindicte comme des supplétifs de la sédition. Personne n'a oublié les diatribes à répétition de Gaston Defferre : « Français d'Algérie, allez-vous faire réadapter ailleurs. Il faut les pendre, les fusiller, les rejeter à la mer... Jamais je ne les recevrai dans ma cité[1]. » Non, la gauche n'a vraiment pas le monopole du cœur et je sais de quelle hypocrisie elle est capable.

1. *L'Intransigeant*, 26 juillet 1962, cité par Valérie Esclangon-Morin, *Les Rapatriés d'Afrique du Nord de 1956 à nos jours*, L'Harmattan, 2007 ;

Ce n'est donc pas une surprise si, lorsque nous ouvrons la permanence au 229 de l'avenue du Prado, tant de compatriotes rapatriés d'Afrique du Nord viennent nous prêter main-forte. Nous avions été rares, une quinzaine d'années auparavant, à les accueillir dignement. Nous leur offrons à présent une possibilité d'expression. Deux Marseillaises parmi beaucoup d'autres, Dieu merci, se sont montrées exemplaires durant cette période cruelle où des bateaux, bondés de nos pieds-noirs, arrivaient dans le port : Élisabeth Joannon et Catherine Blum, la mère de mon ami Roland. Elles ont organisé un accueil chaleureux, fraternel et efficace pour une population désorientée. Adjoint au maire de Carnoux, où s'installent de nombreux rapatriés, Melchior Calandra dépose, chaque 15 août, une gerbe sur le monument du maréchal Lyautey. Il n'oublie jamais de rendre hommage à ceux qui les ont accueillis à leur arrivée. Je suis, pour ma part, ému par ses propos avant que ne résonne, entonné par l'assistance, le chant *C'est nous les Africains qui revenons de loin...*

Signe de la réussite du travail d'implantation que nous développons depuis le « 229 », lors des élections cantonales de 1982, nous devançons partout les candidats du RPR. Je suis élu au premier tour face au radical de gauche Michel Pepratx avec plus de 72 % des suffrages, un record qui tient encore aujourd'hui. Guy Teissier obtient 56 % dans le canton de Mazargues. Quant à Jean Roatta, il l'emporte à Endoume avec, disons-le, l'aide involontaire des socialistes locaux empêtrés dans de sourdes batailles internes. Le conseiller général sortant est le suppléant de Gaston Defferre aux élections législatives de 1981, un

« Les pieds-noirs, cinquante ans après », *Le Figaro*, 27 janvier 2012 ; Brigitte Benkemoun, atlantico.fr, 9 avril 2012.

homme dont le nom sera par la suite connu de tout Marseille : le professeur Robert Vigouroux.

Avant de l'emporter au second tour, Jean Roatta devance la candidate du RPR, Jacqueline Grand, appréciée de Jacques Chirac. Mon leadership sur la droite marseillaise est désormais inscrit dans les faits. Depuis le retrait de Joseph Comiti, lors des élections législatives de 1981, j'ai acquis une nouvelle dimension et j'apparais, face au maire, comme le candidat naturel pour les élections municipales de 1983. Je rode ce nouveau statut au sein du conseil général. J'apprends beaucoup, ne le cachons pas, de la malice et de l'habileté enjouée avec lesquelles Louis Philibert préside l'institution départementale et conduit ses débats, sans tension et souvent dans la bonne humeur.

Madré, roué, maire du Puy-Sainte-Réparade depuis 1953 et député socialiste jusqu'en 1986 où seul le scrutin de liste l'a empêché de poursuivre une carrière ininterrompue depuis 1962, cet ancien cantonnier était une véritable figure. Un homme dont le verbe fleuri et l'anecdote joyeuse firent le bonheur, un dimanche matin, des auditeurs de la célèbre « Oreille en coin », l'émission des chansonniers de France Inter.

Faute de culture générale, Louis Philibert n'hésite pas à stopper net une séance plénière du conseil général où l'on débat du budget, afin d'aller solliciter de ses collaborateurs, en coulisses, la réponse qui lui manque. Tourné vers Irma Rapuzzi, « Qui c'est, ce Mérovée ? » interroge-t-il à mi-voix un jour où l'un des orateurs croit habile d'évoquer le roi des Francs saliens, considéré comme le fondateur de la dynastie des Mérovingiens. « C'est le pépé de Clovis », l'apaise, d'une voix tout aussi intelligible, l'ancienne institutrice. Rires assurés.

Champion du bon mot, Louis Philibert se fait pourtant piéger, du côté de Saint-Andiol, un soir de campagne législative. Un homme bien mis l'interroge lors d'une réunion publique : « Où en est la France avec les montants compensatoires ? » Il s'agit de son concurrent de droite, le recteur Fabre. Bien sûr, la question laisse Philibert sans voix. Pour une fois. Trois jours plus tard, lors d'une autre réunion dans une commune voisine, le même interlocuteur récidive avec une question du même ordre qui laisse de nouveau pantois l'élu socialiste. Voyant, dans une commune rurale de la circonscription, son tortionnaire s'avancer une troisième fois, Louis Philibert, revanchard, dégaine avant lui et l'interpelle : « Ne me demandez pas où en sont les montants compensatoires. Dites-moi plutôt la différence entre une ânesse en chaleur et une ânesse qui ne l'est pas ? » Silence embarrassé du concurrent. Et triomphe de Philibert : « Si vous ne le savez pas, c'est que vous êtes plus con qu'un âne parce qu'un âne, lui, il le sait ! » Inutile de dire que l'autre ne se présenta plus dans les réunions publiques.

Il n'y a guère que Roland Blum pour réussir, un jour, à clouer le bec de Louis Philibert. Celui-ci évoquait son passé de résistant pendant une séance du conseil général, essayant ainsi, selon une vieille ruse de la gauche, d'accuser la droite de collaboration avec les Allemands. « Pendant la guerre, vous avez tué plus de grives que d'ennemis ! » lance Blum, dont le grand-père a péri à Auschwitz, en réplique à ce chasseur impénitent.

En cette année 1983, voilà deux ans que la gauche est au pouvoir. Déjà le pays gronde, les manifestations se multiplient contre la politique des socialistes mais aussi contre leur arrogance et leur sectarisme. Le symbole en est Paul Quilès, qui, plagiant les révolutionnaires du 9 thermidor, lance à la tribune du congrès du PS, à Valence : « Il ne suffit pas de dire que des têtes doivent tomber, mais dire lesquelles et le faire rapidement. » Admirateur de Robespierre, ce grand défenseur de la liberté de la presse parle ainsi des journalistes suspectés d'avoir été trop complaisants avec le pouvoir giscardien. Il y gagne le surnom de « Robespaul ».

Les élections cantonales de l'année précédente ont sonné le tocsin pour le gouvernement. Le ministre de l'Intérieur, Gaston Defferre, l'a si bien senti qu'il place le découpage de Marseille en annexe de la loi Paris-Lyon-Marseille. Il utilise sa fonction ministérielle dans le but de minimiser les risques de perdre son fauteuil de maire. Qu'importe la morale, je le répète, fort d'une longue expérience : les socialistes ont une urne à la place du cœur.

Déjà convaincu de la nécessité de l'union, je souhaite constituer une liste unique de la droite républicaine et du centre. Mon interlocuteur au RPR est le député Hyacinthe Santoni, que le professeur Joseph Comiti a essayé, un temps, de pousser vers une candidature à la mairie. Sans succès. Faute d'être en situation de pouvoir concourir, Santoni fait grimper les enchères. Il exige que Jacqueline Grand, bien que battue aux cantonales par Jean Roatta, occupe la tête de liste face à Gaston Defferre dans les IIe, IIIe et VIIe arrondissements. Ma volonté d'union est telle que nous parvenons à composer une liste d'une parfaite égalité[1].

La campagne se déroule dans une atmosphère qui me surprend. Je sens à chaque instant un courant qui me porte. Partout, je suis accueilli avec un enthousiasme exceptionnel.

1. Hyacinthe Santoni, suivi de Roland Blum, la « pilote » dans le premier secteur ; Jacqueline Grand la conduit, accompagnée de Jean Roatta pour défier Gaston Defferre chez lui ; je la dirige avec le docteur André Mattéi dans les VIe et VIIIe arrondissements ; Guy Teissier la mène aux côtés d'André Poudevigne dans le IXe, comme Jean Chélini avec Raymond Gola dans l'énorme troisième secteur (V^e^, X^e^, XIe et XIIe arrondissements) ; et le professeur Jean-François Mattéi, qui fait alors ses premières classes électorales, face au communiste Guy Hermier dans les XVe et XVIe arrondissements.

Sur les marchés, on me demande des autographes. On m'applaudit depuis les fenêtres des immeubles, les chauffeurs me font monter dans leur bus pour en saluer les passagers et serrer des mains. La presse nationale s'empare de la situation marseillaise et fait de moi son favori. Les sondages annoncent que je menace Gaston Defferre. Étrangement, *L'Express* choisit de ne pas publier celui dont les chiffres confirment cette hypothèse, malgré le titre qui barre sa une : « Defferre peut-il être battu ? »

Le rejet dont souffrent les socialistes dans l'ensemble du pays ne compte pas pour rien dans ce climat. Sans doute aussi n'ai-je plus le grand Defferre face à moi. Et sans doute le maire sortant souffre-t-il d'avoir dû s'unir aux communistes. Avec l'aide de Georges Farinacci et de Gérard Gineste, je centre mon projet sur le renouveau. Sur ce thème, nous affichons sur les grands panneaux muraux que nous avons réservés longtemps à l'avance – les comptes de campagne ne connaissent pas leurs heureuses limites actuelles. Face au manque de souffle et d'ambition du « grand programme de petits travaux » proposé par Gaston Defferre, le résultat est éloquent. Il souligne crûment que l'heure du changement a sonné.

Pire, quand le maire sortant lance une campagne d'affiches vantant son « nouveau Marseille » afin de corriger le tir, nous apposons dessus des bandeaux portant ma photo et marqués d'un « Le nouveau Marseille, c'est lui ». À dire vrai, ce détournement n'est que le énième avatar d'une campagne engagée, pour les socialistes, dans une ambiance délétère. Même si chacun sait que l'affichage n'apporte électoralement rien, la bataille fait rage. Ne pas apparaître sur les murs serait ressenti par les siens et exploité par les autres comme un signe de faiblesse. C'est, du moins, l'avis des stratèges en communication, mal nécessaire dont j'ai fini par m'accommoder !

Un soir de la fin février, à quelques semaines du scrutin, je raccompagne Dominique Vlasto chez elle après un repas avec les militants. C'est Jean-Louis Lota, l'époux de Marie-Louise, qui conduit. Nous descendons le boulevard Fort-Notre-Dame et, à l'angle de la rue Dragon, qui deviendra célèbre quelques jours plus tard, nous tombons sur un panneau d'affichage sauvage de Gaston Defferre. Les placards viennent à peine d'être collés. « Arrêtons-nous, arrêtons-nous », s'écrie Dominique Vlasto, remontant déjà sa robe pour mieux courir afin d'arracher les affiches sitôt que Jean-Louis stoppe la voiture.

Je l'appelle, la presse de revenir : « C'est inutile. » Peine perdue. Dominique est une passionnée, elle continue d'arracher lorsque apparaissent, à une cinquantaine de mètres, sept ou huit gros bras des équipes socialistes. L'ayant vue à l'œuvre, ils courent dans sa direction. « Remonte vite, ils arrivent ! » Mon objurgation demeure lettre morte. Impavide, elle continue son œuvre. Les gros bras ne sont plus qu'à quelques mètres et je commence à craindre qu'ils ne l'attrapent. Heureusement, Jean-Louis engage la marche arrière dans cette rue à sens unique et nous récupérons Dominique *in extremis*, tandis que seaux et balais pleins de colle s'abattent sur notre voiture. Nous ne demandons pas notre reste.

Gaston Defferre, lui, n'est guère présent. Pas seulement sur le terrain mais à Marseille même. Non content d'être retenu à Paris par ses responsabilités ministérielles, il a écarté les anciens caciques locaux. Certains, comme Charles-Émile Loo, ne figurent même pas sur ses listes. En conséquence, peu ont mobilisé leurs réseaux ou leur savoir-faire. Tout semble s'ordonner pour dérouler le tapis rouge sous nos pas. Je me prends à y croire, à nous voir à la mairie. En réalité, nous avons mangé notre pain blanc.

À cette époque, le Front national naissant est loin de représenter la force politique qu'il deviendra dès les élections européennes de l'année suivante puis au long des décennies à venir. Son poids électoral n'en est pas moins sous-jacent et ne va pas tarder à se faire sentir, dans les quartiers les plus populaires de la ville, sur les décombres d'un Parti communiste qui se noie dans une alliance de gouvernement avec le PS. Un avocat marseillais, Bernard Manovelli, a constitué une liste baptisée « Marseille sécurité ». Un thème déjà au cœur des préoccupations des Marseillais. Nourrie des ingrédients du RN d'aujourd'hui, cette liste totalise un score certes moyen, mais suffisant pour éroder mon résultat d'un pourcentage qui se serait révélé utile pour arracher la victoire.

Michel Pezet, que Gaston Defferre et Edmonde Charles-Roux ont installé à la tête du PS local, raconte dans le film *Les Derniers Jours de Gaston Defferre* que son parti a « indemnisé » le candidat Manovelli de ses frais de campagne du premier tour. Il nous aurait pourtant été possible de contourner cet écueil en lui cédant la place qu'il avait sollicitée sur nos listes d'union. Le RPR la lui a refusée. Au fond, Hyacinthe Santoni, comme de nombreux membres du RPR, ne tient pas à ce que je gagne. Il est d'ailleurs absent, pour cause « d'indisposition », durant presque toute la campagne. Il ne fait que quelques apparitions, ici ou là, dans une Mercedes rouge du meilleur effet. Quand je le cherche, au soir du second tour, je m'entends répondre, sans vergogne, qu'il est parti fêter le succès de Jacques Chirac à Paris. L'union, décidément, est un combat !

Santoni n'est plus dans le jeu depuis longtemps, ce que personne, visiblement, ne regrette. Il tentera un retour, en sous-marin de la « Jospinie », pour barrer la route de l'Assemblée nationale à Guy Teissier et favoriser la victoire de Bernard Tapie. Une compromission qui contribue à le renvoyer vers Sartène après qu'il a obtenu un score dérisoire. (La moitié de celui réalisé par un joyeux groupe de musiciens hurluberlus, Les Craignos, qui rassemblent, eux, 3 % des voix.) Un véritable naufrage.

Au terme du premier tour, tous les espoirs nous sont donc permis. Je suis élu dans les VIe et VIIIe arrondissements et Guy Teissier dans le IXe, tandis que Jean Chélini rate cette performance d'une maigre poignée de voix dans son secteur. Quant à Gaston Defferre, il se trouve confronté à un ballottage difficile. « Vous venez voir mourir la bête ? » jette-t-il nerveusement à la nuée de journalistes attirés à Marseille par le séisme politique annoncé. Tandis que l'euphorie gagne notre camp, les sollicitations incessantes des médias me détournent du terrain. Malgré moi.

De leur côté, les socialistes surmontent leur consternation et leurs aigreurs pour se lancer à corps perdu dans une opération de survie. Tous les moyens sont bons. Gaston Defferre rappelle en catastrophe sa vieille garde. Elle s'engage aussitôt dans une odieuse campagne d'insinuations malveillantes et de racolage acharné auprès de tous ceux que le clientélisme a, un jour, favorisés. Affiches roses calomnieuses, ratissage systématique des procurations dans les maisons de retraite et fausses déclarations des colistiers de Manovelli, rien ne m'est épargné. Ils sont prêts à tout, et jusqu'au pire pour garder le pouvoir.

Surtout, les subtilités du charcutage électoral opéré par les spécialistes du ministère de l'Intérieur produisent les effets attendus. Les ciseaux, symbole de la censure, sont dans le cas d'espèce venus bâillonner la démocratie en empêchant la libre expression du suffrage universel. Évacuées dès le premier tour dans nos secteurs victorieux, les voix de droite ne sont plus là au second. Nous sommes démunis, sans troupes de réserve. Chacun multiplie les marchandages avec Bernard Manovelli et ses colistiers. Si, finalement, Manovelli nous rejoint, certains de sa liste s'engagent avec la gauche.

Deux événements marquent cet entre-deux-tours. Le débat télévisé organisé par FR3, d'abord. Gaston Defferre l'a préparé avec l'aide d'Ivan Levaï, et moi avec celle d'Alain Madelin et d'Anne Méaux. Le climat est d'autant plus tendu que la gauche et ses médias locaux, dont mon adversaire est propriétaire, dramatisent une alternance décrite comme apocalyptique pour les classes modestes. Quand il arrive sur le plateau, Gaston Defferre porte sous le bras un épais dossier marqué à mon nom, comme s'il contenait des secrets inavouables qu'en bon ministre de l'Intérieur il pourrait divulguer à cette occasion. Bien entendu, il n'en est rien et le dossier est vide. L'objectif est de m'impressionner psychologiquement.

À son expérience, j'oppose ma jeunesse. À la caricature qu'il brosse de moi, « otage » de Santoni comme « le bon docteur Ribot » le fut de Sabiani en son temps, je rétorque que les Baumettes sont devenues « l'annexe de la mairie » depuis qu'elles hébergent certains fonctionnaires indélicats. Et lorsqu'il me qualifie de « petit calibre », je lui rétorque que « pour un petit calibre, j'ai fait un beau carton ». Bref, je me défends de mon mieux mais je n'ai évidemment pas le professionnalisme et encore moins la rouerie de mon adversaire. Au sortir du débat, il n'y a, comme c'est souvent le cas, ni vainqueur ni vaincu. J'ai souvent pensé, depuis, que si j'avais à le refaire, je serais meilleur.

Le second événement se produit au milieu de cette semaine d'entre-deux-tours. À la veille du débat de FR3, il contribue à crisper les positions et à occulter les questions de fond entre un pouvoir usé jusqu'à la corde et un vrai projet. Une bombe explose dans une voiture appartenant à des voyous. Une bombe rudimentaire, destinée à un règlement de comptes sur fond de machines à sous. Cette explosion nocturne a lieu rue Dragon, à quelques centaines de mètres de la synagogue de la rue Breteuil. Balayant les conclusions des enquêteurs de la PJ, le préfet de police s'emploie immédiatement à se faire valoir auprès de son ministre en grande difficulté électorale. Sans hésiter, il se précipite devant les caméras pour annoncer que l'on suit « une piste sérieuse menant à la droite et à l'extrême droite ». Comme par hasard, on découvre dans le coffre de la voiture, terriblement endommagée, des affiches du candidat Gaudin miraculeusement épargnées par l'explosion et l'incendie qui l'a suivie. Bien sûr, les photographes du *Provençal* sont présents pour immortaliser cet instant, de même que les caméras de « Defferre 3 ».

Ces affiches, je le saurai plus tard, ont été déposées dans le coffre par un responsable des Renseignements généraux. Il n'en faut pas plus pour que *Le Provençal* et *Le Soir*, les journaux de Gaston Defferre, se déchaînent, hurlent à l'attentat fasciste. Non contents de me rendre (implicitement) responsable de cet événement, ils s'appliquent, quatre jours durant, à terroriser les Marseillais, décrivant une ville livrée aux voyous si, d'aventure, la droite venait à l'emporter.

À ma demande, mon ami l'avocat Bernard Jacquier engage un procès contre ce préfet de police, auquel Gaston Defferre remettra la rosette de l'ordre du Mérite. La cour d'appel me donnera raison. Ce haut fonctionnaire est condamné et devra quitter la préfectorale, non sans avoir été sanctionné, une seconde fois, pour avoir emporté les meubles de la sous-préfecture où il a été recasé. Qu'importe à Gaston Defferre. Les questions d'éthique ne sont pas de celles qui peuvent l'étouffer. Son plan a fonctionné et il doit une fière chandelle au préfet Bernard Patault. Un charcutage électoral honteux, conjugué à une exploitation médiatique indigne, emporte l'adhésion d'un certain nombre d'électeurs marseillais. Car le découpage du territoire mitonné par le ministère de l'Intérieur attribue le nombre le plus important de sièges aux secteurs de gauche. Ceux dont le sort se joue au second tour. Résultat, avec 2 497 suffrages de moins que moi sur l'ensemble de la ville, Gaston Defferre est élu. C'est une terrible injustice, un déni de démocratie.

En finir avec cette iniquité ne sera pas aussi simple qu'on pourrait le penser. Il faut attendre 1986 et la première cohabitation. À son arrivée à Matignon, Jacques Chirac met en place les « déjeuners du mardi », qui réunissent autour de lui les principaux responsables de la majorité. J'y suis convié à titre de président du groupe UDF de l'Assemblée nationale. Nous passons en revue la situation politique et évoquons les épineuses questions de nominations. C'est durant l'un de ces déjeuners que j'attire l'attention de Jacques Chirac et des autres convives sur l'incroyable découpage de Marseille figurant en annexe de la loi dite Paris-Lyon-Marseille de 1982. Si ce n'est pas le premier de leurs soucis, pour moi la plaie reste vive !

À l'origine, cette loi élaborée un an après l'arrivée de la gauche au pouvoir résulte d'un constat. Les socialistes ont compris qu'ils ne réussiront pas à enlever la mairie de Paris à Jacques Chirac. Aussi cherchent-ils à affaiblir la puissance de cet emblème national de l'opposition, faute de pouvoir l'effacer. Ils décident de créer vingt mairies de plein exercice dans la capitale. Une pour chacun des arrondissements. Personne n'a entendu parler de cette affaire avant le compte rendu du Conseil des ministres. Incroyable ? Vrai, pourtant.

Nous réagissons l'après-midi même, à l'occasion des questions au gouvernement à l'Assemblée. Nous démontrons le caractère irréaliste de cette proposition. Les socialistes reculent. Il y aura bien vingt mairies à Paris, mais pas de plein exercice. Ils ajoutent que le même principe jouera pour les neuf arrondissements de Lyon. Comme il ne faut pas donner l'impression de ne se préoccuper que des grandes villes alors gérées par la droite, le ministre de l'Intérieur intègre Marseille dans l'opération. Non sans arrière-pensées.

Gaston Defferre sait bien que, maire sortant, il aura du mal à le rester dans le contexte de l'époque. Aussi, il ne découpe pas Marseille suivant ses seize arrondissements, comme pour Paris et Lyon, mais en six secteurs créés pour l'occasion. Des secteurs de taille variable, l'un comptant quatre arrondissements, un autre n'en couvrant qu'un, d'autres en intégrant tantôt trois, tantôt deux. Un charcutage au scalpel[1]. La seule logique de cette opération ? La volonté de manipuler le suffrage universel.

La règle des apprentis-sorciers du ministère de l'Intérieur consiste à regrouper les arrondissements favorables à la gauche dans le plus grand nombre possible de secteurs. Ceux dont la démographie assure le plus d'élus. À l'opposé, on fait la part du feu en réduisant au maximum le nombre des secteurs favorables à la droite. La ficelle est d'autant plus grosse que la loi prévoit d'attribuer à chaque secteur un nombre de sièges arrondi au chiffre entier supérieur. Or, la nouvelle loi fait bondir le nombre d'élus municipaux de 63 à 101. Ainsi, les secteurs favorables à la gauche bénéficient d'un nombre impair à désigner, et ceux *a priori* promis à la droite d'un nombre pair d'élus. Faites le calcul.

Ministre d'État, ministre de l'Intérieur, Gaston Defferre vient lui-même présenter ce projet de loi à l'Assemblée nationale. Il évite toutefois de croiser mon regard pendant

1. Le premier secteur correspondait ainsi aux Ier, IVe, XIIIe et XIVe arrondissements ; le deuxième, aux IIe, IIIe et VIIe arrondissements ; le troisième, aux Ve, Xe, XIe et XIIe arrondissements ; le quatrième, aux VIe et VIIIe arrondissements ; le cinquième, au IXe arrondissement seulement ; et le sixième secteur, aux XVe et XVIe arrondissements.

que je le conteste à la tribune, préférant feuilleter un dossier durant toute mon intervention. Il quitte l'hémicycle aussitôt après. C'est donc Henri Emmanuelli, secrétaire d'État, qui fait adopter le texte après que mes amendements ont tous été repoussés. Peu importe que la loi soit rejetée par le Sénat, elle revient en seconde lecture à l'Assemblée nationale pour une adoption définitive. Peu importe, aussi, que la morale publique et les normes de la démocratie se dissolvent dans cette tambouille politicienne. Peu importe, enfin, le caractère scandaleux de la manipulation. C'est ainsi. Gardiens autoproclamés de la morale publique, les socialistes ne paraissent pas gênés. Ils ont, vous dis-je, une urne à la place du cœur !

Cette loi illustre l'anathème lancé à l'opposition de droite par André Laignel, député de l'Indre et trésorier du PS, en octobre 1981, au plus chaud des débats à l'Assemblée nationale sur les nationalisations : « Vous avez juridiquement tort parce que vous êtes politiquement minoritaires. » Ce qu'une loi a fait, une autre peut le défaire, dit le dicton. Quatre ans après ce scrutin volé par une équipe de tricheurs, je mets le dossier à l'ordre du jour d'un de nos « déjeuners du mardi ». J'obtiens de Jacques Chirac qu'un nouveau texte soit élaboré concernant le découpage de Marseille.

Curieusement, Pasqua manifeste plus que des réticences. Il m'oppose une véritable résistance, comme s'il répugnait à désavouer le travail effectué naguère par les services de son ministère. Il me faut jeter dans la bataille mon autorité de président du groupe UDF pour que ce découpage inique ne survive pas. Je mesure alors la puissance de cette fonction, supérieure sans doute à celle qui aurait été la mienne à la tête d'un ministère.

Pour mettre en œuvre le nouveau découpage, en huit secteurs de deux arrondissements, nous décidons de passer, en premier lieu, par le Sénat, avant de présenter le projet de loi à l'Assemblée nationale. Devant la Haute Assemblée, le rapporteur est Hubert Haenel, alors sénateur du Haut-Rhin. La vie offre d'étonnants raccourcis : c'est en effet le siège, que parmi les « sages » du Conseil constitutionnel cet éminent juriste occupe ensuite, que Gérard Larcher, président du Sénat, me proposera au décès de Haenel en 2015. Et que je refuserai. Dieu sait pourtant que siéger au Conseil constitutionnel aurait constitué une apothéose à ma vie publique ! Mais il m'aurait fallu quitter la Haute Assemblée, où j'étais élu depuis vingt-huit ans et pour deux années encore. Il m'aurait surtout fallu quitter la mairie de Marseille. Je n'ai pu m'y résigner.

Lorsque le nouveau projet de loi vient devant l'Assemblée nationale, en 1987, Gaston Defferre, redevenu en 1986 simple député, n'est plus là pour assister au débat. Un destin funeste lui a évité de subir le récit détaillé de sa tricherie, puis la sanction publique, dans la solennité de l'hémicycle, du dévoiement de la démocratie auquel il s'était livré afin d'enlever un sixième mandat municipal que les Marseillais lui ont refusé dans les urnes.

Au-delà de la seule manipulation électorale qu'elle a couverte, cette loi PLM imposée par la gauche aura des effets nocifs sur le long terme que le politologue Joël Gombin souligne[1] à la suite du scrutin municipal de 2020. Après avoir noté que cette loi « n'est pas démocratique puisqu'elle introduit une distorsion qui peut être forte entre le vote des citoyens et ce qui ressort en termes de gouvernance », il ajoute : « Cette loi est pour beaucoup dans la fracture territoriale très forte qui touche Marseille. Mettre fin à cette loi et rétablir le principe d'un homme une voix serait un pas décisif pour mettre un frein à cette fracture. »

Quelques années auparavant, j'avais proposé la dispari-

1. *Libération*, 2 juillet 2020.

tion de ce statut particulier. Maurice Battin, mon chef de cabinet, avait beaucoup travaillé sur ce sujet. Mais en dehors de Marseille, la droite n'a pas daigné s'y intéresser. Jusqu'à ce qu'au printemps 2020…

26

Créer la région

Quoi de plus beau que la Provence, les Alpes et la Côte d'Azur ? C'est dans ce merveilleux ensemble que vivent plus de cinq millions d'habitants des Alpes-Maritimes, du Var, des Bouches-du-Rhône, du Vaucluse, des Hautes-Alpes et des Alpes-de-Haute-Provence. En parallèle à la bataille des élections législatives de ce printemps 1986, a lieu, pour la première fois au suffrage universel, l'élection des membres des conseils régionaux. Ils étaient jusqu'alors désignés parmi les conseillers municipaux, en fonction des majorités politiques.

La région prend enfin sa pleine dimension institutionnelle. Le scrutin va se dérouler à la proportionnelle et par département – « arrimée » jusqu'alors aux départements méridionaux, la Corse s'en éloigne et affirme sa pleine identité. Il faut élire nos 117 conseillers régionaux de Provence-Alpes-Côte d'Azur, qui, eux-mêmes, auront à choisir, en trois tours de scrutin si nécessaire, le président de la future assemblée régionale.

Plusieurs raisons m'incitent à être candidat. La conviction, d'abord, que le fait régional est devenu une réalité et que l'avenir appartient à cette entité, même si une frilosité bien française nous a poussés à composer des régions dont la taille ne leur permet pas, dans une Europe en devenir, de lutter à armes égales avec leurs homologues allemandes, italiennes voire espagnoles. La volonté, ensuite, de donner à mon camp une victoire qui lui octroiera enfin la direction d'une collectivité territoriale et entamera un demi-siècle d'hégémonie socialiste. L'ambition, enfin, de faire avancer mon équipe sur le chemin de la mairie de Marseille dont les portes m'ont injustement été fermées au nez, trois ans plus tôt.

Dans les Bouches-du-Rhône, le RPR souhaite présenter sa propre liste. Pour ma part, je dirige celle de l'UDF avec pour second Jean Francou, le sénateur-maire centriste de Salon-de-Provence, auquel je succéderai à la Haute Assemblée trois ans plus tard. Mon slogan, « La voix de la Provence », exprime à la fois une identité, un enracinement et une authenticité. Il s'inscrit sur des centaines d'affiches 4 × 3 illustrant ici un champ de lavandes, là un chantier peuplé de nombreux ouvriers, ailleurs la patrouille de France sur un ciel bleu azur. De son côté, la gauche part elle aussi en ordre dispersé, entre des socialistes conduits par Michel Pezet, le président sortant, et des communistes emmenés par Guy Hermier. Quant au Front national, il représente l'inconnu – et l'assurance-vie de la gauche ! D'autant que Jean-Marie Le Pen lui-même « pilote » sa liste dans les Alpes-Maritimes et en a confié la direction, dans les Bouches-du-Rhône, à Ronald Perdomo.

Les résultats illustrent la perversité du calcul de François Mitterrand. Si le PS réalise le meilleur score (25,07 %) dans notre département (hors Marseille) devant le Front national (22,61 %), celui-ci se classe en tête (24,98 %) dans la cité phocéenne. D'une courte tête certes, puisque le PS y atteint 24,90 % et l'UDF 24,81 %, mais en tête tout de même. L'arithmétique nous offre, heureusement, un autre calcul puisque les 8,65 % du RPR dans les Bouches-du-Rhône et ses 6,49 % à Marseille nous permettent, additionnés, d'atteindre 30,66 % ici et 31,30 % là. De même, ils assurent à la droite républicaine (et au centre !) une majorité relative sur l'ensemble de la région, ce qui me place en position victorieuse. La légitimité de ma candidature à la présidence s'impose. D'abord, parce que celle-ci doit naturellement revenir à l'UDF, compte tenu de sa prédominance sur le RPR dans la région. Ensuite, parce que François Léotard, porte-drapeau de nos couleurs dans le Var malgré l'inimitié que lui voue Maurice Arreckx, le « patron » de ce département, a renoncé à me la contester. Convaincu semble-t-il que l'alternance politique annoncée va lui ouvrir immédiatement les portes d'un ministère de premier plan, suivi d'un destin national, cet homme qui avait tenté naguère de prendre la robe sous le nom de frère Honorat se prépare en effet un autre chemin.

En dépit de ces données, la confusion règne. Elle va impacter de manière durable, au moins dans les médias, l'image politique de la région. Et la mienne avec. Car la droite est dans une « seringue ». L'élection du président du conseil régional se déroule sous l'autorité du doyen d'âge, le socialiste Louis Philibert, président du conseil général des Bouches-du-Rhône. En habile tacticien, Michel Pezet annonce que les socialistes s'abstiendront à l'occasion du vote des budgets annuels si je refuse les voix du FN pour enlever la présidence.

L'histoire politique phocéenne, bien au-delà des seules élections municipales de 1983, m'a heureusement instruit des subterfuges et des coups tordus dont sont capables les socialistes. Cette belle promesse ressemble aux « Aie confiance » du serpent Kaa dans *Le Livre de la jungle.* En outre, la droite républicaine n'a pas encore, à cette époque, de ligne prédéfinie face à ce type de situation. Elle ne s'est pas encore prononcée en faveur d'un refus de toute forme d'alliance avec le FN. Pour l'heure, il convient de faire gagner notre camp sur des terres où les socialistes règnent en maîtres absolus depuis des décennies.

Si je dois être élu président du conseil régional Provence-Alpes-Côte d'Azur, il est hors de question d'apparaître comme l'« otage » de Michel Pezet. D'autant que j'aurai ravi son fauteuil et qu'il sera probablement mon adversaire lors des élections municipales de 1989. Que cette perspective ne laisse pas insensible Gaston Defferre, acharné à détruire son ancien dauphin devenu rival, ne me concerne pas. Quitte à surprendre Defferre et ses amis, je suis résolu à conduire la politique pour laquelle j'ai été élu ! Il est temps d'en finir avec le clientélisme et le saupoudrage de mesures sans ambition auxquels les socialistes nous ont habitués.

Au premier tour, le FN présente son candidat et la gauche le sien. Je suis élu au second lorsque les élus FN votent pour moi. S'ouvre une longue période au cours de laquelle gauche et médias, complaisamment unis, s'appliquent à me salir et à véhiculer une image dévoyée des valeurs républicaines et chrétiennes qui ont toujours inspiré ma démarche. Prétendre que cette campagne incessante de calomnie m'a laissé de marbre serait erroné. Je n'ai pas le cuir tanné à ce point. Les propos qui se veulent blessants blessent en effet.

Never explain, never complain[1], la règle du Premier ministre Benjamin Disraeli a servi de devise au règne de la reine Victoria. Je pense sage de m'en inspirer. L'essentiel est alors de disposer d'une majorité UDF-RPR stable. Si j'associe à mon action des élus du FN, tous sont alors d'ici, issus de la droite traditionnelle et du centre. Ils n'ont, le plus souvent, d'autre lien avec les ténors de l'extrême droite nationale que la volonté, en s'inscrivant dans son sillage, d'obtenir enfin un mandat électoral. Je ne rencontrerai d'ailleurs, au cours des six années de ce contrat de gestion, aucun

1. « Ne jamais expliquer, ne jamais se plaindre. »

problème majeur avec eux. D'autant que, par précaution, je ne leur confie aucune délégation de signature.

Avide de débusquer la preuve de quelque accord inavouable, accrochée à l'espoir de découvrir je ne sais quel impardonnable rapport évidemment marqué du signe de la xénophobie, de l'antisémitisme ou du racisme, la presse nationale vient à diverses reprises ausculter les textes votés par la région. Elle en est chaque fois pour ses frais. Quelle est en effet la demande récurrente des élus du FN ? Une discussion, une fois par an, sur la préférence nationale. Je la leur concède et elle se déroule selon un rituel rodé : l'échange a lieu et je le conclus, chaque fois, par un refus d'accorder une quelconque préférence à qui que ce soit et en quelque domaine que ce soit, en indiquant que cette exigence est contraire à la Constitution et à mes propres principes.

Au lendemain de cette élection, la région devient une collectivité de plein exercice. Tout est à structurer sinon à faire. Avec Claude Bertrand, que je nomme directeur de mon cabinet, il nous faut trouver des collaborateurs pour constituer une équipe[1]. Maurice Battin l'intègre quelques mois plus tard et Henri Loisel s'y impose rapidement comme un « homme-orchestre » capable de traiter la plupart des thématiques. Bien que profanes, tous ont un secteur à gérer, à la fois membres du cabinet et directeurs de services dont les collaborateurs ont été recrutés, au cours des années précédentes, sur des bases prioritairement poli-

1. Je charge Pierre Thévenin et Robert Assante du tourisme, le chercheur au CNES Claude Rivière de l'enseignement supérieur, Gérard Founeau et Jean Mangion de la culture, Jean-Yves Astruc de l'environnement, les Varois Christine Cesari et Henri Couillot des transports et des communications.

tiques. Nous travaillons énormément. Sans doute plus de cinquante heures par semaine.

Je garde auprès de moi le directeur général des services « sortant », Michel Kester, dont la loyauté sera exemplaire. Il ne me quitte qu'au bout d'un an pour retrouver Michel Pezet et vivre, avec lui, l'éphémère aventure de *L'Hebdo*, un hebdomadaire ayant pour ambition de contrebalancer la toute-puissance du *Provençal*, puis rejoindre l'univers du BTP où il lance la superbe initiative de réhabilitation des docks de la Joliette, point de départ de la belle aventure d'Euroméditerranée. À la tête de la Safim, des années plus tard, il dote le parc Chanot d'équipements de congrès modernes et contribue à faire de Marseille une ville attractive en ce domaine aussi, forte d'un développement économique fondé sur les tourismes. Quant aux autres « anciens » de l'équipe précédente, il n'est pas question de les abandonner sur le bord du chemin. Au-delà du versement d'indemnités, que seul l'écrivain Jean Kéhayan aura l'élégance de refuser, je leur laisse le temps nécessaire pour trouver un point de chute professionnel correspondant à leurs ambitions.

Non seulement la tâche s'avère immense mais il faut agir vite. En un court trimestre. Je choisis de faire de l'éducation, à travers la rénovation et la construction des lycées, l'une des priorités de mon mandat. Les lois de décentralisation de 1982 confient aux régions la charge de ces établissements, laissant celle des collèges aux conseils généraux et celle des écoles primaires aux communes. Je comprends vite les motivations réelles de ce choix gouvernemental, en découvrant la vétusté dans laquelle l'État a abandonné nos lycées et laissé aux régions la responsabilité de trouver les moyens financiers de faire face ! Aussi, je mène avec Jacques Blanc, le président de la région Languedoc-Roussillon, une campagne active auprès du gouvernement afin d'obtenir des crédits et je m'investis à fond dans un plan « Lycée réussite » qui fait école à travers la France.

Faut-il continuer à recourir aux prestations de la SEET, une agence de la Caisse nationale des dépôts et consignations, créer un service intégré ou s'adresser à une société d'économie mixte ? L'urgence est là, relayée par des élus locaux inquiets. Nous créons la Semader, dont je confie la direction à Jean-Marie Chabert, le directeur d'un bureau d'études. En douze ans, j'inciterai le conseil régional à voter la construction d'une trentaine d'établissements neufs. Et la réhabilitation d'une centaine d'autres, dont les prestigieux lycées Masséna à Nice et Dominique-Villars à Gap notamment. Ou celui d'altitude à Briançon. D'autres établissements ont fait l'objet de réalisations spectaculaires : le lycée hôtelier Paul-Augier à Nice et ses 20 000 mètres carrés, dont 10 000 de cuisines ; le lycée des parfums à Grasse ; le lycée du cinéma à La Garde, aux portes de Toulon ; le lycée viti-vinicole d'Orange dans le Vaucluse, où nous achetons des vignes afin que ses élèves puissent apprendre l'œnologie ; à Marseille, le lycée du bois et de la mer Germaine-Poinso-Chapuis ; celui de Gardanne qui porte le nom de Marie-Madeleine Fourcade, compagnon de la Libération et fondatrice du réseau Arche de Noé pendant la guerre ; ou encore celui qui, à Nice, s'articule de part et d'autre du Paillon, le cours d'eau local.

Tout se décide via la commission des marchés publics que préside mon ami Bernard Jacquier. Sa compétence, son intelligence, son respect scrupuleux des règlements et des lois de la République nous ont toujours protégés, à la région comme plus tard à la communauté urbaine Marseille-Provence-Métropole, de mauvaises surprises. Je conserve aussi un souvenir ému de l'action efficace menée par mon ami, le doyen Raymond Sangiuolo, qui présidait la commission de l'Éducation nationale.

C'est à cette époque que nous engageons de nouveaux travaux pour prolonger l'autoroute A51 du Val de Durance[1]. Car, au-delà des amateurs de sports d'hiver qui trépignaient, chaque week-end, dans les bouchons de la route des Alpes, il s'agit prioritairement de désenclaver les deux départements alpins, de leur offrir l'oxygène économique qu'apporte un lien direct et rapide avec la métropole marseillaise, son port, son aéroport et ses axes autoroutiers. J'entends ouvrir la voie reliant Marseille aux riches régions de l'Italie du Nord et éviter une marginalisation économique en « branchant » la ville sur les métropoles de la « banane bleue », celles qui, de Rotterdam à Milan et Turin via Munich, concentrent l'essentiel de la puissance économique du Vieux Continent. Bref, l'objectif est de donner à Marseille les moyens de redevenir la véritable « porte sud » d'une Europe géographiquement rééquilibrée. J'observe que, depuis plus de vingt-trois ans, ce cordon ombilical essentiel au regard des ambitions légitimes de notre région ne s'est pas allongé d'un mètre. À l'évidence, cette voie, vitale pour le développement de Marseille, ne figure plus parmi les préoccupations de mes successeurs, qu'ils soient de gauche ou de droite.

À l'heure de ses balbutiements institutionnels, il me semble nécessaire aussi de donner à notre région une identité qui ne repose pas seulement sur son formidable potentiel environnemental et touristique. De traduire le slogan que nous avons retenu pour illustrer cette ambition et que nous déroulons de documents en panneaux ou en publicités : « L'avenir ne perd pas le nord, il gagne le Sud. »

---

1. Avec l'appui du sénateur Marcel Lesbros, de Pierre Bernard-Raymond, de Daniel Spagnou et d'Alain Bayrou, alors maires respectifs de Gap, de Sisteron et de Briançon, nous faisons en sorte que l'autoroute se poursuive d'Aix-en-Provence à Manosque d'abord, de Manosque à Sisteron ensuite et de Sisteron jusqu'à La Saulce, à 14 kilomètres de Gap, enfin.

Depuis le technopôle de Château-Gombert naissant jusqu'à Sophia Antipolis, en passant par Cadarache ou Micropolis, c'est une véritable « route des hautes technologies » qui se dessine peu à peu du Vaucluse à la Côte d'Azur. Je choisis de la mettre en valeur à travers ce concept et de contribuer, dans la mesure de nos moyens, aussi réduits que nos compétences là-dessus, au développement de ces filières. C'est dans cette perspective qu'un fonds est déployé. Il contribuera notamment à l'essor d'un projet porté par Marc Lassus et quelques ingénieurs en informatique, unis autour des perspectives offertes par l'apparition de la carte bancaire. Ainsi naît Gemplus qui, à partir de sa carte à puce, deviendra un géant mondial.

Mais notre région est aussi, historiquement, terre de culture. Pas question de rester inertes en ce domaine. Aux côtés des grands rendez-vous estivaux dont la réputation internationale n'est plus à faire, Aix-en-Provence pour la musique, Avignon pour le théâtre, Orange pour les chorégies, nous aidons près de cent cinquante autres festivals. Nous soutenons fortement l'Orchestre des jeunes de la Méditerranée, un ensemble de plus de cent musiciens qui viennent, été après été, étudier chez nous et se produire, ensemble, dans les pays du pourtour méditerranéen. Sa dynamique deviendra si forte, au lendemain de la guerre du Golfe, en 1991, qu'aucun de ces jeunes gens ne manque à l'appel, y compris parmi ceux qui sont originaires de pays en conflit.

La région offrira à cet orchestre trois déplacements exceptionnels, dont le souvenir reste certainement gravé dans la mémoire de ces jeunes artistes. En l'honneur de ceux qui viennent de pays musulmans, l'orchestre joue une année à l'Opéra du Caire devant plusieurs milliers d'auditeurs. Pour célébrer ceux qui sont de confession juive, il se rend, un autre été, interpréter ses succès à Jérusalem. Et pour les chrétiens, nous allons à Castel Gandolfo, la résidence d'été du pape, en compagnie du cardinal Robert Coffy, archevêque de Marseille, pour donner les *Tableaux d'une exposition* de Moussorgski. « Sacrée soirée », aurait pu dire Jean-Pierre Foucault, qui nous accompagne aux côtés de Jean-Pierre Ricard, vicaire général du diocèse de Marseille à l'époque et, plus tard, cardinal archevêque de Bordeaux. Ce soir-là, je m'exprime devant Jean-Paul II. Moment inoubliable.

La belle ouverture humaine et culturelle qu'incarne l'Orchestre des jeunes de la Méditerranée ne connaîtra malheureusement pas le développement mérité. Certes, l'initiative demeure mais l'orchestre vivote faute d'un soutien politique. À la vérité, il ne s'est jamais remis de la terrible affaire dite du « Temple solaire » dans laquelle le gourou de cette secte a entraîné dans la mort nombre de ses disciples. Or, le chef de l'Orchestre des jeunes de la Méditerranée, son initiateur, son leader, son « âme », Michel Tabachnik, est longtemps suspecté d'être l'un des principaux animateurs de cette organisation. Il résiste face au lynchage médiatique dont il a été l'objet. Il en sortira blanchi mais brisé. Quand il vient me présenter sa démission, en refusant toute forme d'indemnité, je ne le retiens pas. Je le regrette. Pour lui d'abord, pour l'orchestre ensuite qui n'a jamais retrouvé pareil patron, capable d'insuffler enthousiasme, cohésion, passion et convivialité. Cet orchestre reste l'une de mes fiertés. L'une de celles qui justifient et récompensent un engagement politique.

Ma seconde fierté est d'écrire aujourd'hui que, dans cette région qui compte plus de 900 communes, pas un seul maire ne peut dire : « Je n'ai pas été aidé par la région parce que je n'étais pas du même bord politique que Gaudin ! » Le signe, aussi, que les élus de terrain savent faire la part entre leur engagement partisan et la gestion des territoires. Comme aime à le dire mon ami Georges Rosso, maire du Rove : « Je ne suis pas un maire communiste, je suis communiste et maire » !

27

Palais-Bourbon

Ah, l'Assemblée ! J'y suis entré pour la première fois fin mars 1978. Dans les couloirs, je croise Gaston Defferre au sein d'un groupe de députés socialistes. Il discute avec Pierre Joxe, Georges Fillioud et André Labarrère, le maire de Pau. Je m'avance pour le saluer. L'accueil est glacial. « Comment ? Vous venez me saluer après tout ce que vous avez dit sur moi ! Certes, vous avez été élu, mais ne comptez pas réussir aussi facilement. Je vous empêcherai d'accomplir votre mandat, vous verrez ce que vous verrez ! » lance-t-il sous les rires de ses interlocuteurs. Comme je suis habitué à son arrogance, il en faut plus pour que je me démonte : « Monsieur le maire, je suis venu vous saluer parce que je suis beaucoup plus jeune que vous et que j'ai siégé au conseil municipal avec vous. Puisque vous le prenez sur ce ton, laissez-moi vous dire que nous ne sommes pas à la mairie et que j'ai été élu député. Que cela vous plaise ou non ! »

Pour la séance d'ouverture de la nouvelle législature, nous sommes assis par ordre alphabétique. Marcel Dassault, député de l'Oise et doyen de l'Assemblée, doit à ce titre prononcer le discours d'installation. J'observe, étonné, le ballet des huissiers qui se démènent autour de lui dès son arrivée. J'apprendrai bientôt les raisons de tant d'empressement : le célèbre avionneur, qui comptait parmi les plus grandes fortunes françaises, avait coutume de distribuer des « Pascal », les billets de 500 francs de l'époque (l'équivalent de 80 euros), aux agents de l'Assemblée !

Je reste sous le coup de mon échange avec Gaston Defferre. Je connais l'homme et ses méthodes, mais la brutalité de son comportement m'a interloqué. Une fois Jacques Chaban-Delmas élu président de l'Assemblée, je quitte l'hémicycle pour m'asseoir dans le déambulatoire. Le temps de lever les yeux, Defferre passe devant moi. Seul cette fois. Je me dresse :

« Monsieur le maire, maintenant que vous êtes seul, dites-moi ce que vous avez sur le cœur.

– Pujol m'a attaqué, me répond-il, embarrassé.

– Pujol est un ami, d'accord, mais je ne suis pas Pujol ! »

Subitement détendu, Defferre a une phrase incroyable aux allures d'hommage, rare chez lui : « Votre élection n'était pas prévue. »

Si apaisé qu'ait été notre échange, je n'en suis pas satisfait. Je cherche d'où peut provenir la remarque initiale de Defferre. Il me faudra du temps pour que ma mémoire s'illumine. Enfin, je comprends. Au soir de mon élection, j'ai fait remarquer, sur le plateau de FR3, que quarante-six secondes d'antenne m'avaient été accordées durant la campagne, alors que Gaston Defferre était intervenu tantôt au titre de maire, tantôt comme député, tantôt au prétexte de sa présidence de l'établissement public régional. « Il est même passé en tant qu'écrivain, ce qui est un comble », avais-je ajouté en référence à une interview qu'il avait obtenue lors de la parution de son livre *Si demain la gauche…* Elle était là, la blessure narcissique inavouable. J'ai, involontairement, égratigné son amour-propre d'auteur, violé peut-être le jardin secret d'un rêve d'écrivain inassouvi. Un crime de lèse-majesté, le pire !

Roger Chinaud préside le groupe des Républicains indépendants auquel j'appartiens. Il exerce cette mission avec autorité et en ligne directe avec l'Élysée. L'accueil est chaleureux. D'autant plus que le nombre d'élus compte énormément à l'Assemblée nationale. Il détermine aussi bien la représentation au bureau que le temps de parole des différents groupes ou encore leurs ressources. Je suis cependant surpris, et un peu peiné, qu'aucun mot ne soit prononcé à l'égard de ceux de nos amis auxquels les urnes ont réservé un sort contraire. Et notamment Michel Poniatowski, qui vient de perdre son siège de député dans le Val-d'Oise et qui, Dieu merci, va reprendre très vite sa place au sein de la représentation nationale, mais au Sénat.

Je ne tarde pas à constater que, parmi les nouveaux entrants, nous ne sommes pas tous sur un pied d'égalité. Parmi les « bleus », on compte d'anciens élèves de grandes écoles, d'HEC, de Sciences Po ou, bien sûr, de l'ENA. Connaissant les rouages du Parlement, ils obtiennent de présenter des rapports devant les commissions avant que nous ne soyons en mesure de réagir. Une position qui assure une bonne visibilité et permet de prendre quelques longueurs d'avance dans la perspective d'un avenir ministériel. À l'UDF, François Léotard, Gérard Longuet, Alain Madelin, Jacques Douffiagues, François d'Aubert sont de ceux-là. Avec des collaborateurs qui s'appellent Jean-Pierre Raffarin ou Dominique Bussereau, ils forment le peloton de tête des « espoirs » du giscardisme. Ils ont d'ailleurs satisfait leur ambition à des échéances diverses mais rapides. Quant aux autres, petit peuple toléré – dont je suis –, ils n'ont qu'à attendre !

Je ne tarde pas d'ailleurs à sentir la stigmatisation engendrée par mes origines sociales modestes. Dans cet univers où seuls semblent avoir droit de cité ceux qui bénéficient soit des privilèges de l'argent, soit des réseaux des grandes écoles, règne une forme de mépris, à peine voilée par un vernis de politesse, mais implacable. Je n'en veux comme exemple que la formule dont usait le comte Michel d'Ornano, député du Calvados et appartenant à la garde rapprochée de Valéry Giscard d'Estaing, pour désigner ses collègues du sud du pays : « les députés pizzaïolos ». Tout était dit. Il en résulte que, lors de nos séjours dans la capitale, nous nous retrouvons en marge de leur vie sociale, de leurs dîners, de leurs complicités de réseaux.

De 1978 à 1981, les années passent vite. Très vite. N'étant ni énarque ni polytechnicien, ni grand bourgeois, je sais n'avoir aucune chance de faire partie des « poulains » giscardiens. Je m'en plains d'autant moins que j'ai retenu le propos du Président lorsqu'il a invité les députés de sa famille politique à dîner, à l'Élysée, quelque temps après notre élection. « Ne vous laissez pas prendre aux mirages parisiens, pensez à vos racines, songez que votre circonscription a besoin de vous sur place, les Français ont envie de vous voir chez eux », nous a-t-il recommandé, avant de mettre les points sur les « i » : « Je n'appellerai pas de nouveaux élus au gouvernement. » Certains en ont peut-être été déçus, pas moi. Je ne me suis jamais aventuré à rêver à pareille promotion. Claude Bertrand, devenu tout naturellement mon assistant parlementaire, fait toutefois de moi le recordman des questions au gouvernement : cent cinquante-trois écrites et vingt-trois orales entre 1978 et 1981, sur des sujets si divers qu'ils échappent à ma mémoire. Je dépose, en outre, vingt et une propositions de loi. Mais je m'applique surtout à être présent sur le terrain.

À Marseille, ma situation et celle de mes amis s'est considérablement améliorée. Mes moyens financiers de député me permettent de payer (chichement) Gisèle Weiss et de disposer d'un chauffeur. Après avoir pris trois ans de disponibilité à la ville, Claude Bertrand s'est installé à temps plein au 229 de l'avenue du Prado. J'ai même obtenu de l'Assemblée nationale un Minitel – cet ancêtre éphémère d'Internet – et l'ouverture d'une ligne de téléphone. Si ce n'est pas l'opulence, cela commence à y ressembler. Je participe aux réunions des comités d'intérêt de quartier comme aux kermesses. Je ne rate aucun conseil d'établissement scolaire ni la moindre assemblée générale d'association ou la plus banale inauguration. Je fais tous les efforts nécessaires à mon implantation locale et à l'enracinement de ma carrière politique. Je me découvre même de nouveaux ennemis, comme le doyen de la faculté de droit d'Aix et conseiller à l'Élysée Charles Debbasch, qui connaîtra bien des vicissitudes judiciaires, quelques années plus tard, dans le cadre de la succession du peintre Vasarely.

Au Parlement, je plaide les dossiers de Marseille et des Bouches-du-Rhône, je sollicite des aides pour nos associations auprès de Paul Dijoud puis de Jean-Pierre Soisson, ou une augmentation de la subvention de l'État pour l'Opéra auprès de Jean-Philippe Lecat, leur homologue de la Culture. Je navigue avec enthousiasme de la situation des chantiers navals de La Ciotat à celle des mines de Gardanne ou de la sidérurgie à Fos. Et je suis avec une attention particulière les problèmes d'environnement, qui ne sont pas encore à la mode, en écho aux critiques que je porte, sur place, contre l'action du Syndicat intercommunal de la vallée de l'Huveaune ou contre la gestion de la station d'épuration des eaux usées de la ville. Je fais feu de tout bois.

Grâce au Premier ministre, Raymond Barre, que j'alerte lors des Journées parlementaires d'Ollioules, j'obtiens enfin que, lors de leurs visites à Marseille, les ministres du gouvernement, porteurs d'un « geste » en faveur de notre ville, ne se précipitent plus dans le bureau du maire sans que j'en sois averti. Cette « élégance républicaine » permettait jusqu'ici à Gaston Defferre de valoriser ses relations à Paris et de marginaliser son opposition, fût-elle naissante, chez nous.

28

Au cœur du pouvoir

L'écho de ma réélection en 1981 résonne jusqu'à Paris. À peine de retour au Palais-Bourbon, le mardi, plusieurs députés de mes amis, Edmond Alphandéry, futur ministre de l'Économie de Jacques Chirac, Henri Baudouin, Pierre Micaux et Henri Bayard, élus respectivement de l'Aube, de la Manche et de la Loire, et quelques autres, m'entreprennent : « Nous venons de prendre le petit déjeuner à la buvette avec plusieurs de nos amis, attaque le premier, et nous sommes tous d'accord. Roger Chinaud a été battu à Montmartre. C'est toi qui dois prendre la présidence du groupe. Il faut que tu sois candidat. » Candidat à la présidence du groupe UDF de l'Assemblée nationale ? J'en reste interdit. Face à mon incrédulité, Edmond Alphandéry cite d'autres noms avant de conclure :

« Tu vois, tu ne peux pas te défiler.

– Quand même, tu mesures… », ai-je bafouillé.

Je suis d'autant moins convaincu que Claude Bertrand tente de me dissuader. « Oui, mais il faut », tranche Alphandéry.

En fin de semaine, je rentre à Marseille. Jacques Blanc, le secrétaire général des Républicains indépendants, me demande de venir déjeuner dans son village de La Canourgue, en Lozère. La vérité, c'est que La Canourgue, c'est loin et difficile d'accès. Je ne peux m'y rendre qu'en embarquant dans le petit avion qu'un jeune pilote de l'aéroport de Luynes va conduire jusqu'à Mende et son drôle d'aérodrome où a été tournée la dernière séquence de *La Grande Vadrouille.* La piste ressemble à un fossé. Ne manquent que le planeur, de Funès et Bourvil. L'atterrissage s'effectue sans difficulté et Jacques Blanc vient me chercher. De Mende, il faut encore gagner La Canourgue, où nous déjeunons d'un lapin sauté préparé par son épouse. Le guet-apens est minuté. Le téléphone sonne : c'est Raymond Barre. J'entends Blanc faire l'article :

« Gaudin pourrait très bien présider le groupe UDF de l'Assemblée nationale.

– Il est jeune, il a un parcours politique intéressant, j'y suis tout à fait favorable », répond l'ancien Premier ministre.

Cet adoubement n'est évidemment pas du goût de tout le monde. Depuis la Grèce où il s'est retiré pour quelques jours, Valéry Giscard d'Estaing fait connaître sa préférence pour Christian Bonnet, son ancien ministre de l'Intérieur. Les anciens ministres réélus, René Haby, Jacques Blanc, Jean-Pierre Soisson, Raymond Marcellin et Michel d'Ornano, dînent ensemble chez Lucas Carton pour s'accorder sur un candidat commun. La vieille garde ne paraît pas disposée à passer la main.

Toutefois, ce joli monde se regarde en chiens de faïence. Et c'est sans compter sur les chrétiens-démocrates du CDS[1] conduits par Jacques Barrot et Pierre Méhaignerie, soit dix-sept des soixante-deux élus du groupe UDF. La position développée par Bernard Stasi est claire et sans appel : un changement d'époque et de style est indispensable. « Nous ne pouvons pas prétendre à cette présidence, explique-t-il, mais nous ne voulons pas d'un ancien ministre. Et si les

1. Centre des démocrates sociaux.

Républicains indépendants avaient l'idée de proposer quelqu'un de nouveau, un homme neuf comme Jean-Claude Gaudin, nous y serions favorables. » La messe, si je puis dire, est dite.

Il me faut maintenant rendre une visite protocolaire à Christian Bonnet. Devant moi, il partage en deux une feuille de papier. « Avantages, inconvénients », écrit-il en précisant qu'il entend évaluer chacune de nos candidatures. La page noircit lentement. Enfin, il me tend la feuille avec ce commentaire laconique : « C'est légèrement en ta faveur. Si tu es candidat, tu seras candidat unique. » J'éprouve pour Christian Bonnet, qui fut longtemps sénateur du Morbihan et conseiller général de Belle-Île, une profonde reconnaissance pour sa loyauté.

J'ai entretenu aussi des relations amicales avec Raymond Barre. Au-delà du grand économiste et du Premier ministre qu'il fut pendant quatre ans, l'homme sera d'une grande courtoisie avec moi, ne demandant jamais rien au groupe et s'abstenant, par discrétion et respect du gouvernement en place, d'intervenir à l'Assemblée. Plus tard, lorsqu'il se présente à l'élection présidentielle, je le soutiens, participant à ses côtés à de nombreuses réunions. Il est escorté de Philippe Mestre, député de Vendée, et de Charles Millon, député de l'Ain, qui aurait aimé être son directeur de campagne. Cet appui apporté à Raymond Barre constitue une nouvelle pomme de discorde avec Valéry Giscard d'Estaing.

Sollicité par nos amis parlementaires et responsables politiques du Rhône, Barre se présente aux élections municipales à Lyon en 1995. Il est élu maire en même temps que moi à Marseille et que Jean Tibéri à Paris. Il avait annoncé : « Je ne ferai qu'un mandat. » Il tiendra parole. Nous déjeunons régulièrement tous les trois. Un soir où je suis son invité à Lyon, je me permets de le questionner sur sa succession et, de manière plus précise, sur les ambitions de Charles Millon à cet égard. « Le problème de Charles Millon, c'est le peuple », me répond Raymond Barre. De fait, Charles Millon n'a jamais conquis la mairie de Lyon, même s'il est devenu président de la région Rhône-Alpes.

Me voici donc installé dans le bureau du groupe UDF. Les fenêtres donnent sur la place du Palais-Bourbon. Je l'observe avec bonheur au fil des saisons, sous un soleil éclatant comme sous la neige. J'ai changé de statut. De député « lambda », je suis devenu, sans en avoir eu conscience, l'un des espoirs de la droite. Je dispose de plusieurs collaborateurs, à commencer par le secrétaire général du groupe, Gérard Trouvé, mais aussi Jean-Pierre Duclos et Bernard Rideau, l'ancien collaborateur de VGE à la « cellule communication » de l'Élysée.

Dans cette équipe figure Marielle de Sarnez, récemment disparue, qui, aux côtés de François Bayrou, parviendra jusqu'au Parlement européen et deviendra, de manière éphémère, ministre d'Emmanuel Macron. Il y a également Anne Méaux, qui s'imposera comme l'une des personnalités incontestées du tout-Paris des affaires. Un fonctionnaire des finances, Jean-Claude Gondard, nous rejoint le soir, sitôt son travail terminé, pour être la « plume » du groupe. Il ne me quittera plus et m'assistera dans l'ensemble de mes fonctions électives, à la présidence du conseil régional Provence-Alpes-Côte d'Azur, puis à la mairie de Marseille en passant par la métropole Aix-Marseille-Provence.

À l'inverse d'autres élus, je change rarement de collaborateurs. Je crois aux liens qui s'établissent dans la durée. Seule Anne-Marie Charvet qui, à mes côtés, sera directeur des lycées puis directeur général des services à la région, avant d'installer la communauté urbaine Marseille-Provence-Métropole, s'éloigne en 2004. Elle a intégré le corps préfectoral, est devenue préfet de l'Aude après avoir servi dans le Tarn-et-Garonne.

À peine suis-je entré en fonction que le temps presse ! Je

dois rédiger la réponse du groupe à la déclaration de politique générale de Pierre Mauroy, le premier Premier ministre de François Mitterrand. Je suis déjà monté à la tribune de l'Assemblée au cours des trois années précédentes, mais sur des sujets moins mémorables. Et jamais dans pareil contexte. Dire que ce moment est important – et important pour moi – serait un euphémisme. Dire que je n'éprouve aucune émotion particulière serait mensonger. La droite est minoritaire pour la première fois depuis vingt-trois ans. Je suis impressionné par l'avantage numérique de la gauche, par l'ampleur de l'espace qu'occupent ses élus dont beaucoup sont barbus. Ce n'était pourtant pas encore la mode !

Le sort fait que je suis le premier orateur inscrit pour lui répondre. Mon discours a été préparé, j'en connais le texte, mais je préfère lire la première page sans lever la tête. Ce n'est qu'en arrivant à la deuxième que je regarde enfin l'hémicycle. Il est comble. Les promenoirs et les loges sont noirs de monde. Les députés de la nouvelle majorité m'observent avec une forme de mépris. Mes collègues de l'opposition, réduits à la portion congrue, serrent les rangs. Le choc est autant visuel et psychologique que politique.

Je parviens tout de même à la conclusion de mon discours. J'hésite à le compléter par une harangue improvisée. Je m'enhardis et c'est alors que je lâche la citation du *Schpountz* de Marcel Pagnol que Charles Deprat, un ami militant, a suggérée à Claude Bertrand. À gauche, on proteste. Paul Balmigère, député-maire de Béziers, remplacé quelques années plus tard par mon ami Raymond Couderc, m'interpelle : « Et la marine, tu sais ce qu'elle te dit, la marine à voile ? » De la droite de l'hémicycle se lève une véritable ovation. J'ai réussi mon examen de passage. J'aurai d'autres occasions de ferrailler avec Pierre Mauroy. Critiquant un texte du gouvernement, je lui lance un jour, depuis la tribune : « Monsieur le Premier ministre, votre texte contient quatorze articles. Dix sont anticonstitutionnels. Tiens, pour la première fois, vous avez la moyenne ! » Succès assuré.

Sur un autre registre, tragique cette fois, j'interviens au nom du groupe à l'occasion d'événements qui suscitent émotion et colère à l'échelle de la planète. À la fin du mois d'octobre 1983, le Liban est déchiré par la guerre civile. L'ONU a engagé sur le terrain une force multinationale de sécurité destinée à garantir la paix et à permettre au Président Amine Gemayel d'affirmer son autorité, au-delà des fractures religieuses et politiques qui minent le pays et de l'affrontement indirect qui en fait le théâtre du conflit israélo-arabe. Compte tenu de ses liens historiques avec le Liban, la France a dépêché à Beyrouth 2 000 hommes qui composent le plus important contingent de cette troupe onusienne. Semaine après semaine, ces soldats sont harcelés et 18 Français ont déjà perdu la vie. Très tôt le 23 octobre, deux camions bourrés de TNT et armés, dit-on, par le Hezbollah foncent vers des bâtiments où sont cantonnés des Américains dans l'un, des Français dans l'autre. On compte 241 morts chez les Marines, 58 parmi nos parachutistes. Il n'y a que 26 survivants dans les décombres de ce poste baptisé « Drakkar ».

À la tribune, je suis le premier orateur à m'exprimer, après le Premier ministre, pour leur rendre hommage et m'incliner : « Le deuil n'a pas de couleur politique. C'est le deuil de toute la France. Ces soldats participaient à la plus noble des missions. Ils étaient, eux, les vrais combattants de la paix, venus au nom de la France, porteurs d'un message historique de liberté et de fraternité, pour contribuer à restaurer l'entente nationale du peuple libanais… »

Six ans plus tard, en Chine, une vague immense, portée principalement par la jeunesse, s'est répandue pour réclamer le desserrement de l'étreinte communiste sur le peuple chinois. La place Tian'anmen, à Pékin, est l'épicentre de la révolte. Une image, terrible et saisissante, symbolise la situation : un jeune homme, seul, se tient au risque de sa vie debout face aux chars qui avancent dans une avenue déserte. Il les oblige soit à l'écraser soit à stopper. Ils stopperont. À quel prix ?

« Un gouvernement qui fait tirer sur ses enfants n'a pas d'avenir, ai-je martelé. Nous voulons tous espérer que le drame s'arrêtera là, sur ces milliers de vies déjà sacrifiées. Notre espoir se fonde sur le souffle puissant de la liberté qui a fait le printemps de Pékin. Il se fonde aussi sur la conviction qu'il y a, peut-être, en Chine – en tout cas je l'espère – des dirigeants civils et militaires qui veulent reprendre demain, avec la jeunesse, la longue marche vers la démocratie. »

Lorsque je quitte la présidence du groupe en septembre 1989, les députés, qui ne voulaient pas de François Léotard, portent Charles Millon à leur tête. Pendant le dîner de transmission des pouvoirs, je fais le point sur le budget et lui indique que je laisse une somme plus que substantielle dans la caisse du groupe. Je lis dans les yeux de Millon une véritable sidération.

29

Les déjeuners du mardi

Il y a donc les « déjeuners du mardi ». Durant la période de cohabitation entre Mitterrand et Chirac, se réunissent à Matignon, autour du Premier ministre, les dirigeants de la majorité. Comme président de groupe, j'en fais partie. J'ai déjà expliqué l'importance de ce lieu de discussion à propos de la loi électorale Paris-Lyon-Marseille voulue par Gaston Defferre avant les élections municipales de 1983. Ce rituel a été mis en place avant même l'arrivée de Chirac à Matignon.

Le mardi soir suivant le scrutin législatif de 1986, les chefs de la nouvelle majorité parlementaire sont conviés à l'hôtel de ville de Paris. C'est la première fois que je pénètre dans ce magnifique bâtiment où s'élève, en bord de Seine, la statue d'Étienne Marcel, le prévôt des marchands. Il y a là, côté RPR, Édouard Balladur, Charles Pasqua, Pierre Messmer et Jacques Toubon. Du côté UDF, Jean Lecanuet, François Léotard, Jacques Barrot, Pierre Méhaignerie, André Rossinot et moi-même formons la délégation.

Nous sommes introduits dans l'immense bureau du maire. Une salle aux volumes impressionnants, toute de bois fauve, où trône un vaste bureau. Chirac est absent. Il s'est rendu à l'Élysée pour rencontrer le président de la République. On nous offre un whisky tandis que Balladur prend place, en habitué des lieux, et que Charles assure l'ambiance. Jacques arrive enfin. Sans lui laisser le temps de poser sa serviette, Édouard lui enjoint de nous raconter son entretien dans le détail et de veiller à ne rien omettre afin de nous en offrir une totale compréhension. Ce sont les clés des deux années à venir et de l'élection présidentielle de 1988 qui s'ordonnent déjà. Jacques Chirac s'exécute :

« Mitterrand m'a dit : "Voilà, vous avez gagné les élections. Pas de beaucoup, mais vous avez gagné. J'ai l'intention de vous nommer Premier ministre mais à deux conditions, que je souhaite vérifier. D'abord, je veux votre engagement de ne rien tenter pour rétablir la peine de mort. Ensuite, je préfère vous prévenir, je ne signerai jamais une nomination de ministre issu du Front national."

– Que lui avez-vous répondu, Jacques ? demande Balladur.

– À la première question, que j'ai moi-même voté en faveur de la suppression de la peine de mort. Et à la seconde, qu'il est exclu que je nomme un ministre issu du Front national. Je lui ai rappelé que j'avais toujours eu, à cet égard, la même attitude nette de refus de toute alliance.

– Qu'a-t-il dit ? reprend le futur ministre de l'Économie et des Finances.

– "Bien. Dans ce cas, monsieur le Premier ministre, comment allez-vous gouverner ?" "Par ordonnances." "Eh bien, vous me les ferez lire puisque je dois signer aussi."

– Si je comprends bien, c'est nous qui gagnons les élections et c'est lui qui décide ! Quoi d'autre ? s'indigne Charles Pasqua.

– Je lui ai fait part de mon intention de rétablir le scrutin majoritaire pour les prochaines législatives. Il m'a simplement dit qu'au fond, il n'avait jamais été réellement contre.

– N'avez-vous pas dit autre chose ? renchérit Édouard Balladur.

– Non, répond Jacques Chirac, Mitterrand m'a dit beaucoup souffrir d'une sciatique dans la jambe.

– Et sur le gouvernement, a-t-il fait des remarques ? »

Jacques Chirac respire un grand coup et lâche :

« Ah oui ! En me raccompagnant, il m'a retenu par le bras et m'a dit : “À propos, le gouvernement, c'est votre affaire. Faites les nominations que vous croyez utiles, mais sachez qu'il y a deux ministres que je dois voir chaque semaine. Alors, aux Affaires étrangères, épargnez-moi Jean Lecanuet. Depuis la communauté européenne de défense (CED), il y a trente ans d'incompréhension entre lui et moi. Quant à la Défense, je lis ici ou là que vous pourriez nommer François Léotard. Prenez garde, il pourrait déclarer la guerre sans que ni vous ni moi ne le sachions !” »

Le nouveau Premier ministre se tourne immédiatement vers Jean Lecanuet, soucieux d'atténuer au plus vite l'effet des propos de François Mitterrand :

« J'ai dit, pendant la campagne législative, qu'il y aurait un ministre d'État pour les DOM-TOM. Jean, je vous nomme ministre d'État. »

Stupéfaction de Jean Lecanuet, qui, détendu, réplique :

« Comme ça, on dira que je vais me faire bronzer ! Jacques, je vous aurais servi volontiers aux Affaires étrangères, mais puisque ce n'est pas possible, je ne revendique rien. »

Jacques Chirac se tourne alors vers François Léotard, dont la réponse vient aussitôt :

« Qu'à cela ne tienne, s'il ne me veut pas à la Défense, je postulerai pour autre chose. »

François Léotard sera promu ministre de la Culture et de la Communication. Il n'obtiendra la Défense que sept ans plus tard, en 1993, lors de la seconde cohabitation, dans un gouvernement dirigé par Édouard Balladur.

Jacques Chirac, soulagé, respire enfin. Il vient de régler deux difficultés en l'espace de quelques minutes.

« Bon, dit-il, je vous recevrai les uns et les autres, ici même à l'hôtel de ville, demain matin. »

Cette proposition ne convient pas à Édouard Balladur, qui insiste :

« Écoutez, Jacques, nous sommes rassemblés ici ce soir. Profitons-en pour désigner encore quelques ministres. »

Se tournant vers Pierre Méhaignerie, député d'Ille-et-Vilaine et maire de Vitré, qui avait été le ministre de l'Agriculture de Raymond Barre entre 1978 et 1981, il demande :

« Et vous, Pierre, que souhaitez-vous ?

– L'Équipement, le Logement, les Transports et le Tourisme, réplique l'intéressé du tac au tac.

– Eh bien, s'exclame aussitôt Charles Pasqua, tu ne veux pas non plus les hortensias ? Les centristes, vous ne faites pas beaucoup de voix mais vous ne manquez pas d'appétit ! »

Rires de tous les participants. Jacques Chirac essaie de mettre un terme à la réunion mais Édouard Balladur le retient.

« Bon, si M. Mitterrand ne veut pas de Jean Lecanuet comme ministre des Affaires étrangères, nous ne pouvons pas désigner un parlementaire, qu'il soit député ou sénateur. Ce serait faire offense à Jean Lecanuet. Il nous faut quelqu'un d'autre.

– Alors, choisissons un ambassadeur », conclut Charles Pasqua d'une voix tonitruante, en accompagnant son propos de quelques commentaires peu amènes sur le profil du futur nominé.

Le choix se porte sur Jean-Bernard Raimond, qui représentait la France à Moscou. Jacques Chirac peut enfin mettre un terme à l'entretien : « Mon secrétariat vous fera part des horaires de réception, demain. »

Je pars, affreusement gêné vis-à-vis de Jean Lecanuet. J'ai toujours été impressionné par le sénateur-maire de Rouen, notamment par le courage de cet agrégé de l'université qui compte parmi les fondateurs du MRP, depuis qu'il s'est présenté à l'élection présidentielle de 1965 face à Charles de Gaulle. Comme président du groupe UDF, nos rencontres ont été régulières, notamment pour envisager les actions que l'opposition pourrait engager au Parlement ou dans les médias. Elles ont toujours été enrichissantes. Sa capacité à développer des interventions brillantes, lors des congrès de l'UDF, en s'appuyant sur quelques feuilles blanches où il n'a écrit que trois mots en gros caractères, m'épate.

L'été, il passe plusieurs semaines à Cassis, dans la villa de sa compagne, le docteur Panier, qui lui a succédé au conseil général de Seine-Maritime. Nous dînons souvent ensemble, chez eux comme dans ma maison de campagne à Saint-Zacharie, avec le sénateur Pierre Brantus, président du conseil général du Jura. Quand Jean Lecanuet a été frappé par un cancer, j'ai vu malheureusement ce brillant orateur, dont l'apparence a beaucoup changé, buter sur ses mots. Lors d'un débat sur l'Europe, à la Haute Assemblée, je me suis appliqué à déclencher, à plusieurs reprises, des applaudissements pour lui donner le temps de récupérer sa voix. Quand je suggère à Pierre Méhaignerie et à Jacques Barrot de faire de Jean Lecanuet un président du Sénat à la suite d'Alain Poher, leur réponse est sans appel : « Compte tenu de son état de santé, il est probable que nous devrons rapidement élire un nouveau président du Sénat. Nous ne voulons pas le faire. » C'est René Monory, sénateur-maire de Loudun, dans la Vienne, et ancien ministre de l'Industrie, des Finances puis de l'Éducation, qui grimpe donc au perchoir de la Haute Assemblée. Philosophe, Jean Lecanuet ponctuera cet épisode d'un : « Ils ont préféré le garagiste[1]. »

1. René Monory a commencé à travailler à l'âge de quinze ans comme apprenti garagiste dans l'atelier de son père, à Loudun.

Après nos échanges surréalistes sur la composition du gouvernement à l'hôtel de ville de Paris, j'arrive le lendemain à l'heure indiquée. Je croise dans l'escalier monumental plusieurs personnalités, tant de l'Assemblée nationale que du Sénat. J'apprendrai que quelques plaisantins ont donné rendez-vous, au nom du Premier ministre, à un élu que celui-ci n'avait pas demandé à rencontrer. S'il n'entre pas au gouvernement, le député de la Manche Jean-Marie Daillet gagne avec cette visite imprévue une nomination, quelques semaines plus tard, comme ambassadeur de France en Bulgarie.

Jacques Chirac me reçoit, évoque le nom de plusieurs amis UDF qui vont entrer au gouvernement, et me propose de devenir ministre des Relations avec le Parlement. J'ai envisagé une proposition de cette nature. Ma décision est prise et je lui en fais part sans tergiverser : « Je suis président du groupe depuis 1981, j'ai beaucoup de plaisir à remplir cette fonction et je pense que je te rendrai plus de services en restant à ce poste. » Quand nous sentirons venir la défaite, deux ans plus tard, lors de l'élection présidentielle de 1988, Jacques Chirac m'a resservi mes propres paroles : « Tu m'as rendu plus de services au nom de notre majorité que si tu avais été ministre. Surtout ne regrette rien ! » C'est aussi ce que je pense.

À l'Assemblée nationale, je maintiens la cohésion d'un groupe tiraillé entre les ambitions de Giscard, la montée en puissance de Raymond Barre ou les exigences de Pierre Méhaignerie, et sans cesse soumis à la volonté dominatrice du RPR. Grâce à cette présidence, je m'ouvre un accès aux plus importants décideurs économiques, politiques et sociaux. Dans mon esprit, le choix est clair : ma priorité, c'est Marseille et la région. Je ne regrette rien, en effet. Je deviendrai ministre plus tard, en 1995, toujours grâce à Chirac.

Cette tradition des « déjeuners du mardi », initiée par Jacques Chirac, est reprise par Édouard Balladur lors de la seconde cohabitation, entre 1993 et 1995. Dominique de Villepin, lorsqu'il devient Premier ministre, suit l'exemple mais sous forme de petits déjeuners. Ce qui me permet d'observer la dégradation rapide de ses relations avec le ministre de l'Intérieur, Nicolas Sarkozy. Les sondages placent ce dernier nettement en tête des personnalités de la droite dans la perspective de l'élection présidentielle de 2007.

Au cours de l'un de ces petits déjeuners, je contribue, modestement, à sauver la SNCM[1] du dépôt de bilan. Grand serviteur de l'État, Dominique de Villepin a l'allure altière de ces personnages d'importance. Il en a également les travers. Ayant toujours compté parmi ceux qui décident, il annonce froidement : « La SNCM, ça suffit. Cette compagnie est en mauvais état, elle est perpétuellement en grève, elle est perpétuellement en déficit. C'est clair, il faut aller au dépôt de bilan. » Évidemment, je sursaute : « Ça, c'est impossible ! » Autour de la table, personne ne moufte. J'entreprends d'argumenter la défense de la SNCM, d'évoquer le sort des 3 000 familles marseillaises concernées et les difficultés du port. Il serait sage de ne pas ajouter au tableau le dépôt de bilan.

Droit dans ses bottes et catégorique dans son analyse, Villepin me répond : « Non. Nous irons au dépôt de bilan. » Je quitte Matignon interloqué, contrarié. Dès mon arrivée au Sénat, mon collaborateur m'annonce : « Le Premier ministre vous cherche. » Étonné, je rappelle. Sur ce ton caractéristique, mélange de précision, de netteté voire de brutalité, Dominique de Villepin me dit : « J'ai écouté ce que tu as dit pour la SNCM. Dans le capital de cette société, ce sera désor-

1. Société nationale maritime Corse-Méditerranée, compagnie française de navigation à capitaux publics et privés.

mais 25 % l'État, 65 % Veolia et 9 % pour le personnel. J'espère que cela te donne satisfaction. » Et sans autre formule de politesse, il raccroche. Je n'en suis pas surpris au premier élan, mais agréablement *in fine.* Et satisfait, surtout. J'ignore que j'aurai à interpeller encore souvent les gouvernements sur la situation de cette société qui assurait depuis des décennies la continuité territoriale entre la Corse et le continent.

Lorsque Sarkozy devient président de la République, se substituant au Premier ministre il transfère ces « déjeuners du mardi » de Matignon à l'Élysée. Il en devient le centre d'attraction. « Sinon, je ne rencontre que rarement mes amis politiques », nous explique-t-il. Nous sommes une vingtaine à table entre les chefs de la majorité de droite et du centre, auxquels s'ajoutent les collaborateurs du Président. Ce qui signifie que nous sommes trop nombreux pour que les propos ne soient pas répétés, et des conversations, en principe confidentielles, se retrouvent dans la presse. Durant ces rencontres, Nicolas Sarkozy parle beaucoup. Il évoque la situation internationale, décrit ses relations avec les autres chefs d'État et passe ensuite aux problèmes de politique intérieure.

Je siège en face de lui, à côté du Premier ministre. Autant le président de la République est loquace, autant François Fillon mesure ses propos. Il pose sur la table un smartphone et, de temps à autre, appuie sur les touches. Apparaît Pénélope, son épouse. Il fait glisser l'image et surgissent des Ferrari, Maserati ou autres Bentley. Des voitures qui n'appartiennent pas à mon univers. « Regarde, me dit-il un jour, je les ai conduites sur le circuit du Mans, je me suis régalé. » Intrigué, Sarkozy nous interpelle : « De quoi parlez-vous ? » C'est moi qui réponds : « De l'évacuation de la bande de Gaza. » Bref, si bien des sujets sont graves, sinon tragiques, parfois la vie est gaie lors de ces déjeuners et petits déjeuners !

On aborde aussi lors de ces agapes des situations locales. Tel est le cas en 1987 concernant l'élection cantonale partielle qui doit avoir lieu à Marseille. L'élu du canton du littoral sud, un professeur de médecine, André Mattéi, est décédé. Il nous faut choisir un candidat. Or, les élections locales ne sont guère favorables à la majorité en ces années 1986-1987. Nous venons de perdre dix-sept élections cantonales à la suite ! En revendiquant le choix d'un représentant du RPR, Jacques Toubon fait valoir qu'André Mattéi était membre de cette famille politique. En conséquence, à ses yeux du moins, le futur candidat doit l'être aussi. Je fais observer que le postulant le plus dynamique est Robert Assante, conseiller municipal UDF. Jacques Chirac nous écoute et tranche : « Si Jean-Claude dit que le meilleur candidat est Assante, c'est lui qu'il faut choisir. Peu importe qu'il soit RPR ou UDF. »

Quelques semaines plus tard, Robert Assante est élu, pour la première fois, conseiller général des Bouches-du-Rhône. Il bat André Manivet, le neveu de Charles-Émile Loo, qui, à travers l'ancestrale pratique des dynasties, entend reprendre la main sur ce canton planté au cœur de ma circonscription. Pour autant, ce garçon de talent qu'est Assante ne m'a guère été reconnaissant de lui avoir ouvert les portes de la vie politique. Il s'est, en effet, présenté contre moi lors des élections municipales de 2014 !

Un mardi, Édouard Balladur, ministre d'État, ministre des Finances, m'interroge : « Le gouvernement précédent a prévu de donner des sommes financières très importantes pour l'implantation d'Arco dans les Bouches-du-Rhône. Croyez-vous vraiment qu'il faille abonder autant pour cette société ? » Arco est une société américaine installée sur les bords de l'étang de Berre. Je me souviens vaguement que Gaston Defferre avait évoqué cette affaire lors d'un conseil municipal, indiquant qu'il avait cosigné une lettre d'engagement avec le ministre de l'Économie de l'époque, Pierre Bérégovoy. Rencontrant ce dernier l'après-midi même dans les couloirs de l'Assemblée nationale, je lui demande s'il a gardé souvenir de cet engagement porteur de leur double signature. Et s'il a une copie de la missive. « Il n'y avait que Gaston Defferre pour procéder ainsi, me répond-il en souriant. Laissez-moi deux ou trois jours pour la retrouver. » Quelques jours plus tard, Bérégovoy me fait parvenir une copie de la fameuse lettre. Lorsque Édouard Balladur m'interroge à nouveau sur le sort d'Arco, je prends un malin plaisir à l'exhiber. Le ministre d'État fronce les sourcils puis me regarde en souriant. Il conclut : « La parole de l'État sera respectée. » C'est ce qui se nomme « la continuité républicaine ».

Ces rendez-vous du mardi nous offrent aussi l'occasion d'établir des relations sinon amicales dans une vie politique toujours rude, du moins riche de considération et d'estime réciproques. Jacques Chirac est le premier à tenir compte de ces échanges. Dans cet esprit, j'annonce un jour mon intention d'offrir une bouillabaisse. Je fais venir exprès, le mardi suivant, deux cuisiniers du Pescadou, le restaurant de mon ami Barthélémy Mennella, une véritable institution à l'époque, installée place Castellane. Ne voulant pas être en reste, Charles Pasqua invite aux fourneaux de Matignon, quelque temps après, la propriétaire de La Petite Maison, un restaurant niçois où le président Sarkozy conviera, des années plus tard, son homologue chinois à déjeuner. Jean Lecanuet prend le relais et nous fait déguster un superbe canard au sang rouennais. Quand vient son tour, Alain Juppé, ministre des Affaires étrangères, nous gratifie de cannelés bordelais. Délicieux certes, mais un peu léger pour des appétits comme les nôtres. À tout le moins, comme le mien.

Tous ces « déjeuners du mardi » n'offrent pas, tant s'en faut, pareille convivialité. Le doute et l'inquiétude y règnent aussi. Je me remémore la situation de plusieurs otages au Liban et leur libération, pour laquelle le gouvernement de Jacques Chirac, pourtant très actif, n'a pas obtenu la reconnaissance publique qu'il était légitime d'escompter. Je me souviens aussi du jour où, pénétrant dans la salle à manger de l'hôtel de Matignon, nous nous trouvons face à une carte en relief de l'île d'Ouvéa, en Nouvelle-Calédonie. Les visages sont tendus, les regards inquiets et l'ambiance grave. Jacques Chirac étant absent pour cause de campagne présidentielle, Édouard Balladur préside la table et joue, non sans gourmandise, les maîtres de cérémonie. Il nous demande notre avis : une vingtaine de gendarmes sont les prisonniers des indépendantistes kanak et rien ne semble pouvoir débloquer la situation. Du moins par des voies pacifiques. « Il va falloir donner l'assaut, ponctue Balladur. Le Premier ministre souhaite que vous vous exprimiez sur cette décision. »

Chacun notre tour, nous nous prononçons en faveur de l'assaut. Jacques Barrot demeure dubitatif.

« Je prie, nous dit-il quand vient son tour.

– Prie, mais en silence ! » lui lance rudement Charles Pasqua en sollicitant sa réponse. Elle est identique à la nôtre. L'affrontement sur le « Caillou », aux antipodes, est sanglant. On compte des morts de chaque côté. Lors de notre rendez-vous suivant, nous sommes encore sous le choc. Charles Pasqua s'applique à détendre l'atmosphère en déclarant, à l'intention de Jacques Barrot : « Heureusement que tu as prié ! Autrement, je me demande combien nous aurions eu de morts… » Raté. Ce jour-là, personne n'a le cœur à sourire.

30

Le petit marionnettiste de l'Élysée

Pour François Mitterrand, la fin justifie les moyens. Il a fait montre de son cynisme, que certains de ses amis préfèrent nommer pragmatisme manipulateur, tout au long de sa carrière : de Vichy à la Résistance, du giron des cagoulards aux maroquins de la IVe République, de la répression en Algérie à l'abolition de la peine de mort, de la dénonciation des institutions de la Ve République à leur glorification. N'a-t-il pas affirmé que notre Constitution ne redeviendrait dangereuse qu'après lui ? Face à la débâcle électorale qui s'annonce, en ce début d'année 1985, il s'abrite une nouvelle fois derrière de grands principes pour manipuler un scrutin et sinon priver la droite de sa victoire électorale, du moins pourrir la situation dans la perspective d'une future cohabitation. Il décide de changer le mode de scrutin et d'instaurer la représentation proportionnelle, tant pour les élections législatives que pour l'échéance régionale fixée le même jour. C'est la première fois que les assemblées régionales vont être élues au suffrage universel direct.

Qu'importe à Mitterrand l'indignation de certains de ses amis socialistes, et en particulier celle de Michel Rocard, ce « barreur de petit temps » comme l'a qualifié Roland Dumas, l'avocat de Mitterrand. Rocard en profite pour démissionner du ministère de l'Agriculture où il est relégué. Comme chacun sait, depuis, Jean-Pierre Chevènement a érigé cette formule en précepte : « Un ministre, ça ferme sa gueule ou ça démissionne. » La stratégie de Mitterrand est claire : permettre à l'extrême droite, surgie de nulle part aux élections européennes de 1984 puis confirmée par une percée importante aux élections cantonales de 1985, de rafler le plus d'électeurs possible à la droite républicaine. Rares, trop rares, sont les voix à gauche pour dénoncer l'amoralité de cette opération. Tous ces pourfendeurs attitrés d'un « péril fasciste » imminent sont restés muets.

François Mitterrand ne s'en tient pas à cette première manœuvre. Il veille à ce que l'extrême droite soit le plus visible possible, qu'elle soit en mesure de grandir et de prospérer. Outre une politique d'un laxisme délibéré en matière de sécurité, Mitterrand offre à Jean-Marie Le Pen un accès médiatique inespéré. Notre Machiavel a mis en place le cadre et les acteurs d'une de ces polémiques artificielles qui, trop souvent, tiennent lieu, en France, de débat démocratique. D'un côté, la gauche, courageuse et digne, brandissant l'étendard de l'antiracisme. De l'autre, l'extrême droite déversant ses outrances provocatrices. Ne reste, pour ceux de la droite républicaine qui refusent ce jeu biaisé, que l'image de la compromission honteuse. Après avoir manipulé la règle, l'Élysée manipule les joueurs.

À l'occasion des élections cantonales de 1985, Marseille sert de laboratoire d'expérimentation. Alors que les candidats lepénistes n'opèrent qu'une percée, remarquée mais vaine, dans les anciens fiefs communistes du nord de la ville, le premier conseiller général Front national de France, Jean Roussel, est élu en centre-ville. Une victoire qui n'est que la conséquence de la position adoptée par Philippe Sanmarco, l'un des « dauphins » putatifs de Gaston Defferre. Il appelle les électeurs de ce canton « à ne pas choisir » entre la droite, représentée par le RPR

Hyacinthe Santoni, et l'extrême droite. Loin de ce « front républicain » dont la gauche se gargarise quand elle escompte en recueillir les fruits. Un refus de choisir auquel s'est tenue Edmonde Charles-Roux puisque l'épouse de Defferre n'a pas voté.

Les états-majors préparent la consultation législative avec d'autant plus de passion que les références font défaut. Pour ma part, je suis convaincu qu'une liste unique UDF-RPR pourrait, dans pareil contexte, emporter cinq des seize sièges à pourvoir dans les Bouches-du-Rhône. J'en fais part à Charles Pasqua, qui supervise la préparation dans le camp gaulliste. Direct comme toujours, il me répond : « Le RPR est un grand parti, il doit avoir des candidats partout, surtout dans les grandes villes. Nous avons décidé qu'il y aurait une liste spécifique RPR dans les Bouches-du-Rhône, aussi bien pour les législatives que pour les régionales. » Amical mais ferme, il ajoute : « Tu sais, nous avons trouvé la perle rare. Prends garde à tes abattis, on va faire un malheur. »

La « perle rare », dans cette fédération RPR des Bouches-du-Rhône qui s'était déchirée, les années précédentes, entre Hyacinthe Santoni et plusieurs personnalités soucieuses de récupérer l'héritage du professeur Joseph Comiti, c'est le doyen de la faculté de médecine, le professeur Maurice Toga. Un homme de talent et d'autorité mais néophyte dans la vie politique. J'enregistre le message, un peu dépité certes mais rasséréné. Dépité car mes vingt années de vie politique m'ont convaincu des nécessités de l'union. J'y ai appris aussi qu'il faut être deux à la vouloir. Rasséréné, car je n'aurai pas à affronter les inévitables difficultés liées à la composition d'une liste unique. Ce choix des chiraquiens, en proie à une nouvelle guerre intestine entre Maurice Toga et Hyacinthe Santoni, me facilite la vie. Il va permettre une clarification du rapport des forces à droite. Elle est devenue indispensable.

Je me sens en bonne position depuis ma victoire volée face à Defferre. À un contexte national qui nous est favorable s'ajoutent les déchirements auxquels se livrent, avec une délectation jamais démentie, les socialistes locaux. Ils ont engagé entre eux la lutte pour la succession de Defferre. Deux clans se font face. Deux blocs irréconciliables seulement soudés par la haine. D'un côté, Defferre, soutenu – discrètement – par quelques « historiques » désireux de ne pas se couper des faveurs du *Provençal* et par Philippe Sanmarco qui se voit en dauphin adoubé. En face, le « dauphin alternatif », Michel Pezet, président du conseil régional sortant. Defferre lui a offert cette fonction, quelques années auparavant, en même temps que la fédération départementale du PS.

À présent, les faveurs du prince ont changé d'objet. Pezet est devenu le rival, coupable de crime de lèse-majesté. Il est vilipendé par Edmonde Charles-Roux avec d'autant plus de fièvre qu'elle avait été séduite, naguère, par son talent oratoire et son assise culturelle. Les mauvaises langues affirment que, pour gagner sa faveur, Pezet lui aurait récité des passages d'*Oublier Palerme*, ouvrage avec lequel elle a obtenu le prix Goncourt en 1966. J'ignore si c'est vrai, mais il est incontestable que l'altière épouse du maire en a fait, un temps, son favori jusqu'à lui conserver un rond de serviette au ministère de l'Intérieur que Gaston Defferre occupe jusqu'en 1984.

Ainsi que dans toute bonne intrigue de cour, la bataille se joue à présent à fronts renversés. Elle se focalise, comme souvent chez les socialistes, sur la question des « cartes ». Ah, les cartes au PS, quelle histoire ! En tout cas, tous les coups sont permis pour assurer à chaque camp une majorité de voix au sein des sections du PS. Defferre ne lésine pas afin d'obtenir l'élimination politique de celui dans lequel il feint de ne voir, dans une grossière allusion à la taille de l'intéressé, qu'un « petit, petit, très petit problème ». Résolu à rassembler, avec la liste des élections législatives qu'il va conduire personnellement, un meilleur score que son jeune rival avec celle des élections régionales, il ne néglige rien, jusqu'à choisir l'implantation des bureaux de vote. Au rez-de-chaussée, les bureaux où se déroulent les législatives, pour en favoriser l'accès aux personnes âgées ; en étage, chaque fois que c'est possible, les bureaux affectés aux élections régionales. Qui veut la victoire ne doit omettre aucun détail !

Pour ma part, je conduis une liste UDF, sur laquelle j'ai pris en compte l'ensemble des secteurs géographiques du département. J'y ai mis, en deuxième position, le maire d'Aix-en-Provence, le docteur Jean-Pierre de Peretti Della Rocca, suivi de Jean Roatta, de Roland Blum et de Roland Inisan, conseiller général de Châteaurenard et créateur de l'Élixir du révérend père Gaucher. Quant à Jean-François Mattéi et Guy Teissier, ils ont accepté d'y figurer dans les deux dernières places.

Ressurgissant dans la vie politique après une décennie d'absence, Maurice Genoyer me demande de l'intégrer. Avec beaucoup, beaucoup d'insistance et de générosité. Impossible. Dès lors, il constitue sa propre liste, étiquetée divers droite. Il s'adjoint le fondateur de la Comex, Henri-Germain Delauze, ainsi que le juriste Max Ginovès, et se réclame de manière abusive de Raymond Barre, dont la popularité est alors telle qu'il fait figure de favori pour l'échéance présidentielle de 1988. Ses affiches utilisent le nom de l'ancien Premier ministre, ce qui lui vaut un détour par le tribunal. Il obtient 3,2 % des suffrages. Je persiste à penser que sans lui ils seraient venus vers moi.

Cette dispersion des voix ne déplaît pas à Gaston Defferre. Requinqué par son passage à la télévision aux côtés de Coluche lors de la création des « Restos du cœur », il demeure toutefois enfermé dans la dureté de son personnage au point que nul, dans son entourage, ne s'aventure plus à lui créer la moindre contrariété et, encore moins, à lui porter la plus petite contradiction.

Le 16 mars 1986, les résultats des élections législatives soldent l'ensemble de ces enjeux. Avec 25,79 % des voix, la liste socialiste compte cinq élus : Gaston Defferre, Michel Pezet, Jacques Siffre, le maire d'Istres, Philippe Sanmarco et Michel Vauzelle, qui va ainsi quitter l'Élysée dont il était le porte-parole. Le Parti communiste, avec 14,43 % des voix, obtient deux élus : Guy Hermier et Vincent Porelli, le maire de Port-Saint-Louis-du-Rhône. À droite, les résultats confirment non seulement mon pronostic mais hiérarchisent les rapports de force avec une ampleur suffisante pour assurer mon leadership local de manière durable.

Avec 9,45 % des suffrages, la liste RPR de Maurice Toga ne dispose que d'un seul élu, lui. Son unique satisfaction a été de voir Hyacinthe Santoni perdre son mandat. Avec 21,84 %, la mienne en gagne quatre : Jean-Pierre de Peretti Della Rocca, Jean Roatta, Roland Blum et moi. Il ne me l'a jamais dit, mais je suis persuadé que Charles Pasqua a regretté de ne pas avoir accepté l'alliance que je lui avais proposée. Je le regrette aussi. Une liste d'union nous aurait placés largement en tête. Quand, trois ans plus tard, je rejoins Pasqua sur les bancs du Sénat, notre relation est celle de deux Méridionaux qui se retrouvent. Elle offre cette image « à la Pagnol », à laquelle les Parisiens croient tant pouvoir nous réduire et que nous nous attachons même, dans une commune complicité, à illustrer. En nous essayant par exemple à parler anglais dans la salle des conférences du palais du Luxembourg afin d'amuser la galerie.

Lorsque j'arrive à FR3 pour commenter les résultats, je croise Gaston Defferre. « La droite a de la chance de vous avoir », me dit-il. Je choisis l'humour pour répondre : « Pour mon malheur, la gauche vous a encore ! » Rien n'est jamais acquis. En politique comme ailleurs. À l'heure où s'affirme mon autorité, un nouveau péril se présente et menace de ruiner les positions acquises. Le Front national a en effet raflé 22,48 % des suffrages. Les Bouches-du-Rhône ont envoyé au Palais-Bourbon quatre des trente-deux députés lepénistes élus ce jour-là : Pascal Arrighi, Ronald Perdomo, Jean Roussel et Gabriel Domenech. Un résultat qui découle directement de la manipulation du « marionnettiste de l'Élysée » et offre à la gauche une boule de billard pour priver la droite républicaine de sa victoire.

Le slogan que la droite a apposé sur ses affiches, « Vivement dimanche », ne s'est traduit que par une courte victoire et une simple majorité relative. François Mitterrand a ouvert les portes de l'Assemblée nationale au Front national. La cohabitation tant redoutée s'installe au sommet de l'État. Elle s'ouvre dans les meilleures conditions pour le président de la République. À défaut de nous priver totalement de la victoire, il va pouvoir saboter allégrement la mise en œuvre de notre politique tout en affichant publiquement son profond respect du choix des Français !

31

« Mort, où est ta victoire ? »

Je dirige désormais la mairie des VIe et VIIIe arrondissements, plantée dans une belle demeure du début du siècle. Cet emménagement m'a valu la solide rancune d'un haut fonctionnaire municipal qui bénéficiait de « Bagatelle » comme logement de fonction. J'observe avec bonheur, depuis la fenêtre de mon bureau, les couleurs changeantes d'un superbe hêtre pourpre. Je m'initie aux charmes de l'impuissance à laquelle la loi PLM a condamné l'ensemble des maires de ce nouvel échelon institutionnel baptisé « secteur ». Chaque lundi soir, je quitte Marseille par le dernier avion afin d'être au Palais-Bourbon le mardi matin. J'aperçois souvent Edmonde Charles-Roux qui rallie la capitale par le même vol, parfois avec un cabas chargé de livres lorsqu'elle doit retrouver ses collègues du Goncourt. Il nous arrive de nous saluer à distance. C'est le cas en ce lundi 5 mai 1986.

François Mitterrand l'avait compris en se dressant contre de Gaulle dès l'aube de la Ve République : on est grandi par la taille de ses adversaires. Mon commando a affronté l'armée socialiste. J'ai acquis dans ce combat une notoriété qui dépasse la ville. Les conditions de ma défaite m'offrent en prime, à Marseille comme à Paris, la sympathie spontanée dont bénéficie toute victime d'un coup fourré. Au-delà de la satisfaction d'avoir dominé mes craintes et prouvé ma capacité à affronter un « géant » politique, j'ai créé une donne politique où rien ne sera plus comme avant. Preuve que je l'ai « fléché » profondément, Gaston Defferre a disparu. Plusieurs jours durant, il est absent de la vie publique, même lorsque ses responsabilités exigeraient sa présence. S'est-il offert une de ces parties de chasse qui sont devenues sa passion à la fin de sa vie ? Avec Christian Poncelet, président du Sénat, ils écument les territoires giboyeux, d'Erevan à Haïfa. Au ministère de l'Intérieur, à la mairie, dans les salles de rédaction du pays, les rumeurs les plus folles courent sur son état de santé. Sa théâtrale arrivée, venant de Dieu sait où, gare Saint-Charles, par un train où il n'est monté qu'en Avignon, ne fait pas taire les interrogations. Tant s'en faut. Son agonie politique a débuté.

Voici plus d'un an que les socialistes des Bouches-du-Rhône s'écharpent pour sa succession.

Michel Pezet, le premier secrétaire de la fédération, appuie sa légitimité sur les contingents socialistes du département. Il a été condamné à l'exil hors de Marseille car il fait désormais figure de rival, voire d'usurpateur, aux yeux de la garde defferriste. Le maire s'accroche à son pouvoir. Pour ce faire, il met en avant le second de ses « dauphins alternatifs », l'énarque Philippe Sanmarco, fils d'un de ses collaborateurs au ministère de la France d'outre-mer, sous la IVe République. Defferre l'a appelé au secrétariat général de la ville, quelques années auparavant, afin de remettre un peu d'ordre dans une mairie où les scandales se multiplient. En clair, pour « recadrer » certains « barons » qui ont pris leurs aises depuis que, devenu ministre en 1981, Defferre s'est éloigné de Marseille. La bataille se mène, au sein de la fédération départementale du PS, sur fond d'adhésions et de contrôle... des cartes de militants. Quelques mois plus tôt, le congrès de Fos-sur-Mer a pris une dimension surréaliste, avec un affrontement physique entre les deux camps. Chaque faction a mobilisé une escouade de « gros bras ». Le club des karatékas de Fos-sur-Mer a été rangé, par François Bernardini, derrière Michel Pezet. Les chauffeurs de taxis, rameutés par « Lolo » Gilardenghi, ont été appelés à soutenir physiquement Gaston Defferre. S'il le fallait.

Justement, il le faut ! La bastonnade est courte mais épique quand les premiers s'avisent de demander au maire de Marseille, comme à un banal militant inconnu de tous, de présenter le mandat l'autorisant à pénétrer dans la salle des fêtes. Un mot, un geste de trop. Defferre, cravate en bataille, fait le coup de poing en même temps que l'un de ses proches, Loïc Fauchon. René Olmeta est brutalement renversé, sa chemise déchirée...

Ce lundi 5 mai, un nouveau round est programmé rue Montgrand, au siège du PS. Les defferristes entendent récupérer leur leadership après que j'ai ravi la présidence du conseil régional à Michel Pezet – on ne peut pas dire qu'ils aient été attristés par ce résultat. Pezet et les siens comptent vendre chèrement leur peau. Ils s'emploient à imposer l'un des leurs, Yves Vidal, maire de Grans, à la tête de la fédération afin d'en conserver la maîtrise et, en particulier, l'attribution des futures investitures.

C'est l'autorité de Defferre sur son propre parti qui est en jeu. Il va la perdre. Le coup de force réussit et le candidat de Michel Pezet est élu grâce à l'aide déterminante de Bastien Leccia, un ancien proche de François Mitterrand. Il reproche à Defferre d'avoir confisqué le pouvoir au détriment du PS et d'amis qui l'avaient aidé à grimper les marches. « Tu nous méprises tous ! » lance-t-il à un Defferre cramoisi, au bord de l'apoplexie. Pour la première fois depuis le début de son « règne », Gaston Defferre est mis en minorité à Marseille dans son propre camp.

Furieux, il rentre chez lui tard dans la nuit, non sans avoir convoqué ses plus proches collaborateurs pour le lendemain matin, à la mairie. Le match n'est pas terminé et il entend répliquer sans tarder. Il est seul lorsqu'il est victime d'un malaise. Tout juste a-t-il le temps d'appeler son médecin, le professeur Jean-Louis Sanmarco, le frère de son « dauphin » officiel. Il le prévient qu'il saigne d'abondance après, sans doute, que sa tête a heurté un angle lors de sa chute. Lorsque le médecin se présente à la porte du domicile de Gaston Defferre, rue Neuve-Sainte-Catherine, elle est close. Fermée de l'intérieur par une serrure de sécurité. Il faut joindre puis faire venir le chauffeur du maire qui dispose d'un double des clés.

Quand les marins-pompiers pénètrent enfin à l'intérieur de l'appartement, il est trop tard : Gaston Defferre est allongé sur le sol, sans connaissance. Il ne la recouvrera jamais. On le transporte discrètement vers le service de neurochirurgie du professeur Robert Vigouroux, à l'hôpital de la Timone. Tout porte à croire que Gaston Defferre a déjà cessé de vivre lorsque Edmonde Charles-Roux rentre enfin de Paris, au petit matin. La décision est prise de n'annoncer le décès qu'une fois le président de la République revenu sur le territoire national. François Mitterrand rentre d'un voyage officiel au Japon. Ce n'est qu'après son atterrissage à Marignane, puis un moment de recueillement à la Timone, que la nouvelle est officialisée.

Cet épisode laisse le temps de préparer des obsèques officielles, aussi solennelles que chargées d'émotion. Ainsi voit-on apparaître, sur les murs de la ville, des affiches à son effigie brandissant son légendaire chapeau à bout de bras pour saluer des enfants. Filmées et diffusées en direct par les caméras de FR3, ces cérémonies se déroulent en deux temps. D'abord devant l'hôtel de ville et en présence du président de la République. Face au cercueil, le célèbre chapeau noir. Tournant le dos à la mairie, le conseil municipal, et lui faisant face, les personnalités les plus importantes de la IVe et de la Ve République. De nombreux visages connus. En tant que président de la région Provence-Alpes-Côte d'Azur et président de groupe à l'Assemblée nationale, on m'installe parmi eux. Deux discours sont prononcés, l'un par Jacques Chaban-Delmas au nom de l'amitié qui l'unissait à Gaston Defferre et de la Résistance, l'autre par Jean-Victor Cordonnier, le premier adjoint au maire, que les partisans de Michel Pezet entendent écarter de la succession, fût-elle transitoire.

Le cortège s'égrène lentement, en un long ruban derrière l'orphéon. Il suit le quai du Vieux-Port jusqu'à la cathédrale de la Major où est organisée la deuxième cérémonie à travers un service œcuménique. Les dignitaires, représentants des religions, sont là. À commencer par le pasteur Raymond Dodré pour les protestants, puisque Gaston Defferre était un fidèle de ce culte. Il y a le grand rabbin de France et l'archevêque de Marseille, Mgr Robert Coffy, accompagné de son prédécesseur, le cardinal Roger Etchegaray, venu spécialement de Rome. Le protocole m'a placé assez loin des premiers rangs, mais je tiens à être présent. Un pan de l'histoire de ma ville bascule. Gaston Defferre mérite l'hommage républicain de ces milliers de Marseillais dont il a été le maire.

Plus tard, lorsque vient le 10e anniversaire de sa mort, je fais organiser une cérémonie au cimetière Saint-Pierre. Des élèves du lycée Thiers lisent quelques-uns de ses textes sur la décentralisation. Pour le 20e anniversaire, je demande à un grand et authentique résistant, Pierre Messmer, ancien Premier ministre, avec qui j'ai lié d'excellentes relations à l'Assemblée nationale, de présider une cérémonie à la Vieille Charité. Messmer accepte volontiers, ne serait-ce qu'en souvenir de la période durant laquelle il a été, à la fin de la IVe République, le directeur du cabinet de Gaston Defferre au ministère de la France d'outre-mer. Dans ses Mémoires[1], l'ancien Premier ministre raconte à ce propos qu'avant d'accepter cette fonction, il avait prévenu Defferre qu'il était hors de question qu'il s'intéresse à la politique intérieure et à Marseille. Il n'y venait, en réalité, que pour élaborer la loi-cadre de décolonisation qu'il mettra ensuite en œuvre comme gouverneur de l'A-EF[2] puis de l'A-OF[3]. Messmer reviendra à plusieurs reprises à Marseille, en témoignage d'amitié pour moi, cette fois. Notamment, en 2001, lors de mon intronisation à l'Académie de Marseille.

Alors que la cérémonie officielle se termine, un autre événement se prépare en coulisses. Une autre mise à mort : l'exclusion politique, pour de nombreuses années, de Michel Pezet. Edmonde Charles-Roux, Jean-René Laplayne, l'homme fort du *Provençal*, et de nombreux élus socialistes, surtout parmi les plus anciens, réclament un coupable, une victime expiatoire. Il est hors de question, pour eux, que Pezet prenne place dans le fauteuil de maire de Marseille ! Rien à voir avec un simple effet de la douleur ou d'une quelconque forme de piété fraternelle : s'il s'agit certes de venger l'offense, la première priorité est de garantir les positions du clan au pouvoir. Télescopage de calendrier aidant, le responsable de la mort de Defferre ne peut être que celui qui vient de le mettre en minorité dans sa propre fédération. Longtemps pourtant, Michel Pezet a bénéficié du soutien d'Edmonde. Contre l'avis de l'entourage de Defferre, elle l'a réintroduit dans le jeu politique marseillais.

1. *Après tant de batailles…*, Albin Michel, 1992.
2. Afrique-Équatoriale française.
3. Afrique-Occidentale française.

Après les élections législatives de 1967, où il était le suppléant de Bastien Leccia[1], Pezet s'est attiré l'animosité des principaux caciques du Parti socialiste en raison d'une activité jugée trop intense, donc inquiétante – sans parler de l'hostilité, infiniment plus destructrice, de Jean Calvelli, le directeur de cabinet de Gaston Defferre. En conséquence, il a été exilé dans la 10e circonscription, la plus vaste des Bouches-du-Rhône avec les communes de Martigues, de Gardanne et de Port-de-Bouc. C'est une chasse gardée du Parti communiste, donc pas vraiment un cadeau ! Michel Pezet est également écarté des élections municipales de 1971. Ce n'est que grâce à Edmonde Charles-Roux qu'il peut revenir à Marseille. Elle considère que ce jeune avocat est le seul digne de lui tenir lieu d'interlocuteur pour évoquer ses sujets culturels favoris. Pour les autres élus socialistes des Bouches-du-Rhône, Edmonde ne témoigne que d'un profond mépris. Un sentiment dont elle n'est jamais avare.

En prenant conscience des ambitions de Michel Pezet, elle ne tarde pourtant pas à s'alarmer. Considérant qu'il s'agit là d'un jeune homme trop pressé, dépourvu des capacités nécessaires pour diriger une ville comme Marseille, Edmonde Charles-Roux commence à poursuivre son ancien favori d'une haine cuite et recuite. Moi, elle me considère, avec dédain, comme un simple adversaire. Nous n'appartenons pas au même monde. Elle, grande bourgeoise marseillaise ; moi, fils d'artisan maçon. Elle, figure incontournable de la « gauche caviar », évoluant, depuis sa participation à l'écriture des *Rois maudits* de Maurice Druon, dans les sphères littéraires élitistes, de l'académie Goncourt à tout de ce que la littérature française compte de notables ;

1. Ce qui contribue aussi à expliquer le soutien que celui-ci avait apporté à Pezet durant la soirée du 5 mai 1986.

moi, petit prof d'histoire-géo dans l'enseignement catholique. Deux planètes gravitant sur des orbites distinctes.

Elle voudra, plus tard, offrir à la ville de Marseille une main de Gaston Defferre moulée par César[1], témoignage de l'action de bâtisseur de l'ancien maire. Pour ce faire, elle doit consentir à s'adresser au maire que je suis devenu. Bien malgré elle. Aussi, quelle n'est pas ma surprise lorsque à sa mort, l'un de ses exécuteurs testamentaires souhaite me rencontrer. Il m'indique que « Mme Edmonde Charles-Roux-Defferre a souhaité que je prenne la parole lors de ses obsèques » à la cathédrale Sainte-Marie-la-Majeure, en même temps que Jean Ristat – le légataire universel de Louis Aragon –, Régis Debray et Jean-Pierre Chevènement. Je ne manque pas de rappeler le mot du général de Gaulle, quand il l'avait décorée bien des années après la Libération : « Madame, vous écrivez bien mais vous votez mal. » La religion catholique nous incite au pardon des offenses... pas à leur oubli. *O tempora, o mores*[2]...

Les dernières années de la vie de cette femme, dont le talent n'égalait pas la méchanceté, n'ont pas été un long fleuve tranquille. Atteinte de la maladie d'Alzheimer, elle est placée à « La Maison », un établissement de soins palliatifs de Gardanne dirigé par le docteur Jean-Marc La Piana. Comme la lumière de Kipling, elle s'y éteint jour après jour. Si cette maladie détruit l'esprit, le corps, en revanche, peut conserver une certaine vitalité. L'équipe médicale pense qu'Edmonde Charles-Roux pourrait, avec une assistance médicale et ménagère, regagner son domicile. Ils sont surpris d'apprendre de son neveu, le comte del Drago, fils de Cyprienne Charles-Roux, le refus de cette option. Raison invoquée : le manque de ressources financières. Décision

1. Elle se trouve au MAC, le musée d'Art contemporain de Marseille.
2. « Quelle époque ! Quelles mœurs ! »

étrange de la part de l'héritier d'une fortune conséquente. Quant à Edmonde Charles-Roux, elle est elle-même héritière de son mari. C'est en pensant à cette triste fin de vie que j'ai prononcé son éloge funèbre.

Edmonde Charles-Roux mène donc contre Pezet une guerre sans merci. Un remake des Atrides à la mode phocéenne. Il est voué aux gémonies. Matraqué par *Le Provençal* et *Le Soir*, isolé chez les socialistes même s'il est le meilleur d'entre eux, abandonné par nombre de ses amis, salement qualifié de Brutus par l'ensemble du clan defferriste désormais attaché à sa perte, il lui est devenu impossible de s'installer dans un fauteuil de maire qui lui tend pourtant les bras. Dans sa splendide villa donnant sur la Sainte-Victoire, la « veuve noire » réunit l'élite du PS pour la monter contre Pezet. Une corbeille est prévue pour déposer une participation aux frais car, explique-t-elle, elle « manque de liquidités ».

Les defferristes, soutenus en sous-main par l'Élysée, tirent « la tunique » aux dés. Jean-Victor Cordonnier et Philippe Sanmarco disqualifiés faute de troupes et de charisme, Charles-Émile Loo hors jeu depuis que Defferre l'a écarté du conseil municipal en 1983, leur camp ne compte guère de personnalités de premier plan. C'est Robert Vigouroux, neurochirurgien réputé, conseiller général et adjoint au maire parmi les plus discrets, qui hérite d'une mairie dont il n'osait pas rêver quelques jours plus tôt ! Sa « campagne interne » de désignation se résume à une visite, chaque soir, dans le bureau de Jean-René Laplayne, plume politique du *Provençal*, où, sans jamais prononcer plus de deux ou trois mots, il déguste un whisky, fume l'un de ses éternels cigarillos et regarde la télévision une bonne heure durant avant de repartir. C'est ailleurs que la décision se prend. « Mort, où est ta victoire[1] ? »

1. « Mort, où est ta victoire ? Mort, où est ton aiguillon ? » Première Épître aux Corinthiens 15, 51-58.

Trois ans durant, de 1986 à 1989, Vigouroux connaît une succession difficile. Il est coincé entre une opposition de droite qui n'a pas digéré le scrutin truqué de 1983 et une partie des socialistes qui ne se ralliera jamais à ce « grand mandarin » mutique. Il doit faire face à Michel Pezet qui active, mais trop tard, sa majorité. Ce dernier découvre, sans en retenir les enseignements, la brutalité du monde politique. Sa brutalité et ses basculements. Michel Pezet a manqué d'audace. Il disposait d'une majorité absolue au sein de la majorité du conseil municipal. Une majorité dans laquelle figuraient les radicaux de gauche dont le représentant était Marcel Paoli, adjoint au maire en charge de la culture. Or, les statuts du Parti socialiste spécifient que la désignation du candidat doit se dérouler au sein du seul groupe socialiste. Sans les radicaux, Pezet n'a plus de majorité. Trop discipliné, mal entouré, menacé physiquement par des élus socialistes, il n'ose pas franchir le Rubicon. S'il l'avait fait, il se serait installé dans le fauteuil du maire et le Parti socialiste lui aurait, évidemment, pardonné son incartade. En renonçant, Pezet laisse passer l'occasion de sa vie.

D'autant qu'un nouveau venu est apparu sur la scène marseillaise, quelques semaines avant la mort de Gaston Defferre. Ancien vendeur de télévisions, Bernard Tapie a commencé à amasser une cagnotte comme repreneur sans vergogne d'affaires en difficulté, de Manufrance à Wonder, selon un schéma mis au point par l'avocat Jean-Louis Borloo, qui deviendra par la suite maire de Valenciennes et ministre de Chirac et de Sarkozy. Grâce à cette nébuleuse de sociétés rapidement dégraissées et aussi vite revendues, Bernard Tapie mène grand train : avion privé et hôtel particulier parisien au cœur de Saint-Germain-des-Prés. Cette réussite matérielle ne lui suffit pas. Il a besoin des spot-lights du vedettariat que la chansonnette ne lui a pas permis de goûter. En surfant sur le sport en général, il impose une image de jeunesse triomphante. Dans le cyclisme comme dans la voile, le temps de gagner plusieurs tours de France avec La Vie claire et de battre un record de traversée de l'Atlantique sur le *Phocéa*, racheté acrobatiquement à la veuve d'Alain Colas, il s'est imposé, au carrefour des affaires et des médias, au début des années 1980.

L'époque est marquée par la nouvelle prééminence de l'image et par le renversement de la politique économique des socialistes. Après avoir nationalisé avec Pierre Mauroy, ils dérèglementent à tout va avec Pierre Bérégovoy. À chaque fois, c'est l'occasion pour quelques habiles d'édifier des fortunes. Le scandale du Crédit lyonnais en offre la plus belle illustration. Belle gueule toujours bronzée et bagout d'enfer, drainant dans son sillage une odeur de soufre dont il joue avec une habileté gourmande, Bernard Tapie inaugure dans la vie politique l'ère des bonimenteurs.

Les médias raffolent de ce talent. À la télévision, une émission économique cherche à jouer sur les nouvelles valeurs en vogue durant ces « années fric » en invitant les Français à investir en Bourse. Pour gagner bien sûr, puisque – comme chacun sait – en Bourse tout le monde gagne ! S'enrichir est devenu le maître mot. La France qui, selon l'oracle Jack Lang, devait passer « de l'ombre à la lumière », assiste au spectacle d'« élites » voraces se vautrant sans retenue dans les prébendes, les trafics et autres jouissances diverses. La gauche thermidorienne tient le haut du pavé, Mitterrand ressemble à Louis-Philippe, mais les Français sont – déjà – moroses. Pour leur donner un moral de vainqueur, une soirée télévisée sur mesure a été concoctée. La véritable vedette en est Tapie, alors qu'il ne devait en être que l'animateur.

À en croire la petite histoire, c'est Edmonde Charles-Roux qui l'a présenté à Gaston Defferre lors d'une réception à l'Élysée en l'honneur de Mikhaïl Gorbatchev. Le maire invite Tapie à Marseille pour, officiellement, parler voile et football. En clair, pour lui proposer de reprendre l'OM en (très) petite condition depuis plusieurs années. Nul doute que Defferre a évalué le parti qu'il peut tirer de ce « vendeur » multicarte dans le domaine politique. Il sait que son image personnelle est gravement dégradée par les péripéties des élections municipales de 1983 d'abord, par sa pathétique empoignade avec Michel Pezet ensuite. Il a besoin de réinjecter du rêve. Tapie est l'homme de la situation. De son côté, ce dernier entrevoit les perspectives qu'un atterrissage marseillais peut lui ouvrir. Surtout en bénéficiant d'un pareil parrainage. Tapie pense affaires, assurément. Politique ? S'il y songe, il ne le dit pas. Il ne s'active pour l'heure qu'autour de l'Olympique de Marseille. À la mort de Gaston Defferre, comme tous les candidats potentiels à la succession, il est pris de court. En outre, il n'est pas encore suffisamment inscrit dans la constellation socialiste marseillaise pour espérer jouer un rôle. Ce n'est que partie remise. Sa nouvelle protectrice et lui-même portent déjà leurs regards vers l'échéance de 1989.

32

La Terre promise du FN

C'est dans ce contexte que j'accompagne Raymond Barre venu soutenir Jean-Pierre de Peretti Della Rocca, le maire UDF d'Aix-en-Provence, à l'occasion des législatives de juin 1988. Au milieu du cours Mirabeau, d'un geste impérieux, le maire arrête net notre cortège. Le regard sombre et la voix grave, il nous annonce sur un ton solennel : « Cette nuit, la Vierge m'est apparue. Elle m'a dit que j'étais dans la bonne direction. » Impavide, il reprend aussitôt sa marche d'un pas résolu. Je regarde Raymond Barre. Il est médusé, abasourdi, sans voix. Il ignorait le tempérament pour le moins original de notre poulain. Celui-ci n'a-t-il pas, un jour de carnaval, défilé sur un char déguisé en gorille, avant d'enlever son masque sous le regard éberlué de ses administrés ? Un an plus tard, battu aux élections municipales, il abandonnera le combat. La politique, quand c'est fini, que faire de sa vie ? Les uns quittent femme et enfants puis partent avec une infirmière ou leur chauffeur.

Nous nous battons à contre-courant. Au cours du premier tour de l'élection présidentielle, deux mois auparavant, Jean-Marie Le Pen a fait sensation. Avec 28,3 % des suffrages exprimés, il s'est classé en tête de tous les candidats à Marseille, tandis que Jacques Chirac et Raymond Barre n'en ont obtenu que 14,7 % et 13,2 %. Ce score, le Front national ne l'a plus jamais retrouvé. Si cette poussée est attendue, le résultat n'en constitue pas moins une surprise. Plus : un choc. À ce rapport des forces s'ajoute la campagne conjointe de la gauche et d'une presse ressassant à satiété que l'accord de gestion consenti en 1986 au conseil régional relèverait d'une alliance politique. À toujours taper sur le même clou, on finit par accréditer sa réalité.

Certes, nous savons, depuis les élections européennes de 1984 où il a récolté 21,42 % des voix, que le Front national a trouvé chez nous un terrain fertile. Pourtant, personne n'imaginait que Le Pen pourrait atteindre pareil niveau dans la deuxième ville de France. Ni devancer le chef de l'État sortant, qui ne récolte que 26,9 % des voix dans une commune dirigée depuis trente-trois ans par les socialistes. Cette situation génère un climat passionnel, entretenu avec son habituelle rouerie par le chef de file du FN. Habile dans l'exploitation de médias accrochés, non sans complaisance, au moindre de ses faits et gestes, il s'empresse d'annoncer ses « fiançailles avec Marseille » ! Pendant ce temps, personne ne paraît relever que la percée du FN a prioritairement eu lieu au sein des anciens secteurs communistes.

La confusion se renforce au second tour, lorsque à Marseille Jacques Chirac devance François Mitterrand. Courte victoire certes – 50,12 % contre 49,88 % – mais pour la première fois depuis l'élection présidentielle de 1969, la gauche n'est pas en tête dans la cité phocéenne. Or, l'abandon de la proportionnelle ainsi que le retour du scrutin uninominal majoritaire à deux tours par circonscription ont créé une situation dangereuse pour les vingt-deux députés du Front national élus en 1986 grâce à la complaisance de François Mitterrand. Tous cherchent donc, de manière frénétique, une « bonne » circonscription afin d'assurer leur réélection.

Dans les jours qui suivent l'annonce de la dissolution de l'Assemblée nationale, le FN confirme la candidature de ses principaux responsables à Marseille et dans les Bouches-du-Rhône. Une véritable ruée vers une Terre promise électorale : Bruno Mégret à Gardanne, dans la 10e circonscription des Bouches-du-Rhône ; Jean-Pierre Stirbois dans la 12e circonscription, à Vitrolles-Marignane ; et Jean-Marie Le Pen dans la 8e circonscription de Marseille. Un choix qui trahit une méconnaissance de la géographie politique locale. Le chef du FN a été adroitement orienté par ses relais locaux qui cherchent à conserver pour eux-mêmes des territoires *a priori* plus favorables.

Le nouveau président de l'OM – il l'est devenu deux ans auparavant –, lui, s'est précipité dans la 6e circonscription, celle de Mazargues-Sainte-Marguerite. Il croit que le stade Vélodrome y est situé. Car, pour ajouter à l'effervescence générale de ce printemps 1988 où les élections municipales de l'année suivante pointent déjà en ligne de mire, l'Élysée a parachuté Bernard Tapie dans la mêlée. L'heure de la « véritable succession » doit sonner, pronostiquent des médias à l'affût.

À cet égard, le comportement de l'héritier du fauteuil de maire à la mort de Gaston Defferre est révélateur. Semblant ignorer, lui aussi, les réalités électorales de la ville qu'il est censé diriger, Robert Vigouroux prétend faire de son corps un rempart face au « fascisme » ! Il se déclare prêt à se lancer dans la 3e circonscription. Un élan d'héroïsme stoppé net par le député sortant, Philippe Sanmarco, qui, avec Edmonde Charles-Roux, compte parmi les principaux artisans de sa désignation comme maire. L'ancien dauphin de Gaston Defferre indique qu'il sera, quoi qu'il advienne, candidat dans cette circonscription qui a été celle de son « parrain » politique. Robert Vigouroux abandonne donc la 3e circonscription mais récidive lorsque Jean-Marie Le Pen fixe son choix sur la 8e. Il affirme, plus timidement cette fois, qu'il est de son devoir de faire obstacle au chef de file du FN, où qu'il se présente dans sa commune. Des velléités qui ne résistent pas à la fin de non-recevoir que lui adresse à son tour le député socialiste du cru, un autre héritier, Marius, représentant de la dynastie Masse.

Même dans pareil contexte, l'investissement de terrain et une proximité assidue paient. Le travail de rassemblement amorcé une décennie plus tôt aussi. Une équipe de militants soudée et combative m'entoure désormais dans les quartiers sud[1]. Comme Robert Assante, qui a enlevé le canton de la Pointe-Rouge un an plus tôt, tous vont bientôt disposer de mandats électifs. Il y a Dominique Tian, qui me succédera au conseil général et suppléera Jean-François Mattéi à l'Assemblée nationale lorsque ce dernier deviendra ministre. Dès 1995, Dominique occupera le poste de maire de mon secteur municipal, les VIe et VIIIe arrondissements, avant d'y passer la main, en 2013, à Yves Moraine, qui présidera le groupe de notre majorité au conseil municipal et m'accompagne toujours avec une fidélité et une loyauté exemplaires. Particulièrement courtois, Dominique Tian symbolise si bien son électorat qu'il ira, en 2014, défier et vaincre, dans un autre secteur, le maire socialiste sortant, Patrick Mennucci, que les Marseillais rejetteront alors sans ménagement. À l'Assemblée nationale, Dominique est un député travailleur et assidu, jusqu'à ce qu'une candidate inconnue l'emporte, lors de la vague macronienne de 2017. Président des Jeunes giscardiens dans sa jeunesse, il est resté fidèle au libéralisme d'Alexis de Tocqueville.

---

1. Il y a notamment Dominique Vlasto, Monique Engelhard née Daher, Gisèle Weiss, Yvette Rochette et Jean-Louis Lota. Bien sûr, Claude Vallette, qui défend déjà avec vigueur nos idées au conseil municipal, et André Malrait, qui a renoncé à ses ambitions politiques à Saint-Cyr-sur-Mer pour nous apporter ses visions à moyen et long terme sur l'évolution urbanistique de la ville. Il y a… beaucoup de monde.

Au sein de cette équipe, nul ne ménage sa peine. Si bien que le 5 juin 1988, j'arrive nettement en tête du premier tour dans ma circonscription, avec 43,61 % des suffrages exprimés, plus que le total des voix réunies par Jacques Chirac et Raymond Barre au premier tour de la présidentielle du mois précédent. Et sans inquiétude pour le second, alors que je suis d'un tempérament prudent sinon anxieux.

En revanche, mes amis sont tous en difficulté. Dans la 1re circonscription, Roland Blum se place certes en première position avec 30,87 % des suffrages exprimés, mais il est talonné par la socialiste Marie-Arlette Carlotti (30,30 %). Dans la 6e circonscription, Guy Teissier obtient 30,49 % mais se classe derrière Bernard Tapie. Pire : Maurice Toga et Jean Roatta sont devancés par les candidats du Front national, Gabriel Domenech et Jean Roussel. Dans l'ensemble du département, la situation n'est guère meilleure. Que faire ? À titre personnel, je n'ai rien à redouter, même pas d'un second tour en triangulaire. Je pourrais laisser chacun face à son destin. Je choisis d'assumer mes responsabilités. La politique n'est pas une aventure individuelle. Je l'ai toujours pensé, je le pense plus que jamais aujourd'hui.

Au lendemain du premier tour, je réunis donc les candidats de la droite républicaine et du centre au conseil régional. Durant une matinée entière, nous examinons la situation. « Si nous allons à des élections triangulaires au second tour, tu seras le seul élu, Jean-Claude. Tous les autres ne pourront pas y arriver », lâche l'un des participants, résumant à la fois la situation et leur opinion collective.

Quelle attitude adopter ? Tenter des négociations ? Les quelques contacts initiés avec Bruno Mégret débouchent, sans surprise, sur des désaccords de fond et un manque de confiance réciproque. Quant à la perspective de nous retrouver dans une seringue qui ferait de la gauche la maîtresse de notre destin, elle n'est guère plus encourageante. Nous optons pour une posture inhabituelle. J'anticipe la vague de commentaires vengeurs et de sentences morales définitives qu'elle va soulever dans une presse attisée par une gauche aussi acharnée à nous discréditer qu'à favoriser l'émergence de l'extrême droite. Nous décidons le retrait symétrique de nos candidats et de ceux du Front national. En conséquence, là où mes amis sont arrivés en tête au premier tour, ils demeurent candidats pour le second ; là où nous avons été distancés par le candidat du FN, nous ne déposons pas de candidature. Cette réciprocité exclut tout appel à voter pour le candidat resté en lice. Elle est acceptée par le Front national.

Cette décision me coûte terriblement. D'abord sur un plan humain. À l'heure où j'accompagne mon père dans ses derniers instants, *Le Monde* me caricature en une d'un ignoble dessin. L'éditorialiste du *Provençal* crie « FNURC » (amalgamant FN et URC, Union du rassemblement du centre), comme s'il vomissait, pour dénoncer notre choix avec un écœurement aussi militant que les excuses qu'il trouvera, des années plus tard, pour justifier le comportement de Dominique Strauss-Kahn dans un Sofitel de New York. Elle me coûte sur un plan politique également. Mon ami Jean Roatta a été distancé par Jean Roussel. De peu certes, mais il va devoir se retirer, comme il le fera encore en d'autres circonstances, à ma demande et dans l'intérêt général. Peu de responsables politiques en sont capables et je lui en reste reconnaissant. Je choisis ce jour-là d'assurer l'élection de mes amis. Certains d'entre eux semblent l'avoir oublié. Depuis longtemps…

Le verdict des urnes nous rend, et me rend, heureusement justice. Il valide le risque que nous avons pris. Au soir du second tour, je totalise 60,63 % des voix. Surtout, aucun membre du Front national n'est élu à Marseille et dans les

Bouches-du-Rhône. Pas plus Le Pen qu'un autre. C'est dans le Var voisin, où François Léotard a claironné sa grande détermination à s'opposer au Front national, que cette formation trouve son seul député. À Hyères, où Yann Piat connaîtra, quelques années plus tard, un destin tragique[1]. Roland Blum l'emporte avec 54,31 % des voix sur le candidat socialiste et Guy Teissier peut faire son entrée au Palais-Bourbon avec 50,09 % des voix face à un Bernard Tapie qui avait promis tout et son contraire aux habitants d'une circonscription qu'il ne savait même pas situer sur une carte !

Cette victoire constitue un véritable exploit mais contrarie la stratégie mitterrandienne. Le Conseil constitutionnel, présidé par Robert Badinter, s'empresse de remettre les pendules à zéro. Il annule le scrutin mais ne fait pas droit aux réclamations de Jean Roatta alors que, dans la 3e circonscription, Philippe Sanmarco n'a battu le candidat du Front national, Jean Roussel, que de 99 voix largement contestées. Rien n'a vraiment changé depuis La Fontaine : « Selon que vous serez puissant ou misérable / Les jugements de cour vous rendront blanc ou noir[2]. » Comme le cœur n'est pas le monopole de la gauche, la morale n'est pas inflexible pour Robert Badinter comme, *a fortiori*, pour François Mitterrand.

Cette justice sur mesure offre en tout cas une seconde chance au président de l'OM. À la fin du mois de janvier 1989, moins de deux mois avant le premier tour des élections municipales, le décor est planté. Le résultat est cette fois à la hauteur des espérances du pouvoir. Guy Teissier est battu de 623 voix, à l'issue d'une campagne particulièrement violente durant laquelle Bernard Tapie n'hésite pas, parmi mille promesses aussitôt envolées, à clai-

1. Le 25 février 1994, la députée Yann Piat est assassinée dans un guet-apens en rentrant chez elle sur les hauteurs de Hyères.

2. « Les animaux malades de la peste ».

ronner que la circonscription ne comptera plus un seul chômeur au terme de ses six années de mandat. Tapie est élu aussi grâce au Front national qui s'est refusé à donner la moindre consigne de vote. Cet étourdissant silence n'est que l'un des multiples signes de cette complicité que bien des témoignages viendront authentifier par la suite. Trop tard pour le respect de la vie démocratique. Trop tard pour mes amis et moi.

Même après ce retrait de nos candidats devancés au premier tour, la fidélité des députés du groupe UDF de l'Assemblée nationale ne me fait pas défaut : ils me reconduisent à leur tête. J'ai certes payé cher ce choix, bien que la droite républicaine n'ait, à l'époque, pas opté pour l'interdiction que retiendront ensuite Jacques Chirac et Alain Juppé. Interdiction que j'ai toujours respectée dès lors qu'elle a été instaurée. Je conserve le souvenir de mon retour au Palais-Bourbon après ce scrutin. Je déjeune avec Jean Lecanuet, président de l'UDF. Soulagé, il me dit simplement : « Heureusement qu'il n'y a pas un député du Front national élu, cela nous aurait rendu la vie impossible. » Je suis réélu à l'unanimité, moins une voix. J'entre dans ma neuvième année dans cette fonction.

La facture, je vais la payer l'année suivante, lors des élections municipales de 1989. Et je paie cash, en obtenant le résultat le plus décevant de ma vie politique.

33

Grand chelem

« Prado » et « Carénage », c'est ainsi qu'ont été surnommés les députés Philippe Sanmarco et Michel Pezet dans la comptabilité du bureau d'études Urba, à l'origine du premier scandale politico-financier associé à la gauche. Ces références ont pour origine un axe de circulation souterrain de 2 450 mètres reliant les quartiers sud et l'autoroute est au centre-ville, et, au nord, via le tunnel du Vieux-Port, ceux de la Major et de la Joliette à l'autoroute du littoral. Ouvert à la circulation en 1993, il s'agit du premier tunnel urbain payant de France. La saisie, en 1989, des cahiers du bureau d'études a conduit les deux élus, par ailleurs rivaux dans la succession de Gaston Defferre, à devoir s'expliquer sur l'attribution des marchés publics de la ville. C'est pour arbitrer entre eux, et en réalité pour éliminer Michel Pezet, que le ministre de l'Intérieur de l'époque, Pierre Joxe, lui aussi socialiste, a pris le risque d'ouvrir la boîte de Pandore d'Urba et de compromettre ainsi la filière de financement occulte de sa propre formation politique. Le dossier Urba, révélé par l'inspecteur Gaudino[1], finit par se retourner contre ses initiateurs et plombe l'ensemble du Parti socialiste. Il contribue, un peu plus, au rejet de la classe

1. Antoine Gaudino, *L'Enquête impossible*, Albin Michel, 1990.

politique. Cette guerre interne aux socialistes conduit la présidence de la République à s'impliquer directement sur la scène marseillaise afin de conforter Robert Vigouroux et d'éliminer Michel Pezet, qui sera finalement blanchi par la justice bien plus tard. Vigouroux entend d'autant plus obtenir sa réélection dans les urnes qu'il n'a été désigné, en 1986, qu'au terme d'une terrible bataille d'appareil et que la légitimité du suffrage universel lui manque. Il n'est pas dépourvu d'arguments. Une étude confidentielle de la Sofres, début juin 1988, montre que son image et son action sont loin d'être perçues négativement[1]. La fonction de maire est valorisante aux yeux des électeurs. Et en ce début d'automne 1988, Robert Vigouroux en bénéficie pleinement. De mon côté, je ne manque pas d'arguments non plus. Tirant les enseignements de 1983 et des faiblesses de notre projet de l'époque, nous préparons discrètement notre programme. Tous ceux qui souhaitent participer à la réflexion se répartissent en commissions thématiques sous l'égide de Jean-François Mattei. Placé sous le patronage d'Euthymènes[2], le fruit de ces travaux recense les initiatives à prendre et les aménagements à réaliser pour faire de Marseille la ville de nos rêves. Bien des réalisations que nous mettrons en œuvre une voire deux décennies plus tard

1. 54 % des personnes interrogées (contre 35 %) estiment que la municipalité a accompli un bon travail depuis la mort de Defferre et mettent en exergue un embellissement de la ville. Mieux encore, Robert Vigouroux s'y révèle comme la plus populaire des personnalités marseillaises, recueillant 61 % de bonnes opinions (contre 15 % de mauvaises), devançant Bernard Tapie (47 % contre 28 %), Michel Pezet (41 % contre 27 %) et moi-même (39 % contre 38 %). Enfin, 62 % des Marseillais interrogés affirment que Robert Vigouroux fera un bon maire pour les six prochaines années. Bien mieux que Pezet (49 %), Tapie (45 %) ou moi (43 %).

2. Euthymènes de Massalia (Εὐθυμένης ὁ Μασσαλιώτης), navigateur et explorateur massaliote vivant au VIe siècle av. J.-C.).

seront directement inspirées de ce projet « Euthymènes », grand navigateur marseillais qui a vogué vers le sud, tandis que Pythéas[1] ira vers le nord et l'hypothétique Thulé.

Humaniste respecté, professeur agrégé de médecine à l'intelligence brillante, reconnu et estimé au sein de l'Assistance publique des hôpitaux de Marseille, Jean-François Mattéi a été formé par le professeur Francis Giraud qui siégera par la suite, à mes côtés, au Sénat. Il s'affirme de plus en plus comme l'un des meilleurs généticiens de France. Dans la vie publique, Jean-François Mattéi n'est pas un néophyte. Animateur des clubs « Perspectives et Réalités » de Valéry Giscard d'Estaing en son temps et conseiller général des Bouches-du-Rhône depuis trois ans, cet orateur remarquable préside avec talent notre groupe d'opposition au sein du conseil municipal, ferraillant avec Gaston Defferre et forçant le respect de tous. Il est promis à un bel avenir. Je suis heureux de lui ouvrir le chemin. Il l'a dit lui-même à plusieurs reprises : « J'ai eu deux maîtres. L'un en médecine : Francis Giraud. L'autre en politique : Jean-Claude Gaudin. »

Lorsque je choisis de quitter mon fauteuil de député pour rejoindre le Sénat, Jean-François Mattéi brigue ma succession et l'obtient[2]. Élu député des Bouches-du-Rhône, il

1. Pythéas (en grec ancien Πυθέας), explorateur grec originaire de Massalia, considéré comme l'un des plus anciens explorateurs scientifiques ayant laissé une trace dans l'Histoire. Il a effectué un voyage dans les mers du nord de l'Europe vers 325 av. J.-C. Il est le plus ancien auteur de l'Antiquité à avoir décrit, notamment, les phénomènes polaires, les marées, ainsi que le mode de vie des populations de la Grande-Bretagne et des peuples germaniques des rives de la mer du Nord, voire de la mer Baltique. (Wikipédia.)

2. Plus difficilement que prévu car il s'agissait d'une élection partielle, en pleine vague « vigouriste » de l'après-municipales. Bien que cette circonscription ait compté parmi les plus favorables à la droite dans la région, il n'y totalisera au second tour que 53 % des suffrages exprimés

s'impose rapidement jusqu'à devenir président du groupe Démocratie libérale à l'Assemblée nationale. Quand je suggère à Jacques Chirac de lui ouvrir les portes du gouvernement, après sa réélection en 2002, il est retenu comme ministre de la Santé. La médiatisation qui entoure la canicule de l'été 2003 lui sera malheureusement fatale.

Je crois d'autant plus en mes chances que la gauche est fracturée. Si la candidature du maire s'inscrit dans une perspective positive, celle de Michel Pezet connaît une trajectoire inverse. Certes, il est investi officiellement par le PS mais il subit l'animosité profonde d'Edmonde Charles-Roux, de Charles-Émile Loo et de quelques caciques locaux. En outre, il a engagé la fédération socialiste des Bouches-du-Rhône, dont il est l'homme fort, derrière Jospin pour prendre la tête du PS alors que François Mitterrand souhaite confier cette responsabilité à Fabius. Une machine de guerre est mise en place contre lui. L'affaire « Prado-Carénage » n'en est qu'une illustration.

Localement, la campagne de Robert Vigouroux est prise en main par une équipe téléguidée par l'Élysée et confiée au fameux tandem Pilhan-Séguela. Elle transforme, avec talent, un mandarin socialiste en bon docteur honnête et courageux, pacificateur des passions marseillaises et victime des sordides appétits de quelques méchants politiciens, dont je suis évidemment.

Toute la strate des « bobos », acteurs de la « tontonmania », est mobilisée. Eux qui, dans la capitale, affichent à qui mieux mieux leur ouverture d'esprit cautionnent à Marseille, avec le slogan « Marseille mérite un homme », le recours aux plus

face à sa concurrente du Front national, Marie-Claude Roussel, issue d'une authentique famille de la bourgeoisie marseillaise. La preuve, par les chiffres, que rien n'est jamais acquis, en politique. La preuve, aussi, que le FN reste toujours à l'affût.

bas réflexes de haine et d'exclusion. Comme célibataire, j'ai souvent eu à connaître ce type d'attaques. Je sais combien elles blessent. Devenu maire, quand un jeune homme sera massacré sur un lieu de drague homosexuelle, je m'inquiéterai de son état de santé et lui adresserai un mot pour lui souhaiter un prompt rétablissement. Je joins un livre pour lui dire que le véritable visage de Marseille n'est pas celui dont il a souffert. Je n'ai jamais reçu de réponse.

Au-delà du cynisme et de la démagogie de cette campagne nauséabonde, l'effet est d'autant plus percutant que Michel Pezet reste, aux yeux d'une opinion marseillaise « chauffée » par les journaux defferristes, le responsable direct de la mort de Gaston Defferre. Pour relayer ce message, les réseaux de l'État s'activent. La revue *Globe* consacre des articles à Robert Vigouroux et le sacralisent avec sa famille. *L'Événement du jeudi* se déchaîne semaine après semaine contre ma gestion de la région et offre une tribune permanente à Edmonde Charles-Roux. Elle y déverse sa vindicte contre Michel Pezet. Lors de l'émission « 7 sur 7 » qu'elle anime chaque dimanche soir sur TF1, Anne Sinclair interroge systématiquement ses invités, de Michel Sardou à Patrick Bruel, sur une situation marseillaise qui, vue de Paris, fait de Robert Vigouroux une victime. Ivan Levaï, son mari de l'époque, dépêché par l'Élysée à la tête du *Provençal*, mène jour après jour une double campagne : promotion de Robert Vigouroux et attaque contre moi. Silence sur Michel Pezet.

Le Président lui-même n'hésite pas à envoyer à Marseille, sous prétexte d'une visite dans les calanques, le président de l'Office national des forêts, Jean-Louis Bianco, qui n'est autre que le secrétaire général de l'Élysée. Michel Pezet se trouve rapidement ramené au rang de simple figurant dans la campagne. Il sombre inexorablement dans un naufrage programmé.

La voie de Robert Vigouroux est clairement balisée ! Il ne lui reste plus qu'à mettre ses pas dans ceux de Mitterrand et à renouer avec la rassurante image de la « force tranquille », en s'appuyant à la fois sur sa prestance de médecin et son image de père d'une jeune famille. « La famille de Monaco », raille Michel Pezet pour en dénoncer les faux-semblants. En vain. Durant sa campagne Vigouroux s'autorise à n'énoncer aucun programme – sinon… deux mois après l'élection – et à n'afficher que l'image d'un tableau noir où la craie du passé serait effacée. Après bien des tergiversations, il finit par accepter un débat télévisé avec moi.

Le matin même, nos collaborateurs respectifs se rencontrent. Pierre Bonneric, directeur de cabinet du maire, pose ses conditions, elles sont acceptées. Tout semble calé. Autour de la scène du théâtre national de la Criée, où la chaîne publique qui doit diffuser notre échange a installé ses caméras, tout est prêt. Les invités sont là : supporters, journalistes, curieux. Quand j'arrive, Serge Moati, le réalisateur, m'accueille la mine défaite : « M. Vigouroux a annulé le débat. » Les cris et les insultes des militants, le désappointement des journalistes n'y changent rien.

À la stupéfaction de tous, et d'abord à la mienne, Vigouroux réalise un ahurissant grand chelem en remportant les huit secteurs de la ville. Ce que ni Gaston Defferre par le passé ni moi-même plus tard n'avons réussi ! La prédiction, pourtant sombre, du préfet de région Jean Clauzel, m'assurant à quelques jours du premier tour que « Guy Hermier au nord et vous au sud êtes assurés d'être élus », est balayée par cette vague aussi irrationnelle que puissante. Le « patron » marseillais du PCF, allié à Michel Pezet, est détrôné par l'ex-communiste Lucien Vassal, comme je le suis par l'architecte vigouriste Yves Bonnel. Robert Vigouroux obtient une écrasante majorité de 80 sièges, Michel Pezet (PS-PCF) cinq élus et la droite neuf[1]. Quant au FN, il en compte six autour de Gabriel Domenech.

Cet incroyable succès fait naître bien des interrogations. Nombreux sont ceux qui en ont cherché les origines. Le phénomène est devenu décelable, de plus en plus clairement, au cours des dernières semaines de campagne. Jean-Louis Comolli, avec Michel Samson, dans le film *Marseille de père en fils*[2], a su saisir le climat qui régnait alors à Marseille, mais à une échelle plus réduite.

Pourtant la communication ne peut pas tout. L'image ne remplace pas longtemps la politique. La réalité finit toujours par reprendre le dessus sur les artifices. Les élus comme le personnel communal, les journalistes comme les citoyens vont découvrir après son élection le véritable visage de Robert Vigouroux, cette forme d'autisme dans laquelle il s'est enfermé. La meilleure illustration en est son exigence de ne jamais croiser âme qui vive. Lorsqu'il traverse la salle des délibérations, elle doit ainsi avoir été vidée de toute présence ! Alertés par un coup de sonnette péremptoire, les huissiers, eux, ont le devoir de se dissimuler ! Cette attitude, ce comportement mandarinal avec les élus et sa distance mutique avec la population, conjugués à l'inexpérience et à la dimension hétéroclite d'une majorité trop écrasante pour être efficace, ne lui permettront pas de s'installer durablement dans l'histoire politique de la ville.

Au lendemain du raz-de-marée de ce terrible mois de mars 1989, je suis mal en point. Comment ne pas mesurer la précarité de ma situation personnelle, cerné que je suis par un Vigouroux superstar, un Le Pen qui a senti, un an

1. Jean-Claude Gaudin, Jean-Louis Tourret, Maurice Toga, Claude Vallette, Robert Assante, Guy Teissier, Robert Villani, Roland Blum et Paul Méfret.

2. 1993, 52 minutes, documentaire.

plus tôt, le vent souffler dans les voiles du Front national et un Tapie qui tisse sa toile depuis le stade Vélodrome et la 6e circonscription ? Les élections sénatoriales approchent. La « maison Gaudin », ma maison, est ébranlée.

34

Légende médiatique et réalité gestionnaire

Jusqu'à l'aube de l'an 2000, de quoi souffre Marseille ? Il lui manque d'abord des entreprises et des emplois, mais aussi des infrastructures, des équipements et des parkings. Et, je n'ai pas peur de le dire, des logements, des transports publics, des écoles, des crèches et des stades. Il lui manque des services de qualité mais surtout de la reconnaissance, de l'image et de l'attractivité. Il lui manque enfin la dimension d'agglomération qui permet l'audace et la solidarité.

Ce n'est pas porter atteinte au travail des précédentes générations d'élus et de responsables que de dresser ce constat. C'est celui des rapports officiels et des statistiques : le déclin, la déprime et le dépit. Certains diront qu'on peut le reprendre à chaque génération. À chaque changement d'équipe. En ce début d'été 1995, mon avenir n'a donc rien de la promenade de santé !

Présents quarante-deux ans à la tête de Marseille, les socialistes se sont bornés à de l'assistanat à travers une gestion clanique et clientéliste. La prolifération incontrôlée de logements sociaux a augmenté la paupérisation de la cité. Une ville où, à l'automne 1995, l'horizon n'est barré par aucune grue, où la production annuelle de logements est inférieure à mille et où la réhabilitation de l'habitat ancien n'avance pas. Marseille compte 22 % de chômeurs et sa population est descendue sous les 780 000 habitants, dont un sur deux ne paie pas l'impôt sur le revenu. Son image nationale et internationale n'a plus rien d'attractif pour quelque investisseur ou visiteur que ce soit. Sa seule étoile polaire semble se situer du côté du stade Vélodrome, quoiqu'elle en ait pâti aussi, du fait de lamentables affaires extra-sportives. Marseille, « ville du XIXe siècle », comme l'a écrit Marcel Roncayolo, est dans le deuil de la ville mondiale qu'elle a cessé d'être.

En matière culturelle, en dépit d'un foisonnement en cache-misère, aucune ligne stratégique n'offre la vision claire d'une ambition, axe central d'une politique à conduire pour les musées, les monuments historiques et un patrimoine laissé à l'abandon. Bref, le défi est immense. Décolonisation, désindustrialisation, délocalisation, démoralisation. Tout est repli depuis plus de trente ans et Marseille n'a même pas profité de la forte croissance du Sud français. Notre ville a simplement nourri les communes de sa périphérie, dont la prospérité contraste désormais avec ses propres difficultés. Elle se débat mais glisse. Inexorablement ?

La lecture de l'essai d'un sociologue, Jean Viard, *Marseille, une ville impossible*[1], me renforce dans mes convictions. « La fonction décisive aujourd'hui pour Marseille est celle de maire », écrit-il en conclusion. Il résume ce qui manque à Robert Vigouroux : « Peu à peu, le maire perd pied dans l'électorat parce qu'il ne fait pas de politique, au sens où une bonne gestion n'est pas le tout de ce qu'on attend, dans une telle ville, de celui qui l'incarne et l'unifie. » Pas de danger, avec moi, que je ne fasse pas de politique !

Il va falloir hiérarchiser les urgences et les priorités afin de restaurer la ville. Si elle n'en a pas l'exclusivité, tant s'en faut, Marseille reste un haut lieu d'une culture du conservatisme. Conservatisme politique, conservatisme syndical avec

1. Documents Payot, 1995.

les derniers staliniens d'Europe, conservatisme patronal, tous s'accommodent à consacrer une belle part de leur action à gérer leurs positions, dans un compromis dont l'immobilisme devient la sournoise consigne. Vilain intrus capable de faire bouger les lignes, le changement a peu d'espérance de réussite s'il est isolé, tant la coalition des refus est facile à former.

Pour que le changement s'insinue et progresse, il faut qu'il soit multiple, qu'il perce la carapace à de nombreux endroits, qu'il déjoue l'immobilisme en dispersant les surveillances. C'est peu dire qu'il faut engager une énergie de tous les instants pour ne pas reculer au moindre relâchement, pour que le principe du changement s'inscrive dans le mouvement, fût-ce à contrecœur mais par nécessité. Rien n'est simple dans une ville qui comptait, en 1995, plus de 15 000 employés municipaux.

Les échanges que j'ai initiés à la région avec le syndicat Force ouvrière, largement majoritaire au sein de l'appareil municipal, se révèlent utiles. Des liens de confiance et d'estime sincères se développent avec Gérard Dossetto, le leader incontesté de l'union départementale. C'est un homme dont l'autorité intellectuelle et le sens du compromis, profitable à tous, permettent d'avancer en conciliant l'intérêt de la collectivité et celui de ses agents. Son décès brutal, le jour de l'arbre de Noël 2015, sera une grande perte.

Les relations de la mairie avec Force ouvrière reposent sur une longue histoire. C'est un sujet de fantasmes, de polémiques depuis l'époque où Gaston Defferre et les socialistes s'étaient appuyés sur ce syndicat, aidé discrètement par la CIA, pour contrebalancer la puissance du PCF et de la CGT. À en croire une rengaine savamment entretenue, le secrétaire général de FO Municipaux serait le « vice-roi » de Marseille, voire le « vrai » maire. Et pourquoi pas la reine d'Angleterre ?

La situation est plus limpide. Le fait syndical est puissant dans la fonction publique à Marseille. Chacun détient ses bastions dans une sorte de « Yalta syndical » : la CGT est au port, et FO à la mairie et dans les hôpitaux ; la CFDT est plus présente à l'équipement et à la SNCF. L'ensemble produit de magnifiques cortèges de rue, à l'unisson ou séparément, dès qu'un gouvernement de droite ou de gauche veut effectuer la moindre réforme, fût-elle nécessaire. Ces jours-là, les dirigeants syndicaux marseillais sont fiers de montrer à leurs responsables parisiens que Marseille est la Mecque de la fonction publique. Cette caractéristique renvoie à une remarque de Michel Samson et de Michel Peraldi[1] à propos de Marseille : « Une ville qui se croit être d'explorateurs, d'aventuriers et de l'économie-monde, quand elle est de fonctionnaires et de petits bourgeois qui attendent d'abord que l'État les aide. »

À la mairie donc, FO est majoritaire parmi les personnels même si, à l'issue de la période Vigouroux, ses résultats ont été plus faibles lors des élections professionnelles. « Nous sortons de neuf ans de monde à l'envers », me dit son secrétaire général de l'époque, Claude Argy, stigmatisant l'appui qui aurait été apporté à la CFDT. De ce fait, le leader historique des Municipaux FO, François Moscati, se rapproche de moi au conseil régional après y avoir été élu sur la liste Énergie Sud de Bernard Tapie. Pour participer au combat municipal à mes côtés, il a même choisi de passer la main à sa plus proche collaboratrice, Josette Ventre, qui fera de même treize ans plus tard, en 2008.

Il convient, au premier chef, d'éviter blocages et conflits

1. *Gouverner Marseille. Enquête sur les mondes politiques marseillais*, La Découverte, 2005.

sociaux. Il y en aura néanmoins, notamment la grève des « tatas » en 1999, et d'autres dans les écoles pour des augmentations d'effectifs. FO n'est pas dans la tradition de la « gréviculture » mais la centrale n'aime pas être débordée par la concurrence. Elle prend donc la tête des appels à la grève quand elle sent que les mots d'ordre seront suivis. Ma ligne n'a jamais changé : reconnaître le « fait majoritaire FO », privilégier le dialogue, faire bénéficier en priorité le personnel des petites catégories du progrès des rémunérations et d'avancement permis par les règles statutaires et la situation de gestion. C'est ce qui me conduit, chaque année, à participer à la cérémonie d'échange de vœux des adhérents de FO. Après la lettre au père Noël et les doléances voire les récriminations, je fais passer mes messages, y compris la formule culte du film *Intouchables*, « Pas de bras pas de chocolat », quand je leur demande de « savoir arrêter une grève ».

C'est à l'occasion de la traditionnelle cérémonie de vœux de janvier 2014 que je reçois le soutien, pour le moins « remarqué », des agents territoriaux FO sous la forme d'une « carte d'adhérent d'honneur ». « Je sais que l'on va m'en accuser, assure Patrick Rué, leur secrétaire général, mais j'assume. Jean-Claude Gaudin est un bon patron ! » Le geste va plus loin qu'il n'y paraît. C'est une réplique aux attaques anti-FO lancées par Patrick Mennucci dans la perspective des élections de mars 2014.

Quelques semaines auparavant, dans une lettre à Jean-Claude Mailly, secrétaire général de FO, ce dernier avait tiré à boulets rouges contre l'équipe FO de Marseille : « [Elle] vous cache la vérité, a une piètre opinion des adhérents de votre organisation, les instrumentalise et les considère comme des agents électoraux. Ce que je dénonce, ajoutait-il, c'est tout simplement le dévoiement de l'idéal du syndicalisme de la charte d'Amiens. » « Il aura le retour, FO ne se laissera pas faire », assure Jean-Claude Mailly. Le socialiste Eugène Caselli ne s'est pas trompé sur l'issue de ce bras de fer : « Mennucci divise son propre camp en se permettant d'ériger en réalité des faits non réels. C'est pour cela qu'il ne sera jamais maire de Marseille. »

Je reçois ou rencontre, en certaines occasions, les autres syndicats représentatifs du personnel mais je n'apprécie pas leur double rôle lorsque, au moment des élections municipales, la CGT, la FSU ou d'autres appellent à voter contre moi. En 2018 et 2019, l'ensemble des syndicats sont associés aux discussions sur la réforme du temps de travail. Tout a commencé avec l'adoption par le gouvernement Jospin, en 2001, des trente-cinq heures hebdomadaires, qui s'est traduite dans les trois fonctions publiques par l'aménagement et la réduction du temps de travail (ARTT).

Le cadre posé par la loi rend possibles des dérogations à la norme des 1 607 heures annuelles. Âprement revendiqué par FO, le maintien de la « semaine de congés d'hiver », octroyée naguère par Gaston Defferre, constitue l'enjeu de la négociation. Je veux éviter une cascade de grèves en faisant voter par le conseil municipal – et accepter par le contrôle de légalité du préfet – un temps de travail à 1 567 heures, justifié par les difficultés spécifiques de l'exercice des services publics marseillais.

Pointé par les rapports de la chambre régionale des comptes, cet avantage, largement pratiqué dans d'autres villes comme dans l'univers hospitalier, se mue à travers une enquête du parquet national financier, en 2018, en incrimination pénale de « détournement de fonds publics ». Je donne aussitôt consigne de normaliser la situation à 1 607 heures de travail annuel, ce que la loi de transformation de la fonction publique du 7 août 2019 imposera d'ailleurs à toutes les collectivités territoriales à l'échéance de mars 2021. La ville de Marseille met ainsi ses montres à l'heure avant toutes les autres et implante une « pointeuse » dans tous les services municipaux. Une véritable révolution, bien que peu envisageable jusqu'ici, mais qui permet désormais à ses agents de bénéficier d'horaires variables pour mieux concilier vie professionnelle et vie personnelle.

35
Durer

Emmanuel Macron, ministre de l'Économie, de l'Industrie et du Numérique, m'a interrogé avec curiosité ; Manuel Valls, simple député, me l'a demandé aussi : « Mais comment avez-vous fait pour durer si longtemps ? » Ce « dur désir de durer », pour reprendre la formule de Paul Éluard, les obsède. L'action politique exige patience et opiniâtreté.

En 2006, les visiteurs comme les Marseillais découvrent le splendide spectacle de la rade depuis la Corniche. La verrue que constituait le bâtiment des Flots bleus a enfin disparu en dépit de la forte pression journalistique exercée afin de préserver ce bistrot. Notre équipe municipale est parvenue à mettre le point final à un dossier ouvert par l'un de mes prédécesseurs, socialiste indépendant, Siméon Flaissières, en… 1929 ! C'est en effet sous son impulsion que furent réalisés les premiers travaux d'élargissement de la Corniche. À cette occasion, la ville avait fait l'acquisition des Flots bleus pour mieux faire disparaître l'établissement. L'opération n'ayant pas été menée avant que Flaissières renonce à son mandat à la suite de sa non-réélection au Sénat, l'inertie des uns, le conservatisme des autres et le jeu des groupes de pression aidant, rien ne s'est passé !

Lorsque, jeune élu, j'ai commencé à siéger dans la salle d'honneur de l'hôtel de ville et à contempler au plafond les cartouches qui l'ornent, mon premier constat a été simple : rares furent les maires de Marseille issus des rangs de la droite. Le second fut pragmatique : plus rares encore furent les maires qui bénéficièrent du temps nécessaire pour conduire une action dans la durée. Dans mon camp, je suis le seul qui a pu concrétiser une ambition digne à la fois de l'histoire de la ville et des qualités des Marseillais.

La petite histoire retient que, durant sa campagne électorale, Flaissières allait répétant : « Surtout pas de tout-à-l'égout ! » Il anticipait sur la réaction de Marseillais qui renâclaient à financer un raccordement, pourtant indispensable, au grand émissaire récemment construit.

Un maire et son équipe doivent naviguer sans cesse entre ce type d'écueils, évaluer travaux et équipements non seulement en termes techniques mais aussi dans une perspective politique. L'épineux dossier de la construction de HLM me sert de révélateur, en 1971. L'adjoint à l'urbanisme, Théo Lombard, me prend comme assistant de fait. Outre ma délégation aux visas et légalisations, je me vois confier la présidence de la commission extramunicipale d'urbanisme. Sans doute pense-t-il que je ne saurai en faire qu'un usage honorifique et que mon activisme de « porteur d'eau » renforcera sa position. Si j'ai mal évalué la fragilité de ma situation, les faits se chargent vite de m'instruire. Quand j'apprends, par exemple, que parmi les espoirs de notre camp Paul Louchon met consciencieusement Jean-François Brando en avant. Ou lorsque je constate que, pendant ses vacances, Théo Lombard délègue à Jean-Pierre Grima une signature des permis de construire, qui ne me revient que lors de leurs rares absences conjointes ! Bref, je comprends, finalement sans aigreur, qu'il me faut avancer seul, que rien ne me sera donné et que je ne dois compter que sur mes forces pour grimper, marche après marche.

Grimper jusqu'où ? Je l'ignore. Je n'ai le regard fixé que sur la marche suivante. Le lot de consolation qui m'a été accordé me sert de banc d'essai pour me roder à la fonction d'élu. Je rassemble, chaque mois, les présidents de comités d'intérêt de quartier et d'associations diverses, des architectes, des promoteurs et tous ceux que l'urbanisme concerne. L'heure est au projet du « Grand Luminy » ou à l'aménagement des îles du Frioul. Avec l'aide de M. Grandguillot et de Mme Rabany, je m'emploie à profiter de la maigre publicité dont bénéficie cette démarche pour, d'une réunion à l'autre, obtenir un écho dans *Le Provençal* ou *Le Méridional*. Depuis la vente de ce dernier titre, l'omerta vengeresse qu'imposaient son ancien propriétaire, Jean Fraissinet, et les gaullistes locaux à l'encontre des « centristes traîtres » s'est peu à peu levée. Mon nom commence à apparaître, de-ci de-là, comme celui d'un espoir local, c'est du moins ainsi qu'ils me présentent.

Au sein de cette commission extramunicipale d'urbanisme, où siègent déjà les représentants d'associations écologistes, je m'insurge souvent contre des concentrations abusives de logements dits sociaux, dont le principal objectif n'est ni social ni urbanistique mais électoral. À Mazargues, au début des années 1970, on a ouvert la belle avenue de Hambourg et créé la ZAC de Bonneveine, plus tard viendra celle de la Soude. On y trouve deux des meilleurs symboles du dynamisme et de la réussite économique de Marseille : la Comex d'Henri-Germain Delauze puis, plus récemment, la société Onet. C'est là aussi qu'Élie Gilles, le père de Martine Vassal, a rassemblé, grâce à l'aide de René Monory, ministre de l'Industrie, les diverses localisations de Gillis, son entreprise de vêtements destinés aux armées.

Ces aménagements sont l'occasion d'une rude bataille politique entre nous, élus de droite membres de la majorité municipale, et les socialistes emmenés par le député de l'époque, Charles-Émile Loo. Ce dernier défend ardemment un projet de construction de logements sociaux dits du Baou de Sormiou. Nous n'y sommes non moins farouchement opposés. Il s'agit de construire une impressionnante quantité de HLM afin, en principe, d'y loger les plus défavorisés, mais plus sûrement d'attirer une catégorie sociale d'électeurs *a priori* favorables à la gauche.

Champion de la culture clientéliste dont son parti, à Marseille du moins, s'est fait le spécialiste, Loo entend fidéliser à son profit électoral tous ceux auxquels il aura attribué un logement dans la future cité HLM. Comme dans le quartier de la Soude où près de deux mille logements HLM ont été réalisés durant les années 1970-1975 et affectés dans leur immense majorité par Charles-Émile Loo. Preuve que cette démarche ne constitue pas, tant s'en faut, une assurance électorale tous risques, je lui enlève sa circonscription dès 1978 et la droite la conservera sans interruption jusqu'à la vague macronienne de 2017 qui emporte Dominique Tian.

D'une élection l'autre, les chiffres démontrent, dans tous les secteurs de la ville, que seul le parti de Jean-Marie Le Pen tire bénéfice de l'implantation forcée de HLM. Pour autant, je ne suis pas sûr que les élus qui persistent à magnifier cette mauvaise stratégie en aient retenu l'enseignement. En tout état de cause, la construction de HLM ne constitue pas l'alpha et l'oméga de l'équité sociale ni de la lutte contre la pauvreté. D'abord, parce que les critères de sélection ne retiennent que des personnes prises en charge par la société et ses dispositifs d'assistance, ce qui rassure les organismes bailleurs concernés, certains d'encaisser les loyers. Ensuite, parce que les classes sociales les moins favorisées n'ont pas accès à certaines de ces HLM, implantées dans des secteurs plus valorisants et adossées à des loyers plus onéreux, en bord de mer par exemple. Bref, les HLM sont réservées de fait aux plus pauvres ou aux plus privilégiés, excluant les classes moyennes qui en auraient tout autant besoin. L'ascenseur social que ce type de logements devrait actionner reste en réalité bloqué.

Revenons au Baou de Sormiou et à notre bataille politique de l'époque. J'obtiens que le maire, Gaston Defferre, vienne évaluer la situation sur le terrain. Nous visitons les lieux, nous montons sur la terrasse-toit de M. Simoneau, le propriétaire d'une clinique d'où le regard porte panoramiquement sur l'ensemble du périmètre. Le verdict tombe, radical : « On ne fera pas le Baou de Sormiou. » Une large partie de ce terrain connaît pourtant des fortunes diverses malgré les efforts de tous, élus, directeurs d'écoles ou présidents des comités locaux d'intérêt de quartier. Elle accueille d'abord des habitations en tôles, brûlantes l'été, glaciales l'hiver, où la Cimade et des religieuses catholiques s'investissent en faveur d'une population très pauvre. On y installe alors des « cités mandarines », ainsi baptisées du nom de leur couleur et lancées au début de l'ère Giscard à l'initiative de Paul Dijoud, secrétaire d'État à l'Immigration. On y bâtit enfin des constructions sociales plus équilibrées, plus confortables et d'allure plus acceptable. Ce périmètre que l'on appelle désormais les « Hauts de Mazargues » reste néanmoins sensible. Nul doute qu'il connaîtra, du moins je l'espère, une évolution intéressante dans les prochaines années car notre municipalité a obtenu de l'État son classement dans le grand projet de rénovation urbaine des quartiers défavorisés.

La création du Parc national des calanques illustre la course contre la montre que connaissent certaines procédures. Les Marseillais sont très attachés à leurs calanques, aux criques que deux millions de visiteurs parcourent chaque année, auxquelles deux auteurs marseillais, Jean-Marc Nardini et Thierry Garcia, rendent un magnifique hommage et dont ils livrent tous les secrets dans leur ouvrage *Il était une fois dans les calanques.* Des incendies laissent, à chaque épisode, des lambeaux noircis dans le passage de calcaire et d'arbres verts. Il y a quarante mille à vingt mille ans, le climat permettait à des animaux polaires d'y vivre. Le niveau de la mer était plus bas d'au moins 120 mètres. Il était même possible de se rendre à pied à l'île de Planier. La découverte, par Henri Cosquer en 1991, d'une grotte immergée à 37 mètres sous la mer apporte un témoignage exceptionnel de cette époque préhistorique et de l'art pariétal. Grâce à l'initiative du conseil régional, on pourra bientôt en visiter une reconstitution grandeur nature à la Villa Méditerranée. Le projet architectural de Corinne Vezzoni offrira enfin une utilité à cet « éléphant blanc » de 70 millions d'euros planté sur l'esplanade du J4, à côté du MuCEM.

Après vingt ans de préparation et dix ans de préfiguration par un groupement d'intérêt public, le Premier ministre François Fillon vient sceller la création du Parc national des calanques. C'est un exemple unique en France de parc périurbain, à la fois terrestre et marin, le premier en Europe et le troisième au monde après Sydney et Le Cap. Il souligne l'importance de la nature dans une ville. Dix mille des vingt-cinq mille hectares de la cité phocéenne sont des espaces verts, et deux parcs supplémentaires auront été créés, au Prado et aux Aygalades, sur d'anciennes gares. Et parce que, à Marseille, l'histoire nous vient de la mer et tout y ramène, des récifs artificiels ont été implantés au large pour permettre le repeuplement des fonds sablonneux par toutes les espèces de faune et de flore du littoral méditerranéen. Chaque année, des plongeurs organisent un comptage méthodique des espèces protégées – mérous, corbs et grandes nacres – dans ce site le plus important d'Europe.

De l'usine de traitement chimique et biologique des eaux usées implantée sous le parvis du stade Vélodrome à la ferme photovoltaïque construite sur l'ancienne décharge d'Entressen désormais fermée et réhabilitée, preuve est donnée que l'écologie et la protection de l'environnement sont servies d'abord par des projets. Le radicalisme des « khmers verts », pour reprendre la formule de Gérard Collomb, partisans de la décroissance, n'apportera pas les solutions de la croissance verte. Les vrais écologistes ne sont pas forcément ceux que l'on croit.

36

Le fruit des pesanteurs

Je pense souvent au docteur Siméon Flaissières. Lors de son premier mandat, d'importants affrontements eurent lieu sur le port avec, déjà, en toile de fond les enjeux de l'immigration. Ils ternirent la célébration du 25e centenaire de la fondation de la ville et provoquèrent la suppression des festivités. Il me revient, un siècle plus tard, de reprendre le fil. La création du parc du 26e centenaire en est le symbole. Il s'ouvre par un parvis sur lequel se dresse un Arbre de l'Espérance. Des dizaines de milliers de Marseillais y ont fait graver leur nom afin de célébrer la fraternité et la solidarité. Des valeurs que nous avons voulu partager avec les habitants de Shanghai et d'Alger, nos villes jumelles, auxquelles nous avons offert une réplique de cette œuvre. J'en suis fier.

Je retrouve la pesanteur inhérente à l'action publique lorsque je m'installe à la tête de la mairie. La mise en route d'un programme aussi ambitieux que le nôtre et marqué par une volonté de rupture avec le passé ne peut s'engager d'un claquement de doigts. Les réalisations sont inévitablement longues à se concrétiser. On ne fait pas évoluer une cité d'un million d'habitants comme un village ou une ville de taille moyenne. On ne guérit pas en l'espace de quelques semaines des maux enkystés dans le corps social depuis des années. Mes premières mois de maire, en 1995, me font penser à un supertanker qui court sur son erre, moteur en panne.

« Si vous montez à Notre-Dame-de-la-Garde pour mettre un cierge, comptez le nombre de grues sur la ville. Il n'y en a quasiment aucune ! » me suggère un jour Renaud Muselier. Entrant dans Marseille par l'autoroute du littoral, j'observerai longtemps les grues visibles d'un seul regard. Jusqu'à vingt sur le seul territoire d'Euroméditerranée. Il s'en dressera plus de deux cents pendant dix ans sur l'ensemble de la ville !

J'entends, en revanche, les inquiétudes de certains, au sein de notre majorité, qui s'alarment de la lenteur de nos projets. L'inexpérience explique l'impatience. Chacun apprend rapidement que d'un projet théorique à sa réalisation, le chemin est long. Trop ? Assurément, oui. D'études en évaluations de toute nature, d'appels d'offres en concertations, de sélections en recours éventuels, sans oublier des votes à obtenir, la route est chaotique. C'est le fruit des multiples vérifications administratives, mais aussi celui d'un individualisme désolant.

Notre société médiatique ouvre les portes judiciaires à des procédures longues et coûteuses. Chacun se considère propriétaire de « son » environnement, de « sa » vue sur mer, de « sa » place de parking dans « sa » rue. On peut le comprendre et certains ont parfois de vrais arguments qu'ils n'hésitent pas à porter devant les tribunaux. Seulement, la plupart du temps, leur action n'est pas fondée et la réalisation immobilière prend deux années de retard, sinon plus.

Force est de constater que la décentralisation n'a pas permis d'accélérer les initiatives mais a débouché, au contraire, sur une vérification parfois tatillonne, au-delà des indispensables contrôles menés par la chambre régionale des comptes. Il faut attendre trois ans, et plus quelquefois, avant de couper le ruban pour l'inauguration d'un équipement dont la réalisation a été décidée des années auparavant. Ces décisions se prennent lors de réunions de direction que j'organise, chaque lundi matin, dans mon bureau. Il y a là les députés de la ville, le président du groupe majoritaire, les principaux cadres de l'administration et les responsables de mon cabinet, histoire d'avancer tous du même pied et dans la même direction.

Les trois aiguilles de la grande horloge du temps politique ne tournent pas à la même vitesse. L'aiguille des secondes, c'est celle des besoins des administrés et de leurs revendications. Elle va très vite. Celle des minutes, qui correspond à la mise en œuvre des promesses et des engagements des élus, laisse plus de répit, mais elle tourne encore vite, elle aussi. Celle des heures, qui correspond aux possibilités financières, juridiques et techniques de réalisation d'une collectivité, marque le véritable calendrier de l'action publique, quels que soient le volontarisme du décideur et son désir de pousser les feux. Lorsque, au bout d'un an de mandat de maire, les journalistes me demandent de tirer un premier bilan, je me garde de considérer la question comme illégitime. Rien n'est encore sorti de terre. Il y a des plans, des maquettes mais pas de chantiers. Ma réponse vient sous la forme d'une publication destinée à tous les Marseillais, « 365 jours à Marseille ».

Or, la demande de résultats concrets est pressante. Je n'incrimine pas les blocages, les complots, l'inertie de l'administration. Je ne demande pas à la communication plus que ce qu'elle peut donner. La solution réside dans l'explication. Expliquer encore et encore ce que nous faisons et où nous allons, faire participer les citoyens au travail engagé. L'opposition m'accusera souvent d'être meilleur communiquant que gestionnaire, voire illusionniste. Qu'importe : j'ai toujours demandé aux responsables de la communication de caler les slogans et les affiches sur le véritable rythme des réalisations.

Les années ont passé sans que je m'en rende compte. Le fait de ne pas avoir d'enfants n'aide pas à prendre conscience de la fuite du temps, même s'il y a la présence de mes nombreux filleuls. Lors du baptême d'Hadrien, l'un des jumeaux de Pascal Clément – qui fut garde des Sceaux dans le gouvernement de Dominique de Villepin et longtemps maire de Saint-Marcel-de-Félines, à côté de Roanne – et de Laure de Choiseul-Praslin, je prends l'enfant dans mes bras. Je suis surpris par la rigidité et le caractère ancien de sa robe. Je n'ose évidemment pas la moindre remarque mais Laure, qui ne nous quitte pas des yeux, perçoit ma gêne. Elle m'explique qu'il s'agit du vêtement que portait, dans les mêmes circonstances, le duc de Choiseul qui, sous Louis XV, obtint le rattachement définitif de la Lorraine à la France et l'acquisition de la Corse.

Je prête de moins en moins d'attention aux anniversaires depuis que le compteur s'est un peu trop emballé à mon goût. Je reste néanmoins sensible aux messages reçus lors de ces journées particulières, même si mon agenda n'est pas différent de celui d'un jour ordinaire.

Ce 8 octobre 1999, j'ai soixante ans. Je m'exprime devant les mille agents municipaux réunis au parc Chanot pour le séminaire annuel des cadres de la ville. Mon message est celui d'une ambition partagée pour Marseille. D'une mobilisation à refonder sans cesse. Je les remercie aussi du travail accompli. Nous passons à table. Au dessert, j'entends la voix enregistrée de Jean-Claude Gondard : « Monsieur le maire, pour votre anniversaire aujourd'hui, nous nous sommes demandé ce qui pourrait vous faire plaisir. Nous avons cherché une idée, un cadeau, une plante, un livre, une pâtisserie. En vain jusqu'à ce que soudain Guy Philip dise : "Je sais, je sais, je sais…" Alors voilà, en espérant que, de là-haut, Jean Gabin nous pardonne. » Je reconnais le piano qui accompagne la chanson de Jean Gabin *Maintenant, je sais,* avec un texte revu, corrigé et repris en chœur par mes collaborateurs et les directeurs généraux de la ville :

Quand il était minot dans les rues de Mazargues,
Il parlait bien fort pour être un homme.
Il disait : "Je sais, je sais, je sais."
Et aujourd'hui, les jours où il se retourne,
Il regarde sa ville.
Sa ville qu'il aime par-dessus tout…

Les derniers mots de la chanson, avec toute la philosophie de vie dont ils sont porteurs, c'est Claude Bertrand qui les prononce :

La vie, l'amitié, le pouvoir, les victoires et les fleurs.
Des choses, on ne sait jamais le bruit, ni la couleur.
C'est tout ce qu'il sait, mais ça il le sait.
Au nom de tous, monsieur le maire, bon anniversaire, et j'espère que le ciel restera bleu.

Chacun dans la salle voit mon émotion. Une grande photo m'est alors remise, celle de l'OM où le visage des joueurs sont remplacés par ceux des directeurs de la ville. Je suis le gardien de but.

L'âge du capitaine doit être un « non-événement ». Dix ans plus tard, les élus de la majorité municipale en décident pourtant autrement. Le 8 octobre 2009 tombe un jeudi, jour où, classiquement, je rentre de Paris. Dans l'après-midi, Maurice Battin m'attire au Pharo sous le prétexte d'un rendez-vous. Il me conduit dans un salon sans que je me doute de quoi que ce soit. Lorsqu'il ouvre la porte, les élus de la majorité sont réunis. Ils m'applaudissent longuement et, avec leurs souhaits d'anniversaire, m'offrent une très belle peinture. De Marseille, bien sûr !

37

Face à l'adversité

Plus sûrement que toutes les victoires, la défaite révèle le tréfonds des âmes humaines. Face à ce constat, je ne vois d'autre attitude à adopter que celle prônée par Chateaubriand : « On ne doit dépenser le mépris qu'avec économie, à cause du grand nombre de nécessiteux. » Le bilan n'en demeure pas moins affligeant. L'un a réduit considérablement la taille de mon nom et grossi tout autant le sien sur les bulletins de vote du second tour, dans le secteur où il conduisait nos listes. Un autre s'est précipité à mon bureau, dès le lendemain de la défaite, pour s'inquiéter de sa situation et revendiquer, à demi-mot, la direction de la droite marseillaise. Comme si un leadership se négociait sur un coin de table. Un troisième n'a pas attendu plus longtemps pour réclamer le règlement des factures de sa société de communication, pourtant largement défaillante. D'autres enfin m'ont clairement demandé de quitter la présidence de la région. « Souffle, souffle vent d'hiver ; tu n'es pas si cruel que l'ingratitude de l'homme », disait Shakespeare à juste titre.

Quand je me retourne sur le chemin parcouru, je considère les élections de 1989 comme ma seule véritable défaite. J'ai échoué pour la seconde fois et je ne peux m'épargner une analyse des causes de cette situation. Je dois assumer l'échec et, la lassitude aidant, me donner du temps pour refonder mes vœux et structurer mon avenir. Personnel et politique. L'idée d'abandonner ce combat pour la conquête de Marseille, auquel, depuis près de trente ans, j'ai consacré ma vie, ne m'est pas venue. Au fil des rencontres que je multiplie, et des conversations qui en découlent, je croise la route d'un conseiller en communication et stratégie, engagé à droite depuis sa jeunesse. Il contribue à me remettre en selle.

Avec Claude Bertrand, Marc Vanghelder définit les grands axes d'une reconquête. Il trace un chemin qui doit conduire vers ma réélection à la présidence de la région Provence-Alpes-Côte d'Azur en 1992. Je dois me débarrasser de l'image politicienne qui me colle à la peau face à un Robert Vigouroux apparaissant d'autant plus vierge qu'il a été exclu de son parti ! C'est un préalable. Dans cette optique, je dois abandonner la présidence du groupe UDF au Palais-Bourbon et jusqu'à l'Assemblée nationale elle-même. L'exposition médiatique est trop importante et, à demeurer ainsi sous le feu des sunlights, le papillon – oui, c'est moi ! – se brûle les ailes.

Ce faisant, je perds mon poste de membre de droit du conseil de l'UDF, que je ne retrouverai qu'en 1998. J'aurais aimé continuer à y siéger mais Valéry Giscard d'Estaing s'y oppose violemment. Il me reproche, en fait, de ne pas l'avoir soutenu dans sa volonté de reconquête de la présidence de la République. Puisque j'en suis à citer les grands auteurs, autant se référer à l'expertise de la philosophe Simone Weil, qui expliquait que « tout vide non accepté produit de la haine, de l'aigreur, de l'amertume, de la rancune ». Je sais bien que Giscard a déclaré « avoir jeté la rancune à la rivière » mais la suite de son comportement vis-à-vis d'un Jacques Chirac devenu Président a montré qu'il n'en était rien.

Pour ce qui me concerne, toutes proportions gardées, il en est allé de même. En dépit des efforts qu'il déploie, je n'ai jamais pensé que Valéry Giscard d'Estaing puisse être en situation de reconquérir sa présidence perdue. Il fondait ses espoirs sur l'exemple de Raymond Poincaré qui, après avoir été président de la République pendant la Première Guerre mondiale, est redevenu président du Conseil en 1922, c'est-à-dire l'équivalent de Premier ministre. « Mais pourquoi me comparer tant à Raymond Poincaré, lui qui est de si petite taille », chuinte-t-il avec une ironie distanciée.

Il multiplie les efforts, fait taire ses blessures d'amour-propre, et entreprend de parcourir à nouveau le cursus électif : conseiller général de Chamalières, député du Puy-de-Dôme, avant d'exercer une très forte pression sur Jean Lecanuet afin que celui-ci lui cède la présidence de l'UDF. Il crée même une association, « Un conseil pour la France ». Rien pourtant ne se déroule comme il le souhaite. L'histoire s'est répétée, en 2017, avec Nicolas Sarkozy. Et je ne suis pas certain qu'elle soit achevée. Les présidents de la République battus, ou comme François Hollande hors d'état de pouvoir se représenter, ont l'idée de revenir. Sans succès.

En ce début d'été 1989, je dois me préserver et, en conséquence, préférer l'ombre à la lumière. Je choisis de briguer un siège au Sénat lors du renouvellement de septembre.

Le 13 juillet au soir, je reçois à l'hôtel de région le professeur Maurice Toga et Robert Villani, mon futur adjoint au maire chargé des sports. Battu aux élections législatives de l'année précédente, le premier voudrait entrer à la Haute Assemblée et ces deux responsables du RPR local viennent me demander de le retenir en deuxième position sur ma future liste. Je ne suis pas convaincu. En raison de la terrible défaite municipale, nous ne disposons que de très peu de suffrages à Marseille. Les voix des grands électeurs nécessaires pour obtenir un second élu, nous devons aller les chercher dans les autres communes du département, en particulier dans le nord des Bouches-du-Rhône.

J'explique cette réalité électorale à mes interlocuteurs. Ils insistent. Maurice Toga évoque même son état de santé. Je repousse cet argument. Néanmoins, ma conviction demeure qu'un accord UDF-RPR est une priorité. Je finis donc par accepter. Deux jours ne se sont pas écoulés que Maurice Toga me fait parvenir un chèque substantiel pour nos frais de campagne. Durant l'été, je fais campagne quasiment seul. Je réunis l'ensemble des députés UDF au Relais de la Madeleine, le « refuge » privilégié d'Yves Montand chaque fois qu'il venait dans sa ville d'origine. Je compte profiter de cette journée de travail pour leur annoncer ma décision de quitter la présidence du groupe à l'Assemblée nationale.

Le soir, j'offre une réception où, comme tout bon candidat au Sénat, j'invite les maires du département. Maurice Toga nous rejoint. On fait reculer sa voiture le plus près possible du lieu du cocktail afin de lui éviter de marcher, tant cela lui est difficile. Il est très amoindri et je ne peux m'empêcher de penser que j'ai eu tort d'accepter de constituer un duo avec lui. Je m'interroge sur la suite de notre campagne. La réponse ne tarde malheureusement guère : j'apprends quelques jours plus tard son décès. Évidemment, je rends le chèque à Nelly, sa veuve, aussitôt après les obsèques.

Dans les jours qui suivent, je téléphone à Charles Pasqua. Il surveille de près la préparation des sénatoriales au RPR. Je lui exprime mon souhait de prendre, à la deuxième place, le docteur Jean-Pierre Camoin, maire d'Arles, afin de mieux « couvrir » l'ensemble du département. Six mois après l'abracadabrantesque tornade Robert Vigouroux, je rassemble les 735 voix nécessaires pour quitter le Palais-Bourbon, treize ans après y être entré, et emmener Jean-Pierre Camoin, avec moi, à la Haute Assemblée.

En politique comme dans toutes les activités humaines, la vérité n'est jamais loin du terrain. De toute évidence, il faut y retourner, retrouver les chemins de Provence, des Alpes et de la Côte d'Azur. Restaurer un contact avec les habitants de la région et les élus de leurs communes, les écouter, entendre leurs besoins et leurs attentes. Bref, tisser les fils de la confiance pour continuer à fédérer un vaste territoire, peuplé d'habitants aux modes de vie souvent dissemblables entre mer et montagne. Trois années durant, je parcours la région en tous sens en m'appliquant, au rythme de deux visites par semaine, à sillonner l'une après l'autre chacune des communes, à écouter et écouter encore les élus, quelle que soit leur étiquette politique. Puis à leur apporter l'aide du conseil régional, dans la mesure du possible et dans le champ de ses compétences.

C'est ainsi que, par un froid samedi de la fin décembre 1989, accompagné par mon ami Jean-Pierre Chanal je me retrouve un après-midi sur la scène, transformée en crèche vivante, de la petite salle des fêtes de Maillane, à la limite des Bouches-du-Rhône et du Vaucluse. Costumé en Monsieur Jourdan, je donne la réplique à un groupe artistique local dans la *Pastorale Maurel*, le tout en provençal car je suis bilingue ! Les habitants du cru sont aussi attachés à nos traditions qu'amusés de me voir participer à cette œuvre majeure du folklore. Comment aurais-je pu y échapper ? Lors d'une précédente visite, durant ma campagne sénatoriale, j'avais affirmé à leur maire que je connaissais par cœur le livret de ce texte emblématique de notre culture. Il n'avait pas voulu me croire. Je m'étais engagé à le lui prouver. Parole donnée, parole tenue. Ainsi s'égaie parfois le rude chemin de la reconquête.

La situation évolue vite. Robert Vigouroux ne réussit pas – mais essaie-t-il vraiment ? – à capitaliser sur le caractère miraculeux de son élection. Il commence par refuser les clés du Parti socialiste que lui tend le nouveau responsable fédéral, François Bernardini. Ensuite, il interdit à l'un de ses proches, Yves Bonnel, de se présenter à l'élection législative partielle provoquée par mon départ au Sénat. Vigouroux aurait été candidat lui-même, rien ni personne, dans l'euphorie du moment, n'aurait pu lui barrer la route. Dans son fief, la droite marseillaise aurait été battue, pour la deuxième fois en quelques mois, et laminée pour longtemps. Trop sûr de lui peut-être, il laisse passer cette incroyable occasion. La victoire de Jean-François Mattéi au second tour, face à la candidate du Front national Marie-Claude Roussel, n'a certes pas été des plus brillantes, mais ses maigres 53 % sauvent l'essentiel. Ils rallument la petite flamme d'un espoir qu'une élection cantonale contribuera à raffermir.

Dans le centre-ville, un jeune médecin urgentiste issu de la bourgeoisie marseillaise, qui a fait ses classes dans le syndicalisme étudiant puis au sein du RPR aux côtés du professeur Maurice Toga, effectue ses premières armes. On ne va plus tarder à entendre parler de Renaud Muselier, petit-fils de l'amiral qui donna la croix de Lorraine à la France. Il échoue à 96 voix derrière le seul conseiller général lepéniste de France, Jean Roussel[1]. Toutefois, le dynamisme, l'enthousiasme et la fraîcheur dont il a fait montre au long de cette campagne contribuent à revigorer notre camp. Le résultat ayant été invalidé, un an plus tard Renaud Muselier pousse Jean Roussel vers une retraite politique définitive. Sa

1. Lors de ce scrutin apparaît, pour la première fois, sous une étiquette « Écologiste indépendant », bien qu'il soit membre de l'UDF, l'actuel député d'Aubagne-La Ciotat, Bernard Deflesselles.

carrière est lancée. Il va imposer progressivement sa jeunesse et son allant à un RPR déchiré, depuis des années, par d'interminables luttes de clans et d'ambitions. Nous pensons alors que son ascension va permettre d'en finir avec les rancunes du passé et d'inaugurer enfin l'union à droite.

De mon examen de conscience comme du retour sur le terrain, je tire une conclusion. Mon accord avec les élus du Front national, même technique au conseil régional en 1986 ou plus tactique aux législatives en 1988, m'a coûté non seulement en termes d'image, mais aussi dans l'électorat de centre-droit. Je prends une décision capitale. Seul. En cette fin d'année 1991, j'invite la majorité régionale dans mon bureau. « Je ne renierai jamais le travail que j'ai fait avec vous depuis cinq ans, leur dis-je. Nous avons bien travaillé. Toutefois, je ne passerai plus d'accord avec le Front national. La situation a changé. »

À l'époque, les élus régionaux du FN étaient, tous ou presque, issus de la droite traditionnelle ou du centre. Or, voici que s'annoncent les candidatures de Jean-Marie Le Pen, de Bruno Mégret, de Jean-Marie Le Chevallier et de Marie-France Stirbois. Bref, le parachutage en piqué des principaux leaders frontistes vers des terres électoralement hospitalières. Du moins le pensent-ils. Ma stratégie est arrêtée. Bernard Tapie et Jean-Marie Le Pen vont chercher à me marginaliser dans un *mano a mano* médiatique savamment orchestré. Je vais donc, par contraste, me présenter modestement comme le régional de l'étape.

J'écoute toujours avec attention Mgr Robert Coffy, Haut-Savoyard discret et excellent théologien, créé cardinal par le pape Jean-Paul II, surnommé « Coffygnôle » dans l'anonymat par certains prêtres parce qu'il avait coutume d'apporter de l'eau-de-vie à la table du Jeudi saint. Il juge que les thèses du Front national ne sont pas conformes aux Évangiles. Ce qui ne l'empêche pas, en 1991, de me recommander, pour faire face à la honteuse machination ourdie contre moi, de prendre comme avocat Gilbert Collard, venu des rangs socialistes mais aujourd'hui député européen pour le compte du Rassemblement national. Clairvoyance…

Un slogan, « L'accent du vrai », marque ma différence face aux assauts de populisme de mes challengers. Je vais aux élections régionales de 1992 avec mes amis politiques et eux seuls. « Amis »… Le vocabulaire est, à cet égard, aussi trompeur que celui des réseaux sociaux. Il s'éloigne du sens commun. La préparation des listes constitue un exercice acrobatique durant lequel bien des ego sont froissés. L'esprit d'équipe ne triomphe pas toujours des arrière-pensées personnelles. À dire vrai, je ne me sens pas à l'abri d'une mauvaise surprise. Je ne m'inquiète pas de la loyauté de Suzanne Sauvaigo, qui va conduire notre liste dans les Alpes-Maritimes, ni de Pierre Rivaldi, qui « pilotera » celle des Alpes-de-Haute-Provence, ou de Marcel Lesbros et de Jean-Michel Ferrand, qui dirigeront respectivement celles des Hautes-Alpes et du Vaucluse. Je n'ignore rien des relations personnelles qu'entretient Bernard Tapie avec Michel Mouillot, alors maire de Cannes avant d'être emporté par une méchante affaire judiciaire, ni des amabilités que lui prodiguent, à Paris, certains leaders de la droite.

J'ai aussi écho du déjeuner discret de Maurice Arreckx – qui va mener notre liste dans le Var –, à Cassis, avec le même Bernard Tapie. Ce genre de rencontre, durant une campagne, pose *a minima* un problème de comportement. L'accueil réservé à Claude Bertrand, venu lui présenter mon futur programme, m'incite à une vigilance particulière. Le rendez-vous a été fixé par Arreckx dans l'immense bureau du conseil général du Var. Le visiteur est installé en bas d'une estrade haute de près d'un mètre sur laquelle trône le bureau. Il doit lever la tête pour croiser le regard d'un Maurice Arreckx entouré d'une « garde prétorienne » d'élus toulonnais. L'entretien se conclut d'un glacial : « Je verrai, il faudra que Jean-Claude Gaudin m'en parle… » Ambiance. Confiance.

Dire que la campagne électorale fut rude relève de l'euphémisme. Je suis pris en tenaille entre deux « bateleurs de foire » qui multiplient les provocations pour me marginaliser et cristalliser un affrontement gauche-droite aussi radical que fallacieux. L'un, Jean-Marie Le Pen, est désireux de concrétiser les « fiançailles avec Marseille » qu'il s'est cru autorisé à annoncer à l'issue de l'échéance présidentielle de 1988. L'autre, Bernard Tapie, chouchou des médias, adulé par de petits maîtres à penser, auréolé d'une image de repreneur d'entreprises, est soutenu par l'Élysée et la gauche tout entière. Même Pierre Mauroy, le rigoriste Premier ministre de 1981, lance sans trembler, devant des journalistes réunis dans un restaurant du Vieux-Port : « Ce qui est bon pour l'OM est bon pour Marseille. » Voulant correspondre au rôle de « chevalier blanc » qu'il s'est octroyé depuis qu'il a médiatisé l'affaire Urba, l'ancien inspecteur Antoine Gaudino décide de déposer une liste. J'ai beau lui expliquer que cette initiative, en nous prenant des voix, fait le jeu de Bernard Tapie qu'il prétend combattre, rien n'y fait.

Dans un tel contexte, je ne peux espérer qu'une mansuétude discrète (elle le sera) de Robert Vigouroux. Son étoile pâlit déjà et il a tout à redouter des ambitions démesurées du président de l'OM. Supporter sincère de notre club fétiche, comme tout Marseillais, je ne peux me réjouir de sa défaite en finale de la Coupe d'Europe des clubs champions, à Bari, où je suis allé l'encourager quelques mois plus tôt, face aux Yougoslaves de l'Étoile rouge de Belgrade. Sur le plan politique, en revanche, je ne regrette pas que

Bernard Tapie n'ait pas (encore) pu accrocher ce titre à sa légende.

Dans l'immédiat, il ne lésine pas sur les moyens. Prenant prétexte qu'un employé intérimaire de la région s'est associé à des inspecteurs des impôts qui ne sont en fait que des escrocs, il exploite la fringale malsaine d'un juge en quête de « scalps politiques » et de reconnaissance médiatique. Une presse complaisante et avide de scandale fait gonfler la baudruche. Il en résulte que, si artificiel que soit le lien avec ces fonctionnaires indélicats, mon directeur de cabinet et collaborateur de toujours est inculpé pour complicité de création d'emploi fictif puis placé en détention. Le tout en pleine campagne électorale. La chambre d'accusation de la cour d'appel d'Aix désavouera totalement le juge de Grasse et exigera la libération de Claude Bertrand au bout de huit jours. N'empêche, à la manière des parades qu'organise la police américaine, tout est mis en œuvre pour permettre aux cameramen et aux photographes de s'en donner à cœur joie.

Qu'importent la famille et les proches de la victime ainsi exhibée. L'objectif est clair : me discréditer afin de favoriser l'accession de Bernard Tapie, prétendu champion d'une gauche moderne et morale, acharnée à barrer la route au fascisme, à la tête de la région ! « Toutes les explications du monde ne justifieront pas que l'on ait pu livrer aux chiens l'honneur d'un homme », lancera François Mitterrand deux courtes années plus tard lors des obsèques de Pierre Bérégovoy. Le propos aurait pu s'appliquer à cet épisode et le message aurait concerné les artisans des manœuvres sordides menées contre moi. Certes, les urnes nous rendront justice, mais il faudra attendre dix-huit mois avant que la cour d'appel prononce un non-lieu, tant pour Claude Bertrand que pour moi-même.

Car, quelques mois plus tard, je suis également mis en

examen pour complicité de création d'emploi fictif. Acharné à ma perte, le magistrat instructeur essaie même de m'infliger une seconde inculpation, toujours pour emploi fictif, du fait de l'emploi par la région d'une secrétaire dans le cadre de la promotion de la « charte de la bouillabaisse ». Il recule toutefois devant l'indignation et la véhémence de mes avocats. L'épreuve est particulièrement pénible et j'en garde, comme Claude Bertrand, le souvenir douloureux gravé dans ma mémoire.

Je n'avais jamais imaginé que des hommes politiques puissent utiliser pareilles méthodes ni actionner à ce point certains réseaux pour atteindre leurs concurrents. Je sais désormais l'effroi qui s'empare d'un innocent voyant fondre sur lui le monde judiciaire et son cortège médiatique. L'iniquité, la salissure, les dégâts humains comptent pour rien à ceux qui se régalent, par vanité, complaisance à l'air du temps ou intérêt, d'une violation désormais banalisée du secret de l'enquête ou de l'instruction qui débouche sur une condamnation médiatique expéditive et sans appel.

Si elle n'a pas réussi à m'abattre, cette affaire me coûte beaucoup au plan politique. Lorsque sonne l'heure d'une nouvelle cohabitation au sommet de l'État, le 3 avril 1993, Édouard Balladur me demande de faire partie du gouvernement. La situation ne me laisse guère le choix. J'anticipe une attitude qui s'imposera plus tard à tous les ministres :

« Je suis inculpé de complicité de création d'un emploi fictif et je ne peux, bien entendu, répondre favorablement à votre proposition, lui dis-je.

– J'aurais aimé que vous veniez au gouvernement mais je respecte votre décision, me répond-il. Vous viendrez plus tard. » Il va me falloir attendre deux ans encore et la décision de Jacques Chirac, devenu président de la République en 1995.

Je ne suis pas au bout de mes peines lorsque vient le jour du scrutin régional. J'ai droit à l'annonce d'une « surprise à Marseille » par le présentateur du journal de vingt heures de TF1, chaîne dont Bernard Tapie a été actionnaire. Les jeux sont faits, mais il persiste à colporter sa victoire, causant un ultime haut-le-cœur à mes partisans. À ces *fake news* s'ajoute la percée des écologistes, divisés entre des Verts alors indépendants et Génération Écologie liée à la gauche. De fait, les résultats promettent d'être serrés. Sur les 123 sièges en compétition, les listes de la droite républicaine et du centre en obtiennent 43, celle de la gauche conduite par Tapie 30, celle du PCF derrière Guy Hermier 10, les Verts 4, Génération Écologie 2 et le Front national 31. Sur le papier, la droite compte trois élus de plus que la gauche, communistes compris. Sur le papier seulement. Le basculement d'un élu de-ci de-là peut me valoir la perte d'une majorité relative et donc de la présidence.

Je sais Tapie prêt à tout. J'ai déjà pu évaluer sa détermination. Flanqué de ses gardes du corps venus de l'Élysée, Jean-Louis Bianco et Élisabeth Guigou, il est épaulé par une supposée *dream team* qui, en réalité, n'est qu'une cohorte de demi-stars fatiguées, hétéroclite mosaïque bling-bling transférée directement de la rive gauche parisienne au Vieux-Port ! Elle ne connaît de la Provence que le Club 55, célèbre restaurant de plage de Saint-Tropez. S'y côtoient aussi bien le professeur Léon Schwartzenberg que Daniel Hechter, Mylène Demongeot ou Enrico Macias.

Ce débarquement ne lui ayant pas permis d'enfoncer nos lignes, Tapie choisit un nouvel axe d'attaque. Il clame de micros en interviews que je serai contraint de passer un accord avec Le Pen pour « sauver » ma présidence. Pour être mensonger, l'argument n'en est pas moins de bonne guerre. Au matin de l'élection pour la présidence, Benoît Bartherotte, l'homme qui, au nom de Bernard Tapie, a promis monts et merveilles aux employés des chantiers navals de La Ciotat, en grande difficulté, entreprend une nouvelle démarche auprès des élus du PCF. Initiative doublée par Edmonde Charles-Roux auprès de Roland Leroy, le « patron » de la presse communiste. Le vendeur d'illusions recruté par l'Élysée promet à présent des appuis mirifiques au quotidien *La Marseillaise* déjà en peine de lecteurs et de capitaux. En vain.

Guy Hermier m'assure que jamais les communistes locaux ne voteront pour Tapie comme président de la région. Il tient parole. Je veux saluer la force de caractère et l'intégrité de convictions dont il a fait montre pour résister à la puissance des multiples pressions exercées sur lui depuis Paris et le sommet de son parti. Je n'hésiterai pas, lors de ses obsèques, une dizaine d'années plus tard, à lui rendre publiquement hommage.

Bernard Tapie ne s'avoue pas vaincu. Je me doute que, faute du soutien communiste, il va aller chercher fortune de l'autre côté de l'échiquier. Deux des hommes de son entourage, issus de l'ancienne Algérie française, approchent un élu du Front national, André Isoardo, et lui proposent des contreparties pour son vote en faveur du « patron » de l'OM. Là encore en vain. Pendant ce temps, les caméras de FR3 filment, à quelques jours du scrutin, l'arrivée furtive du futur maire de Cabriès-Calas, Hervé Fabre-Aubrespy, sur le *Phocéa*, le bateau de Tapie ancré dans le Vieux-Port. Momentanément numéro 1 du RPR dans les Bouches-du-Rhône, ce conseiller d'État soutenu par Paris, accessoirement par Charles Pasqua, fait partie de ces gaullistes locaux porteurs des vieilles haines recuites contre la droite centriste. Démasqué, il échoue dans sa démarche. Il perd au passage son match contre Renaud Muselier pour le leadership sur le RPR départemental et conforte, bien malgré lui, la nouvelle stratégie d'union qui va assurer nos succès futurs.

À l'heure du vote pour la présidence, dans un hémicycle

archi-comble, toutes les précautions restent à prendre. Connaissant les mille moyens de persuasion dont est capable Bernard Tapie, je demande aux élus des listes de la droite et du centre de montrer à leurs voisins le bulletin de vote qu'ils vont glisser dans une enveloppe puis dans l'urne. Une technique de contrôle que j'ai apprise de Gaston Defferre. L'élection se faisant, éventuellement, à trois tours de scrutin, les élus votent traditionnellement pour leur chef de file pour commencer. Au premier tour donc, pas de surprise. Avant que commence le deuxième, l'écologiste Patrice Miran assure qu'il se maintiendra jusqu'au bout et Jean-Marie Le Pen indique que son groupe présente la candidature de Mireille d'Ornano. Quant au Parti communiste, il annonce que Guy Hermier sera son candidat pour le deuxième et le troisième tour.

Avant que l'on procède au vote, le coup de théâtre vient de Jean-Marie Le Pen. Le président du FN reprend la parole pour déclarer que sa formation retire sa candidate et ne participera plus aux scrutins. Je peux respirer. Je vais être réélu. Jusqu'au bout, j'ai redouté que, dans une ultime manœuvre, des voix du FN se portent sur moi pour me gêner, me contraindre à les refuser et donc à reporter l'élection du président. Dans pareille hypothèse, une période critique se serait ouverte, permettant toutes les tractations, pour ne pas dire trahisons. Le troisième tour assure mon succès. J'obtiens 43 voix, Bernard Tapie 32 et l'écologiste Patrice Miran 3. Deux bulletins blancs sont décomptés. Je suis élu pour un second mandat. Dieu, que la victoire est belle ! Elle efface le traumatisme municipal de 1989 et confirme autant que de besoin qu'il faut toujours, en politique comme dans la vie, faire preuve de constance et de patience. Après avoir affronté Gaston Defferre à Marseille, dominé Bernard Tapie et Jean-Marie Le Pen pour conserver la région Provence-Alpes-Côte d'Azur à mon camp, mon leadership ne peut plus être contesté.

L'horizon s'éclaircit. L'hôtel de ville revient en ligne de mire. L'étoile de Robert Vigouroux ne brille plus du même éclat, tant s'en faut. Pendant les six années qui vont suivre, je gouverne la région avec une majorité relative. Et avec d'autant plus de tranquillité qu'une fois leur tentative d'OPA électorale ratée, Tapie et Le Pen se désintéressent l'un comme l'autre de cette région qu'ils avaient affirmé tant aimer ! Au bout de quelques mois, des personnalités élues sur la liste du premier – une bonne dizaine à l'arrivée – viennent conforter ma majorité.

J'arrive à faire voter tous mes budgets au terme de négociations, âpres parfois, mais en privilégiant toujours l'éducation. Car ma première fierté reste d'avoir offert aux lycéens de notre région les meilleures conditions de travail dans des établissements neufs ou parfaitement restaurés. Je m'applique aussi à aider Marseille, à participer financièrement aux projets indispensables à son développement. Si le soutien de la région peut conforter le crédit largement dégradé de son maire, je me refuse à pratiquer la politique du pire. En espérant, aussi, que la « mariée » n'en soit que plus belle si, un jour, elle veut bien consentir à me dire oui.

L'espoir est revenu.

38

Adieu veau, vache, cochon… ministère

À Entressen ce jour-là, Valéry Giscard d'Estaing est venu soutenir nos candidats. Tous les pêcheurs de Martigues, prud'homie en tête, sont présents. J'observe cette foule enthousiaste qui semble pousser Olivier Darrason vers une stupéfiante victoire dans une circonscription historiquement rouge vif. Durant cette journée provençale, l'ancien Président me gratifie, étape après étape, de ses commentaires. À Aix, en écoutant le discours du doyen de la faculté de droit, Fernand Boulan, Giscard travaille au scalpel : « Pas très bon orateur, votre doyen, Jean-Claude. »

La deuxième étape nous réserve l'une de ces scènes cocasses que seules les campagnes électorales offrent. À Miramas, la maire de Tarascon, Thérèse Aillaud, défie le socialiste sortant, Michel Vauzelle. La salle du théâtre de la Colonne, une bâtisse construite dans le plus pur style Ceausescu par la municipalité communiste, est pleine. Bondée. À la tribune, les organisateurs ont installé nos députés sortants et ceux qui aspirent à le devenir. Musique, applaudissements incessants, ambiance de corrida. Ma collaboratrice, Marielle de Sarnez, nous invite à grimper quelques marches pour les rejoindre.

C'est alors que Valéry Giscard d'Estaing et moi découvrons, au milieu de ces parlementaires sérieux et apprêtés, une volumineuse chevelure blonde dégringolant sur des épaules nues et une poitrine à peine dissimulée. La somptueuse créature porte des cuissardes rouges surmontées d'un petit morceau de tissu panthère faisant office de jupe. « Est-ce que c'est ça, Thérèse Aillaud ? » me souffle à l'oreille l'ancien Président, pour une fois hilare. Roland Blum n'a que le temps de préciser qu'il s'agit d'Amanda Lear, l'ancienne muse de Salvador Dalí. Déjà, les hurlements et les applaudissements de la salle redoublent. Déboule sur scène une femme habillée en toréador, comme pour mieux porter l'estocade à Michel Vauzelle. Cette fois, il s'agit bien de Thérèse Aillaud, autoproclamée « Tarasque blanche ». C'en est trop pour VGE. Il ne laisse tomber qu'un mot : « Original. »

Portés par cette « vague bleue » – on est en 1993 –, Roland Blum et Jean-François Mattéi conservent leur mandat, Guy Teissier et Jean Roatta retrouvent le leur, et Renaud Muselier fait son entrée au Palais-Bourbon. Le chiraquien Bernard Leccia réussit même à s'imposer dans la plus à gauche des circonscriptions non communistes de Marseille[1]. Bref, celle-ci se pare d'un bleu horizon prometteur.

Quant à Bernard Tapie, il a prudemment abandonné la ville et la 6e circonscription à laquelle il avait pourtant « dédié sa vie » quatre ans plus tôt. Il se replie sur les terres plus hospitalières, au plan électoral s'entend, de Gardanne, d'Allauch et de Bouc-Bel-Air. Quitte à en éjecter, sans ménagements, le député socialiste sortant devenu radical de gauche Yves Vidal, et à éliminer au premier tour du scrutin Roger Meï, maire communiste de Gardanne. Avec

1. N'avaient subsisté, pour la gauche, que le fauteuil du leader communiste Guy Hermier et ceux des maires PCF d'Aubagne et de Martigues, Jean Tardito et Paul Lombard.

Tapie, le pire n'est jamais loin du meilleur. Embarqué sur le bateau ivre que devient le gouvernement de Pierre Bérégovoy, appelé à sauver ce qui peut encore l'être d'une gauche moribonde après l'épisode Édith Cresson, il s'apprête à signer son plus haut fait d'armes électoral en crucifiant, à la demande de François Mitterrand, les ambitions de Michel Rocard lors de l'échéance européenne de 1994. À peine a-t-il conduit l'OM au sommet du football européen en enlevant, face au Milan AC de Silvio Berlusconi, la seule Ligue des champions gagnée jusqu'ici par un club français, qu'il s'enfonce, avec l'affaire du match truqué contre Valenciennes et ses enveloppes enterrées dans un jardin, dans un interminable tunnel judiciaire.

Certains, à droite, essaient de le sauver en l'utilisant, à la manière de François Mitterrand auparavant, pour diviser la gauche. En envisageant de le lancer dans les jambes de Jacques Delors si celui-ci se déclare candidat à la présidence de la République. L'aura de Tapie à Marseille n'est plus ce qu'elle a été. D'épisode judiciaire en épisode judiciaire, il disparaît du paysage local jusqu'à rejoindre la prison de Luynes. Comme il est de règle, Bernard Tapie crie au complot. On chercherait à lui barrer l'accès à la mairie de Marseille. Complot, tu parles ! A-t-il jamais eu besoin de quiconque pour gâcher ses atouts ?

Preuve peut-être de l'incapacité de la gauche à assumer le pouvoir, François Mitterrand entame ainsi, en 1993, une seconde cohabitation. Instruit par sa première expérience, Jacques Chirac choisit d'attendre la future échéance présidentielle à l'abri, dans sa mairie de Paris. Son « ami de trente ans », Édouard Balladur, devient Premier ministre. Quelques mois s'écoulent avant que Gérard Longuet ne soit contraint d'abandonner ses fonctions de ministre de l'Industrie, des Postes et Télécommunications, en raison de sa mise en cause dans la construction d'une villa sur la Côte d'Azur.

Un dossier qui se soldera par un non-lieu judiciaire… quatorze ans plus tard. Alain Madelin semble tenté par la succession, en vain. Pour ma part, une multitude de signes sans équivoque et, surtout, les propos de Pierre Mongin, chef de cabinet à Matignon, me donnent à comprendre que le Premier ministre envisage de me confier ce portefeuille. Je suis vice-président du Sénat et cette nomination ne peut que flatter mon ego. Quel parlementaire n'a rêvé un jour de devenir ministre ?

Je pense qu'une telle fonction pourra m'aider en outre à emporter, enfin, la mairie de Marseille. Édouard Balladur est au faîte des sondages, Charles Pasqua surfe sur la réussite de l'intervention du GIGN[1] contre les preneurs d'otages du vol d'Air France Alger-Paris sur le tarmac de l'aéroport de Marignane, Jacques Chirac n'apparaît plus comme un obstacle sur la route de son ex-ami de trente ans. Bref, les auspices semblent favorables. Au fil des jours pourtant, cette nomination apparemment si proche ne paraît guère se concrétiser. Aucune information n'arrive de Matignon alors que le poste est vacant. Le petit monde politique parisien fonctionne comme une caisse de résonance. Les rumeurs, y compris les plus improbables, se déversent à flots. Me revient par des chemins détournés que ma nomination pose problème.

Il est question d'« ennuis judiciaires ». Ennuis judiciaires ? Je tombe des nues. Ma mise en cause par *Le Canard enchaîné*, fondée sur les dires d'un pseudo-général des services secrets mais véritable escroc, un mythomane qui a « inventé », en d'autres temps, une prétendue machine à eau, a fait long feu. Je gagnerai le procès en diffamation que j'ai intenté contre les auteurs du livre *L'Affaire Yann Piat. Des assassins au cœur du pouvoir*[2]. Leur condamnation sera lourde. Très

1. Groupe d'intervention de la gendarmerie nationale.
2. Flammarion, 1998.

lourde. Elle me donne l'occasion d'effectuer un don important au diocèse de Marseille. Bref, je ne vois pas ce qui peut contrarier ma consécration ministérielle.

Le téléphone sonne finalement un soir où je rentre chez moi à Mazargues. Au bout du fil, Pierre Méhaignerie, avec lequel j'entretiens de bonnes relations personnelles. « On parle de toi pour entrer au gouvernement, mais, en tant que garde des Sceaux, j'ai une question à te poser : est-ce que tu es clair ? » me lâche-t-il abruptement. Heureusement que je suis assis, je crois dégringoler de ma chaise. Je feins d'avoir mal compris :

« Clair ? Qu'est-ce que tu veux dire par là ?

– Je veux dire que dans le Midi, vous avez parfois des habitudes politiques qui peuvent prêter à confusion, surtout lors des campagnes électorales. Ton suppléant pourrait avoir de gros ennuis avec la justice », croit-il bon de se justifier.

Ma réponse est sèche, très sèche : « Tu peux dormir tranquille, presque autant que moi. Je n'ai pas d'ennui avec la justice. » Cette condescendance dont Méhaignerie vient de faire montre à l'égard des Méridionaux n'est pas sans évoquer pour moi les propos, non moins désobligeants, d'Edmonde Charles-Roux lorsqu'elle ironisait sur « une conception méditerranéenne de l'honnêteté ».

Le propos du garde des Sceaux est d'autant plus incongru que les sénateurs n'ont pas de suppléant dans les Bouches-du-Rhône, où la liste est élue à la proportionnelle. À cette époque, les ministres devaient renoncer à leur mandat parlementaire lorsqu'ils acceptaient cette fonction et ne pouvaient pas, comme aujourd'hui, le récupérer ensuite. La rigueur de comportement voulue par le fondateur de la Ve République existait encore. Alors que le discours sur la moralisation de la vie publique est sur toutes les lèvres et que les lois se multiplient pour davantage de contrôle, les exigences initiales ont été démantelées les unes après les autres. Dans ce domaine, aussi, l'apparence prime. Pour autant, je vois bien à quoi Pierre Méhaignerie fait allusion. Le suivant sur ma liste est Jean-Pierre Lafond, alors maire de La Ciotat. Je sais qu'il connaît quelques difficultés judiciaires relatives à des problèmes d'urbanisme dans sa commune. Mais je n'avais jamais imaginé qu'elles pourraient m'empêcher d'entrer au gouvernement.

À dire vrai, je ne suis pas convaincu par les interrogations que Méhaignerie invoque. Je subodore d'autres interférences. Soucieux sans doute de me réconforter, Édouard Balladur prend la peine de m'appeler le dimanche suivant. Dès ses premiers mots, je comprends que tout espoir de devenir ministre dans les mois à venir est perdu. Beaucoup plus onctueux que son garde des Sceaux, le Premier ministre me tient un langage quelque peu différent. Des propos assez embrouillés où il est question d'équilibres internes et externes pour les quelques mois nous séparant de l'élection présidentielle. Bref, qu'il est préférable de nommer un homme que je connais bien : José Rossi, député d'Ajaccio.

D'un coup, tout s'éclaire et l'opération oblique me saute aux yeux. José Rossi est très proche de François Léotard et ce dernier a sans doute pris des engagements avec lui. L'affaire est entendue. Je ne vais pas me ridiculiser en plaidant une cause perdue : la mienne. Je suis excédé. Édouard Balladur a donc cédé aux pressions. Ma réponse est brève :

« Si je dois être le mouton à cinq pattes de votre gouvernement, je préfère ne pas venir. »

Sa réponse est incroyable :

« Oh, vous savez, mon cher Jean-Claude, ce n'est l'affaire que de quelques mois, conclut-il, quelque peu gêné. Bien entendu, je compte sur vous pour être membre du gouvernement après mon élection à la fonction présidentielle. »

Nous nous quittons fort civilement. La suite appartient à

l'histoire : Édouard Balladur ne sera jamais élu à la présidence de la République. Je ne peux m'empêcher de penser à La Fontaine et à sa fable, *La laitière et le pot au lait* : « Adieu veau, vache, cochon, couvée… » Quelques heures plus tard, José Rossi fait son entrée au gouvernement. Tout bien pesé, je n'ai pas le temps d'éprouver des regrets quant à la fidélité de mes « amis » politiques. Cette équipe ministérielle sera balayée, six mois plus tard, par la victoire de Chirac à l'élection présidentielle.

39

Le naufrage du *Titanic*

La défaite d'Édouard Balladur ne signe pas seulement le naufrage de l'équipe gouvernementale. À Marseille aussi, cet échec a des conséquences. Rejeté par les Marseillais après qu'ils l'eurent porté au pinacle, Robert Vigouroux tente un tour de passe-passe pour essayer de sauver son siège de maire. Bien que venu de la gauche et adoubé par la vieille garde defferriste, il s'est prononcé en faveur de Balladur à quelques encablures de l'élection présidentielle. Non seulement il apporte la preuve d'une inspiration et d'un flair désormais taris, s'ils ont jamais été remarquables, mais son choix surprend. Il doit, en effet, à l'appui du Premier ministre d'avoir pu lancer Euroméditerranée, une opération initiée conjointement par l'État, la ville de Marseille, le conseil général et le conseil régional que je préside. Dans la même logique de reclassement sur sa droite, les collaborateurs de Vigouroux s'appliquent à tenter une OPA sur le RPR. Ils multiplient les tentatives pour séduire Renaud Muselier et la jeune génération chiraquienne, leur promettant une succession aussi facile que rapide. En vain. Oui, la roche Tarpéienne est proche du Capitole.

S'appuyant sur ses derniers et rares fidèles, le maire sortant invite ses supporters au Palais des sports, là où, six ans plus tôt, ils ont célébré leur grand chelem historique. Dans une ambiance crépusculaire, Robert Vigouroux lâche : « Je renonce. » Puis il tourne les talons. Les ultimes passagers de ce *Titanic* politique ne trouvent comme cible pour leur colère que Pierre Bonneric, son directeur de cabinet. Lui n'a pas fui. Il est resté, non sans courage. Il n'échappe que par chance à la vindicte des militants floués. En quelques années, le « pape » des élections municipales de 1989 a perdu autorité et soutiens. Outre des rendez-vous électoraux manqués où il aurait pu affirmer sa toute-puissance, il s'est réfugié dans un mutisme hautain, laissant à Bonneric le soin de rencontrer des élus de sa majorité qu'il refuse de voir. Une tâche que ce dernier accomplit souvent sans douceur particulière. Quant aux manifestations publiques, Robert Vigouroux fait de son mieux pour les éviter, sauf à y arriver consciencieusement en retard.

Au début 1995, le Premier ministre semblait le mieux placé pour battre Jacques Delors, que tout désigne alors comme le futur candidat de la gauche. Ses racines, en outre, sont marseillaises et il soutient nombre de nos projets. Il est même venu inaugurer, à mes côtés, le lycée Poinso-Chapuis en septembre 1994. Bref, quels que soient les liens amicaux qui m'unissent à Jacques Chirac et ma reconnaissance pour sa proposition d'intégrer son équipe ministérielle en 1986, tout me conduisait à ce choix politique. Contrairement à nombre d'autres, j'y suis resté fidèle durant une campagne électorale où chacun peut voir le délitement à l'œuvre. Quand Édouard Balladur, en route vers un meeting à Châteaurenard, s'égare dans le brouillard d'une route de l'arrière-pays provençal et n'est remis sur le bon chemin que par une automobiliste bienveillante (qui se révèle être l'une de ses lointaines cousines), cette mésaventure est immédiatement médiatisée comme le symbole de la défaite annoncée.

Nous nous sommes implicitement réparti les rôles, Renaud Muselier et moi. En dépit des sollicitations répétées de Nicolas Sarkozy, ministre du Budget et fervent soutien d'Édouard Balladur, nous sommes convenus que lui, Muselier, resterait dans le camp de Jacques Chirac et que j'opterais pour Balladur. Nous nous « couvrions » ainsi mutuellement de l'éventuel courroux du vainqueur de la primaire à droite. Tout à notre volonté d'union et décidés à éviter l'impact des turbulences nationales sur l'équilibre local, nous décidons aussi de « verrouiller » nos listes avant le scrutin présidentiel. Pari tenu : deux jours exactement avant le premier tour, nous pouvons les dévoiler.

La seule fausse note de cette période présidentielle, c'est moi qui la commets. Je ne me rends pas au meeting que Jacques Chirac organise à Marseille, au début de sa campagne. Il est au plus bas dans les sondages. Une faute politique certes, mais comment aller dire à quelqu'un pour lequel on éprouve une authentique sympathie qu'on ne le soutient pas ? Je lui exprime mon respect par le biais d'une lettre dans laquelle je n'ai pas à forcer le trait pour traduire la chaleur de mes sentiments. N'empêche, l'erreur est là et, contrairement à ce que j'espérais, Jacques Chirac ne vient pas à Marseille tenir le grand meeting de l'entre-deux-tours. Il ne nomme aucun Marseillais dans le premier gouvernement Juppé, peut-être pour ne pas dérégler notre schéma local en vue des élections municipales, plus sûrement pour manifester son aigreur. L'ancien président de la République n'avait pas la mémoire courte.

Lorsqu'il entre à l'Élysée, ma décision concernant Marseille est prise depuis plusieurs mois. Le projet est ficelé et nos listes composées avec un souci d'équilibre et d'équité entre nos deux familles politiques. Huit listes pour huit secteurs géographiques, avec un leadership confié à une personnalité localement affirmée afin de

« couvrir » le territoire. Je reste évidemment fidèle aux VIe et VIIIe arrondissements, suivi de Jean-François Mattéi. Les journalistes s'appliquent à considérer les XIe et XIIe arrondissements comme acquis à la gauche et à en faire les arbitres du scrutin. Pourquoi ? Sans doute une nouvelle version du vieil adage « prendre ses désirs pour la réalité ». Roland Blum y est pourtant élu député depuis 1993, la droite en détient les deux cantons, l'évolution de sa sociologie s'y traduit, d'un scrutin l'autre, par une poussée régulière de notre camp. Un résultat négatif, dans ces deux arrondissements, ne pourrait, tout au plus, que décider de la dimension relative ou absolue de notre future majorité au sein du conseil municipal.

Prétendre que notre campagne est une promenade vers une victoire annoncée serait abusif. Les vents soufflent en notre faveur, c'est vrai. Dans la permanence que, pour illustrer notre volonté de donner un nouvel élan à la ville, nous avons installée au rez-de-chaussée du bâtiment des docks fraîchement restaurés à l'initiative du duo Michel Kester-Éric Castaldi, les Marseillais viennent nombreux. Le succès de ce lieu annonce, du moins l'espérons-nous, celui de l'opération Euroméditerranée et donc le renouveau de Marseille. Dans les forums quasi quotidiens où des experts et des personnalités parlent économie, urbanisme, culture, aménagement, finances ou sport, les grands axes de notre programme municipal sont dessinés dans une ambiance de favoris sûrs de leur force. Un programme pour « une ville à faire rêver le monde », résumé par un slogan aussi court qu'expressif : « Ambition Marseille ». De Jean Schulz, le président du port autonome, à Jean-Claude Beton, le fondateur d'Orangina, de Didier Raoult, président de l'université d'Aix-Marseille II, à Pierre Somveille, l'ancien préfet de région, de Monique Venturini, la propriétaire de la très branchée brasserie Le New York, à Marcel Guenoun, le président régional du consistoire juif, la ville semble nous annoncer son choix.

Un sondage de l'Ifop traduit cette dynamique, trois semaines avant le premier tour. Le président du conseil général, Lucien Weygand, et ses alliés communistes plafonnent à 26 % des intentions de vote ; Michel Pezet n'est crédité que de 9 %, juste devant Robert Vigouroux, auquel on en accorde encore 8 % ; Ronald Perdomo et le Front national en rassemblent 16 %. Notre liste Gaudin-Muselier s'envole à 38 %. Plus cruel encore pour mes adversaires : 47 % des Marseillais disent leur souhait de me voir devenir maire, contre 30 % pour Lucien Weygand, un homme rompu à la gestion municipale puisque, avant de prendre la tête du conseil général, il a longtemps été l'adjoint de Gaston Defferre. Loin, très loin devant Robert Vigouroux et ses 14 %. *Sic transit gloria mundi*[1].

La confiance est revenue après six années à porter le fer, au conseil municipal, contre des opérations d'aménagement que le maire projette et qui paraissent insensées. La première vise à faire du littoral de Borély une croisette et à implanter des marinas dans le parc lui-même. La deuxième entend bétonner la gare du Prado en centre commercial. Quant à la troisième, elle prétend inscrire Sormiou dans une zone d'aménagement concerté afin, explique l'adjointe Jeanne Laffitte, « que ce ne soit pas toujours les mêmes qui bénéficient des beautés de la nature » ! Autant de déclarations émises par la « gauche caviar » qui seraient hilarantes si elles ne conduisaient pas inexorablement, dans la plupart des cas, sur le chemin du déclin.

J'ai apprécié la pugnacité de Claude Vallette, cet obstétricien qui a aidé à naître plus de 2 500 petits Marseillais et compte parmi les figures reconnues de la bourgeoisie locale.

1. « Ainsi passe la gloire du monde. »

Du fond de la salle du conseil municipal, où notre faible nombre nous a renvoyés, à côté d'un Michel Pezet quasiment abandonné de tous et d'un Guy Hermier souvent absent, il est monté au créneau sans relâche pour prendre l'opinion à témoin et finalement faire reculer Vigouroux.

Face à une gauche éclatée entre la « Nouvelle Alliance pour Marseille » de Lucien Weygand et de ses alliés communistes, et Michel Pezet, qui a enrôlé dans sa dissidence d'anciens élus vigouristes comme l'éditrice Jeanne Laffitte, la future écologiste Michèle Poncet-Ramade ou le fils de l'ancien maire communiste Michel Cristofol, le paysage s'est éclairé. Qu'importe que Robert Badinter soit venu en appeler à « l'esprit de Gaston » et que Bernard Tapie ait manifesté son soutien, l'issue du scrutin paraît acquise. La folie gagne le parc Chanot lors de la réunion publique où, en présence du nouveau Premier ministre Alain Juppé, Johnny Hallyday clame d'un micro l'autre être venu soutenir son ami « Jean-Paul Gaudin » ! À dire vrai, il a commencé à célébrer copieusement notre future victoire tôt dans l'après-midi. Je saisis cette occasion pour tordre le coup publiquement à la classique antienne d'une alliance plus ou moins secrète entre droite et extrême droite que les socialistes, désespérés, s'emploient à ressusciter. J'annonce clairement que « je refuserai les voix des élus du FN lors de l'élection du maire par le futur conseil municipal ». Lucien Weygand reste plus évasif lorsque la même question lui est posée.

Outre ces vents locaux favorables, l'élection de Jacques Chirac à l'Élysée, quelques semaines auparavant, a semblé inscrire ces élections municipales dans une dynamique nationale. Au soir du scrutin, Marseille a rompu avec sa « tradition » de ville rebelle, votant à rebours de la majorité des Français. Elle s'est engagée dans un courant politique national. La victoire du nouveau chef de l'État ne renforce pourtant pas l'élan en notre faveur et, comme dans de nombreuses grandes villes, ne tient pas toutes ses promesses pour les candidats se réclamant de la majorité présidentielle.

Les résultats du premier tour sont néanmoins à la hauteur de mes espérances et nous offrent une belle option sur la victoire finale. Avec une participation moyenne (54,98 % de votants), les listes du « ticket Gaudin-Muselier » obtiennent 36,22 % sur l'ensemble de la ville, loin devant celles de Lucien Weygand (28,78 %). Quant à Michel Pezet, il passe difficilement (6,04 %) la barre des 5 % mais ne peut se maintenir au second tour. Une barre que ne franchit pas Jacques Rocca Serra (4,77 %), lui qui a pourtant réussi la gageure de composer, en l'espace de quelques jours, une liste de 303 noms sur les « débris du vigourisme », après que son ex-leader a jeté l'éponge. La seule surprise, une nouvelle fois, vient du Front national. Avec 21,99 %, Ronald Perdomo et les siens maintiennent le score de leur parti à la présidentielle.

Je n'ai qu'à me réjouir. Notre équipe fait mieux que les résultats additionnés de Chirac et de Balladur au premier tour de la présidentielle. Mieux que le score, pourtant historique, de la « vague bleue » des élections législatives de 1993 (34,24 %). C'est notre meilleur score depuis l'apparition du Front national en 1984. Nous sommes en tête dans cinq secteurs. Et pour assurer la victoire de Roland Blum, qui reste sous la menace d'une alliance dans les XIe et XIIe arrondissements entre le candidat socialiste Jean Bonat et Michel Pezet, nous acceptons le renfort de Jacques Rocca Serra, dont le représentant n'a pas passé ici la barre fatidique des 5 %. L'équation est d'autant plus facile à résoudre que ses listes ne peuvent rester en lice que dans deux secteurs. Renaud Muselier refusant catégoriquement d'intégrer qui que ce soit à la sienne, dans les IVe et V^e^ arrondissements, je m'emploie à vaincre les réticences de Jean Roatta. L'amitié aidant, le sens de l'intérêt général l'emporte : en échange d'une place éligible pour Rocca Serra lui-même, dans les Ier et VIIe arrondissements, ce dernier accepte de retirer ses listes là où elles auraient pu se maintenir.

Du coup, l'entre-deux-tours n'est plus qu'un court chemin sans véritable danger ni coup tordu. Un chemin d'autant plus assuré que la gauche locale ne réussit guère à se réunir. Sans doute illusionné par le grand meeting qu'elle organise, Lionel Jospin, Robert Hue et Bernard Kouchner en tête, avec l'appui du *Provençal* où Edmonde Charles-Roux fait publier un appel signé aussi bien par Lucie et Raymond Aubrac que par des élus locaux, Lucien Weygand refuse tout accord avec Michel Pezet. Il est vrai qu'au long de la campagne, ce dernier ne l'a guère ménagé, détournant même son slogan « Un nouveau regard pour Marseille » en « Un nouveau retard pour Marseille ». Ambiance ! Lucien Weygand refuse donc les deux ou trois candidats que l'ancien dauphin de Gaston Defferre demande d'incorporer. Quant à Robert Vigouroux, il publie un communiqué, certes alambiqué, mais considérant au bout du compte que Gaudin et Muselier sont les « mieux placés » pour poursuivre son action.

En ce dimanche 18 juin 1995, la participation s'envole à 61,45 %. Quelle que soit la mauvaise foi des socialistes imputant leur défaite aux effets du découpage – ce qui ne manque pas d'audace, au regard de leur comportement en 1983 ! –, les résultats sont là : nous emportons cinq secteurs municipaux avec Jean Roatta, Renaud Muselier, Guy Teissier, Roland Blum et moi-même. Nos listes obtiennent 108 843 voix sur l'ensemble de la ville (42,7 % des suffrages exprimés) et 55 sièges, tandis que Lucien Weygand en réunit 97 246 (38,1 %) et ne dispose que de 37 élus. Quant au Front national, il récolte 19,2 % des voix et comptabilise 9 sièges. J'ai gagné. Enfin !

Maintenant, je vais tout vous raconter…

Devant les télévisions et les radios qui me tendent leurs micros, au restaurant Le New York et devant la Samaritaine, je suis sur un nuage. Avec Renaud Muselier, nous retrouvons les militants et, devant la mairie, dont les bureaux sont vides et les lumières éteintes, Muselier sort de sa poche un trousseau de clés qu'il brandit haut, devant les photographes, pour symboliser celles de la ville que les Marseillais viennent de nous offrir. Cette victoire, je n'en mesure pas encore toute la dimension. Je sais qu'il ne s'agit que d'un commencement tant la tâche qui nous attend est immense, tant les verrous sont puissants, à l'image de ces marins de la SNCM qui bloquent le départ des vacanciers vers la Corse comme s'ils voulaient saluer mon élection par le geste qu'ils connaissent le mieux, la grève. Nous terminons la soirée avec l'équipe de campagne à notre pizzeria fétiche, *Chez Rose*. La cuisine y est familiale, j'y ai mes habitudes et j'aime l'ambiance qui y règne et ne s'éteindra qu'avec sa patronne. J'aurai heureusement le temps de la faire chevalier de la Légion d'honneur.

Le temps de l'action peut commencer.

40

Plus belle la vie !

C'est le plus beau jour de ma vie. « Voilà quarante-deux ans… » Émue, Gisèle Weiss prend la parole. Doyenne du conseil municipal élu cinq jours plus tôt, il lui revient de prononcer le discours d'ouverture. « Notre ambition pour Marseille est immense. Elle est à la mesure de l'amour et de l'attachement que Jean-Claude Gaudin lui porte… », poursuit-elle d'une voix étranglée par l'émotion. Voilà quarante-deux ans, en effet, que les socialistes, Gaston Defferre d'abord, Robert Vigouroux ensuite, dirigent la mairie. Voilà quarante-huit ans, depuis la victoire du professeur Robert de Vernejoul – d'une simple voix de majorité relative en 1947 –, que la droite républicaine n'a plus porté l'un des siens à la tête de la municipalité. La vieille salle des délibérations de l'hôtel de ville ne parvient pas à accueillir la foule qui se presse. Je comprends, car je la partage, l'émotion de Gisèle. Elle a été à mes côtés durant près de trois décennies. Elle a accompagné, pas à pas, ces années de disette politique et d'épreuves. Pour elle aussi, ce 25 juin 1995 est jour de fête.

Sous un tonnerre d'applaudissements, face à une assemblée debout, la voix des 55 élus de notre camp vient de faire de moi, à cinquante-cinq ans, le 42e maire de Marseille. Le maire de la deuxième ville de France. Cette intronisation se déroule sous le regard de ma mère, toujours aussi droite et réservée, assise au milieu de quelques proches, assurément émue tant elle m'a toujours encouragé dans la vie politique. Je rejoins la tribune. Gisèle Weiss m'aide à enfiler l'écharpe tricolore. Je mesure alors le chemin parcouru. Il y a trente ans j'observais les cartouches qui ornent le fronton de cette salle et marqués des noms de ceux qui sont désormais mes prédécesseurs. Robert Vigouroux a cru nécessaire de s'en attribuer deux et, bien sûr, j'entends remettre le mandarin introverti à sa place. Sa juste place. Je ne pense pas que l'univers politique était fait pour lui. Il aurait dû le comprendre dès 1965 lorsqu'il figurait, à l'occasion des élections municipales, en deuxième position sur la liste d'Irma Rapuzzi dans les Ve et X^e^ arrondissements et qu'il s'était fait casser la gueule par les hommes de l'équipe Massias, un socialiste qui en 1965 avait rejoint les listes Billoux-Matalon contre celles de Defferre.

Sitôt mon élection acquise, je m'enferme dans ce bureau, mythique à mes yeux, qui est devenu mien. Le temps de passer quelques coups de fil à des proches. J'appelle Mgr Robert Coffy, l'archevêque de Marseille, avec lequel j'ai encore beaucoup échangé au cours des mois précédents et que je tiens à soutenir, le sachant gravement malade. Puis, Irma Rapuzzi, qui m'a toujours témoigné de la sollicitude et qui, approchant de son centenaire, n'a pu se déplacer jusqu'à la mairie. Quelques autres encore, de mes plus proches amis, avec lesquels je veux partager ce moment de bonheur.

Seule ombre au tableau, la remarque vipérine d'Edmonde Charles-Roux estimant que mon élection équivaut, pour Gaston Defferre, à « une seconde mort ». J'en suis blessé. La méchanceté de cette femme est sans limite. Si on excepte les campagnes électorales durant lesquelles nous avons été en rivalité, jamais en vingt-cinq ans de mandat je n'ai émis la moindre critique à l'égard de mon prédécesseur. Par respect pour la fonction bien sûr, et parce que je n'oublie pas que j'ai effectué mes premiers pas en mairie dans son équipe et en apprenant à son contact.

41

Tant que nous serons unis…

« La politique est une roue qui tourne. » Je l'ai répété pendant vingt-cinq ans aux élus de ma majorité. « On ne peut pas faire seul. On n'y arrive pas. Un moment, l'un tire et l'autre pousse. On fait en équipe, c'est ce qui permet de durer. » Pour agir, il faut durer. Pour durer, il faut gagner les élections.

Faire en équipe est un apostolat, la collégialité étant bien l'invention du diable. Je travaille au plus près du terrain avec les maires de secteur. Au plus près des dossiers avec les adjoints. Je les reçois dès qu'ils me le demandent, je les vois dans les inaugurations et les manifestations publiques qui occupent la moitié de mon agenda. J'explique sans cesse notre ambition, notre fil rouge. Je replace les petites décisions dans le contexte des grandes. Je relance les énergies. Chaque lundi matin, je tiens une réunion d'état-major. J'arbitre, lorsque c'est nécessaire, en veillant au meilleur consensus.

Avant chaque conseil municipal, je réunis ma majorité, en deux temps jusqu'en 2001, ensemble quand elle sera rassemblée en un seul groupe. J'explique certains arbitrages et je soutiens les adjoints lorsque des états d'âme se manifestent. Quelquefois, je dois différer un dossier pour plus ample information. Il est généralement réinscrit à la session suivante. Il y a des encouragements à donner, des plaies à panser. Mes fonctions nationales, à la commission d'investiture notamment, me donnent une vision précise des raisons tant des succès que des échecs et me permettent d'évoquer la situation politique. J'en reviens toujours au message d'unité : « Nous gagnons à Marseille parce que nous sommes unis et nous gagnerons tant que nous resterons unis. » Je n'imaginais pas que cette loi d'airain volerait en éclats en 2020, après mon départ. Je croyais l'avoir assez répétée.

Deux ou trois fois par an, je fais un point détaillé de la gestion municipale dans la presse. Les conseils municipaux marquent aussi un temps fort de l'information des Marseillais, dont la diffusion par Internet renforce la portée. Les débats, les discours et les votes sont sans surprise. La majorité approuve et vote le budget, les oppositions critiquent, le talent des orateurs fait le reste. C'est ce qui donne les titres. Parfois, je fais réaliser un sondage et une étude qualitative pour vérifier l'adhésion des Marseillais. Les forces et les faiblesses de notre action sont ainsi identifiées et je m'attache à les corriger, à renforcer notre efficacité par rapport au « contrat de base ».

Non, la politique n'est pas un sport individuel. Il faut être capable de rassembler et de fédérer. C'est une chasse qui se mène en meute, même si je n'aime pas cette formule. Nombre de responsables politiques modifient leurs équipes, écartent l'un et appellent l'autre au gré des opportunités sinon des humeurs. Ils « consomment » des collaborateurs au nom d'une supposée efficacité. L'une de mes fiertés est d'avoir soudé un groupe, de l'avoir enrichi, d'une étape l'autre, de renforts nouveaux et de talents spécifiques. L'une de mes satisfactions est d'avoir suggéré, nourri et entretenu des fidélités au fil d'une aventure collective fondée, aussi, sur des liens humains.

Mes premières décisions de maire concernent d'ailleurs

la composition de cette équipe. En commençant par la nomination de Claude Bertrand pour diriger mon cabinet comme c'était le cas, depuis douze ans, tant à la mairie de Bagatelle qu'à la région. À lui de tout contrôler, de sorte que nos décisions s'inscrivent toujours dans le respect des règles et des lois. En réalité, il m'a précédé depuis quelques jours à l'hôtel de ville pour organiser la transition avec les collaborateurs de Robert Vigouroux. Pour jeter, dès le lendemain matin de la victoire électorale, les fondations de notre futur dispositif.

La mairie, Claude Bertrand la connaît depuis 1968. Il y est entré comme commis. Il a d'abord célébré les mariages. Il a observé les hauts fonctionnaires de l'époque, ainsi que les proches de Gaston Defferre, leur mode de fonctionnement, leurs habiletés mais aussi leurs travers. De la « machine municipale », il sait déjà tout ou presque. Sur les hommes, il a aussi beaucoup appris. Il ne lui a guère fallu que vingt-sept ans pour « sauter » la passerelle qui relie les deux bâtiments de l'hôtel de ville et s'installer dans le petit bureau relié au mien par une simple porte. Et quasiment autant de temps pour parcourir le long chemin qui nous a conduits de l'avenue du Prado à la mairie de Bagatelle puis d'un siège du conseil régional à l'autre, du Prado à la porte d'Aix, où je l'ai installé, et jusqu'à la mairie, enfin !

Cette histoire partagée continue aussi avec Jean-Claude Gondard, qui a dirigé les services du conseil régional à mes côtés depuis 1989, après avoir été mon collaborateur, dès 1981, à la présidence du groupe UDF à l'Assemblée nationale. Il devient le « patron » des 13 000 fonctionnaires municipaux. Je suis toujours président du conseil régional de Provence-Alpes-Côte d'Azur et décidé à le rester jusqu'aux élections de 1998. J'entends synchroniser son action et celle de la ville. Anne-Marie Charvet, qui assurait la direction des lycées à la région, en pilote le fonctionnement, et

Maurice Battin mon cabinet. Depuis 1986, il secondait Claude Bertrand, en donnant libre cours à son goût pour les mathématiques et les statistiques afin d'analyser les mouvements d'opinion, les sondages et les résultats électoraux. À charge pour eux deux de gérer l'inconfort d'un éclatement géographique entre Vieux-Port et porte d'Aix.

Quand je quitte le conseil régional, en 1998, Maurice Battin nous rejoint à la mairie pour devenir le chef de mon cabinet et gérer ce véritable casse-tête que constitue l'agenda d'un maire. Et Anne-Marie Charvet m'aide à fonder puis à construire la future communauté urbaine Marseille-Provence-Métropole. Plus tard, je demanderai au président de la République, Jacques Chirac, qui regrettait régulièrement la faible féminisation du corps préfectoral, de nommer préfet cette femme, ingénieur de formation, aux capacités d'ordre et de commandement reconnues. Henri Loisel vient s'occuper de l'aménagement urbain de Marseille. Et si je conserve la délégation du personnel sous mon autorité directe, j'en confie la direction à mon vieil ami Henri Sogliuzzo. Élèves, nous avons partagé les bancs du lycée Saint-Joseph. Il est devenu un fonctionnaire aussi rigoureux que compétent. Je l'ai déjà sollicité entre 1983 et 1989 pour être le secrétaire général de la mairie des VIe et VIIIe arrondissements que je dirigeais. L'ostracisme étant alors la règle, il n'a fait l'objet, depuis cette période, d'aucune des promotions qu'il aurait méritées. En quelques jours, le noyau dur de mon dispositif est constitué. Reconstitué plutôt. Il sera renforcé plus tard par Jean-Pierre Chanal, qui deviendra très vite un responsable essentiel de l'administration municipale.

Le groupe des élus majoritaires est lui aussi soudé. D'abord par la dynamique de la victoire, mais aussi par la soif d'agir. Dès le départ, nous sommes convenus avec Renaud Muselier qu'il sera mon premier adjoint et qu'il aura, parmi ses responsabilités, le domaine essentiel de l'emploi. De même, nous avons acté que, contrairement à Paris, les maires de secteur ne pourront pas être adjoints, histoire de répartir la gouvernance municipale le plus largement possible et d'y engager le plus grand nombre d'élus[1].

Les premiers jours, les premières semaines sont un immense tourbillon. Rendez-vous, coups de fil, courriers, visites, interviews s'enchaînent. La photo des adjoints avec leur écharpe scelle le pacte d'une équipe qui entre dans un nouvel univers. Ils s'installent dans leurs bureaux du bâtiment Daviel, une ancienne prison pour femmes derrière le pavillon Puget qui constitue l'hôtel de ville historique, construit sous Louis XIV. Ils découvrent les services municipaux et les cadres qui coordonnent l'action dans les multiples compétences municipales, y compris celles qui seront transférées à la communauté urbaine en 2001. Si je connais déjà bien la maison, la plupart d'entre eux sont en revanche novices. Ils ont besoin d'apprendre.

Pour Roland Blum, chargé des affaires sociales, la mairie est « enfin un mandat où on peut décider ». Les maires de secteur, Guy Teissier notamment, demandent que l'on renforce leurs compétences et leurs moyens. Ce que nous ferons. Et je résume le sentiment général dans une interview au *Provençal* : « C'est plus difficile que prévu, mais l'ambition est intacte et la détermination renforcée. » Car avec la ren-

---

1. Bruno Gilles devient maire des IVe et V[e] arrondissements. Jean Roatta et Guy Teissier choisissent de l'être dans les secteurs électoraux dont ils sont les députés. Quant à Roland Blum, auquel je demande de présider le groupe de la majorité à l'hôtel de ville, il opte pour la gestion des affaires sociales. Du coup, c'est Pierre Chevalier qui devient maire des XIe et XIIe arrondissements. À Dominique Vlasto, je confie la double responsabilité du tourisme et des permis de construire, fonction qu'elle abandonne rapidement. À Ivane Eymieu la culture, à Robert Villani les sports, à Jean-Louis Tourret les finances, et à Claude Vallette l'urbanisme.

trée arrivent déjà les premières impatiences de la presse. « Bientôt vos cent premiers jours à la mairie : quelles sont les premières décisions prises, les premiers projets lancés ? »

Il est donc essentiel de faire un cadrage, à la fois pour les élus et pour les Marseillais, par une explication devant le conseil municipal, ce qui est un peu l'équivalent – toutes proportions gardées – d'une déclaration de politique générale du gouvernement devant le Parlement. L'exercice est un peu formel, un discours du maire qui pose les tenants et les aboutissants de l'action qui va être conduite et auxquels chacun pourra se référer pendant les mois à venir. Je renouvellerai l'exercice quatre fois, après chaque élection municipale. La vision stratégique est essentielle. Sans elle, on suit le fil de l'eau et on ne va nulle part. La stratégie n'est pas l'addition de « coups ». La tactique, c'est le maniement des rames qui permet d'éviter les écueils et de garder le cap.

En avril 2001, le projet municipal « Marseille, capitale euro-méditerranéenne active et fraternelle » s'enrichit de la volonté de réaliser le tramway. En avril 2008, le programme « Partager la réussite de Marseille » traduit notre volonté de mieux distribuer vers tous les quartiers et toutes les catégories sociales les bénéfices du renouveau de Marseille. En avril 2014, notre slogan « Marseille en avant » escompte le développement économique et les équipements d'envergure que nous offriront les retombées du succès de « Marseille 2013 ».

Dès ce premier discours de mon premier mandat, le 16 octobre 1995, je place donc le renouveau économique de Marseille au cœur des enjeux. Je n'en démordrai jamais. J'y reviendrai sans cesse. J'affirme avec force ce qui sera le fil rouge de ma politique, la clé de voûte de toutes nos actions : développer l'économie marseillaise pour créer des emplois, réduire le chômage, lutter contre la pauvreté et l'exclusion. Vingt-cinq ans plus tard, je n'ai changé ni de conviction ni d'objectifs. Encore moins d'exigence, d'enthousiasme et d'ambition. Je réitère, 198 séances et près de 32 000 rapports plus tard, dont plus de 75 % votés à l'unanimité au conseil municipal, cette ligne de force.

Très vite remontent les premières difficultés. Tout est plus compliqué que prévu. L'adjoint aux finances, Jean-Louis Tourret, vient m'expliquer la dette, les déficits masqués, les frais de fonctionnement, le poids des charges de centralité. « C'est mauvais », me dit-il. À travers ses explications, je mesure l'ampleur des talents nécessaires au pilotage financier de Marseille. Des aptitudes que l'on trouve plus souvent dans un cirque que dans un hémicycle. Un don d'équilibriste d'abord, parce qu'il faut maintenir en permanence une double mesure : entre ce qui répond aux besoins immédiats, les services publics de proximité, et ce qui permet de préparer l'avenir, les investissements ; entre ce qui est financé par l'impôt d'aujourd'hui et ce qui le sera par l'impôt de demain, c'est-à-dire l'emprunt.

Des qualités de fort des halles ensuite, parce qu'il faut en permanence desserrer l'étau des dépenses de fonctionnement, qui ne doivent pas augmenter plus vite que les recettes, comme dans n'importe quelle gestion de bon père de famille. Et parce que les impôts ne peuvent pas constituer une variable d'ajustement systématique. Un savoir-faire de magicien enfin, parce qu'il faut inventer de nouvelles marges de manœuvre pour continuer d'investir et de développer la ville.

Or, une augmentation des crédits d'investissement, tombés à 800 millions de francs en 1993 et 1994, soit 130 millions d'euros environ, s'impose immédiatement à nous pour relever le défi du renouveau. Nous les rétablirons à 1 350 millions de francs dès 1996 et ne relâcherons plus jamais l'effort puisque, en 2013, l'addition des budgets d'investissement de la ville et de la communauté urbaine représente 600 millions d'euros. L'équivalent de 4 milliards de francs. « Vous connaissez, vous, une ville pauvre qui peut investir 200 millions d'euros par an pendant vingt ans et qui a 2 milliards de projets sous le pied pour les dix prochaines années ? » m'interroge Richard Miron, mon futur adjoint aux sports, un jour où je râle contre l'insuffisance de nos finances.

Pour l'heure, j'écoute le conseil de Pierre Rastoin, l'ancien adjoint aux finances de la ville : « Ayez des projets, monsieur le maire, et vous trouverez toujours l'argent. » Des projets, nous n'en manquons pas. Pour les mettre en œuvre, il nous faut nous structurer. Mettre noir sur blanc la feuille de route de chacun. Car le fossé est profond qui sépare l'action de la parole. C'est l'objet d'un premier séminaire d'élus, au début du mois d'octobre 1995, où tous les adjoints font un état des lieux de leur délégation. « C'est très dur, c'est l'enfer, mais on se régale, résume Renaud Muselier. On nous attend sur les grands projets mais aussi sur les actions de proximité. Euroméditerranée sera le projet étoile qui va nous guider. »

Nous prenons les premières décisions importantes. Il faut renoncer à l'extension du port de plaisance de la Pointe-Rouge et aux usines d'incinération en pleine ville prévues par mon prédécesseur. Nous lançons la révision du plan d'occupation des sols, le plan « École réussite » sur le modèle de celui que j'ai initié pour les lycées à la région, et le grand projet urbain. Nous engageons la transformation des vétustes cantines en self-services dignes de ce temps. Par référence à ce qui a été fait par Philippe Seguin à la tête de la mairie d'Épinal, nous proposons à quarante écoles de la ville de libérer trois après-midi par semaine pour des activités extrascolaires sous la responsabilité de la mairie. Car, au-delà de la dimension éducative, l'enjeu social est majeur. Un jour où je visite une école des quartiers nord dans laquelle l'après-midi est consacrée à du sport, je demande à un enfant du cours préparatoire ce qu'il aime faire, pourquoi il est content. « Parce que je prends le car », me répond-il, les yeux brillants. Avant, il ne sortait jamais de sa cité !

Pour rythmer le travail, nous inscrivons nos politiques thématiques dans le calendrier des deux grands événements à venir : la Coupe du monde de football 1998 et le 26e centenaire de la fondation de Marseille en l'an 2000. J'en suis convaincu, je le serai plus encore lorsque s'achève une année 2013 qui rend Marseille aux Marseillais et son honneur à une ville, artificiellement salie par une méchante campagne de dénigrement médiatique : la meilleure façon de lutter contre notre « mauvaise réputation » consiste à faire venir sur place visiteurs, touristes et, bien sûr, les Marseillais eux-mêmes, qui colportent souvent des clichés négatifs. Sortant de leur quartier, ils découvrent une réalité qui les surprend et le plus souvent les séduit.

C'est ce qui se passe en 1998 à l'occasion des sept matchs de la Coupe du monde de football, dont une demi-finale, joués localement. En cette entrée d'été, la ville fait la fête sur les plages et le Vieux-Port où de grands écrans ont été installés, avec des dizaines de milliers de supporters venus de toute la planète, et pas seulement du Brésil ou des Pays-Bas, dont les équipes s'affrontent ce jour-là. Encore a-t-il fallu, pour figurer parmi les villes organisatrices du Mondial 98, disposer d'un stade Vélodrome rénové. Un challenge réel tant le calendrier était déjà serré à mon arrivée. Nous avons à retenir un projet, quelques semaines seulement après mon élection, sur la base d'un concours lancé par mon prédécesseur. Un choix par défaut et non par adhésion, encore moins par enthousiasme, et que l'on me reprochera souvent, tant l'architecture en corolle qui ouvre le stade aux quatre vents est contestée par les spectateurs comme par les joueurs.

Il me faudra attendre quasiment quinze ans et la perspective de l'Euro 2016, dont Marseille accueille six matchs, pour corriger ces erreurs initiales et reconstruire profondément le stade jusqu'à en faire l'un des plus beaux et des plus modernes au monde. Le reconstruire à travers une opération d'urbanisme qui en fait, entre Huveaune et Prado, le cœur d'un nouveau quartier, avec centre commercial, parkings, logements, clinique et bureaux. Pour l'heure, nous n'avons plus le temps de relancer la procédure et je ne vais pas à l'encontre du jury qui se prononce en faveur d'un stade non couvert. L'important est d'être prêt à temps. Nous le sommes dès le mois de décembre 1997 pour accueillir la cérémonie du tirage au sort.

« Il faut montrer que Marseille change et pas seulement qu'elle joue au foot », résume Serge Botey, mon adjoint aux grands événements. Tout cela semble évident aujourd'hui. C'est peu dire pourtant qu'en 1995 nous avons à réhabiliter une attractivité dégradée par une nébuleuse d'images repoussantes, et à rendre aux Marseillais fierté et confiance dans leur ville. « Une ville à faire rêver le monde », affirme, à grand renfort d'affiches, la communication que nous engageons pour accompagner l'ensemble de notre projet et permettre à nos concitoyens de se l'approprier. Faire rêver le monde, oui ; faire rêver les Marseillais aussi, tant il est vrai que le rêve est le premier moteur du dynamisme.

Nous faisons porter notre effort sur l'accueil et les animations. Les Massilia, Marcéleste et autres grandes manifestations populaires liées aux célébrations du 26e centenaire s'inscrivent dans cet élan. Des centaines de milliers de Marseillais envahissent le centre-ville et le Vieux-Port, affirmant leur goût pour la fête et leur soif de partage. Quand des milliers de journalistes débarquent chez nous, un mois durant, lors de la Coupe du monde 1998, les superbes images de Marseille qu'ils diffusent aux quatre coins de la planète, et jusque sur nos propres écrans de télévision, offrent à nos concitoyens l'occasion de redécouvrir leur ville et sa beauté.

De l'intérieur comme de l'extérieur, un nouveau regard est porté sur Marseille. Une ville apaisée et fraternelle, comme en témoigne la fontaine de l'Espérance dressée à l'entrée du parc du 26e centenaire. Une fontaine symbole de la réconciliation des Marseillais avec eux-mêmes. Et ça marche. Une véritable *movida* s'enclenche, qui fait de Marseille l'une des villes les plus filmées au monde, la cité à la mode de ce début de millénaire. L'incroyable réussite de *Plus belle la vie*, qui rassemble chaque soir des millions de spectateurs sur France 3, en est une marque aussi forte que durable. La première marche, peut-être, du long chemin conduisant à la capitale européenne de la culture que nous deviendrons plus tard. La fréquentation touristique commence à augmenter et de nouveaux projets d'hôtellerie et de commerce s'amorcent. Nous sommes visiblement sur la bonne voie.

Il y a longtemps que l'on ne parle plus d'huileries, de savonneries ou d'industries lourdes, sinon en termes de friches ou de douleurs sociales. L'économie est le fer de lance de ma bataille, l'instrument de la spirale du renouveau, la « porte de sortie » du carré maudit – chômage, pauvreté, exclusion, insécurité – qui scelle notre déclin depuis les années 1970. Le reste n'est que déclinaison et variation à partir du développement des entreprises et de la création d'emplois. Là est la locomotive qui tire les wagons du mieux-être social et du « mieux-vivre ensemble ». Dans un dossier sur le bilan sur dix ans des trois maires de Paris, Lyon et Marseille, le quotidien *Les Échos* titre en mars 2011 : « Gaudin a placé l'économie avant tout le reste ». Dans ce contexte, nul doute que le développement économique passe aussi, et passera, par le tourisme. Le tourisme sous toutes ses formes, du simple voyageur de passage au tourisme de congrès, balnéaire ou culturel et jusqu'à la croisière. Le tourisme créateur d'emplois en nombre pour des jeunes gens à la formation souvent réduite.

L'ouverture de nouveaux hôtels s'impose à l'évidence comme un impératif pour une ville appauvrie par la période récente mais bénie des dieux par sa météorologie, son histoire, sa culture et son patrimoine environnemental, aux portes d'une Provence qui attire des millions de visiteurs. Mais en ce milieu des années 1990, parler de tourisme au pays d'une CGT arc-boutée sur les symboles du passé ressemble évidemment à une provocation, sinon à du mépris. L'air du temps entretient l'idée convenue que « Marseille n'est pas une ville touristique ». À dire vrai, cette affirmation péremptoire appartient surtout à la famille des mauvaises raisons pour ne rien changer et ne rien faire. C'est le faux nez de l'immobilisme. Derrière la dénonciation du « tout-tourisme » et de ses dérives, les nostalgiques de l'âge d'or industrialo-portuaire méconnaissent à la fois les besoins de diversification économique de la ville et l'évolution du tourisme urbain dans les métropoles du monde.

Nous avons tout ici : la mer, la lumière, le soleil. Et un environnement exceptionnel, avec des calanques ou des îles qui ont été préservées d'un urbanisme galopant et de toute atteinte bétonnière, preuve que les Marseillais, qu'ils soient chasseurs, pêcheurs, plaisanciers ou viticulteurs, n'ont pas attendu les sentences des professionnels de l'écologie de salon pour garder cela intacte. Nous avons tout sauf les infrastructures hôtelières, les facilités d'accès, d'accueil et d'agrément, l'offre d'activités diversifiées. Tout sauf un état d'esprit collectif permettant de rompre avec les mythes du passé.

Certains hôteliers locaux se plaignent de notre volonté de favoriser la création de nouveaux hôtels, expliquant que leurs établissements n'affichent pas complet et qu'une concurrence nouvelle en menacerait l'existence. Or, partout où le tourisme se développe, chacun sait qu'une offre de qualité crée la demande. Bref, le malthusianisme règne. Nous engageons néanmoins plusieurs batailles pour de nouveaux quatre et cinq étoiles. Sur le Vieux-Port, au Pharo, en lisière du parc Borély, partout et en particulier dans le magnifique bâtiment de l'ancien Hôtel-Dieu, en pleine décrépitude. Ce combat est aussi long et multiforme que symbolique, depuis l'acquisition de l'Hôtel-Dieu par la ville auprès de l'Assistance publique des hôpitaux de Marseille qui le possédait mais l'avait vidé de toute activité médicale, sinon d'une école d'infirmiers, jusqu'à sa concession à un groupement d'investisseurs associés à une enseigne si prestigieuse que nul n'aurait osé imaginer quelques années plus tôt qu'elle puisse, un jour, s'implanter à Marseille : l'Intercontinental.

Combat politique aussi, avec l'opposition de gauche, qui nous accuse de brader notre patrimoine à des prédateurs financiers et oublie, par pure démagogie, les retombées économiques, sociales et d'image que pareil équipement apporte à Marseille. Et combat contre les événements financiers internationaux lorsque le groupe Axa, qui fait partie du groupement d'investisseurs intéressé par le site, s'inquiète et m'interroge sur ma détermination à poursuivre un projet aussi ambitieux, en pleine crise des *subprimes* de 2008. Le bilan est clair. En 2000, Marseille comptait 89 hôtels pour 4 303 chambres. Fin 2019, 136 hôtels pour 9 320 chambres. Et malgré la Covid, l'été 2020 a rempli les hôtels.

À la vérité, rien n'est simple dans une ville de près de 800 000 habitants, en 1995, riche d'une histoire si ancienne qu'elle en devient par moments inhibitrice, composée d'une constellation de quartiers et d'autant de villages dont les habitants défendent farouchement l'identité propre.

Avec la nostalgie d'un passé réinterprété sous les couleurs du « c'était mieux avant ». Le 6 mai 1996, *Le Provençal* a voulu jouer sur cette corde en publiant, à l'occasion du dixième anniversaire de sa disparition, un supplément de 32 pages intitulé « Gaston Defferre, le bâtisseur ». Sans pouvoir encore rivaliser avec trente-trois ans de réalisations du « maire illustre », je fais préparer une publication sur nos premiers « 365 jours à Marseille ». Ces 24 pages que je relis aujourd'hui permettent de mesurer le chemin parcouru en vingt-cinq ans et quatre mandats.

42

« Tu n'as pas de temps à perdre, moi non plus »

Cet appel téléphonique, je ne l'attends pas. Je ne l'attendais plus. Ce 6 novembre 1995, le cabinet du Premier ministre m'indique qu'Alain Juppé souhaite me voir le lendemain, assez tôt, à l'hôtel Matignon. Je suppose qu'il m'invite au titre de la commission des investitures que je préside à l'UDF. J'imagine qu'il veut procéder à une radioscopie des candidats avant la rafale d'élections cantonales partielles qui se profilent. Le lendemain, j'arrive donc dans la bonne ville de Paris. Me voilà aux aurores rue de Varenne.

Dans l'escalier monumental qui conduit au premier étage, où se trouvent les bureaux et la salle à manger du Premier ministre, je croise Michèle Alliot-Marie. Nous nous embrassons, échangeons quelques amabilités. Les huissiers m'installent dans un petit salon attenant au bureau du chef du gouvernement. En dépit des doubles portes, je perçois des éclats de voix. J'en comprendrai plus tard l'origine. Des événements plus importants que les futures élections partielles mobilisent visiblement Matignon. Je présume que l'objet de ma convocation n'est pas celui que j'imaginais.

Soudain, la porte du bureau du Premier ministre s'ouvre. Alain Juppé entre dans le salon et, fidèle à son style, il ne tergiverse pas :

« Voilà, tu n'as pas de temps à perdre, moi non plus. À

midi, j'apporte la démission du gouvernement au président de la République. À treize heures, il me reconduit comme Premier ministre. Je suis en train de composer le nouveau gouvernement et, d'un commun accord avec lui, je souhaite que tu en fasses partie. Je voudrais que tu acceptes d'être ministre de la Ville, de l'Aménagement du territoire et de l'Intégration.

– Tu me donnes jusqu'à quand ? »

Cette réponse m'est dictée par le souvenir de la précédente proposition de Jacques Chirac puis de celle d'Édouard Balladur aux allures de rendez-vous manqué.

En 1986, j'avais choisi le refus. En 1993, je l'avais subi, avec d'autant plus de regrets qu'un fauteuil ministériel aurait accru ma légitimité dans la course à la mairie de Marseille. Je me souviens aussi du coup de téléphone de Pierre Méhaignerie, en 1994, s'inquiétant de démêlés éventuels avec la justice.

La réplique fuse, toujours à la manière Juppé : « Si tu me dis oui tout de suite, c'est mieux ! »

À peine maire et déjà ministre. Ministre, c'est le couronnement d'une carrière politique. Je donne donc mon accord. Ce n'est pas fini. Alain Juppé me demande d'insister auprès d'Alain Lamassoure afin qu'il accepte le Budget et, surtout, d'être porte-parole du gouvernement. En quittant Matignon, je suis ému au point de ne plus me souvenir de la totalité de mes futures attributions. Ce qui me vaut quelques vigoureux reproches de Claude Bertrand lorsque je lui téléphone et l'informe :

« Il me propose la Ville, l'Aménagement du territoire et… j'ai oublié la troisième fonction.

– Comment ? Il vous propose trois charges, vous devriez vous en souvenir !

– Ah oui ! Je serai aussi ministre de l'Intégration. »

À l'Élysée, dans le salon Murat, j'occupe une place de choix, à côté de Corinne Lepage, en charge de l'Environnement et de l'Écologie, autour de l'immense table ovale du Conseil des ministres. Pour élaborer mon cabinet, je n'ai aucune difficulté et pour cause : c'est Patrick Stefanini, l'homme-orchestre d'Alain Juppé à Matignon, qui le compose. Si j'avais eu à revivre cette expérience, surtout fort des relations acquises, je n'aurais pas procédé de la même manière. C'est donc lui qui me recommande mon directeur de cabinet, un haut fonctionnaire dont j'apprécierai la loyauté et l'efficacité ainsi que la connaissance de tous les préfets.

Richard Castera avait réussi, par le passé, à éviter au conseil général du Territoire de Belfort quelques désagréables épisodes judiciaires et, au quartier de la Défense, la mise en œuvre d'un permis de construire inadapté, sollicité par Jean-Marie Messier. Je travaille en confiance avec lui. La dizaine de conseillers techniques qui me sont affectés sont d'une belle qualité intellectuelle et m'assistent avec courtoisie et une maîtrise de leurs responsabilités. Ils ne s'inscrivent dans aucune proximité politique avec moi. Cependant, je ne prends aucun plaisir à travailler avec des hommes et des femmes que je ne connais pas et que je n'ai pas choisis.

Les exceptions à cette règle sont rares. Il y a Laurence Eymieu, la fille de mon adjointe à la culture à Marseille. Je la retiens, en accord avec Claude Bertrand, comme chef de cabinet. Sans doute ce rapprochement l'autorise-t-il à régner sur mon entourage, à tel point que je dois, un jour, rappeler aux jeunes gens qui effectuent leur service militaire au sein de mon ministère que l'on ne sert pas, à table, un fonctionnaire, quel qu'il soit, avant un ministre ou des personnalités ! C'est une femme d'une vive intelligence, brillante, qui m'agace souvent, par exemple en m'expédiant aux « questions d'actualité » à l'Assemblée nationale et au Sénat, même lorsque je ne suis pas questionné. C'est elle qui prépare mes déplacements en province ou dans les cités de la banlieue parisienne, où je ne connaîtrai aucune mésaventure pendant mes deux années de responsabilités ministérielles. Ni soubresaut, ni crise sociale, ni difficulté majeure ne m'ont obligé à me rendre précipitamment en banlieue.

Il y a aussi Jean Daubigny, qui a accepté de devenir délégué interministériel à la Ville. Je l'ai sollicité pour gérer la Datar[1], dont j'ai la responsabilité, après l'avoir connu comme préfet dans le Vaucluse. J'avais apprécié ses qualités. Il est devenu ensuite préfet de Paris et de la région Île-de-France.

Il me faut choisir une localisation. Le secrétaire général du gouvernement, Jean-Marc Sauvé, longtemps vice-président du Conseil d'État, me suggère plusieurs lieux d'installation et je retiens l'hôtel de Broglie dont le jardin, très agréable l'été, donne directement sur l'église Sainte-Clotilde. Quelques années plus tard, mon ami Hubert Falco, maire de Toulon, fera le même choix en devenant ministre à son tour. J'avais insisté auprès de Jacques Chirac pour qu'il soit retenu dans l'équipe ministérielle et il y prendra en charge les Personnes âgées dans le gouvernement Raffarin. En dépit d'un poste ô combien exposé, il est parvenu à « survivre » politiquement à la canicule de l'été 2003 en se rendant sur le terrain jour après jour. Et en évitant la maladresse de communication commise par Jean-François Mattéi. En charge de la Santé, ce dernier n'y démontre aucun manque de compétence. Au contraire. Cependant, devant les caméras, il exposera les informations que ses collaborateurs lui ont transmises, le tout dans son jardin et habillé d'un tee-shirt. Le choc de l'image sera ravageur.

Nous entretenons, Hubert et moi, une solide relation. Issu de l'immigration italienne du début du XXe siècle, il

1. Délégation interministérielle à l'aménagement du territoire et à l'attractivité régionale.

vient du monde paysan et en préserve les valeurs. J'admire ses exploits électoraux, et notamment sa réélection à la mairie de Toulon, lors des municipales de 2020, dès le premier tour avec 61,39 % des voix. Secrétaire d'État à la Défense et aux Anciens Combattants sous la présidence de Nicolas Sarkozy, il y effectue un travail aussi remarquable que difficile en supprimant des casernes devenues superfétatoires. Rien de mieux pour s'attirer la rancune tenace des élus des territoires concernés. Un sacrifice qui ne lui évite pas d'être débarqué du gouvernement Fillon, fin 2010, sans que nul ne prenne la peine de l'en informer. Comme le dit Goethe : « L'ingratitude est toujours une sorte de faiblesse. Je n'ai jamais vu que les hommes capables se soient montrés ingrats. »

Au milieu de l'agitation accompagnant la prise de fonction, une question me taraude : pourquoi ai-je été sollicité par Jacques Chirac et Alain Juppé ? Certes, le départ de Claude Goasguen du gouvernement, à l'origine de ce remaniement, et l'expérience inaboutie des « Juppettes » offrent une réponse technique à ma présence. Et au plan politique, le président de la République ayant composé un gouvernement plus chiraquien que RPR, je devine qu'il entend y associer l'ensemble des composantes de la droite républicaine. Or, je suis devenu maire de Marseille depuis quelques mois, ce qui représente un « poids » politique certain. Et si j'ai soutenu Édouard Balladur lors de l'échéance présidentielle, mon appartenance à l'UDF m'exclut du champ des « traîtres » RPR dont les coupables subiront la vindicte durable du clan chiraquien. Me choisir témoigne ainsi d'une volonté d'ouverture et de rassemblement.

D'autres présentent pourtant des avantages équivalents au sein d'une majorité présidentielle en mal de pacification. C'est en rendant visite à Philippe Seguin, à quelque temps de là, que j'obtiens le fin mot de cet épisode. Il me fait quelques confidences avec d'autant plus de liberté que nous avons toujours entretenu des liens amicaux.

Brillant intellectuel, grand historien, Philippe Seguin est entré au Palais-Bourbon, comme moi, en 1978, et nous y avons tous deux été réélus en 1981. Lui encore plus sur le fil que moi. Cela crée des liens. Devenu président du groupe UDF, j'ai apprécié la force de conviction et la puissance de son esprit républicain. À l'inverse de la belle promotion que j'ai connue, il est plutôt tenu à l'écart par les responsables du groupe RPR. Tant et si bien que, lors des débats de politique générale, c'est Claude Labbé qui parle pour ses 84 députés quand je m'exprime pour le groupe UDF et ses 62 élus. En dépit de mon accent méridional, j'ai au moins autant de talent oratoire que ce dernier. Et un jour où je passe à côté du siège de Philippe Seguin pour regagner mon banc dans l'hémicycle après un discours à la tribune, il me glisse sur un ton ironique : « Tu te fais un succès à peu de frais. »

Nos relations sont empreintes de cette amicale franchise. Devenu président de l'Assemblée nationale après avoir été l'un des inspirateurs de la campagne présidentielle victorieuse de Chirac, il me raconte par le menu la réunion à laquelle il a participé avec le président de la République et le Premier ministre pour définir la structure du futur gouvernement. En regardant la liste des éventuels promus, il y a noté l'absence de représentants de Provence-Alpes-Côte d'Azur et l'a fait remarquer.

« Quoi ? Encore Léotard ! rugit alors Jacques Chirac.

– Et Gaudin ? Il vient d'être élu maire de la deuxième ville de France… »

Ce coup de pouce a-t-il joué ? Qu'importe. Ce 7 novembre 1995, je deviens ministre de la République. Ce jour-là, mon ami Jean-Michel Di Falco, à l'époque évêque de Gap et d'Embrun, se trouve à l'assemblée annuelle des évêques, à

Lourdes. Il passe l'information à l'archevêque de Marseille, le cardinal Bernard Panafieu. Quant à mes amis du conseil municipal, ils m'accueillent à mon retour, deux jours plus tard, dans le salon d'honneur de l'hôtel de ville. Ils portent leur écharpe et, pour la plupart, partagent visiblement ma fierté. Renaud Muselier me félicite chaleureusement mais je lis la déception dans ses yeux. Je comprends qu'il a espéré entrer au gouvernement. Ce qu'il fera cinq ans plus tard en devenant secrétaire d'État aux Affaires étrangères.

Une nouvelle charge de travail m'incombe. À dire vrai, je me suis tant précipité pour donner une réponse au Premier ministre, que j'ai commis une erreur. La conséquence contribue à me laisser un souvenir mitigé de cette fonction ministérielle. J'ai en effet accédé spontanément à la demande d'Alain Juppé de nommer Éric Raoult comme ministre délégué à mes côtés. Or, Raoult, avec qui j'entretiens aujourd'hui des relations cordiales, était le titulaire du poste dans le précédent gouvernement et possédait, à ce titre, une maîtrise des dossiers qui me fait défaut à ma nomination. Notre relation ne peut qu'en être faussée, même si elle respecte, extérieurement, les apparences d'une bonne cohésion. En réalité, Éric Raoult souhaitait conserver la compétence sur la Ville et me laisser celles qui relèvent de l'Aménagement du territoire.

Cette répartition est d'autant moins envisageable que le contexte politique et social exige d'avancer en priorité sur le Pacte de relance pour la ville. Un véritable « plan banlieues » est élaboré, qui offre à une quarantaine de quartiers économiquement « sensibles » le statut de zone franche. Quelque 15 milliards de francs – 2,3 milliards d'euros – sont engagés à travers 80 mesures spécifiques. Le principe de ce statut, retenu par Jacques Chirac pour lutter contre la fracture sociale et l'exclusion, est simple : des réductions d'impôts et de charges sociales sont accordées aux entreprises qui s'installent dans des quartiers déshérités et offrent des emplois à leurs habitants.

À peine nommé ministre, je suis chargé d'en préparer la création. La démarche s'affirme vite moins simple qu'il n'y paraît car le dispositif ne doit être ni trop large, pour respecter la réglementation européenne, ni trop coûteux pour l'État. Mon cabinet se lance dans la préparation du projet de loi avec la délégation interministérielle à la Ville, dirigée par le préfet Idrac. Quand je reçois la première mouture du texte, il faut me l'expliquer tant il est nourri de termes baroques sinon barbares. Il prévoit 44 zones franches dans toute la France. Un zonage âprement discuté parce qu'il ne doit pas introduire de discrimination d'un côté à l'autre d'une rue. Je me rends à Bruxelles pour obtenir le feu vert de la Commission européenne. J'y suis d'autant mieux accueilli que Charles Pasqua, en charge de ce dossier dans le gouvernement Balladur jusqu'en 1995, refusait, par conviction souverainiste sans doute, de faire le déplacement.

Pour être concret, je présente l'exemple du territoire de Saint-Henri, de Saint-Antoine et de la Viste, où je projette la création d'une première zone franche. Car bien sûr, je n'oublie pas Marseille ! J'intègre à mon projet la zone de Saumaty-Séon, dans les XVe et XVIe arrondissements, afin d'offrir une nouvelle jeunesse aux 59 hectares des anciennes carrières des Tuileries devenues simple terrain vague. L'accord de principe m'est donné et, passé le débat parlementaire devant l'Assemblée nationale et le Sénat, le système entre en vigueur le 1er janvier 1997. À Marseille, le succès est immédiat et continu. Plus de 10 000 emplois sont créés en moins de huit ans, à raison de quatre sur dix pour des habitants des quartiers environnants, par 2 000 entreprises ou commerces nouveaux, installés sur 95 000 mètres carrés de bureaux et de locaux d'activité. Sur des terrains en friche où ne subsistaient que des herbes folles, il n'y a désormais plus d'espaces disponibles pour de nouveaux bâtiments.

Le succès se révèle tel que je regrette parfois de n'avoir pas donné plus d'ampleur à mon trait de crayon. Le dispositif des zones franches urbaines a été prolongé plusieurs fois depuis. À Marseille, une deuxième zone a ainsi été créée au Canet, dans les XIIIe et XIVe arrondissements. Avec un bel exemple de cette réussite : le cabinet d'expertise comptable du couple Caulet. À l'étroit en centre-ville, Sylvie Caulet cherchait un espace dans les quartiers du Nord alors en déshérence. Elle découvre une ancienne gare de triage des huileries locales devenue friche industrielle. Non contente d'y installer ses bureaux, Sylvie Caulet entreprend une remarquable opération de rénovation, dégageant et valorisant l'armature métallique de type Eiffel pour faire de ce site un lieu d'accueil d'événementiel pour entreprises et de commerces. Elle lui donne le nom d'un parent, la Station Alexandre.

Même ministre, j'apprends mon nouveau métier de maire, le plus beau du monde !

43

Les moines de Tibhirine

Mon entrée au gouvernement marque, momentanément en tout cas, la fin d'une vie parlementaire entamée dix-sept ans plus tôt, à l'Assemblée nationale, et poursuivie, depuis 1989, au Sénat ; je viens d'être élu à l'unanimité président du groupe des Républicains indépendants, à la mort de Marcel Lucotte. Elle scelle aussi ma réconciliation avec Jacques Chirac, six mois après la période troublée de l'élection présidentielle. Dix-huit mois durant, je prends place face à lui dans le salon Murat, du côté du Premier ministre, autour de la table ovale du Conseil des ministres. Deux heures d'un rituel immuable. Pendant que le chef de l'État et son Premier ministre s'entretiennent en privé, nous sommes accueillis autour de cafés et de rafraîchissements sous la verrière du salon Vincent Auriol. On nous invite ensuite à gagner nos places, toujours les mêmes, fixées par le protocole suivant la hiérarchie ministérielle, avant qu'un huissier à chaîne n'annonce d'une voix forte : « Monsieur le président de la République. »

Celui-ci rejoint son fauteuil en serrant la main de ceux qui siègent de son côté. Alain Juppé, qui le suit, en fait autant du sien. Commence alors un nouveau rituel : celui des prises de parole. Le premier interrogé par le chef de l'État est le ministre des Affaires étrangères, Hervé de Charette, qui décrit les derniers soubresauts du monde. La brièveté tient lieu de règle, fût-elle non écrite, depuis le général de Gaulle, qui coupait régulièrement, m'a-t-on expliqué, les exposés, sans doute trop développés, de Maurice Couve de Murville d'un catégorique « Monsieur le ministre, faites court ».

Vient ensuite Jean-Louis Debré, ministre de l'Intérieur. Assis à côté de lui, je lis, semaine après semaine, les fiches qu'il a reçues dans la nuit concernant la région Provence-Alpes-Côte d'Azur. C'est ainsi que je découvre non seulement l'influence croissante des Russes dans l'équarrissage des troupeaux et la vente de viande mais, plus sûrement, l'importance de leurs investissements dans le monde des jeux et des casinos.

La sécurité devient d'ailleurs un enjeu tel qu'avec son énergie coutumière, Nicolas Sarkozy entreprend de secouer son petit monde quand il s'installe place Beauvau. À vrai dire, actionner le siège éjectable d'un préfet de police n'est pas une nouveauté, c'est même la première grenade de désencerclement d'un gouvernement. L'un d'eux m'a confié un jour : « À partir de vingt règlements de comptes à Marseille, le préfet de police doit préparer ses valises. » À chaque fois, le film recommence. Nouveau préfet, nouvelles annonces, nouvelles réunions, opérations « coup de poing », mais la délinquance ne s'arrête jamais. Ni les préfets ni les policiers ne sont en cause, et les explications sont connues : des effectifs qui diminuent, des renforts qui arrivent puis repartent, une action policière et une politique pénale qui sont désynchronisées. En 2012, Manuel Valls, ministre de l'Intérieur, a une nouvelle solution : le préfet de police qui dépend directement de Paris et non plus du préfet des Bouches-du-Rhône. Sauf que ce dernier reste préfet de la zone de défense et qu'il fait, lui, la répartition des moyens demandés par le préfet de police « autonome » de Marseille. Pourquoi faire simple quand on peut faire compliqué ?

Revenons au cérémonial du Conseil des ministres. Après le rituel des portefeuilles régaliens, arrive enfin le tour des ministres qui ont, ce jour-là, une communication à faire. L'Éducation, la Culture, la Politique de la ville… À mon heure, j'ai planché sur l'aménagement du territoire. Le président de la République, qui dispose de notes soigneusement rangées dans un sous-main plastifié, interroge l'un ou l'autre, distribue ses conseils et sollicite systématiquement l'avis du Premier ministre. Ce qui se traduit le plus souvent par une approbation.

C'est le moment où s'interrompt la traditionnelle valse des billets à laquelle jamais personne n'a osé mettre fin. C'est-à-dire les petits mots que s'échangent les ministres, d'un bout à l'autre de la table, en veillant à ne jamais les faire transiter par le président de la République ! L'un demande une intervention pour un dossier important de sa ville ou de sa région d'origine, l'autre pour une information particulière. Parfois, un simple clin d'œil tient lieu de réponse. Un mercredi de février 1997, je reçois le message suivant : « Jean-Claude, je ne vois rien venir en matière d'aménagement du territoire. À quand le CIAT[1] que j'avais demandé pour fin janvier ? Amitiés. » C'est signé du Premier ministre, Alain Juppé. Tout est prêt en réalité. Seulement, le cabinet de Matignon n'a toujours pas fixé de date. Je me sens autorisé à secouer tout le monde et le CIAT peut se tenir, le 10 avril, à Auch dans le Gers. Quatre-vingts décisions y sont actées.

C'est à l'issue d'un Conseil, avant la sortie sur le perron de l'Élysée et le face-à-face avec les journalistes et les photographes, que Jacques Chirac nous annonce un jour une « bien mauvaise nouvelle » : l'enlèvement des moines de Tibhirine, en Algérie. Colère d'Hervé de Charette,

1. Comité interministériel d'aménagement du territoire.

rappelant qu'on leur avait enjoint de quitter leur monastère de Notre-Dame-de-l'Atlas depuis plusieurs mois. Il redoute les difficultés que cet événement ne va pas manquer de provoquer avec les autorités algériennes. Stupéfaction de ceux qui, parmi les ministres, sont amicalement surnommés, en raison de la ferveur de leurs engagements catholiques, « les mangeurs d'hosties ». Bien sûr, je viens en tête. Jacques Chirac réplique à son ministre des Affaires étrangères : « Charette, de toute façon nous avons toujours des problèmes avec les autorités algériennes. Faites donc tout pour libérer les prêtres. » Le secrétaire général du gouvernement, qui siège aux côtés de son homologue de l'Élysée sur une petite table dressée au fond de la salle, tente d'insister, ce jour-là, sur la confidentialité à respecter à la sortie du Conseil. « Que les ministres parlent ou ne parlent pas, le coupe Jacques Chirac, désabusé, l'Agence France-Presse, *Le Canard* publieront de toute façon demain tout ce qui s'est dit. »

Ce drame croise de nouveau ma route des années plus tard. En 2011, les présidents des conseils généraux, celui du conseil régional et moi allons à Alger inaugurer la réhabilitation de Notre-Dame-d'Afrique, véritable « petite sœur » de Notre-Dame-de-la-Garde, aussi bien en raison de sa position dominante sur la ville que par son style architectural. Le chœur porte l'inscription : « Pour les chrétiens et pour les musulmans ». Ce jour-là, nous frôlons l'incident diplomatique. À notre arrivée sur le parvis de la basilique, l'évêque d'Alger, un Jordanien, informe Mgr Panafieu, Mgr Pontier et les évêques qui nous accompagnent qu'ils ne devront pas porter l'habit de chœur mais rester en civil. Première surprise.

Nous attendons l'arrivée du ministre d'État qui doit participer à l'inauguration. Le temps passe. Au bout d'une demi-heure, l'évêque d'Alger nous invite à commencer l'inauguration. Une cérémonie dépourvue de toute expression religieuse puisqu'elle se résume à trois discours, ceux de Michel Vauzelle, de Jean-Noël Guérini et le mien. Quand nous rejoignons la nonciature pour déjeuner, le ministre d'État arrive enfin avec le wali d'Alger. On nous explique la raison de leur absence remarquée : « Parce que les évêques qui sont vos invités veulent aller demain à Tibhirine. » Nous ignorions tout de ce projet. Le même jour sort sur les écrans français, au grand déplaisir des autorités algériennes, le film presque intimiste *Des hommes et des dieux* retraçant le calvaire de ces moines enlevés puis décapités par un commando islamiste, dit-on.

Ma plus belle surprise à l'étranger, c'est à Alger que je l'ai connue. En 2006, je conduis avec Jacques Pfister, le président de la chambre de commerce et d'industrie, une importante délégation de chefs d'entreprise phocéens. Ce n'est pas la première fois que je me rends dans la capitale algérienne. J'ai accompagné à différentes reprises des représentants du gouvernement français. Durant la table ronde consacrée aux relations économiques entre Marseille et Alger, Chérif Rahmani, ministre de l'Environnement et de l'Aménagement du territoire de la République algérienne, me tend le papier qu'une cohorte de motards vient de lui apporter : « Le président Bouteflika veut voir Gaudin. » Mon étonnement est d'autant plus grand que, par respect du protocole, nous n'avons sollicité aucune audience. Aussi, je me tourne vers Chérif Rahmani et lui demande :

« Mais quand ? Quand veut-il me voir ? Demain ? Après-demain ?

– Tout de suite, répond le ministre en souriant. Regardez, depuis un moment la salle se remplit de policiers. Ils viennent vous chercher. »

J'avais rencontré, quelques mois auparavant, le ministre d'État, ministre des Affaires étrangères, Mohammed

Bedjaoui. Cette personnalité algérienne issue du FLN ne nous avait guère ménagés, le ministre des Affaires étrangères, Philippe Douste-Blazy, que j'accompagnais, et moi. « Il n'y aura pas de traité d'amitié entre la France et l'Algérie tant que vous n'aurez pas condamné plus nettement la colonisation », avait-il dit après avoir critiqué les positions françaises sur le Sahara oriental. Puis, il avait martelé : « Vos relations privilégiées avec le Maroc ne nous concernent pas. » J'avais enregistré la sortie.

Dans la voiture précédée d'une escorte aux sirènes hurlantes qui me conduit vers le palais présidentiel, je m'interroge. Que souhaite me dire le président de la République en m'invitant de manière aussi impromptue qu'autoritaire ? Que vais-je pouvoir lui répondre ?

En m'accueillant chaleureusement, Abdelaziz Bouteflika en vient aussitôt au fait : « Je vais recevoir tout à l'heure les lettres de créances de Bernard Bajolet, le nouvel ambassadeur de France, afin qu'il puisse vous accompagner dans votre déplacement. » Puis il précise : « Voilà, Gaudin, je vous ai fait venir car nous venons de construire un hôpital neuf à Oran et nous avons du mal à le faire fonctionner. Pourriez-vous nous envoyer quelques spécialistes de l'Assistance publique de Marseille ? »

Ma réponse est immédiate : « Bien sûr, monsieur le Président. Des responsables des hôpitaux de Marseille sont ici avec moi. » Ainsi est fait. Je m'enhardis à lui rappeler que la Société des eaux de Marseille s'est mise à la disposition du gouvernement algérien lors des inondations qui ont ravagé Bab El Oued, quelques années plus tôt. Le président Chirac, en visite à Alger peu de jours après, avait d'ailleurs bénéficié des témoignages de reconnaissance de la population. Sur ma lancée, j'enchaîne les dossiers : « A-t-on porté à votre connaissance, monsieur le Président, que Marseille participe largement à l'entretien des cimetières d'Alger et que, lorsque vous organisez des élections à Marseille, puisque c'est dans notre ville que vos ressortissants de tout le sud de la France viennent voter, c'est nous, en réalité, qui les organisons matériellement ? » Au moment de me retirer, je suis assez fier de mon propos. Et d'avoir été écouté. J'aurai la preuve, par la suite, de l'impact positif de cette rencontre quand le président Sarkozy m'invitera à l'accompagner pour son voyage officiel en Algérie.

Tous les protocoles se ressemblent : hymnes nationaux, honneurs militaires puis passage des deux Présidents au milieu des personnalités. D'un côté, les Français ; de l'autre, les Algériens. Je suis à côté de Michel Vauzelle. Ce dernier embrasse le président Bouteflika quand celui-ci arrive à notre hauteur. Je m'en tiens à lui tendre simplement la main avec respect. Les deux Présidents reprennent leur marche. Pour quelques pas seulement. Car, retenant Nicolas Sarkozy par le bras, Abdelaziz Bouteflika lui dit : « Michel Vauzelle m'a embrassé, je retourne embrasser Gaudin. » Et il le fait.

Cette anecdote compte beaucoup pour moi. Elle illustre le rôle essentiel du contact personnel, de la relation humaine, dans un univers politique trop figé dans des codes institutionnels. Elle montre que, sans appartenir à l'univers de la diplomatie, on peut néanmoins, en tant qu'élu local, apporter une pierre à la construction d'une politique de paix et de respect.

À la vérité, l'évocation de la coopération décentralisée m'inspire toujours un certain sourire. Jeune député et nouveau président de région, j'avais osé initier un jumelage avec la région de Tétouan, au Maroc. Mon homologue, Abdeslam Baraka, ambassadeur en France de Sa Majesté le roi, la présidait. Quelle audace ! À mon retour à l'Assemblée nationale, quelques jours plus tard, je suis sévèrement pris à partie par Michel Debré, l'ancien Premier ministre du général de Gaulle, et par Pierre Mazeaud, qui présidera par la suite le Conseil constitutionnel. « La politique étrangère de la France, me sermonnent-ils tous deux, se fait au Quai d'Orsay. Elle n'est pas du rôle des élus locaux, fussent-ils parlementaires ! »

Ce sont pourtant des initiatives comme celle-ci qui font évoluer les mentalités et bouger les codes. En une quarantaine d'années, la situation a changé et je me flatte d'y avoir contribué. Nos institutions, Assemblée nationale, Sénat et autres collectivités, entretiennent à présent des relations privilégiées avec la plupart de leurs homologues du monde entier. La paix n'a pas de prix. Au-delà de toute ingérence, les relations humaines autorisent des réalisations sous l'égide de la fraternité et de la générosité. La République a tout à y gagner.

Cette proximité avec les autorités algériennes, et plus généralement du Maghreb, me rend confiant lorsque j'ouvre le délicat dossier de la grande mosquée de Marseille. Alors que Marseille compte environ 300 000 musulmans, dont 40 000 Comoriens, je suis conscient qu'ils ne disposent pas d'un lieu de culte susceptible d'accueillir dignement un grand nombre de fidèles. La pratique religieuse est cantonnée à quelques mosquées officielles et beaucoup de clandestines. Cela favorise non seulement une économie souterraine mais aussi la constitution de ghettos communautaires.

Je propose aux responsables musulmans de mettre à leur disposition une grande halle des anciens abattoirs de Saint-Louis. Après l'avoir visitée, ils refusent mon offre pour la raison… que le bâtiment n'est pas orienté vers La Mecque. L'action politique est aussi, et peut-être surtout, une longue pédagogie. Qui mieux qu'un enseignant peut le comprendre ? Un projet architectural de grande qualité est élaboré, permettant la création d'un édifice de 2 500 mètres carrés capable d'accueillir 5 000 fidèles et dont le coût de

22 millions d'euros devra être financé par les dons des fidèles et de pays musulmans, avec un contrôle de l'origine des fonds. Je fais voter par le conseil municipal cette location, par bail emphytéotique. Sur un recours du Front national, le loyer doit être revu à la hausse.

En présence des autorités civiles et religieuses, de l'ambassadeur d'Algérie, du recteur de la mosquée de Paris, nous posons la première pierre symbolique le 20 mai 2010. Il n'y en aura pourtant pas d'autres. Pressentant ce fiasco, j'évite, de justesse, au Premier ministre François Fillon de présider la cérémonie. Dix années durant, la communauté musulmane de Marseille s'est montrée hélas incapable de rassembler le financement. Les conflits entre imams arabes et subsahariens n'ont pas cessé. De guerre lasse, le conseil municipal met un terme, en 2016, à cette opération.

44

Une guerre désastreuse

Nous sommes reçus au 10 Downing Street, Edmond Alphandéry, Pascal Clément et moi, après une visite à la Chambre des communes, à Westminster. Nous voilà dans le bureau du Premier ministre, où nous évoquons la situation économique et financière de la Grande-Bretagne, ce qui visiblement n'emballe pas notre hôte. Soudain, un bruit puissant retentit, faisant vibrer les pampilles du lustre en cristal. D'un coup, une porte s'ouvre. Un homme pénètre dans la pièce sans retenue. Devant notre air interloqué, Margaret Thatcher éclate de rire. En français, alors qu'elle ne s'était exprimée qu'en anglais jusqu'alors, elle effectue les présentations : « Ça, c'est M. Thatcher ! » M. Thatcher, Denis de son prénom, s'excuse en nous voyant : « *Sorry, sorry*… » Et il referme la porte tout aussi peu délicatement.

Haut lieu du pouvoir britannique, le 10 Downing Street est une maison bourgeoise d'assez petite taille. Ma seconde visite s'effectuera en compagnie d'Alain Juppé, devenu ministre d'État, ministre de la Défense, du gouvernement Fillon. Nous nous sommes rendus à Londres pour rencontrer Tony Blair et plusieurs ministres de Sa Majesté à la veille de l'invasion de l'Irak par les forces américaines, au tournant des années 2000. L'accueil du Premier ministre est très sympathique, d'autant qu'il parle un français remarquable.

En entrant dans la salle du Conseil, Tony Blair me dit : « Vous êtes le plus ancien, prenez donc le fauteuil de Winston Churchill. » C'est ainsi que je me retrouve assis là où, un demi-siècle plus tôt, le vieux lion à l'éternel cigare écrivait l'histoire en galvanisant son peuple en guerre contre l'Allemagne. Pour l'heure, Alain Juppé plaide avec conviction et talent. En vain. La décision des Britanniques est prise. Ils s'alignent sur les États-Unis. Ils en subiront les conséquences. Il ne nous reste plus qu'à rentrer à Paris pour informer le président Chirac de l'échec de notre ambassade.

Toujours en compagnie d'Alain Juppé, alors président de l'UMP, nous voici cette fois à Rome pour rencontrer Silvio Berlusconi.

« Puisque nous allons en Italie, il faudrait aussi voir le pape, ai-je proposé.

– Fais le nécessaire », me répond Juppé.

Le nonce apostolique à Paris, le cardinal Fortunato Baldelli, me fait savoir que l'état de santé du Saint-Père ne permet malheureusement pas cette visite. Il nous propose de rencontrer, au Vatican, notre compatriote bordelais, Mgr Jean-Louis Tauran, et le cardinal Angelo Sodano, secrétaire d'État du Saint-Siège. « Pas la guerre ! La guerre est toujours un malheur », telle sera la position du Vatican sur l'Irak, similaire à celle de Jacques Chirac et de la France. Le propos n'est pas le même au siège de Forza Italia, le parti de Silvio Berlusconi, où celui-ci, bien que président du Conseil, nous reçoit, ce qui ne serait pas imaginable en France. Bronzé, les cheveux « violette impériale », tout sourire, il nous annonce tout de go que lui, c'est-à-dire l'Italie, entrera en guerre aux côtés des États-Unis. Face à notre stupéfaction, il nous assure que sa décision est prise. Sans doute le regrettera-t-il en accueillant les corps des soldats italiens morts en Irak.

Je n'ai jamais compté parmi les spécialistes de politique étrangère. Néanmoins, comme Marseillais, je sais mieux que d'autres, peut-être, que la Méditerranée est le berceau de la civilisation européenne. Personne ne l'a mieux démontré que Fernand Braudel. Pourtant, notre mer est aujourd'hui plus un fossé qu'un trait d'union. Et trop souvent un tombeau. Il est légitime d'œuvrer à rassembler. En 2007, dès son élection, Nicolas Sarkozy a évoqué un projet d'union politique de la Méditerranée, qui se heurtera à de multiples d'obstacles. Emmanuel Macron prolonge, aujourd'hui, cette ambition. Comme Nicolas Sarkozy, il a plusieurs fois choisi Marseille pour s'exprimer ou réunir des conférences internationales sur ce sujet.

Ville port et d'accueil, celle-ci est au carrefour de la géographie méditerranéenne et au centre des enjeux Nord-Sud. Elle offre un témoignage, une conscience et une voix. Cette dimension, je la souligne systématiquement en entretenant des liens étroits avec les villes méditerranéennes, celles du Maghreb en particulier, et Alger au premier rang, ville jumelée, ville sœur.

Lorsque je suis invité, en 1999, par les autorités d'Algérie et de la ville d'Alger, c'est un événement. Je suis le premier homme politique français à effectuer une visite officielle depuis la guerre civile avec le GIA. Les dispositifs de sécurité sont considérables, mais en descendant vers le port, je reçois un accueil populaire chaleureux dans la Casbah. On me reconnaît, on me parle de Zidane, l'enfant de la Castellane, et de l'OM. Au cours de mes entretiens, je mesure à quel point Marseille représente une extraordinaire carte de visite.

Les relations internationales de la région puis de la ville de Marseille ont donné lieu à des missions conjointes avec la chambre de commerce et d'industrie. Quasiment toutes nos villes jumelles sont des ports. Hambourg est celle avec laquelle nous entretenons les liens économiques les plus puissants. Je mesure à chacune de mes visites combien cette ville-État bénéficie d'une organisation fortement intégrée qui réunit en de mêmes mains les pouvoirs de la ville, de la région, du port et du projet urbain, l'équivalent de notre établissement public Euroméditerranée. Contrairement à Marseille qui, pour avoir les mêmes gènes, a rarement pu l'exprimer autrement que par la sécession ou l'esprit rebelle et dont l'organisation politique et administrative est émiettée. C'est ce qui fait du maire un chef d'orchestre plutôt qu'un soliste, un fédérateur autant qu'un initiateur. S'il faiblissait dans ces rôles, la ville ne serait plus qu'un bouchon flottant sur les vagues.

Nos missions nous ont conduits aussi vers la Chine. Comment ne pas se féliciter des excellentes relations que Marseille entretient avec ce pays et ce peuple à l'histoire et à la culture fascinantes ? Des liens noués en particulier avec la province de Shandong, où siège le groupe Weichai Power qui a investi, en 2009, dans les moteurs Baudouin, à Cassis, et en préserve les emplois. Avec Shanghai aussi, autre cité jumelle, métropole portuaire elle aussi, mais le parallèle s'arrête là.

C'est un choc de découvrir cette ville de vingt millions d'habitants, dont un seul immeuble comptait plus de quinze étages à l'heure du réveil déclenché par Deng Xiaoping, le successeur de Mao, et qui est hérissée maintenant de plusieurs milliers de tours. Je suis également impressionné par les nouveaux bâtiments culturels, le musée d'Histoire et l'Opéra, qui témoignent d'une soif de culture universelle chez les Chinois. Ils nous questionnent sur le financement de la culture, mais je comprends que notre modèle de subventionnement public à 80 % n'est pas ce qu'ils recherchent. Leur communisme a ses limites.

La présence occidentale, notamment française, est encore

visible à Shanghai, héritage des concessions du XIXe siècle. Des avenues bordées de platanes et d'immeubles à l'aspect haussmannien en témoignent, en particulier dans le quartier où j'inaugure, avec le maire de la ville, la réplique de la fontaine de l'Arbre de l'Espérance que Marseille a offerte à sa cité jumelle, pour la remercier du jardin traditionnel chinois dont celle-ci nous a fait présent et que nous avons installé au jardin botanique du parc Borély.

De Marseille, mes interlocuteurs connaissent le château d'If, grâce au comte de Monte-Cristo, et l'OM, grâce à Zidane, même si Zizou n'a jamais joué sous nos couleurs. Ce voyage est un succès par les prolongements qu'il aura, car avec les Chinois, plus encore qu'avec tout autre peuple, la relation de confiance naît de la constance. Pour l'anecdote, mes nuits à Shanghai ont été particulièrement hachées. À Paris, Dominique de Villepin vient d'être nommé Premier ministre et constitue son équipe ministérielle. Je suis en permanence réveillé par des coups de téléphone m'associant, à distance, à l'un de ces moments agités de la vie de la République, où il convient d'élaborer les équilibres politiques du futur gouvernement.

Maire de Marseille, j'ai multiplié les contacts et les relations avec mes homologues des grandes villes européennes. Et méditerranéennes en priorité. Avec Giuseppe Pericu, le maire de Gênes. Avec Barcelone et Jordi Pujol, le président de la Generalitat de Catalogne. Et avec Valence, qui nous a dominés deux fois, l'une pour obtenir l'accueil de la Coupe de l'America, l'autre pour enlever la Coupe de l'UEFA contre l'OM. Mais aussi avec Glasgow, une ville comparable à Marseille, dont la *Lord Provost*, Liz Camerone, viendra un jour présider avec moi les festivités du 14 Juillet sur le Vieux-Port.

Comment ne pas parler de Marrakech et de ses maires successifs, mon ami le sénateur Omar El Jazouli, qui a développé sa ville jusqu'à en faire, en l'espace de dix ans, l'une des capitales mondiales du tourisme, puis Fatima El Mansouri ? J'aime le Maroc et je vais régulièrement passer quelques jours dans la cité impériale, faisant systématiquement une escapade jusque dans la vallée de l'Ourika ou dans celle d'Asni. Chaque fois, mon ami le général major de la gendarmerie royale, Driss Mateich, me pilote et me fait découvrir le charme des contreforts de l'Atlas, loin du bling-bling de certains *people*. Mon attachement au Maroc est sincère. C'est l'une des raisons, sans doute, pour lesquelles le roi Mohammed VI m'a reçu à plusieurs reprises au palais royal, à Rabat ou à Tanger, et m'a remis le grand cordon de Wissam Al Alaoui, l'une des plus hautes distinctions du pays.

Pour rallier New York et les États-Unis, où je me suis rendu en diverses occasions, j'ai eu la chance de prendre l'un des derniers vols du Concorde en compagnie de Claude Cardella, qui présidait alors la chambre de commerce et d'industrie Marseille-Provence. Les grands cuisiniers régionaux organisaient en effet une semaine gastronomique à l'ONU. Comment aurais-je pu ne pas être à leurs côtés ! Tous les diplomates en poste ont été conviés à un déjeuner que j'ai fait présider par Mgr Jean-Louis Tauran, ministre des Affaires étrangères de Jean-Paul II. Inutile de souligner que leur art a connu un remarquable succès. Mais les États-Unis, pour moi, c'est avant tout Sacramento, où je me suis exprimé devant le Sénat de Californie et où j'ai été reçu par Ronald Reagan et son épouse Nancy.

Au fil de ma carrière parlementaire, j'ai été amené à participer à d'autres déplacements, plus officiels. Ainsi Édouard Balladur, Premier ministre, m'invite-t-il lors d'un voyage en Pologne, avec des étapes à Varsovie et à l'université Jagellon de Cracovie. Je me trouve aux côtés de

Simone Veil au moment d'entrer dans Auschwitz puis à Birkenau, où elle avait été déportée. Un mauvais jour de mars, avec un ciel bas et sombre. Cette grande dame de notre République fait montre d'une dignité immense durant les longues heures de notre visite. Il n'y a guère d'échanges d'un camp à l'autre. Inutile de parler. Comment décrire l'émotion qui nous glace, bien plus que le froid pourtant mordant de l'hiver polonais ?

Le président Sarkozy quant à lui m'associera à son déplacement à Kiev afin de rencontrer le président de la République d'Ukraine, Viktor Iouchtchenko, et celle qui était encore sa Première ministre, Ioulia Tymochenko, avant qu'il ne la fasse incarcérer. Je me suis aussi rendu à Séville lors de l'Exposition universelle ; à Toronto, où je me suis lié d'amitié avec le député libéral de Davenport, Mario Silva ; à Rio de Janeiro, où le consul général de France a offert un déjeuner à l'Union des maires des Bouches-du-Rhône en visite au Brésil à la même époque. C'est toutefois vers mon ancrage, le bassin méditerranéen, que tout me ramène. Vers la Tunisie, où l'ancien Premier ministre Mohamed Ghannouchi me reçoit toujours avec beaucoup d'amitié, et où l'ancien maire de Tunis, Abbès Mohsen, m'accueille en ami. Vers Israël aussi, bien sûr, où j'ai souvent été invité par les Premiers ministres de l'État hébreu…

Quant au président Shimon Peres, auquel m'attachaient des liens de profonde considération, j'aurai le plaisir de l'accueillir et de le loger, selon ses vœux, à la villa Pastré, non sans avoir, à la demande du consul général d'Israël, fait installer une climatisation. Cette villa, maison de réception des hôtes prestigieux de Marseille, Gaston Defferre l'avait fait acheter par la ville pour renflouer la famille Pastré. Elle a ses habitués, comme Roselyne Bachelot qui, non sans autodérision, s'est recyclée un temps dans l'animation de shows télévisés avant de retrouver un portefeuille ministériel. Elle venait à Marseille chaque fois que son ténor favori, l'Allemand Jonas Kaufmann, se produisait sur la scène de l'Opéra municipal.

La villa a aussi ses hôtes accidentels, comme le prince Rainier III de Monaco, qui a répondu à mon invitation. J'avais prévu à cette occasion une balade dans la rade et obtenu de Jacques Chirac qu'il me prête le bateau mis à sa disposition l'été à Brégançon. Hélas, le jour dit, celui-ci tombe en panne si bien que je dois emprunter le bateau des marins-pompiers, évidemment moins confortable. Mais à peine a-t-on quitté le port de la Pointe-Rouge, je vois le prince Rainier dodeliner de la tête, rendu somnolant sans doute par le grand déjeuner offert par le préfet Hubert Blanc. Je trouve plus sage de le ramener à la villa Pastré pour une sieste bienvenue. L'épisode me vaudra, à titre de remerciements, une invitation sur le Rocher avec concert à vingt-deux heures puis souper jusqu'à deux heures du matin. Le métier de maire n'est pas de tout repos.

Plus encore qu'à la Knesset pour rencontrer Eliyahu Ben-Elissar, qui mourut ambassadeur d'Israël en France, c'est sur le Golan que j'ai mesuré, de manière quasi physique, les impératifs qui conduisent l'État d'Israël à consacrer autant de moyens à sa défense et à celle de ses frontières. Comment ne pas regretter, depuis ce belvédère, que les accords de Camp David n'aient pas trouvé leur concrétisation ou que les propositions d'Ehud Barak n'aient pas été acceptées par les Palestiniens ? À Yad Vashem, au mémorial de l'Holocauste, j'ai parcouru l'allée des Justes et je me suis recueilli, avec respect, devant la plaque portant le nom de Jean Lecanuet. Qu'il ait joué de son autorité pour protéger les Juifs en 1942-1943 ne me surprend pas d'un homme politique que j'ai admiré.

Yitzhak Shamir m'incite un jour à me rendre dans les territoires occupés. Cette suggestion soulève aussitôt les réticences de l'ambassadeur de France. Et une réaction de Roland Dumas, ministre des Affaires étrangères, qui me fait savoir depuis Paris que « ce n'est pas indiqué ». N'étant pas ministre ni soumis à un devoir de réserve, je passe outre. Je réponds d'autant plus volontiers à cette invitation qu'elle me permet de visiter des lieux saints comme Bethléem ou le Jourdain. Marseille étant jumelée à Haïfa, je suis allé à plusieurs reprises dans cette métropole du nord d'Israël, notamment pour recevoir les clés du Centre culturel franco-israélien Gaston-Defferre, en compagnie de Christian Poncelet, président du Sénat.

C'est en effet la Haute Assemblée et les collectivités territoriales qui en ont assuré le financement. J'ai connu un moment de grande émotion sur une colline boisée qualifiée de « forêt française », près de Jérusalem, où mes adjoints Daniel Sperling, Albert Guigui et Séréna Zouaghi m'ont conduit. J'ai pu lire sur un monument : « En l'honneur de Nicole Zemmour, adjointe au maire de M. Gaudin. » J'ignorais l'existence de cette inscription saluant le rôle de cette femme au sein de l'association Keren Kayemeth Leisrael.

J'ai effectué plusieurs fois aussi le voyage pour Erevan, où j'ai été fait docteur *honoris causa* de la faculté de médecine. Nombreux sont les Marseillais d'origine arménienne. Ils sont les descendants de ces milliers de femmes et d'hommes qui y trouvèrent un port et une terre d'accueil à l'heure du génocide. Ce n'est pas un hasard si je suis toujours présent aux cérémonies de la date anniversaire du 24 avril. Ou si je me suis longtemps battu pour obtenir la reconnaissance du génocide par le Sénat. Cette loi porte mon nom comme premier signataire et j'en suis fier. Comme je suis fier de m'opposer à l'entrée de la Turquie dans l'Union européenne. Et fier de tous les efforts engagés par mes équipes municipales successives pour garantir le développement de l'école, du collège et du lycée Hamaskaïne. Mon ami Roland Blum s'est employé à obtenir que leurs classes secondaires soient placées dans le cadre d'un contrat d'association.

Erevan étant jumelée avec Marseille, nous procédons souvent à des échanges de fonctionnaires. Impossible de s'y trouver sans visiter l'usine Ricard qui produit sherry, cognac et whisky. La visite est codifiée : la tradition veut que l'on se pèse avec des caisses de ces précieux nectars comme contrepoids, puis que l'on verse à la maternité locale la somme correspondant à sa pesée. Ce qu'il m'appartient de payer est étonnamment conséquent ! Impossible enfin, à Erevan, de ne pas se rendre au palais du Catholicos Karékine II et au monument du génocide. Une plaque portant mon nom y est apposée, sur un arbre planté au cœur d'un vaste espace vert. Je suis émerveillé, à chacune de mes visites, par sa croissance. J'ai fait planter le même, d'une taille certes plus modeste, à Marseille.

Le Liban est le dernier de mes coups de cœur. Je vais souvent dans ce pays ami où les Frères maristes ont dirigé plusieurs établissements catholiques. Les liens entre Marseille et Beyrouth sont historiques et suffisamment forts pour que nous expédiions nos marins-pompiers et des moyens à chacun des drames que connaissent la capitale et sa banlieue. J'y suis retourné, dans le cadre de la coopération décentralisée entre notre Sénat et la République libanaise. J'ai retrouvé avec plaisir le président de la République, le général Michel Sleiman, le Premier ministre Saad Hariri, dont j'ai bien connu le père, ou le président de l'Assemblée nationale.

À la villa des Pins, qui abrite l'ambassade de France, j'ai pu mesurer l'influence de Jacques Saadé sur bon nombre de personnalités de premier plan de la vie économique locale. L'aura du fondateur de CMA-CGM au pays du

Maintenant, je vais tout vous raconter…

Cèdre est forte et nous, Marseillais, lui devons une grande reconnaissance pour avoir transféré vers Marseille le siège social de sa société, installé à l'origine dans les Hauts-de-Seine. Troisième armateur mondial, son fils Rodolphe, après lui, contribue au rayonnement économique de notre ville.

45

Un CDD à durée réduite

Ministre, oui, bon… La vie d'un ministre n'est jamais un long fleuve tranquille. Je ne réside pas dans le coquet hôtel de Broglie, proche de l'Assemblée nationale. J'ai conservé mes habitudes dans le studio que je loue depuis mon élection à l'Assemblée nationale, en 1978. Je n'y dîne pas non plus, m'efforçant d'arriver tôt, le matin, à mon bureau pour en partir à vingt heures au plus tard, durant les trois ou quatre jours que je passe chaque semaine dans cette ville si conviviale. Le président de l'Assemblée nationale ayant exigé que les ministres répondent sans notes aux députés qui les interrogent lors des questions au gouvernement, je me contente d'un déjeuner sur le pouce les mardis et mercredis, afin de préparer mes dossiers. Ajoutons quelques déplacements à travers la France, on comprend que mes collaborateurs ne soient pas accablés par un protocole qui se résume, me concernant, à un déjeuner les jeudis face au jardin et à l'église Sainte-Clotilde.

Il convient, lorsqu'on accède à des fonctions gouvernementales, que ceux qui vous ont permis d'obtenir cette promotion se sentent associés et non délaissés. C'est pourquoi j'invite des parlementaires et des élus marseillais, quelques évêques et jusqu'à Robert Vigouroux, venu me demander, dans l'espoir de conserver son mandat, de faire liste commune avec lui pour les sénatoriales de 1998. J'accueille même le chorégraphe Roland Petit et le Ballet de Marseille (sans Edmonde Charles-Roux qui a décliné ma proposition). J'avais doublé la subvention que lui accordait le conseil régional lorsque, à la mort de Gaston Defferre, Michel Pezet lui avait fait couper les crédits municipaux. Malgré les gestes d'attention que je multiplie à son égard, il choisit pourtant de quitter Marseille et la France pour la Suisse et ses avantages. Preuve que la République n'est pas rancunière, elle lui attribuera néanmoins la cravate de commandeur de la Légion d'honneur.

Ministre en quelque sorte des villes et des campagnes, j'effectue de nombreux déplacements qui ne sont pas tous sans surprises. Lors d'une visite en Haute-Saône, un éleveur de Pusey m'offre un tout jeune veau. Moi qui n'ai ni chien ni chat, il me propose d'en faire un animal de compagnie puisqu'il n'a plus de valeur marchande depuis la crise de la vache folle. Au préfet qui me propose de le confier à une maison de retraite, je suggère la ferme pédagogique des Pins, à Marseille, pour l'accueillir. Ainsi sera fait : le veau, flanqué de nombreux biberons, effectue le voyage en fourgonnette aménagée pour l'occasion !

Si prestigieuse qu'elle soit, la fonction ministérielle réserve d'autres pièges. Comme celui que me tend la situation politique de Caen, à l'occasion d'une visite pour la mise en place du Pacte de relance pour la ville. Apercevant un député du Calvados avec lequel il est en mauvais termes, quoique appartenant à la même formation politique, le maire Jean-Marie Girault me demande benoîtement de « l'oublier » dans mon discours. M'attrapant quelques minutes plus tard par la manche, le même député m'invite instamment à ne pas lésiner sur le compliment à son égard. Que faire ? Mon allocution tourne à la mauvaise bouillabaisse et laisse sans doute les deux hommes sur leur faim.

Que dire, sur le même registre, de cette visite en Corse, aux côtés d'Alain Juppé ? Nous voici à Corte. La foule n'est guère nombreuse le long du parcours, effectué à pied, dans le centre de la ville. Le soleil tape et le Premier ministre désigne la terrasse d'un bar où nous désaltérer. Personne ne se pressant pour prendre notre commande, je m'avance vers le comptoir. « Vous savez où vous êtes, ici ? » m'interroge le patron, le regard malicieux, avant d'ajouter, devant mon air perplexe : « Vous êtes dans le bar où se réunissent les nationalistes. » Il nous sert néanmoins.

Je n'ai pas fini mon verre que *La Marseillaise* retentit. C'est le portable de Jean-Louis Debré, le ministre de l'Intérieur. Il a fait mettre l'hymne national en sonnerie. Il s'éloigne de quelques pas pour communiquer discrètement avec son interlocuteur puis, revenant vers nous, annonce : « Je viens de donner l'autorisation d'interpeller Michel Mouillot. » Les ennuis judiciaires du maire de Cannes de l'époque commencent. Debré me met en garde, plus tard, contre des ennuis d'une tout autre nature. Ma sécurité physique serait menacée par des Corses. Il décide donc de me flanquer d'un officier de sécurité. Une protection que je conserverai jusqu'à mon départ de la mairie.

Je n'oublierai jamais, non plus, l'appel de Bernard Pons, qui siège comme ministre des Transports dans le même gouvernement Juppé. Voilà trente-trois jours que les employés de la Régie des transports de Marseille sont en grève en ce mois de janvier 1996. À la mairie, nous tenons bon face à des revendications qui menacent de mettre à bas les efforts de productivité, d'organisation et de rigueur engagés depuis plusieurs années par un directeur courageux. « Pas la peine de mettre la panique dans tout le pays, laisse tomber », m'enjoint Bernard Pons, soutenu par le Premier ministre, qui craint sans doute une contagion dans le secteur des transports, tant il est vrai que Marseille et la CGT constituent, malheureusement, des figures de proue d'un syndicalisme cadenassé.

La rage au ventre, je cède au nom de ce que l'on appelle, pudiquement, la solidarité gouvernementale. Cette même solidarité qui me conduit à respecter consciencieusement le souhait du chef de l'État de voir le gouvernement au complet se recueillir, à Notre-Dame de Paris, autour du cercueil de François Mitterrand. Et pourtant...

Je me souviendrai en 2006 de ce coup de téléphone de Pons, alors que je serai face aux mêmes traminots en grève durant quarante-six jours. Ils s'opposent à mon choix de confier la gestion du nouveau tramway de Marseille à Veolia. Ne pas lâcher.

Tout a une fin. Les carrières ministérielles plus que toute autre fonction. L'acceptation d'un maroquin ressemble fort à un CDD à durée réduite. Lorsque j'interroge, en avril 1997, le chef du gouvernement sur les rumeurs de dissolution de l'Assemblée nationale qui courent dans Paris et que me rapporte Richard Castera, mon directeur de cabinet, la réponse d'Alain Juppé est sans ambiguïté : « Ce n'est absolument pas à l'ordre du jour, profitons plutôt de cette belle table. » Nous dînons ce soir-là à Auch chez Daguin, à l'hôtel de France, à la veille d'un comité interministériel sur l'aménagement du territoire. Si elle ne me coupe pas l'appétit, cette réponse me fait néanmoins penser à ces assurances que l'on assène d'autant plus catégoriquement que la vérité est inverse. Quand on affirme, par exemple, ne pas avoir payé de rançon pour libérer des otages.

« Quoi que vous ait dit le Premier ministre, me confirme Claude Bertrand le soir même, n'en doutez pas, la dissolution va avoir lieu. ».Elle sera annoncée deux ou trois jours plus tard. François Léotard m'affirme n'avoir été mis dans la confidence que quelques heures auparavant. Je peux témoigner que les membres du gouvernement n'ont pas été associés à cette option qui sera imputée au seul Dominique de Villepin. Je n'imagine pourtant pas que Jacques Chirac l'ait prise sans l'assentiment d'Alain Juppé, de Jacques Toubon et de quelques conseillers élyséens.

Nous sommes, en revanche, directement impactés. Pas seulement, pour ce qui me concerne, parce que, en transmettant mes pouvoirs ministériels à Dominique Voynet, quelques semaines plus tard, je me retrouve, pour la première fois depuis 1978, sans mandat parlementaire. Mais surtout parce que ce genre de choix, tranché sans consultation et dans l'entre-soi de la sphère élyséenne, illustre combien est pernicieuse toute action politique coupée de ses racines territoriales.

En raison de cette dissolution qui ouvre le chemin de la victoire à la gauche et la porte de Matignon à Lionel Jospin, je quitte mon ministère, heureux d'avoir connu cette consécration mais pas fâché de ne plus exercer une fonction qui ne m'a jamais enthousiasmé. Une nouvelle cohabitation commence. Je retrouve le rôle d'opposant et Marseille son statut habituel de ville rebelle.

46

Paroles, paroles

Si mon triple cumul – gouvernement, mairie, région – a duré dix-huit mois, entre novembre 1995 et avril 1997, ma double responsabilité de maire et de président du conseil régional ne lui survit qu'un an. Par ma seule volonté. Élu à la tête de la région en 1986, réélu en 1992, je n'aspire pas à un troisième mandat. Je considère simplement que le temps est venu de me consacrer exclusivement à Marseille.

Les élections sénatoriales de septembre 1998 approchent. Je souhaite retrouver à la fois la Haute Assemblée et les ouvertures que la vie parlementaire peuvent m'apporter au service des Marseillais. Je suis d'autant plus encouragé à quitter le conseil régional que François Léotard ne fait plus mystère de son attrait, nouveau, pour cette présidence. Je tente de lui rappeler le peu d'attention qu'il a portée jusqu'alors à une région où il a été élu en 1986. Je fais valoir, en outre, les éminentes qualités du professeur Jean-François Mattéi. Rien n'y fait. François Léotard souhaite obtenir la présidence de la région parce qu'elle pourra, du moins le pense-t-il, lui servir de tremplin politique et médiatique vers d'autres ambitions, nationales. Je lui apporte mon soutien, loyalement, dès la cérémonie des vœux de janvier 1998. Je participe à plusieurs meetings à ses côtés, au début de sa campagne. Au début de sa campagne seulement…

J'y ai droit, en effet, à de véritables *standing ovations*. Quant à Léotard, il n'obtient que des applaudissements de politesse. Gênant et à tout le moins contre-productif. Je m'abstiens donc. J'avoue que le résultat final ne me surprend guère. Assurément, il illustre le talent relatif de frère Honorat, son surnom lors de sa lointaine époque de noviciat. Il faut croire que la leçon a porté cette fois-ci. Léotard ne tarde pas à s'éloigner définitivement de la vie politique. Une « vague rose » balaie les vingt-deux régions françaises, ne laissant à la droite que l'Alsace et la Corse, et encore, au prix de quelques curiosités insulaires. Le député socialiste d'Arles et ancien garde des Sceaux de François Mitterrand, Michel Vauzelle, enlève la région la plus à droite de France. La défaite de notre camp m'est particulièrement cruelle. Je ne peux oublier les efforts qu'il m'a fallu pour la gagner en 1986, ni les honteuses critiques que j'ai dû essuyer pour la gérer avec une majorité stable, ni les terribles épreuves que j'ai finalement endurées pour la conserver.

Oui, je suis meurtri par cet échec et je me promets de me souvenir de cette leçon, le jour venu, avant d'organiser les indispensables successions. En attendant, c'est l'heure de retrouver le Sénat. Six mois après la perte de la région, la liste de la droite républicaine, que je dirige, obtient les suffrages de 1 037 des 2 896 grands électeurs du département et trois élus, soit un de plus que par le passé : le maire de Roquefort-la-Bédoule, le professeur Francis Giraud, et celui de Salon, André Vallet, qui avait rejoint les radicaux valoisiens – autrement dit de centre droit ! – au cours des mois précédents, m'accompagnent. Tous deux siégeront neuf ans, au grand dam de Léon Vachet et de Jean Roatta qui ont cru longtemps aux promesses faites en présence d'éminents témoins. Ils devront se résoudre à ne pas leur succéder en cours de mandat.

Six ans passent vite. Comme un éclair. Je me retrouve,

sans avoir eu le temps de m'en rendre compte, dans la ligne droite. Je vais devoir défendre mon bilan et solliciter un nouveau mandat auprès des Marseillais. Oui, Marseille bouge, Marseille change. De toutes parts, on loue son évolution, on vante son dynamisme retrouvé, on redécouvre ses beautés. Nombreux sont ceux qui viennent s'y installer. Nos grands projets sont désormais engagés, bien d'autres sont en préparation. Les Marseillais apprécient de nouveau leur ville, Marseille est à la mode et, TGV aidant, on se plaît à venir en goûter les bonheurs. Tout indique qu'à l'heure d'entrer dans le troisième millénaire, nous allons dans le bon sens.

Si le résultat est identique, entre élection et réélection il n'existe guère de ressemblances. Lors d'une élection, on sanctionne le passé, on jauge un homme et une équipe, on cède parfois à une brutale séduction voire à la simple tentation du changement pour lui-même. Lors d'une réélection, on confirme ses choix, on affirme sa confiance après avoir jugé et estimé sur pièces. Si porteur que me semble l'air du temps, si chaleureux et réguliers qu'aient été les témoignages des Marseillais à mon égard, je ne me risque pas à la moindre désinvolture ni au plus léger relâchement.

Durant ces six années, j'ai appris les exigences de ma fonction. Fédérer toujours, rassembler le plus possible, construire en agrégeant. Tout faire pour y parvenir sous peine de voir le meilleur des projets balayé par une colère habilement attisée. Tenir bon, ne rien relâcher de son effort pour que, toujours, triomphe l'intérêt collectif sur l'individuel malgré la multitude des pressions. Et d'abord celles de ses propres amis. Dieu sait que l'égoïsme humain peut être sans limite. L'exercice du pouvoir isole, dit-on. Il constitue en tout cas un redoutable révélateur de l'âme humaine.

La fonction de maire m'a appris à être plus consensuel que je ne l'étais dans ma jeunesse. Plus tranquille et serein, aussi, face à des assauts pas toujours élégants. Ainsi n'ai-je pas donné plus d'importance que nécessaire au geste d'énervement qui gagne, un jour, Ronald Perdomo. Cet élu du Front national insiste pour reprendre la parole sur un sujet que je considère comme clos. Je refuse, il insiste, je refuse encore. Au comble de l'agacement, il lance son micro depuis le fond de la salle, où il est installé, vers la tribune d'où je préside le conseil municipal. Le projectile de circonstance, « arme par destination » dirait un avocat pénaliste, m'évite de justesse mais rebondit sur le mur derrière moi et vient frapper le secrétaire général de la mairie assis à mes côtés !

Si je demeure parfois agressif verbalement lors des séances plénières du conseil municipal face aux excès caricaturaux de l'opposition, cette attitude relève surtout du jeu de rôle et de la dimension théâtrale des échanges. « Quand j'interpelle Gaudin, avait coutume de dire dans un sourire Michel Pezet lorsqu'il était le leader de l'opposition municipale, il sait ce que je vais lui dire. Moi, je sais déjà ce qu'il va me répondre ! » En cette fin d'année 2000 où nous célébrons avec ferveur le 26e siècle d'existence de la ville, élevant même un pont transbordeur sommaire et temporaire d'une rive l'autre du Vieux-Port afin de projeter des images géantes sur un mur d'eau nocturne, j'attends le rendez-vous de 2001 avec confiance mais vigilance. Et avec un feu d'artifice du 31 décembre aussi spectaculaire que celui de fin 1999 avait été raté. Marseille semble avoir le vent en poupe. Moi aussi.

À dire vrai, j'attends avec d'autant plus de sérénité que les socialistes ne semblent ni nombreux ni avides de me disputer la tunique. Sollicité par ses amis, Marius Masse junior accepte de se dévouer, avant de renoncer à la suite d'un incident de santé. Sans regret apparent. Lucien Weygand hors jeu, Michel Pezet toujours « tricard » pour une large part du PS, Marius Masse écarté, c'est le plus ancien dans le grade le plus élevé qui doit se lancer dans la bataille à un mois de l'échéance. Je respecte le conseiller général René Olmeta, ancien dirigeant des comités d'intérêt de quartier (CIQ) qui a rejoint Gaston Defferre voici près de trois décennies avant de rallier le camp vigouriste. Changeant une nouvelle fois de cap après ses incursions « balladuriennes », Robert Vigouroux lui apporte son soutien. Pour se venger sans doute de mon refus de l'enrôler, trois ans plus tôt, sur ma liste sénatoriale. Il aurait voulu siéger à nouveau au Sénat sans disposer du moindre mandat local ou de la plus infime légitimité politique. Qu'importe.

J'essaie d'oublier que, d'une conversation l'autre, René Olmeta m'a laissé entendre, quelques mois plus tôt, qu'il ne refuserait pas de figurer sur mes listes si je le sollicitais. Je ne l'ai pas sollicité. Pour les composer, j'ai, comme toujours au départ, rêvé d'appeler quelques-unes des personnalités qui composent les forces vives de la société marseillaise. De les élargir au-delà des frontières partisanes. L'ouverture que Nicolas Sarkozy entreprendra en 2007, j'aurais sincèrement aimé l'engager de façon plus affirmée six ans plus tôt[1]. Les complexités humaines et les complications politiques ont raison de mes aspirations. Le temps passant, j'en reviens, comme pris dans un méchant phénomène d'entonnoir, aux leaders et aux militants politiques.

J'aurai à vivre, à cette occasion, l'un des premiers moments désagréables de ma relation avec Renaud Muselier. Jamais nous n'avons cédé, au cours de ce premier mandat, à

---

1. Avec Renaud Muselier, nous intégrons le docteur Michel Bourgat et l'ancienne « patronne » de la brasserie Le New York, Monique Venturini. Nous confions à Bernard Susini la responsabilité de conduire notre liste dans les XVe et XVIe arrondissements avec Jacqueline Magne, et à l'ex-leader de la confédération des CIQ, Philippe Mazet, celle de la piloter dans les IIe et IIIe arrondissements avec Myriam Salah-Eddine.

la tentation, si fréquente dans l'univers politique où les rapports de force font loi, de nous opposer au-delà de ce que la confrontation légitime autorise. Au long de ces six années, notre complémentarité a fonctionné à la perfection. Le jeune loup du RPR s'est mué en premier adjoint entreprenant, dynamique et conquérant sur des dossiers essentiels pour l'avenir de Marseille, comme Euroméditerranée d'abord, l'emploi ensuite, le tramway et les transports enfin. Or, en ce début 2001, Renaud Muselier vient, un matin, me rappeler les propos que je lui ai imprudemment tenus un soir de campagne électorale de 1995.

Je m'en souviens aussi précisément que si je les avais prononcés la veille. « Je pense que je ne me représenterai pas », lui ai-je dit, alors que nous roulions tous deux en direction de Salon-de-Provence afin de soutenir André Vallet, confronté à plusieurs de nos « amis » de l'ex-RPR et de l'ex-UDF. Nous passions sur l'autoroute à hauteur des grands ensembles HLM Massalia. J'ai, à l'instant même où je les formule, conscience de tenir des propos à ne jamais énoncer. La campagne touche à sa fin, je suis fatigué, j'apprécie Renaud Muselier et la loyauté avec laquelle il s'est plongé dans ce combat. Bref, je me suis laissé aller.

De là à prendre ces paroles pour un pacte signé de notre sang, c'est aller un peu vite en besogne ! Tant de choses sont dites, ici et là, de bonne foi et en toute sincérité, sans se traduire forcément dans les actes. Renaud n'a pas oublié. Non content de me rappeler mes propos ce matin-là, il les répète souvent autour de lui. Il paraît oublier qu'au fil des six dernières années, j'ai pris possession de l'habit de lumière. Il feint d'ignorer l'écart qui me sépare de mes amis politiques, mesuré de sondages en enquêtes d'opinion, non publiés, le plus souvent, afin de ne pas souligner que les Marseillais me plébiscitent comme maire et souhaitent ma réélection. N'empêche : je vis, aussi mal que lui sans doute, cet épisode dans lequel la politique et ses impératifs ont failli remettre en cause nos liens humains.

Dans *Le Monde,* qui ne m'a guère habitué à des gentillesses, Michel Samson me désigne comme le « fervent du Vieux-Port » et n'émet pas de doutes sur ma réélection. Qu'importe si sa plume ne peut éviter la classique perfidie à mon égard, qu'importe qu'il considère notre dynamique comme essentiellement « portée par l'État et les investisseurs extérieurs, comme si la bourgeoisie locale n'était plus au cœur de son développement ». « Marseille retrouve l'énergie au rythme des chantiers », doit-il constater. Le monde change et Marseille doit encore changer. Le titre du livre de Philippe Sanmarco, publié quelques mois plus tôt, identifie le futur challenge : *Marseille, capitale ?*[1].

Je retrouve mon fauteuil de maire, élu grâce aux 61 voix d'une équipe désormais paritaire, renouvelée et rajeunie, contre 36 à René Olmeta. Le tramway, qui a illustré mes images de campagne, refait immédiatement surface en même temps que le prolongement du métro. Lors d'un déjeuner au restaurant *Chez Rose,* je discute de la répartition des délégations avec Renaud Muselier. De toute évidence, les transports publics vont constituer l'un des dossiers clés du prochain mandat et nous convenons que cette délégation doit être confiée à un élu confirmé. Le nom de Robert Assante est évoqué. De retour à la mairie, Renaud Muselier revient me voir et me dit souhaiter l'assumer lui-même. Tout en conservant, bien sûr, la responsabilité d'Euroméditerranée. J'accepte.

Le tramway, ce n'est pas seulement un moyen de transport ou un vieux souvenir. À Marseille, il courait sur plus de deux cents kilomètres après la guerre mais la voiture en a eu raison. Ne demeurent que la nostalgie et le 68, de la

1. Édisud, 2000.

gare de Noailles au début du boulevard Chave en passant sous la Plaine. Le retour du tramway, je l'ai évoqué dès octobre 1995. Personne n'y a prêté attention. Les uns croient à une galéjade, d'autres n'y voient qu'une référence à une idée à la mode depuis la réussite de Strasbourg en ce domaine, d'autres encore moquent ma volonté d'écrire l'avenir en regardant vers le passé. Le directeur général de la RTM[1] s'est même appliqué à freiner mes ardeurs, considérant qu'avec ses rues étroites, Marseille n'est pas adaptée à ce mode de transport. Il m'a, en revanche, suggéré de prolonger le métro, d'abord jusqu'à Saint-Barnabé, tant l'accès à ces quartiers était devenu difficile. J'ai suivi son conseil pour le métro. Pour le tramway, il s'agit d'un « outil » essentiel de requalification urbaine. Dès 2002, je propose donc à la majorité municipale de le ramener sur la Canebière, au cœur d'une liaison entre Euroméditerranée et les Caillols, que les études de déplacements annoncent prioritaire.

Les faits et le succès populaire ont raison des miasmes de la polémique que certains se sont employés, un temps, à développer. Ceux-là invoquent un prétendu « doublon » entre tramway et métro. Ce n'est que le fait, pour l'heure, d'usagers de circonstance des transports en commun qui ne mesurent pas la nécessité de combiner métro, tramway et bus pour augmenter la fréquentation et le confort des déplacements. L'engagement politique est clair. Il est tenu. Nicolas Sarkozy vient inaugurer le tramway, le 3 juillet 2007. Le cours Belsunce a fait peau neuve : tapis rouge, sols impeccables, arbustes, barrières blanches et foule aux fenêtres. Le président du conseil général, Jean-Noël Guérini, me gratifie d'un sonore « Salut ! » en montant dans la rame. Patrick Mennucci, mauvais perdant, a préféré

1. Régie des transports métropolitains.

partir en cure à Biarritz. Avec son cortège d'élus en écharpe tricolore, le président de la République, accompagné de Dominique Bussereau, ministre des Transports, effectue le trajet jusqu'au palais Longchamp.

À la tribune, Nicolas Sarkozy débute son discours par des propos personnels qui me surprennent et me touchent : « Je te dois beaucoup, Jean-Claude. Quand j'avais besoin de toi, tu as répondu présent. C'était il y a trois ans, j'avais beaucoup moins d'amis qu'aujourd'hui. Tu étais déjà là. C'était à l'été 2004, j'étais dans le sud de la France. Tu m'as téléphoné pour me dire : "On croit en toi." Je suis très ému aujourd'hui. Il n'y a pas que les sentiments, mais il y a d'abord les sentiments ! » Je ne boude pas mon plaisir. Puis, en réponse à mes propos où je souligne que les 8,5 kilomètres de tramway et le prolongement du métro vers Saint-Barnabé ont coûté 818 millions d'euros et que les participations des uns et des autres n'ont pas été suffisantes (60 millions de l'État, 27 de la région et 27 du département), Sarkozy ajoute : « J'ai compris votre appel. C'est un appel à mes sentiments et à une contribution financière. Marseille trouvera toujours en l'État un partenaire actif, engagé, exigeant et ambitieux pour ses projets de développement. »

Autre satisfaction pour moi, la « bénédiction » de Sarkozy pour une gestion du tram' confiée au tandem RTM-Veolia. « Il faut sortir des schémas préétablis », estime le Président. Il profite de sa venue pour annoncer la réforme des ports autonomes et une loi sur le service minimum « dès cet été ». La dernière grève, de l'automne 2005, à la RTM est dans toutes les mémoires, elle a paralysé métro et bus durant quarante-cinq jours.

Pendant le discours du Président, son « aide de camp » lui glisse un papier. Nicolas Sarkozy reste stupéfait quelques secondes. Il vient d'apprendre le décès de Claude Pompidou, l'épouse de l'ancien président de la République. Il lui rend hommage aussitôt l'inauguration terminée. De cette journée, je conserve le souvenir d'un bel accueil populaire des Marseillais à un Président encore en « état de grâce », et l'engagement de l'État pour Marseille. Le temps, les circonstances et la crise financière de l'automne 2008 rendront la réalité moins souriante.

Jacques Chirac, lui, avait effectué un autre voyage inaugural, celui du TGV qui a mis Marseille à trois heures de Paris. Pierre Izard, le chef de projet de la SNCF, m'a apporté une aide précieuse pour apaiser les tensions et trouver les meilleures solutions dans la longue et difficile bataille que j'ai dû mener afin d'obtenir ce TGV Sud-Est. Mon seul regret est de n'avoir pas réussi à convaincre la SNCF et l'aéroport de la nécessité d'une interconnexion entre l'avion et le train. Et donc du passage du TGV par Marignane. Il ne sert à rien de se lamenter. D'autant qu'avec Euroméditerranée et l'importance des investissements publics que nous avons engagés, le TGV représente l'un des trois facteurs principaux du renouveau de Marseille. Sur les onze millions de voyageurs annuels transitant par la gare Saint-Charles, près de deux sont des passagers du TGV Paris-Marseille.

Rien n'a été simple, là non plus. Sitôt le TGV Sud-Est en service, j'apprends que la SNCF envisage de renoncer à la nouvelle gare et à la grande halle prévue dans le projet. Je demande rendez-vous à Louis Gallois, son président, et lui fais clairement savoir qu'il ne saurait être question, après les investissements consentis par la ville et les collectivités territoriales pour l'accueil des trains, de sacrifier maintenant celui des voyageurs pour des raisons d'économies. « Vous n'entendrez plus jamais parler d'un abandon de la nouvelle gare », me répond-il aussitôt. Il tient parole et nous inaugurons en 2007, avec Guillaume Pepy, son successeur à la tête de la SNCF, la nouvelle gare Saint-Charles, dont les aménagements extérieurs seront achevés en 2013 pour l'accession de la ville au rang de capitale européenne de la culture.

C'est aujourd'hui la gare la plus monumentale de France. Une véritable réussite.

47

Revitaliser

Euroméditerranée est une aventure exceptionnelle. Au départ il s'agit, à partir de la réhabilitation des docks d'abord, des immeubles de la Joliette ensuite, de rattraper l'énorme retard que les quartiers du nord de la ville ont accumulé depuis deux décennies. Hormis l'hôpital nord, ils ont été abandonnés par Gaston Defferre, qui n'y a édifié qu'un amoncellement de HLM, puis par Robert Vigouroux. Guy Hermier me le confirme lorsque je visite avec lui, le 25 septembre 1995, le chantier de la ZAC Saint-André. « Une provocation », me dit-il pour qualifier le projet de « Grand Littoral » mis en route par mon prédécesseur. J'espère que l'ouverture des commerces aura des retombées positives pour les habitants.

En réalité, cette opération est le point de départ et le pivot d'une stratégie destinée à gommer la coupure séparant le sud et le nord de Marseille. Le projet doit transformer la ville, être le « fer de lance » et la locomotive du renouveau. Les trois conditions de la réussite sont réunies : un projet, la durée et la volonté. Euroméditerranée est né d'un rapport d'experts au début des années 1990 : la commission Masson avait recommandé de procéder, comme dans d'autres villes portuaires, à une reconquête de friches devenues stériles du fait des changements de modes d'activité.

C'est Édouard Balladur, Premier ministre, encouragé peut-être par ses origines marseillaises, qui donne le feu vert. Mais tout reste à faire, et d'abord mettre en place la structure ainsi que l'équipe chargée de la faire fonctionner. Ce qui, concrètement, signifie résister à la multitude de pressions politiques et administratives pour que nous retenions un directeur… venu de Paris, par exemple, au hasard, un polytechnicien à recaser d'un cabinet ministériel. Ainsi fonctionne le système de castes qui étend son emprise sur le pays.

Renaud Muselier, qui préside l'établissement public, veut faire du J4 – l'un des superbes docks du port à la Joliette – le symbole de la nouvelle attractivité de Marseille. Il rêve d'un signal architectural digne de l'Opéra de Sydney. Ce sera le MuCEM. Pour l'heure, nous en sommes loin. Certes, le bâtiment des docks a été rénové depuis l'initiative de Michel Kester et de la Sari, qui ont racheté les anciens magasins désaffectés du quai de la Joliette en 1992. Un long et patient travail technique commence, de même qu'une concertation méthodique avec les habitants et les jurys des futurs projets. Car on ne peut prétendre modifier un cadre de vie séculaire sans expliquer, dialoguer, écouter. C'est à ce niveau que les élus sont irremplaçables et que la politique doit prendre le pas sur l'administratif. Cette démarche, à la fois pédagogique et de participation, est d'autant plus essentielle que les Marseillais ne verront les premiers chantiers que trois ans plus tard et ne constateront une transformation de la Joliette qu'au bout de dix ans. Tel est le délai nécessaire pour une métamorphose urbaine.

L'urbanisme est l'art de faire évoluer la ville, de l'adapter aux contraintes réglementaires, aux besoins nouveaux, aux évolutions technologiques qui bouleversent le quotidien des gens ainsi que le service public. L'art de répondre à la demande de logements, à la nécessité de rénover l'espace public et d'y implanter des modes dits « doux » de déplacement. La politique, quant à elle, est l'art de permettre ces changements sans déchirer le tissu social, de choisir et d'accompagner le projet en le rendant acceptable par le plus grand nombre. Les deux démarches conjointes sont indispensables pour la réussite de pareille entreprise. On ne naît pas maire bâtisseur, on le devient. Par nécessité d'abord, par goût ensuite. Il ne s'agit pas de construire pour construire mais d'anticiper un équilibre qui garantisse une véritable « qualité de ville ».

Lorsque Yves Lion, urbaniste, conseil de l'établissement public, vient me présenter la ZAC de la Cité de la Méditerranée et ses projets de construction jusqu'à Arenc, il remarque mon froncement de sourcils face à certains dessins de tours tutoyant les nuages. Habilement, il me propose de revoir la question. Tant mieux. Quand Jacques Saadé m'expose son idée de nouveau siège social de la CMA-CGM dans une « tour signal », à la confluence des viaducs autoroutiers d'Arenc, c'est sur la hauteur que je l'interroge. « Moins de 110 mètres », me dit-il en m'annonçant que l'architecte irako-britannique Zaha Hadid a remporté le concours avec un remarquable projet. Il est devenu réalité. Certes, la tour a un peu grandi au fil de sa gestation, elle mesure 147 mètres, mais je suis désormais partisan de la modernité qu'illustrent des bâtiments de cette qualité et de cette esthétique.

Je demande ainsi, quelques années plus tard, à Marc Pietri, propriétaire d'importants terrains en bordure du port, de réaliser un projet d'urbanisme avec des tours dessinées par de grandes signatures. Jean Nouvel, Prix Pritzker d'architecture, l'équivalent d'un Nobel en ce domaine, réalise la tour de bureaux « La Marseillaise », sur le modèle de l'Agbar de Barcelone. Ensemble, elles forment une skyline qui concrétise, en front de mer, l'ambition et le rayonnement retrouvés de Marseille.

Les polémiques ne manquent évidemment pas. En particulier lorsque le président du conseil général stigmatise la « déportation », rien de moins, des habitants de la rue de la République à l'initiative de l'opérateur immobilier. En réalité, la rénovation de cette voie ouverte par le baron Haussmann constitue le baromètre de la réussite d'Euroméditerranée. Le succès est flagrant. Cette artère affiche aujourd'hui le meilleur visage qu'elle ait eu depuis des décennies. Quasiment tous ses bâtiments sont rénovés, les façades sont propres et de nouveaux commerces ont ouvert. Le tramway passe au milieu d'une avenue bordée d'arbres.

Les jurys de concours ont aussi constitué des temps forts sur ce long chemin. Des architectes internationaux, associés à leurs confrères marseillais, présentent des propositions remarquables. Les « starchitectes » dessinent le nouveau Marseille, Massimiliano Fuksas pour Euromed Center, Kengo Kuma pour le FRAC[1], Bruno Fortier pour l'esplanade de la Major, François Leclercq pour Euromed 2… La rénovation du silo à grains menée par Roland Carta est l'une de ces transformations emblématiques. Ce bâtiment industriel original a échappé aux pics des démolisseurs en 1996. Je suis alors ministre de l'Aménagement du territoire et, avec d'autres, je contribue à le faire inscrire à l'Inventaire du patrimoine. Le Silo est à présent une magnifique salle de spectacle de 1 800 places, « l'Olympia sur mer ». J'ai participé également au jury qui a choisi le MuCEM et j'ai plaidé, avec la directrice des Musées de France, en faveur du projet exceptionnel de Rudy Ricciotti et de Roland Carta, qui s'intègre parfaitement dans l'environnement du fort Saint-Jean et de la cathédrale Notre-Dame-de-la-Major.

1. Fonds régional d'art contemporain.

Pour être sincère, le développement d'Euroméditerranée n'a jamais ressemblé à une navigation en eaux calmes. Le ministère du Budget est toujours tenté par un retrait de l'État. Les décisions de ses conseils d'administration ne sont pas exemptes de marchandages, de cette loi du souk qui se retrouve dans toutes les tractations humaines. Renaud Muselier étant devenu secrétaire d'État aux Affaires étrangères, je préside Euroméditerranée en 2002 lorsque nous délibérons sur le financement du tunnel sous la Joliette, qui doit remplacer l'hideuse passerelle autoroutière reliant la ville et le port.

Michel Vauzelle met une condition à la participation financière de la région : l'installation d'un nouveau bâtiment, la Villa Méditerranée, proposée par l'architecte italien Stefano Boeri. Où ? À côté du futur MuCEM ! Nous invoquons tous les arguments qui plaident pour une autre implantation : deux choix architecturaux différents, un site exceptionnel, rien n'y fait. On débattra du mariage du MuCEM et de la Villa Méditerranée jusqu'à la fin des temps. Le pragmatisme doit l'emporter. Il l'emporte et j'accepte, au nom de ce principe d'unité que je ne cesse de défendre. La rage au cœur, néanmoins.

Vauzelle et moi avons des racines catholiques communes, et même s'il s'occupait des jeunes chabanistes lorsque je militais dans le camp giscardien, même s'il est passé au PS dans le sillage de Jacques Delors, nous aurions pu nous entendre. Il a pris ma succession à la présidence du conseil régional en mars 1998 et a effectué trois mandats, ce qui aurait dû créer des liens. Hélas, nous ne partageons pas la même conception de la vie politique. Certains, à Arles, se souviennent de ses premiers pas sur place, et des journalistes racontent volontiers ses changements de tenue dans le train pour apparaître, à l'arrivée en gare, vêtu du costume de velours des manadiers. D'autres rapportent ses indignations sur le « cagibi », ainsi qu'il a qualifié le studio mis à sa disposition à l'hôtel de région, et son exigence à disposer d'un appartement. Je lui fais un jour reproche de son comportement sans être, à l'évidence, entendu. La chambre des comptes pointera d'ailleurs des déplacements en hélicoptère hors du périmètre de la région.

En dépit d'une conjoncture économique difficile, Euroméditerranée va son chemin et les projets se développent : l'hôpital européen Ambroise-Paré, les quais d'Arenc et leurs 6 000 logements, leurs 200 000 mètres carrés de bureaux et leurs 50 000 mètres carrés de commerces. Et 15 000 emplois créés ! De grands défis l'attendent encore pour transformer Marseille au cours des vingt-cinq prochaines années plus encore que lors des vingt-cinq dernières. Un parc public urbain de 14 hectares est prévu sur le site de la gare du Canet. Il sera la clé de voûte du changement d'image de la partie nord de Marseille avec le métro qui va arriver et le tramway. Dans cette dynamique de métamorphose urbaine, les habitants seront les premiers bénéficiaires des logements et des emplois nouveaux. Et à partir du label ÉcoCité, un système de thalassothermie est prévu avec une boucle à eau de mer qui assurera le chauffage et le refroidissement des bâtiments de ces nouveaux quartiers.

L'un des enjeux d'Euroméditerranée consiste encore à « déverrouiller » le territoire des bassins est du port autonome, devenu le Grand Port maritime de Marseille (GPMM) depuis la réforme portuaire de 2008. « Il faut faire comprendre que Marseille n'est plus une ville-port mais une ville qui a un port », a résumé François Jalinot, directeur général d'Euroméditerranée. Même si le port ne compte plus directement qu'un millier d'emplois, le système industrialo-portuaire en génère plus de 40 000 dans l'agglomération. L'essentiel de l'activité se développe désormais dans le golfe de Fos depuis le lancement de son port en 1963 et son inauguration en 1968.

Devant la crise des activités pétrolières, les grands ports européens se sont reconvertis rapidement vers le trafic de conteneurs. Marseille a pris du retard. Elle le rattrape et installe d'immenses plateformes logistiques sur une partie des 10 000 hectares de la zone ouest, dont 3 000 sont déjà sanctuarisés pour des raisons écologiques. Ce qui fait dire un jour à un directeur de port : « Je croyais avoir été nommé directeur d'un établissement public portuaire. En fait, j'en dirige deux, un port naturel avec des écologistes à l'ouest et un asile psychiatrique avec la CGT à l'est ! » Le climat social, les grèves et les blocages expliquent en effet, pour partie, le déclin du port, ainsi que le manque d'investissements sur les bassins est. La principale modernisation remonte au XIXe siècle lorsque l'extension du port s'est effectuée à la Joliette au détriment du littoral sud. Progressivement, les quais se sont barricadés, des grillages et des barbelés en ferment l'accès, interdisant la splendide promenade de la digue du large.

C'est cette paralysie que l'opération Euroméditerranée contribue à débloquer. La « charte Ville-Port » nous laisse espérer un dialogue plus que nécessaire. Une révolution lente, trop lente...

Revitaliser le nord de Marseille, réduire la fracture Nord-Sud de la ville ? De la région, j'ai maintenu le lycée de l'Estaque que le recteur de l'académie d'Aix-Marseille entendait fermer. De la mairie, j'ai installé, dès 1996, l'École de la deuxième chance (E2C). C'est Édith Cresson qui a eu l'idée de l'E2C, sur le conseil d'un de ses proches Jean-Louis Reiffers (qui était alors son conseiller pour l'Éducation et la Formation). J'avais de bonnes relations avec elle lorsqu'elle était ministre puis Premier ministre. Devenue commissaire européenne, elle me propose de créer, à

Marseille, la première E2C d'un futur réseau européen et elle m'assure 50 % de l'investissement. L'intitulé même définit l'ambition de cet établissement : offrir à des jeunes des quartiers défavorisés et en échec scolaire la chance d'un nouveau démarrage.

Comment refuser pareil projet et pareil soutien ? J'accepte d'enthousiasme. Édith Cresson tient parole, moi aussi. Les architectes du concours ne nous proposent que la démolition des anciens bâtiments industriels des abattoirs de Saint-Louis. Je confie le dossier à leurs confrères de la ville, malgré le procès que nous intente (et perd) l'ordre des architectes. Ils réussissent une belle réhabilitation patrimoniale et l'École de la deuxième chance s'est installée dans des bâtiments superbes.

Le succès de l'opération est tel que près de soixante de ses « clones » surgissent à travers la France et le Vieux Continent. Un « Réseau Méditerranée Nouvelle Chance » s'est déployé dans les pays du Sud, et une seconde E2C s'est implantée, vingt ans plus tard, dans les quartiers est de la ville. Un rapport du Conseil d'analyse économique recommande au gouvernement de créer 75 000 places dans les E2C alors qu'on n'en compte que 15 000.

Dans l'immensité de cette ville aux cent onze villages, dont la superficie correspond à deux fois et demie celle de Paris, les fonctions d'un centre-ville sont indispensables. Plus qu'ailleurs, le cœur doit irriguer le corps jusqu'à ses extrémités. Dès 1995, il constitue l'une de mes priorités. Je décide d'y ramener la jeunesse. Je confirme l'installation des facultés de droit et d'économie appliquée sur la Canebière et je choisis de créer la bibliothèque municipale à vocation régionale, là où le célèbre Alcazar a cédé la place à un souk sordide. Elle accueille jusqu'à 8 000 visiteurs chaque jour et recense, parmi des milliers d'ouvrages, des pièces aussi anciennes qu'inestimables. Nous achetons l'ancien hôtel Noailles pour y mettre le commissariat de police du centre-ville. Nous implantons le bataillon des marins-pompiers sur le site des anciennes Nouvelles Galeries ravagées par l'incendie de 1938. Nous poursuivons la rénovation de l'habitat ancien, à travers les périmètres de restauration urbaine du Panier, de Noailles et de Belsunce.

Toutes ces initiatives, je m'en rends vite compte, ne sont pas suffisantes pour rendre au centre-ville son attractivité. C'est pourquoi je prends, en 2002 puis en 2008, deux décisions majeures concernant l'une le tramway, l'autre le Vieux-Port. Le tramway sur la Canebière est un choix essentiel. Le tram' joue un rôle d'acteur majeur dans la rénovation urbaine. Il est d'abord plébiscité par la population marseillaise, mais l'opposition invente la critique d'un « doublon » avec le métro. Un argument sans fondement, pas plus que la critique de son prolongement vers la place Castellane, Sainte-Marguerite et le sud comme vers Endoume.

Les études de tracé préalables ont démontré l'inverse. Mais Patrick Mennucci s'applique à « remonter » les riverains du tracé qui redoutent les désagréments des travaux. Nous remettons à plus tard la branche vers Castellane et la place du 4-Septembre. Je le regrette. Pour Castellane, ce seront sept ans de retard, dix-sept pour la desserte de la place du 4-Septembre. C'est à ce genre de démagogie que Marseille doit son retard en matière d'infrastructures. Je me bats jusqu'au bout de mes mandats mais les freins viennent de la gauche et des écologistes, les premiers pourtant à pleurer sur les insuffisances des transports publics.

Les polémiques politiques, pour ne pas dire politiciennes, épargnent miraculeusement la rénovation du Vieux-Port. J'en remercie Notre-Dame-de-la-Garde. Avec Jean-Noël Guérini comme avec Eugène Caselli, le président de la communauté urbaine, nous lançons un concours international et choisissons le célèbre architecte anglais Norman Foster, associé au paysagiste français Michel Desvigne. D'autres projets nous avaient séduits, notamment celui qui prévoyait la plantation d'arbres. Toutefois, la tradition architecturale et urbaine de ce site ne correspond pas à un espace planté et les architectes des Bâtiments de France savent nous le rappeler. Il n'y a pas d'arbres sur le Vieux-Port depuis deux mille ans !

Il nous faut mettre les bouchées doubles afin d'être prêts le 12 janvier 2013 pour la fête inaugurale sacrant Marseille capitale européenne de la culture. Cette course de vitesse, menée par Jean Viard au titre de la communauté urbaine et Yves Moraine pour la ville, débouche sur un résultat spectaculaire, aussi bien pour les délais que pour la transformation urbaine. Là où neuf files de véhicules circulaient sur le quai de la Fraternité, les piétons déambulent à présent sur l'une des plus vastes places publiques d'Europe, réanimant la puissance d'attraction du Lacydon[1] et confirmant que les Phocéens ne l'avaient pas choisi par hasard voici deux mille six cents ans.

Je lance enfin l'opération « Grand Centre-Ville » sur trente-deux sites. Il s'agit, à la fois, d'une rénovation de l'habitat et de la création d'équipements publics. Il me faut affronter des accusations de « déportation » et de « gentrification », l'une arbitrée par une condamnation judiciaire, l'autre ramenée par les faits à sa juste dimension de slogan

1. « Il n'est pas douteux que les contemporains de César appelaient Lacydon le port de Marseille, celui que domine aujourd'hui la vieille ville. […] Lacydon a dû, par conséquent, être primitivement le dieu du ruisseau sacré, de la source sainte où s'alimentait Marseille. Le nom a fini par s'appliquer au port parce que le ruisseau devait se jeter dans le port » (Camille Jullian, « Le port du Lacydon et la fontaine sainte des Phocéens à Marseille », comptes rendus des séances de l'Académie des Inscriptions et Belles-Lettres, 1921).

creux inventé par quelques nostalgiques qui estiment sans doute qu'il n'y a pas assez de pauvres à Marseille. Qu'importe, dans sa longue tradition cosmopolite Marseille est en train de réussir la renaissance de son centre-ville en maintenant sur place les populations résidentes. Et parce que Marseille, comme la République, est une et indivisible, je décide d'amplifier le Grand Projet de ville. Sortir les cités difficiles de la spirale du ghetto à partir d'un projet urbain et d'un accompagnement adapté, telle est mon ambition… à condition de ne pas se limiter à la seule rénovation des logements. De construire des équipements publics, de désenclaver les cités, de déployer une gestion urbaine de proximité efficace.

Nous intensifions cette logique de projet urbain global avec la création de l'Agence nationale de rénovation urbaine. Quatorze projets sont définis et conventionnés, treize dans le nord de la ville, un au sud, celui de la Soude-Hauts de Mazargues. Des moyens financiers sans précédent sont mobilisés : plus d'un milliard d'euros sur sept ans, dont 500 millions financés par les bailleurs sociaux, 300 par l'État et 140 par la ville.

Peu à peu, nos projets stratégiques embrayent alors que s'annonce la fin de mon premier mandat. La ville est devenue un chantier à ciel ouvert. Avec le recul, je ne peux que me réjouir de cette grande mutation : j'ai fait profondément évoluer la deuxième ville de France.

48

S'unir ou périr

« Le sommeil de la raison engendre des monstres. » Comment ne pas songer à la gravure de Goya en lisant le titre de *La Provence* du 7 janvier 2016 : « Métropole : le monstre à l'arrêt » ? Pourtant, nous n'avons pas dormi sur ce dossier, moi le premier. Tout au contraire. Je dois me battre sur tous les fronts, à Paris, à Marseille, dans les Bouches-du-Rhône. Jamais sans doute je n'ai à ce point ressenti le caractère « désordonné » de la démocratie, où tout doit être négocié pas à pas, où chaque avancée est payée d'une contrepartie. Plus d'une quinzaine d'années de tractations éprouvantes.

La communauté de vie et d'intérêts existe depuis longtemps entre les habitants de l'agglomération marseillaise mais l'organisation administrative reste morcelée entre six intercommunalités disparates. La revitalisation économique est en cours. Elle est mise en évidence dans un rapport de l'OCDE de 2016 qui classe Aix-Marseille parmi les métropoles européennes les plus dynamiques. Nous avons impérativement besoin qu'une institution fédérative assure la mise en cohérence des politiques publiques locales structurantes. C'est l'intérêt de Marseille, mais aussi de tous, Aixois, Aubagnais, Istréens, Martégaux et Salonais inclus. La bataille de l'intercommunalité constitue mon credo. Vingt-cinq années marquées par la mise en place de la communauté urbaine d'abord, de la métropole ensuite.

Au début des années 2000, il est temps de mettre fin au repliement décrété par Defferre, en 1966, lorsque le général de Gaulle et Olivier Guichard, ministre de l'Aménagement du territoire, avaient proposé à cinq villes importantes de créer une communauté urbaine. Autour de Marseille, la plupart des communes concernées étaient à direction soit communiste, soit de droite, rarement socialiste. Ne disposant pas de majorité dans ce cadre, Defferre redoutait d'être politiquement noyé dans la « ceinture rouge » et mis en difficulté. Lyon et d'autres villes de France ont su, en revanche, saisir cette opportunité et elles ont pris un avantage incontestable en matière de répartition de ressources, de financement d'activités et de lisibilité.

Ce refus a coûté très cher à la ville. Ce fut plus qu'une faute : une véritable gabegie pour les Marseillais, condamnés à supporter, seuls, de l'Opéra aux hôpitaux, l'ensemble des charges d'une grande ville. Dans le même temps, les habitants des communes limitrophes ont bénéficié sans débourser un euro des investissements marseillais. Non contentes de s'enrichir grâce aux taxes des entreprises désireuses de s'installer dans un cadre plus fonctionnel et accueillant, ces communes ont puisé dans cette situation une volonté d'autonomie qui est allée croissant au rythme de leur développement économique, pourtant dû, de manière prioritaire, à leur proximité avec Marseille. Cette néfaste décision a fait perdre à notre ville l'opportunité d'un développement commun avec un territoire qui a pris, grâce à la création du port en eaux profondes de Fos-sur-Mer, une dimension économique majeure. À cet essor, Marseille n'a pas participé, ni bénéficié des retombées au niveau qui aurait dû être.

Prisonnière de son isolement, la ville s'est engagée dans une inexorable spirale de déclin qui l'a pénalisée durant plusieurs décennies. Comment ne pas profiter, dès lors, des avantages que nous offre la loi Chevènement de 1999, en acceptant de transformer notre prudente communauté de communes en une véritable communauté urbaine ? Si le ministre de l'Intérieur Jean-Pierre Chevènement m'assure de son soutien, encore me faut-il consentir à des concessions qui non seulement réduisent la taille et l'impact du nouvel ensemble mais le privent des considérables ressources de la zone commerciale de Plan-de-Campagne dont les Marseillais assurent quelque 70 % de la clientèle.

Une fois achevées les difficiles négociations avec quelques-uns des maires de la périphérie inquiets à l'idée d'être « cannibalisés » par Marseille, le préfet Yvon Ollivier nous réunit, le président du conseil général Jean-Noël Guérini, avec lequel il entretient des liens étroits, et moi. Il entend conclure ces interminables tractations sur le périmètre de notre communauté. Et, surtout, comprendre pourquoi Les Pennes-Mirabeau refusent de s'unir aux dix-huit autres communes, privant mécaniquement Cabriès-Calas, dirigée à l'époque par le docteur Pierre Charpin, de cette continuité territoriale qui lui permettrait, elle aussi, de nous rejoindre.

À l'heure du déjeuner, le préfet demande tout de go à Jean-Noël Guérini de faire pression sur le maire des Pennes-Mirabeau pour qu'il accepte de rejoindre la communauté marseillaise plutôt que celle d'Aix-en-Provence. « Vous comprenez, répond Jean-Noël Guérini visiblement embarrassé, Victor Mellan m'a vu en culottes courtes et je ne peux pas lui imposer ça. Il était le chef de cabinet de Gaston et ne veut pas entendre parler de Marseille. Le fou d'Allauch, on peut le laisser dans la communauté. Il hurlera mais je m'en accommoderai, mais Les Pennes, vraiment, je ne peux pas. » Maire des Pennes-Mirabeau, Victor Mellan est un socialiste bon teint. À ses yeux, l'intégration de sa commune dans un ensemble autour de Marseille, laquelle est « pilotée » par la droite, constitue un outrage.

« Et vous, qu'en pensez-vous ? m'interroge le préfet.

– Que j'aurais bien aimé que Les Pennes-Mirabeau et Cabriès-Calas intègrent notre communauté. »

Je comprends que je n'ai guère le choix si je veux éviter le blocage. Les Pennes rejoindront Aix. « Lorsque je publierai le périmètre, cet après-midi, conclut, un rien cynique, le préfet, j'espère au moins que la fédération du Parti socialiste ne me contredira pas ! »

J'accepte à tort, sur le fond, parce que, trop petite, notre communauté mettra longtemps à trouver ses marques, même si on peut la gratifier, *a posteriori*, d'une appréciation « globalement positive », notamment pour deux réalisations majeures : le retour du tramway en ville et la rénovation du Vieux-Port. Et puis aussi parce que c'est Aix-en-Provence qui profite de l'exceptionnelle manne financière que constituent les taxes professionnelles tirées de la zone commerciale de Plan-de-Campagne, implantée à la fois sur les communes des Pennes-Mirabeau et de Cabriès-Calas. Une zone où des dizaines de milliers de Marseillais vont faire leurs achats le week-end. Des ressources qui, en toute logique, auraient dû revenir à Marseille.

Ce n'est évidemment pas de communautés découpées au gré d'intérêts électoraux et de leurs corollaires, pour ne pas déplaire aux communistes du pays aubagnais ici, pour éviter une querelle de chapelle là, que Marseille et la Provence ont besoin. L'avenir passe, à l'évidence, par la constitution d'une véritable métropole, capable par la mutualisation de ses atouts internes et sa puissance économique collective, de relever les défis que nous lancent, en Europe, Milan et l'Italie du Nord, Barcelone et la Catalogne, Londres, Munich ou Rotterdam. Comment concevoir que le port de Marseille s'inscrive toujours dans deux communautés différentes et que ses terminaux containers et pétrolier enrichissent Martigues, Fos et l'étang de Berre, tandis que ses bassins est, ouverts prioritairement au trafic des passagers, apportent à notre ville plus de crispations sociales que de bienfaits économiques ? Sans parler du retour d'image négatif.

Le 1er janvier 2001, la communauté urbaine Marseille-Provence-Métropole est juridiquement créée. J'en suis élu président lors de la première réunion des 155 membres de son conseil. Pour favoriser une bonne ambiance, j'ai accepté un principe original : tous les maires des communes membres sont nommés vice-présidents ! L'idée ? Affirmer le refus d'un impérialisme marseillais. Je ne regrette pas cette sous-représentation de Marseille qui, quoique réunissant 82 % de la population de la communauté, ne dispose que de 55 % des sièges.

Cette élaboration n'est rien par rapport au véritable psychodrame, nourri d'ego et de patriotisme communal, d'arrière-pensées financières et de non-dits politiciens, qui entoure, par la suite, la création de l'indispensable métropole. Vingt ans ont passé jusqu'au lendemain des élections municipales de 2014. Le Premier ministre socialiste de l'époque, Jean-Marc Ayrault, se trouve confronté à ses innombrables promesses lors de ses multiples visites à Marseille pour soutenir Patrick Mennucci.

Un matin où François Hollande réunit à l'Élysée les présidents de groupe de l'Assemblée et du Sénat, j'arrive un peu en avance et j'attends dans le salon proche de son bureau. Il en sort pour raccompagner Laurent Fabius et me dit : « Puisque vous êtes là, entrez, nous évoquerons la situation de Marseille. » Il me fait part de son désir de créer, dans les meilleurs délais, une métropole plus vaste que la communauté urbaine existante. « Le Premier ministre vous en parlera rapidement », me dit-il. Effectivement, ce dernier souhaite m'entretenir de ce sujet. Nous convenons d'un rendez-vous à Matignon. « Nous voulons faire une métropole Aix-Marseille-Provence qui englobera 92 communes du département et constituera un ensemble urbain de près de deux millions d'habitants », m'explique Jean-Marc Ayrault. Je lui fais remarquer que les Bouches-du-Rhône comptent 119 communes et ne lui cache pas mon scepticisme quant à l'adhésion de l'ensemble des maires à un tel projet.

J'ai toujours considéré que cette métropole constitue une véritable nécessité. Maire de Marseille, je m'en suis plus encore convaincu. Pour rester cohérent avec nos critiques à l'égard du refus de 1966, pour poursuivre la démarche entreprise en 1999 quand nous nous sommes engouffrés dans le sillage de la loi Chevènement, et parce que le développement de chacune de nos communes et de l'ensemble de ce territoire passe par la métropole. Les milieux économiques la réclament, ils en ont besoin. Nos concitoyens vivent déjà dans une métropole de fait sur le plan des services urbains, même si les communes périphériques profitent d'un effet d'aubaine qui leur évite de payer les charges de centralité. C'est d'ailleurs la cause première du « patriotisme communal » des maires, au-delà de la rivalité historique entre Aix-en-Provence « la bourgeoise » et Marseille « la plébéienne ».

À l'une de nos réunions du lundi matin, j'interroge les élus municipaux qui m'entourent. Les avis sont partagés. Yves Moraine cible, lui, l'argument de la pertinence territoriale, essentielle à ses yeux : « On ne peut pas passer notre temps à nous plaindre des charges de centralité et à refuser une future péréquation financière à travers la métropole. On a besoin de la métropole pour réaliser certains équipements indispensables. On ne peut donc qu'être pour. »

J'alerte néanmoins Jean-Marc Ayrault sur les difficultés que la création de cet établissement public va susciter.

Beaucoup de réticences et d'hostilité de la part des maires, d'abord. Et l'opposition aussi d'un grand nombre de parlementaires, sans parler du président du conseil général, Jean-Noël Guérini. Par tempérament, j'ai toujours cherché le consensus. Par conviction, je lui recommande de garantir la représentation de tous les maires des communes qui intégreront cette nouvelle structure. En outre, il me paraît normal que des sièges supplémentaires soient attribués aux communes de plus de 30 000 habitants qui participeront. « Marseille n'aura pas à se plaindre », m'affirme le Premier ministre en m'expliquant que sa représentation sera majoritaire au sein du conseil de la métropole. De fait, Marseille, qui représente à l'époque 46 % de la future métropole, doit obtenir 108 de ses 240 sièges.

« Comment pourrait-on accorder 108 sièges à Marseille qui ne compte que 101 élus à son conseil municipal ? m'interroge, incrédule, l'une des conseillères du Premier ministre.

– Tout simplement en appliquant une loi que j'avais fait voter au Sénat et qui avait été approuvée par l'Assemblée nationale concernant les seules villes de Lyon et de Marseille, et éventuellement un jour, Paris. Elle prévoit que les conseillers d'arrondissement pourraient siéger à la nouvelle institution. »

La course d'obstacles continue ! Heureusement, Jean-Marc Ayrault donne son accord. Reste à faire voter les amendements nécessaires. Je m'en charge au Sénat. Quant à l'Assemblée nationale, elle les adopte ensuite dans une indifférence totale, en présence d'un nombre, disons, réduit de députés.

Le mouvement est lancé, mais le chemin est pavé d'embûches. Ce marathon ressemble à un chemin de croix. Si notre territoire a collectivement tout à gagner à réunir ses forces, la plupart des maires ne songent qu'à en tirer le meilleur profit pour leur commune. Ils se font les champions d'un individualisme aux allures de querelle de clocher, qui masque quelques solides arrière-pensées électorales. Bref, le couplet anti-Marseille sur le thème de la protection des « petits » par rapport aux visées hégémoniques du « gros » résonne haut et fort, sur un fond malsain : Marseille, colporte-t-on, ne chercherait qu'à mutualiser ses (prétendues) difficultés financières. Argument fallacieux et démagogique, mais qui porte.

Être maire, c'est aussi s'opposer à ses propres amis lorsque l'intérêt général doit l'emporter sur les seules perspectives électorales. Sénateur des Bouches-du-Rhône et désireux de le rester après le rendez-vous électoral de 2014, il me serait plus facile de prendre la tête de la fronde de mes collègues maires et d'éviter qu'ils m'accueillent avec des banderoles « Non à la métropole marseillaise ». Président du groupe d'opposition au Sénat et, à ce titre, premier des opposants au gouvernement, il me serait plus confortable de critiquer le texte au fil de quelques envolées lyriques sur notre « identité en danger ». J'ai obtenu de Jean-Marc Ayrault les garanties que je réclame, j'approuve le texte. Seul contre les six autres sénateurs des Bouches-du-Rhône, mes amis politiques compris.

En 2014, le changement de gouvernement entraîne un premier contretemps préjudiciable. Le nouveau Premier ministre, Manuel Valls, veut compléter la loi du 27 janvier 2014, dite de « modernisation de l'action publique territoriale et d'affirmation des métropoles » (MAPTAM), par des dispositions complémentaires de décentralisation qui seront constitutives de la loi « nouvelle organisation territoriale de la République » (NOTRe) du 7 août 2015. Il m'invite à Matignon pour rechercher les moyens d'atténuer l'hostilité des parlementaires et d'un grand nombre d'élus des Bouches-du-Rhône.

« Le gouvernement veut aller trop vite, trop fort et trop loin, lui dis-je en renouvelant le constat en forme d'alerte que j'avais déjà formulé devant son prédécesseur. Il faut faire une métropole dérogatoire par rapport à celles qui existent déjà. Laissons aux maires la responsabilité des droits sur l'urbanisme, laissons aussi aux quatre villes qui possèdent un casino, Aix, La Ciotat, Cassis et Carry-le-Rouet, les avantages financiers et les droits de séjour. »

En dépit des oppositions croissantes, le gouvernement persiste. Personnellement, je suis « coincé » entre l'évidence des risques d'un passage en force et mon souhait de voir naître cette métropole de deux millions d'habitants dont on parle depuis si longtemps !

Le principe de la métropole unique à 92 communes est confirmé, sans « personnalité morale » pour les six conseils de territoire maintenus. Sa date de création est toutefois reportée d'un an, au 1er janvier 2016. Apparemment anodin, ce délai donne malheureusement le temps aux intercommunalités préexistantes, sauf la communauté urbaine Marseille-Provence-Métropole, de vider leurs caisses au profit des communes, privant par avance la métropole naissante de 200 millions d'euros de ressources annuelles, soit l'équivalent des dépenses d'investissement de la ville de Marseille chaque année. Nous ne chiffrerons que plus tard ce handicap.

En juillet 2015, les préfets Michel Cadot et Laurent Théry me font passer le message : « Paris » considère que la mise en place de la métropole nécessite que j'en assure la présidence. « Vous êtes le seul à faire consensus. » C'est justement le moment où Gérard Larcher me propose de succéder à Hubert Haenel au Conseil constitutionnel. Le dilemme est cruel mais je choisis Marseille. J'annonce officiellement ma candidature à la présidence de la métropole le 20 octobre mais, en attendant, je reste prudent et je fais campagne.

Comme l'écrit *Le Monde*, je fais « les aïolis et les fêtes votives » pour parler avec les uns et les autres. L'élection est fixée au 9 novembre 2015. Elle sera rocambolesque.

Pour procéder au baptême de la nouvelle institution, encore faut-il qu'un des présidents de l'une des futures ex-communautés accepte de convoquer les 240 élus. Courageusement, Sylvia Barthélémy, la présidente du conseil de territoire d'Aubagne et de l'Étoile, se dévoue. Hélas, la doyenne des présidents d'intercommunalités est Maryse Joissains, maire d'Aix. Elle mène croisade avec brutalité – et c'est un délicat euphémisme – contre la création de la métropole. Elle a mis en cause, gravement, les partisans de cette « monstropole », et bien sûr, moi-même au premier chef. Elle veut sa propre métropole, structure aixoise qu'elle dominerait. Cette option est refusée par le gouvernement car l'ensemble regrouperait moins de 400 000 habitants.

Le jour fatidique arrive. Sylvia Barthélémy ouvre la séance puisque étant la puissance convoquante. Maryse Joissains, doyenne d'âge, préside. « J'ai ouvert la séance et j'entends la fermer sans qu'il y ait de vote », déclare-t-elle aussitôt. Tumulte, protestations, interventions des élus juristes… La procédure ne l'autorise pas à ne pas dérouler l'ordre du jour, en l'occurrence l'élection du président. À Sylvia Barthélémy qui veut reprendre le pilotage de la séance, elle demande : « Tu veux des coups, toi ? Des coups, en parlant… », précise-t-elle. Il faut plus d'une heure pour qu'elle quitte la séance, les élus aixois derrière elle, et que la présidence de séance soit reprise par le vice-doyen d'âge, Guy Teissier, président de la communauté urbaine Marseille-Provence. Au terme d'un scrutin, je suis élu. « Fumée blanche sur le Pharo, annonce Guy Teissier. Nous avons un président. »

Une autre bataille commence, juridictionnelle celle-là. Ubuesque. Les adversaires de la métropole multiplient les recours. Au tribunal administratif, au Conseil d'État, au Conseil constitutionnel. La métropole démarre au 1er janvier, les autres intercommunalités n'ont plus d'existence juridique. De fait, elle est mise à l'arrêt. C'est une institution qui existe sans exister ! Les élus n'ont pas le droit de siéger, et moi, son président élu, je suis en sursis. Mon élection est même annulée lorsque le Conseil d'État suspend, le 18 décembre 2015, le conseil de la métropole dans l'attente de l'aboutissement, au Conseil constitutionnel, d'une question prioritaire de constitutionnalité portant sur l'attribution de sièges supplémentaires à Marseille et à certaines communes. Je ne gère que les affaires courantes, les salaires des fonctionnaires, le paiement des factures aux entreprises…

Le 16 février 2016, le Conseil constitutionnel valide la composition des 240 membres, avec la représentation marseillaise proportionnelle à sa population, telle que « l'amendement Gaudin » l'avait légalement fixée. Une nouvelle élection à la présidence a lieu un mois plus tard. Je suis élu. Je regrette vivement que des maires socialistes comme Jean-David Ciot, Loïc Gachon ou Frédéric Vigouroux, qui avaient pourtant soutenu l'entreprise ainsi que ma candidature, n'aient pu accéder à une fonction exécutive de vice-président en raison de l'obstruction de leurs « amis » socialistes marseillais, Patrick Mennucci et Samia Ghali en tête, qui ont voté contre eux.

Le débat est enfin terminé. Le travail commence. Il est titanesque. En moins de trois ans, la nouvelle métropole vote son « pacte de gestion financier et fiscal ». C'est-à-dire sa charte de gouvernance, son « agenda économique » et son « agenda transport ». Elle engage la préparation de plus de dix schémas stratégiques, notamment les plan locaux d'urbanisme intercommunaux, organise une administration unifiée, mutualisée et territorialisée, elle vote trois budgets, chacun de près de trois milliards d'euros en fonctionnement et de plus d'un milliard en investissement. Enfin, elle valide son « Projet 2040 », avec des engagements ambitieux et chiffrés sur la démographie, l'emploi et le logement.

« Aix-Marseille est un pur-sang potentiel, note un rapport de Christian Saint-Étienne, président de l'institut France Stratégie. Elle a les atouts pour devenir le moteur de la France. Le territoire possède déjà des filières de développement : l'aéronautique, le numérique, la logistique maritime, l'énergie, avec Iter, la santé et ses leaders mondiaux, l'eau et le tourisme. Sans compter l'économie circulaire, la microélectronique ou le sport. Le développement à la petite semaine, c'est fini. Mais pour changer de braquet, il faut une gouvernance forte. » C'est ce que je vais m'appliquer à faire. La chambre régionale des comptes en convient, en substance, dans son rapport de septembre 2020 : on ne pouvait guère faire différemment, compte tenu de l'organisation à deux étages fixée par la loi, ni mieux, compte tenu des ressources « envolées » vers les communes.

En s'installant à l'Élysée, Emmanuel Macron souhaite franchir une nouvelle étape et fusionner la métropole avec le département des Bouches-du-Rhône. J'y suis favorable. La réplique de Maryse Joissains ne tarde guère : « Je demande la mise sous tutelle de Marseille. » Anecdotique mais odieux. Le préfet Dartout établit un rapport préconisant des modalités appropriées pour cette fusion, notamment le retour aux communes de certaines compétences de proximité, ce qui est souhaitable. En visite à Marseille, le Premier ministre confirme la fusion devant cent personnes. Pendant deux ans et demi, je lui fais confiance. J'essaie d'avancer en ce sens.

Jacqueline Gourault, ministre de la Cohésion des territoires et des Relations avec les collectivités territoriales, parcourt le département afin de convaincre les élus du pays d'Arles des avantages de cette fusion. Dans cette perspective, je transmets le flambeau à Martine Vassal. Présidente du département, elle est la mieux placée pour la concrétiser. Bref, tout est sur les rails. J'ai le sentiment d'avoir fait œuvre utile. Au prix, il est vrai, d'insultes, d'injures et de propos diffamatoires, venus le plus souvent d'élus de ma « famille politique », auxquels je me suis attaché à ne jamais répondre.

Il me reste néanmoins deux regrets. Le premier est de ne pas avoir obtenu le soutien promis de l'État pour l'agenda transport de la métropole. Il aurait permis, pour Marseille, de faire sortir des limbes des promesses électorales la troisième ligne de métro entre le quartier du Merlan au nord et Bonneveine au sud. Le Premier ministre m'avait assuré que, si la métropole établissait rapidement un plan transport, l'État le soutiendrait, comme il l'a fait à Paris avec l'Établissement public de la société du Grand Paris. Celui-ci va réaliser un nouveau réseau de 200 kilomètres de métro avec 68 gares et un financement de 30 milliards d'euros. Marseille et la métropole peuvent légitimement justifier qu'un tel dispositif exceptionnel leur soit transposé. Les jalons ont néanmoins été posés. Tous les élus devront être en première ligne pour reprendre ce dossier prioritaire. Mais selon l'axiome bien connu, les promesses n'engagent que ceux qui... les écoutent.

Mon second regret concerne la fusion inaboutie du département avec la métropole en une collectivité territoriale unique, dotée d'un budget de 7 milliards d'euros. L'irruption des Gilets jaunes a en effet rendu caduc le schéma institutionnel du primat des métropoles. Contre le pouvoir parisien et celui des grandes villes, les ronds-points provoquent une inversion du discours officiel. Retour à la proximité et à la « France des territoires », selon la formule consacrée par le nouveau Premier ministre Jean Castex. Exit la fusion. Je vois dans cette situation une nouvelle preuve que « rien n'est jamais acquis à l'homme, ni sa force… », comme chantait Brassens[1]. Un crève-cœur, un grand sentiment d'amertume et un profond regret pour l'avenir de notre territoire, auquel on inflige un nouveau retard.

1. *Il n'y a pas d'amour heureux* : « Rien n'est jamais acquis à l'homme. Ni sa force. Ni sa faiblesse ni son cœur », musique de Georges Brassens, poème de Louis Aragon.

49

Une élection imperdable

Méconnaissant l'importance de son rôle, les Marseillais paraissent peu s'intéresser à la communauté urbaine. Les élus et le monde économique, eux, oui. Aussi, Renaud Muselier a-t-il souhaité la présider. Fonction à laquelle j'avais été élu en 2000, à sa création, puis réélu après les élections municipales de 2001. Bien que disposant de plusieurs voix d'avance sur un décompte droite-gauche, nous perdons pourtant cette présidence le 18 avril 2008, c'est-à-dire une large part du pouvoir municipal. Comme le titre unanimement la presse locale et nationale, un « tremblement de terre politique » vient de secouer la vie publique marseillaise.

Il était légitime, dans le cadre du ticket politique que nous constituons depuis treize ans et pour une saine évolution ultérieure, qu'une rotation des responsabilités ait lieu. À Muselier, donc, la présidence de la communauté ; à Guy Teissier, celle d'Euroméditerranée ; à Roland Blum, qui a représenté Marseille durant vingt-cinq ans à l'Assemblée nationale, le poste de premier adjoint au maire. Seulement, pour reprendre un vocabulaire qui a fait florès autour de Chirac et de Sarkozy, il ne suffit pas de vouloir « cheffer » pour être reconnu par ses pairs. Je propose à Renaud Muselier de l'aider pour sa campagne auprès des dix-sept autres maires de la communauté. Il décline mon offre en m'assurant les avoir contactés lui-même. Il estime avoir d'autant moins besoin de moi qu'il se pense porteur d'un projet différent. Il convient, en fait, dans son esprit, que son action ne soit pas assimilée à la mienne. Comme si un projet politique, quel qu'il soit, s'écrivait sur une page blanche. Je n'ai pas besoin de mon expérience d'élu pour en être convaincu, l'ancien professeur d'histoire que je suis aurait pu le lui expliquer. Encore aurait-il fallu qu'il écoute.

Non seulement Muselier affirme n'éprouver et ne rencontrer aucune difficulté pour l'emporter, mais, sûr de lui comme toujours, il ne doute pas une seconde d'entraîner les maires derrière lui, tous et sans réticence aucune. La candidature d'un obscur apparatchik, Eugène Caselli, ne l'inquiète pas plus. Cet aveuglement fait peu de cas de la puissance de Jean-Noël Guérini. Nous venons pourtant de nous y confronter durant la campagne des municipales. L'attention avec laquelle la gauche a préparé le scrutin que notre jeune présomptueux tient pour acquis aurait dû l'alerter. Il se considère déjà élu. Face à pareilles certitudes, je ne m'inquiète pas. Du moins pas vraiment, même si un ou deux maires ne cachent pas leurs réserves et ne paraissent guère enthousiastes à la perspective de voter pour lui. Éric Le Dissès par exemple, qui vient de remporter la victoire à Marignane dès le premier tour, alors que Muselier et moi avons soutenu le maire sortant. Je mets mes quelques interrogations intimes sur le compte de mon naturel inquiet.

Tandis que le doyen d'âge, Pierre Pène, maire de Carry-le-Rouet, énonce l'un après l'autre les noms inscrits sur chaque bulletin lors du décompte du premier tour, le silence se fait de plus en plus pesant dans l'hémicycle de la communauté, à l'entrée du Pharo. Caselli, le candidat de la gauche, accentue son avance de bulletin en bulletin. Chacun dans l'assemblée coche des croix sur une feuille et, *in fine*, l'évidence s'impose : « l'homme de Guérini » l'emporte. Cruelle arithmétique mais conséquence implacable : celui qu'Alexandre Guérini – le petit frère ! – a baptisé élégamment « Brushing » est le nouveau président de la communauté urbaine. Muselier est battu, et d'abord par lui-même. Les élus de gauche se lèvent et exultent avant même que le doyen d'âge ne proclame le résultat. Bruno Gilles demande un recompte des bulletins. On recompte. Le résultat reste inchangé. Je suis sans voix, prostré, incrédule. En plein cauchemar.

Eugène Caselli s'assoit sur le siège du président. Il prononce quelques mots de remerciement rédigés à l'avance, appelle la discussion pour la suite de l'ordre du jour et met aux voix le premier rapport. Instantanément, la majorité naturelle de la droite et du centre se reconstitue et le rapport n'est pas adopté. Philippe Sanmarco clame : « Il faut dire aux traîtres qu'ils doivent continuer de trahir. » Eugène Caselli, désemparé, cherche le regard de Jean-Noël Guérini, qui lui fait signe de lever la séance. Il n'a pas d'autre solution. « La séance est suspendue. » L'institution communautaire est bloquée. Notre groupe politique se réunit aussitôt. Chacun voudrait croire que l'on va, blocage aidant, pouvoir recommencer l'élection. Ceux qui de la politique et du droit ont un plus long usage ne se font aucune illusion.

La séance reprend et Eugène Caselli renvoie l'ordre du jour à une séance ultérieure, *sine die*. Les dépêches d'agence et les télévisions démultiplient l'information. Renaud Muselier fait bonne figure sous les flashes et les caméras qui se bousculent autour de lui et d'Eugène Caselli. Il déchire le discours qu'il avait préparé et improvise, stigmatisant à juste titre la trahison de certains élus de notre camp. Il n'attend pas pour désigner des coupables, pourtant innocents, de cette forfaiture. Des mois durant, il dit et répète, à Paris comme dans les dîners en ville à Marseille, que « l'équipe Gaudin l'a fait perdre ».

J'ai voté à bulletin ouvert ce jour-là et ne l'ai pas plus fait perdre cette présidence que je ne l'avais empêché, en 2004, de reconquérir la région Provence-Alpes-Côte d'Azur, la plus à droite de France, tel le « Kennedy du Sud » qu'il voulait incarner. Pas plus que je ne réussirai à lui éviter, malgré une campagne active sur le terrain, de perdre, en 2012, une circonscription pourtant redécoupée « sur mesure » face à une candidate socialiste, Marie-Arlette Carlotti, qui n'avait jamais réussi à s'imposer jusqu'alors. Elle lui doit d'obtenir un portefeuille ministériel auquel, même dans ses rêves les plus fous, elle n'avait jamais osé songer.

Non seulement la légende par laquelle Muselier tente de se dédouaner est fausse, mais cette accusation est injurieuse. Certes, elle plaît à des médias avides de polémiques et de combats de coqs. Vouloir se démarquer d'un prédécesseur dont il aspire à recueillir l'héritage politique est un exercice périlleux. L'élection municipale de 2020 l'illustrera une nouvelle fois. Le candidat y perd en légitimité sans réussir à affirmer une originalité réelle. C'est un jeu de dupes. La réalité est simple : je lui ai cédé la place, il n'a su ni la prendre ni la garder. Personne, au long de ma carrière politique, ne m'a jamais fait pareil cadeau !

Quel intérêt aurais-je donc pu avoir à faire perdre mon camp ? À priver Marseille d'un levier de développement essentiel que j'avais contribué à construire ? L'explication est ailleurs, dans la facilité qui consiste à trouver un coupable, un bouc émissaire commode, afin de masquer ses propres failles et de gommer ses échecs. Renaud Muselier continuera à siéger ensuite au conseil municipal. Sans parvenir à vraiment cacher son amertume. Il participe le moins possible à l'œuvre menée.

C'est le jour même de cet échec que je reçois à la mairie

Valérie Pécresse, ministre de l'Enseignement supérieur, pour évoquer le plan Campus. Elle perçoit à quel point sa visite intervient à un moment délicat. Le soutien du gouvernement à l'enseignement supérieur marseillais, qu'elle nous annonce, éclaire un peu cette sinistre journée. Aux élus de la majorité municipale qui me harcèlent pour savoir combien de temps Eugène Caselli peut rester sans majorité et sans exécutif complet, ma réponse est claire : « Un an, puisqu'il dispose d'un budget que nous avons voté avant les élections. » Ne reste qu'une possibilité, celle qu'a choisie Alain Juppé à Bordeaux : un accord politique de « gouvernance partagée ».

Les discussions prennent trois semaines, sous l'égide de Renaud Muselier, lui-même président de notre groupe, et de Philippe Sanmarco. Lorsque le conseil de communauté se réunit pour élire ses vice-présidents et son bureau, fin mai, c'est la liste battue aux élections municipales à Marseille qui gère les transports, la voirie, la propreté, l'économie, l'urbanisme, l'environnement. Autant de compétences dévolues désormais à la communauté urbaine ! Comment mieux illustrer la perturbation que crée, sur la démocratie représentative, l'imbroglio politico-administratif et l'opacité qu'elle provoque parfois ?

Ce tremblement de terre a donc de lourdes conséquences sur la conduite des dossiers municipaux. L'économie n'est pas la priorité des élus de gauche. Ils contestent le tramway. Ils ne conçoivent l'habitat qu'au travers des logements sociaux. Je sais bien que des décisions historiques ont été prises à une voix de majorité : la mort de Louis XVI en 1793 ou l'instauration de la République en 1877. Une voix de majorité suffit. Je viens moi-même d'être élu maire, pour la troisième fois, avec une seule voix de majorité absolue. Eugène Caselli et moi savons que ce double verdict inversé nous oblige. Les citoyens n'attendent pas une guerre de tranchées politicienne. Ils veulent des réponses à leurs problèmes, des améliorations à leur vie quotidienne, des projets collectifs pour développer la ville. J'ai passé l'âge du sectarisme, qui au demeurant n'a jamais été de mon registre. Je m'attache donc sans attendre à nouer de bonnes relations avec Eugène Caselli. Nous passons un accord de « gouvernance partagée » sur quelques priorités, à commencer par le centre-ville et la rénovation du Vieux-Port, ainsi que le prolongement du tramway entre la Canebière et Castellane. Contrat respecté.

Renaud Muselier vit très mal cette situation dont il est, à son corps défendant, l'ordonnateur. Plus mal encore les impératifs gestionnaires qui me poussent à négocier avec Jean-Noël Guérini des relations nouvelles entre le conseil général et la ville de Marseille. Des années durant, Guérini a mis Marseille « au pain sec et à l'eau », pour reprendre sa formule, lors de l'attribution des aides du conseil général. Pour représenter le quartier du Panier, dont il a fait un fief politique inexpugnable, il a succédé au sein de l'assemblée départementale à son oncle, Jean-François. L'office HLM de Marseille, dont ce dernier a longtemps été le président, y a beaucoup contribué dans la grande tradition du clientélisme socialiste.

Toujours est-il que son neveu, authentique Corse, profondément ancré dans la foi et les rituels religieux, accepte enfin d'entrouvrir le riche portefeuille du département. Et si nous sommes opposés au niveau des idées comme au plan électoral, nos rencontres institutionnelles se font, du coup, plus nombreuses. L'art de la politique, c'est aussi de faire travailler ensemble. Pour y parvenir, il convient de ne jamais pratiquer la haine, le mépris, la volonté de détruire. C'est mon cas. Mes proches collaborateurs me reprochent souvent d'oublier les méchancetés qui m'ont été faites. « Mes convictions m'invitent au pardon des offenses, ai-je coutume de leur répondre, mais aucun précepte ne m'interdit d'en garder le souvenir ! »

Bref, mes relations avec Jean-Noël Guérini relèvent de la courtoisie républicaine que les élus doivent entretenir au service de leurs concitoyens. Renaud Muselier ne me le pardonne pas. Il en tire prétexte dans la vilaine affaire judiciaire qui ne tarde guère à rattraper Jean-Noël Guérini et son frère, entrepreneur dans le domaine des déchets notamment. Ma position est claire : être maire, c'est s'inscrire dans le temps de l'action, pas de la polémique et des coups bas. Je le dis solennellement, dans une déclaration préliminaire au conseil municipal : « Cette affaire concerne la justice et la justice se traite dans les prétoires avec les juges et les avocats. Elle n'est pas susceptible de commentaires dans les tribunes politiques que sont les hémicycles. Débattons de nos dossiers, prenons des décisions, faisons avancer encore et toujours Marseille, gardons le cap sur le renouveau. »

Je n'ai pas un mot à retirer à mon propos. Je porte plus que jamais cette conviction républicaine. J'ai trop idéalisé la vie publique au point de la conjuguer inextricablement avec ma vie personnelle pour ne pas être imprégné du respect qu'elle mérite. J'ai trop été façonné par mon éducation, d'une morale rigoureuse, pour accepter sinon imaginer la moindre compromission. J'ai trop peu d'attrait pour l'argent pour céder aux tentations dans lesquelles certains se sont perdus.

Nous n'en commençons pas moins ce troisième mandat municipal avec le moral dans les chaussettes. La crise des *subprimes* de 2008 menace nos projets. Je me bats pour maintenir le cap, affronter le désabusement général, le « Marseille *bashing* » et l'immobilisme. Sans oublier les mouvements sociaux, notamment les grèves du ramassage des ordures ménagères.

50

Le maire de l'OM

Lors d'une visite dans le souk de Marrakech avec le maire de la cité impériale, mon ami Omar El Jazouli, j'entends l'un des commerçants interpeller son voisin en me montrant du doigt : « Regarde, c'est le maire de l'OM ! » Je demeure abasourdi par le propos, et pourtant il a raison. Devenu maire, je suis aussi devenu président de l'OM. Ce dossier, que j'ai dû prendre à bras-le-corps, rien ne m'y avait préparé.

L'OM fait partie des gènes des Marseillais et du patrimoine de la ville. Depuis plus de cent vingt ans, le club fait rêver, pleurer, crier, chanter. Aucun autre club français n'est porteur d'une telle identité, ni identifié par des supporters dans le monde entier. Dans aucune autre ville française les soirs de match ne brisent autant les barrières de classe et d'argent, jouant un rôle d'intégration qui fait même l'objet de thèses universitaires. Seulement, il y a les vicissitudes des performances et les aléas de la gestion. De la même manière qu'Hollywood avec les producteurs qui s'y hasardent, l'OM rend fou. Les supporters le disent volontiers en énumérant ses dirigeants qui ont perdu fortune, raison et, parfois, jusqu'à la vie. Lors de mon élection, en juin 1995, Munich est loin. Fini le temps des paillettes et des feux d'artifice, place aux dettes. Le club vient de déposer le bilan et la ville hérite des restes à la barre du tribunal dc commerce. Ainsi se termine l'ère Tapie.

Il n'y a pas eu de sauvetage miraculeux avec l'argent des collectivités publiques, en dépit des pressions en ce sens de Robert Vigouroux. Il avait invité les présidents d'institutions à la mairie dans les derniers mois de son mandat. Je m'y suis rendu en tant que président de la région, tandis que les supporters grondaient sous les fenêtres de l'hôtel de ville où les avait conviés Bernard Tapie. Nous nous quittons sur l'engagement d'aider l'OM. Premier point. Dans le seul cadre de la loi. Second point. La pétition de principe du point un est d'autant plus facile à énoncer que la loi Bredin s'oppose à ce genre de largesses et interdit d'accorder des aides publiques directes aux clubs professionnels.

De retour dans mon bureau, Léopold Ritondale, alors maire d'Hyères et conseiller régional aux incontournables chaussures bicolores, m'appelle : « Vous l'avez bien couillonné ! Il n'aura rien du tout. Vous n'avez pas le droit de l'aider ! » En conséquence, l'OM est rétrogradé en deuxième division. Le président du tribunal de commerce suggère qu'une société d'économie mixte soit créée pour gérer le club et que le maire la préside. Me voilà président de l'OM. Dieu sait que si j'ai souhaité obtenir bien des fonctions, je n'ai jamais rêvé de celle-là !

Je n'entends d'ailleurs guère m'y éterniser. Jean-Michel Roussier, le directeur général, fait loyalement son travail, et l'entraîneur le sien. Durant deux ans et demi, je me borne à signer des chèques astronomiques pour payer les joueurs, ce qui ne me plaît pas. Nous cherchons un repreneur. Trois sont sur les rangs : Robert Louis-Dreyfus, président d'Adidas, Fabien Ouaki, le P-DG des magasins Tati, et l'ancien tennisman Patrick Proisy, qui dirige la filiale du groupe IMG McCormack. Je les reçois à mon bureau du ministère, rue Saint-Dominique, avec Renaud Muselier et

Robert Villani, mon adjoint aux sports. Le patron d'Adidas arrive, en blouson et baskets comme à son habitude, précédant la mode vestimentaire actuelle. Jean-Louis Tourret, mon adjoint aux finances, est là aussi et lui demande de préciser ses intentions, de donner des garanties. Elles sont claires : il rachète l'OM sur sa fortune personnelle, parce qu'il est passionné de foot et qu'il aime le club. Il le démontrera pendant ses douze années de présidence, même s'il a délégué ses pouvoirs à des gestionnaires successifs. Je n'hésite pas et je choisis Robert Louis-Dreyfus. La ville lui revend l'OM au prix auquel elle l'a acheté « à la casse », soit 20 millions de francs.

Je rencontrerai assez régulièrement Robert Louis-Dreyfus, pour qui je garde reconnaissance et respect. D'autant plus de reconnaissance que j'ai trouvé aussi injuste qu'odieuse la banderole déployée dans les travées du stade par des supporters déçus des résultats sportifs de l'époque : « Dreyfus, rends l'argent du peuple ». Il faut oser, quand on sait ce que Robert Louis-Dreyfus a investi sinon dilapidé, par passion, comme argent personnel dans le club ! Il faudra attendre qu'il soit emporté par un terrible cancer pour que les supporters de l'OM acceptent de lui rendre l'hommage mérité.

Robert Louis-Dreyfus organise souvent des dîners ou des déjeuners. Avec un Suisse, Reto Stiffler, dont je ferai naturaliser l'épouse et qui est l'un des hôteliers de Davos, l'ambiance aidant, ils boivent allégrement. C'est également le cas un soir où j'accompagne l'OM au Havre et où Louis-Dreyfus me présente un autre de ses amis. « Cet ami-là est associé avec moi sur toutes mes affaires, sauf sur l'OM, me confie Louis-Dreyfus. Il me fabrique même du calvados. » Après le match, nous traversons le pont de Tancarville pour aller dîner chez un de ses associés. Heureusement, c'est

Jean-Michel Roussier qui conduit la voiture, car nos amis ont pas mal « consommé ».

« Pourquoi ne vendez-vous pas le stade Vélodrome ? » me demande souvent Louis-Dreyfus. Je suis formel : le stade Vélodrome, c'est comme Notre-Dame-de-la-Garde et le Vieux-Port, des images qui appartiennent aux Marseillais. Un patrimoine culturel plus encore que physique. Nous vendons néanmoins à l'OM la Commanderie, le lieu d'entraînement du club. Ni Louis-Dreyfus naguère ni Jacques-Henri Eyraud aujourd'hui n'ont jamais réussi à obtenir des sœurs de la congrégation des Filles du Cœur de Jésus, installées au monastère de la Serviane mitoyen, qu'elles leur cèdent un vaste espace pour constituer un ensemble digne des grands clubs européens.

Avant de vendre l'OM, j'invite l'équipe à dîner chez Pic, le restaurant étoilé de Valence, dans la Drôme, célèbre notamment pour son loup au caviar. Une manière de célébrer la remontée du club en première division, acquise au soir d'un match pourtant perdu contre le club local. Avant de passer à table, il nous faut attendre que la vessie des joueurs, convoqués au contrôle antidopage, accepte de se libérer. Quand vient enfin le moment de déguster l'exceptionnel chausson aux truffes, j'entends la grosse voix d'un joueur, assis juste dans mon dos, lancer : « Putain, c'est quoi, ça ? J'aurais préféré des spaghettis à la napolitaine... »

Je n'ai plus jamais invité les joueurs de l'OM au restaurant ! Je les ai reçus régulièrement à déjeuner, en revanche, à la villa Pastré. Ils mangent moins que moi mais ce sont généralement des garçons sympathiques, auxquels la haute compétition apporte capacité relationnelle et ouverture d'esprit. Je pense notamment à Cédric Carrasso, gardien de but international qui a eu la gentillesse de me soutenir lors de la campagne des élections municipales de 2008, et à Jean-Christophe Marquet, dont j'ai encouragé les initiatives pour créer des événements qui valorisent Marseille. Je pense plus encore à Éric Di Meco, qui met son immense prestige de footballeur au service de Marseille en agissant en adjoint exemplaire, à mes côtés, durant deux mandats. Je pense aussi à Florian Thauvin, notre champion du monde, qui ne manque jamais de venir aimablement me saluer lorsque nous nous croisons.

Bien des années plus tard, je me trouve à Bordeaux où l'OM doit jouer le soir même. Après le frugal déjeuner que nous offre Alain Juppé, nous filons, Hubert Falco et moi, récupérer des calories en dégustant quelques verres de grand cru chez Philippine de Rothschild. Si bien qu'en arrivant au stade, nous sommes ragaillardis. Bien moins qu'Alain Juppé assis à côté de nous. Car, au troisième but de son équipe, il enlève d'un coup son bonnet et, à notre totale stupéfaction, saute littéralement en l'air, le visage fendu d'un vaste sourire. Je ne parviens pas à maîtriser ma réaction : « Si tu avais rigolé un peu plus et sauté en l'air de temps en temps quand nous étions au gouvernement, nous serions restés plus longtemps au pouvoir… » Ambiance !

Comme tous les Marseillais, je vibre les soirs de match au Vélodrome. Mon père, qui était un supporter fanatique, m'emmenait au stade, tout gosse. Nous partions à pied de Mazargues et il me tenait la main tout au long du boulevard Michelet. Aussi, je laisse dire ceux qui prétendent que je ne fais pas la différence entre un coup franc, un penalty et un corner, même si je dois à la vérité de préciser que c'est Philippe Seguin qui m'a appris tous les enjeux de la surface de réparation. Une information essentielle que j'ai transmise, par la suite, discrètement sinon confidentiellement à Édouard Balladur. Peut-être est-ce cet attachement affectif qui m'interdit de vouloir entendre parler d'une quelconque vente du stade et qui nous conduit, en juillet 2009, à la décision de le rénover.

Quelques semaines plus tôt, j'avais reçu Jean-Pierre Escalettes, alors président de la Fédération française de football, et son homologue de la Ligue, Frédéric Thiriez. L'homme qui, avant de devenir avocat puis de s'investir dans le football, était aux côtés de Gaston Defferre, au ministère de l'Intérieur... Tous deux me confirment que la France va présenter un dossier de candidature pour accueillir l'Euro de 2016, que Michel Platini, véritable légende du foot devenu président de l'UEFA, veut attribuer à la France. Encore faut-il que nous respections l'adage « Aide-toi, le ciel t'aidera ». Nous devons nous donner les moyens de pouvoir accueillir cette compétition.

J'entretiens avec Michel Platini des relations d'amitié sincère et chaleureuse depuis la Coupe du monde de 1998. Il en avait confié l'organisation, à Marseille, à l'un de ses proches, Jean-Louis Genovesi. Un homme remarquable revenu vers son Cassis natal, où il exploite un beau domaine viticole au pied du cap Canaille, après avoir brillamment réussi une première étape de sa vie professionnelle dans l'informatique naissante des années 1980. Lorsque Michel Platini, chaque été, s'installe à Cassis, c'est l'occasion de partager un repas. Ce fut l'occasion pour moi, un jour, de prendre vis-à-vis de lui l'engagement de rénover le stade Vélodrome : « Pour l'heure, je n'ai pas l'argent, mais dès que je l'aurai, je le ferai. » Engagement tenu.

Mais en ce début des années 2000, Escalettes et Thiriez veulent savoir si Marseille entend compter parmi les dix villes désireuses d'accueillir des matchs. En réalité, ils désirent surtout connaître nos intentions concernant le Vélodrome. Sommes-nous prêts à le mettre aux nouvelles normes de l'UEFA, et notamment à le couvrir ? Sans Marseille, pas de candidature. Je suis heureux de leur annoncer que Marseille va rénover son stade, le couvrir, l'agrandir, et que nous choisirons la même procédure que

Lille, Bordeaux et Nice, celle du partenariat public-privé. L'occasion tant attendue depuis la campagne municipale de 2008 est enfin là. La couverture du stade est, en effet, l'objet de polémiques récurrentes entre supporters d'un côté et partisans d'autres urgences aussi lourdes financièrement de l'autre. Je me suis, jusqu'alors, appliqué à ne m'engager en rien, en m'abritant derrière une météo le plus souvent favorable à l'activité sportive.

Jusqu'ici, j'ai certes mesuré l'importance politique des supporters qui demandent « un toit pour le stade », même si un Marseillais sur deux ne s'en préoccupe guère. J'ai regardé avec placidité les projets qui me sont soumis ou les articles sur la « solution simple » pour le couvrir. « Il suffit de construire quatre tours de bureaux aux quatre coins du stade, et la bâche de couverture du stade sera financée par le privé », m'a-t-on expliqué doctement. Un schéma que je retrouve en une de *La Provence.* En observant plus tard l'armature métallique du nouveau stade, je n'ai pas eu la cruauté de renvoyer à leurs auteurs ces galéjades de comptoir. La rumeur a volontiers colporté aussi que Robert Louis-Dreyfus était prêt à couvrir le stade si la ville lui accordait un bail emphytéotique à long terme, une sorte de privatisation. Je n'ai jamais reçu de proposition formelle et précise de sa part. La raison en est simple, aucune banque ne va risquer 200 millions d'euros de prêt sur un club de football.

Le serpent de mer de la privatisation du Vélodrome, activé par Patrick Mennucci et les socialistes, continue alors de nourrir la controverse politicienne marseillaise. Je m'y oppose catégoriquement au nom du principe d'inaliénabilité du patrimoine public majeur. Je ne cesse, au demeurant, de m'étonner que les adversaires idéologiques des privatisations renient leurs principes à propos du stade. Il est vrai que le foot rend fou ! Il fait oublier le bon sens comptable le plus élémentaire. Pourquoi le propriétaire de l'OM, quel qu'il soit, dépenserait-il 300 millions d'euros pour acheter le stade alors qu'il peine chaque année à boucler son budget pour acquérir les joueurs que son entraîneur convoite ? Au panthéon des idées courtes, la vente du stade est au hit-parade.

Dès l'automne 2006, je prends néanmoins la précaution de faire voter par le conseil municipal des crédits d'études afin d'évaluer le véritable coût d'une couverture et de la rénovation de notre Vélodrome. Car il faut prévoir bien plus qu'un toit. Il convient de remettre aux normes le stade de 1998. Pour quel budget ? De 120 à 160 millions d'euros, voire plus à cause des nouvelles règles de sismicité, des contraintes d'un « chantier en mode occupé » ou des 20 millions nécessaires encore pour réaménager le stade Delort mitoyen pour la pratique de l'athlétisme et du rugby. Je réunis les élus de la majorité municipale et je lâche clairement : « Nous pouvons décider de ne pas rénover le stade, parce que c'est trop cher, ou parce que nous voudrons le déplacer plus tard. Il faudra assumer l'absence de Marseille parmi les villes hôtes de l'Euro 2016 et, peut-être même, l'échec de la candidature française en raison de notre manque de motivation. » La réponse prend la forme d'un cri unanime : « Tu n'y penses pas vraiment ? Tu plaisantes ! »

Renaud Muselier, Guy Teissier, Dominique Tian, Roland Blum et même l'adjoint aux finances, Jean-Louis Tourret, pourtant si prudent à l'ordinaire, valident notre engagement. Tous optent pour le recours à la procédure de partenariat public-privé, seule possibilité juridique, administrative et opérationnelle susceptible de nous permettre de tenir les délais et les prix d'un chantier aussi considérable. Ils approuvent aussi la création d'un nouveau quartier autour du stade, avec logements, bureaux, hôtels, commerces…

Plutôt que celui, remarquable aussi, présenté par Vinci, le jury choisit le projet de Bouygues-Arema, conçu par l'architecte du Stade de France, Aymeric Zublena, et le Marseillais Didier Rogeon. Le programme immobilier associé apporte un financement de 30 millions d'euros. La ville ne fait pas face seule à pareil investissement pour une réalisation aussi lourde. Tous nos partenaires, conseil général, communauté urbaine et conseil régional, tiennent leurs engagements pour financer les 267 millions d'euros nécessaires[1]. Tous sauf l'État, que la ville de Marseille supplée. Comme d'habitude.

Le résultat est à la hauteur des exigences et de nos ambitions. Cet équipement fait briller Marseille à travers le monde. J'en suis fier. En 2016, les six matchs de l'Euro à Marseille sont un succès pour la ville. François Hollande et les ministres socialistes n'en ratent aucun de l'équipe de France, et bloquent chaque fois le tunnel Prado-Carénage pour être à l'heure…

Être maire, c'est donc aussi s'emparer de certains dossiers inattendus. C'est disposer des leviers nécessaires pour leur donner vie. L'histoire est ma passion, la Révolution française puis l'épopée napoléonienne mes périodes favorites, avec Louis XIII et Richelieu. Aussi, lorsque j'évoque avec les responsables du patrimoine municipal l'idée d'un mémorial de *La Marseillaise*, on me répond sans sourciller qu'une autre mémoire plane sur le lieu envisagé : celle des bains-douches du XIXe siècle ! D'autres ont avancé le même type d'argument face à Auguste-Guy Bonifaci, le président du comité de quartier de Mazargues, lorsqu'il a voulu débaptiser la place

1. Je réunis régulièrement les collectivités partenaires, l'État, le département, la région, la communauté urbaine, lesquels financent respectivement à hauteur de 47, de 30, de 20 et de 12 millions d'euros.

Robespierre pour revenir à l'intitulé d'origine, place du Marché. Et que dire des insultes antisémites qui m'ont été adressées lorsque nous avons donné à une rue de Mazargues le nom de Jules Isaac, agrégé d'histoire qui, au début du XXe siècle, a publié avec Albert Malet la célèbre collection de manuels historiques ! Toucher aux références du quotidien est toujours délicat.

Qu'importent ces arguties au professeur d'histoire qui vit toujours au fond de moi : le Club des Jacobins, la mémoire du député à la Convention Charles Barbaroux et des révolutionnaires marseillais ainsi que *La Marseille* elle-même méritent mieux. Quelle ville au monde peut s'enorgueillir d'avoir donné son nom à l'hymne national de son pays ? Il me paraît indispensable que Marseille perpétue le souvenir du bataillon des « six cents hommes qui sussent mourir » et que Paris avait demandé d'envoyer pour assurer le succès de la Révolution. Ils écrivirent avec leur sang la prise des Tuileries du 10 août 1792 et la chute du roi. L'Histoire. La grande. Je me suis passionné pour ce mémorial.

L'ancienne salle du Jeu de paume de la rue Thubaneau, local de la Société des amis de la Constitution, avait été transformée en hammam puis était tombée en décrépitude. Avec l'architecte André Stern, le journaliste et écrivain Gabriel Chakra et d'autres historiens, une reconstitution techniquement impressionnante des épisodes de la Révolution est réalisée, faisant parler les visages en cire des protagonistes, notamment Mirabeau. Le ministre de l'Éducation nationale, Luc Chatel, vient inaugurer ce « Mémorial de La Marseillaise » le 3 mars 2011 et je suis frappé par l'intérêt des visiteurs, éminentes personnalités ou jeunes des écoles, auxquels je tiens à faire connaître cette reconstitution de l'histoire.

Être maire, ce n'est pas seulement affronter les grands enjeux qui dessinent un avenir collectif ni se confronter aux exigences du quotidien. Être maire, c'est avoir l'œil à tout. Être crédité ou débité de tout. Qu'intervienne une catastrophe ou un simple incident, c'est se trouver en première ligne. Avec des décisions à prendre, des consolations à prodiguer, des critiques à encaisser même lorsqu'on est dépourvu de toute capacité d'action ou qu'elles viennent de son propre camp. La « blanche pagaille », comme le titre *La Provence* au lendemain de l'épisode neigeux de janvier 2009, reste ancrée dans ma mémoire. Les photos sont mémorables, de même que la sollicitude du gouvernement, qui nous dépêche aussitôt des inspecteurs généraux pour vérifier si les autorités locales ont pris les bonnes dispositions. On ne s'étonnera pas si je souris sans trop de retenue, quelques semaines plus tard, lorsque le Premier ministre de l'époque, François Fillon, reste bloqué à Paris par la neige. L'histoire de l'arroseur arrosé, en quelque sorte. Fin du sermon moraliste des Parisiens aux Marseillais.

51

Fais un geste

« L'imagination au pouvoir », affirmait l'un des slogans de Mai 68. Non que je me réfère souvent à cette période, mais comme maire je demande moi aussi de l'imagination. Un système d'appel téléphonique, par exemple, permettant de répondre à cette exigence de simplicité, de rapidité et d'efficacité que manifestent les citoyens. Trois mois plus tard, un central téléphonique informatique est ouvert de sept heures à vingt heures et des véhicules sont affectés à un dépannage rapide pour la voirie, la propreté, les écoles et les équipements sportifs. Ce système pionnier, enfant de la défaite aux élections législatives, c'est « Allô mairie ». Nombre de villes l'ont copié, des fonctionnalités nouvelles ont été offertes aux gens, par exemple pour un rendez-vous à prendre ou un document à récupérer. Marseille fournit gratuitement le logiciel à qui en fait la demande.

Cette innovation locale est une conséquence de la nouvelle donne politique nationale, illustrant une fois de plus l'interaction constante entre ces deux niveaux. En novembre 1997, l'alternance vient de nous renvoyer dans l'opposition. La revanche des socialistes sur la « vague bleue » de 1993 a emporté beaucoup de députés de l'ancienne majorité présidentielle. Ces résultats font un effet d'électrochoc sur les élus municipaux. Ils sont nombreux à réclamer un sursaut. Lors des réunions de groupe, chacun se lâche et liste « tout ce qui ne va pas ». Des critiques, il y en a pour tout le monde ! Chacun y va de son exemple concret. Le Marseillais qui ne trouve pas d'interlocuteur direct à la mairie pour demander que sa rue soit nettoyée, qu'un nid de poule soit bouché, qu'un potelet soit posé pour empêcher le stationnement gênant devant sa porte ou qu'un réverbère soit réparé. Le directeur d'école, le responsable d'un club sportif, le gestionnaire d'équipement, qui ne savent qui appeler pour qu'une équipe intervienne sur le modèle des pompiers ou des ambulances.

Si les temps ont changé, nous avons fait mieux que résister. Hormis le docteur Bernard Leccia, qui a abandonné à Sylvie Andrieux la circonscription la plus à gauche (non communiste) de Marseille, tous les députés marseillais sortants ont été confortablement réélus[1]. Mieux, ils ont triomphé en dépit de triangulaires imposées par le Front national et la gauche. Cette alliance objective concoctée naguère par François Mitterrand est toujours à l'œuvre : l'un, dans son rôle de provocateur comme à ses meilleurs jours ; l'autre, faussement moralisateur suivant son habitude. Comment ne pas lire dans ces résultats une confirmation du choix des Marseillais lors des élections municipales et une approbation de l'action menée ? Un vote de confiance, en somme.

Je mesure toutefois les conséquences de notre retour dans l'opposition avec la mission que Paris nous dépêche pour auditer Euroméditerranée, puis avec la nomination d'un nouveau directeur général, Jean-Michel Guénod. Dieu

1. Jean Roatta a ainsi devancé Jean-Noël Guérini, Renaud Muselier l'a emporté sur René Olmeta, Guy Teissier sur Fernand Pietri, le neveu de Charles-Émile Loo, et Roland Blum sur Marie-Arlette Carlotti. Quant à Jean-François Mattéi, il est devenu rien de moins que le député le mieux élu de France avec 79,84 % des suffrages !

merci, le programme n'est pas remis en cause. Le Premier ministre, Lionel Jospin, nous annonce même la délocalisation à Marseille du musée national des Arts et Traditions populaires, le futur MuCEM. À dire vrai, le chemin sera long de la parole aux actes. Malgré un concours d'architectes et l'avancement du travail des spécialistes sur le concept même, le financement n'est jamais confirmé par l'État entre 1999 et 2002. En réalité, Bercy ne veut pas du MuCEM et le bloque sur des prétextes budgétaires.

À plusieurs reprises, des rumeurs annoncent l'abandon du projet. Je parviens pourtant à neutraliser chaque fois la torpille en allant hurler auprès du gouvernement. Il faut attendre l'élection de Nicolas Sarkozy à la présidence de la République pour que j'obtienne enfin une réponse claire : « Si tu gagnes la capitale européenne de la culture pour 2013, tu auras ton musée. » Rien ne peut mieux nous motiver, même si ce futur symbole de la métamorphose de Marseille va encore connaître, avant de naître, trois présidents de la République, cinq Premiers ministres et sept ministres de la Culture. Le plus actif et déterminé, c'est Frédéric Mitterrand, qui ajoute au projet l'aménagement des jardins méditerranéens du fort Saint-Jean et la seconde passerelle rétablissant l'ouverture de la porte royale du fort. Un monument enfin ouvert aux Marseillais après des siècles de fermeture ou d'oubli.

Au début de l'été 1997, je passe donc mes pouvoirs ministériels à Dominique Voynet. Son principal sujet d'intérêt tient aux facilités qu'offre l'hôtel de Broglie pour elle et ses enfants. En quittant cette fonction, je perds un levier important pour faire avancer les dossiers de Marseille. Je dois, en outre, attendre près de dix-huit mois avant de retrouver le Sénat et ce mandat de parlementaire qui ouvre, sinon les portes et le cœur des ministères, du moins l'oreille des ministres. Il est de bon ton, aujourd'hui, de dénoncer le cumul des mandats. Je ne partage absolument pas cette opinion et j'observe que la quasi-totalité des maires de nos grandes villes, quelle que soit leur appartenance politique, sont parlementaires. Aucun d'eux ne sera d'ailleurs pressé, le moment venu, de donner l'exemple en abandonnant le Sénat ou l'Assemblée nationale. Ils attendent que le couperet de la loi tombe et le leur impose. Lors des élections municipales de 2020 chacun a pu observer combien les ministres, que ce soit Édouard Philippe au Havre ou Gérald Darmanin à Tourcoing, étaient attachés à leur fonction de premier magistrat. Ce n'est ni par hasard ni par opportunisme.

La moitié du métier de maire s'effectue à Paris ou en liaison avec les institutions de l'État. Le préfet, « l'État local », représente le gouvernement et incarne l'État, mais ce n'est pas lui qui décide. Il fait remonter les informations et redescendre les décisions. Il accueille les ministres en visite, les documente et les accompagne. Des réunions à la préfecture et sur le terrain ponctuent les emplois du temps toujours chargés des membres du gouvernement. Sauf en de rares circonstances, j'en suis toujours prévenu, et je m'entretiens avec eux. Parfois, plusieurs visites ministérielles se déroulent à la même date. Un préfet me racontera qu'il a dû, un jour, demander à un ministre de ne pas venir : il accueillait déjà cinq déplacements ministériels et ne disposait pas d'assez de préfets délégués ou de sous-préfets pour les accompagner !

Les déplacements des présidents de la République et des Premiers ministres représentent toujours un événement pour la ville. Leur visite à l'hôtel de ville est l'occasion pour le maire de demander « le soutien de l'État ». Tous, j'en suis sûr, ont bonne conscience en repartant de Marseille après avoir validé les crédits budgétaires proposés par leur cabinet et la préfecture. Lorsque le gouvernement est de la même couleur politique que la mairie, on s'en félicite, à tout le moins on s'en contente. Dans le cas contraire, on clame que le compte n'y est pas mais on engrange quand même.

Comme ailleurs mais peut-être plus qu'ailleurs, la question du soutien de l'État à Marseille revient comme un leitmotiv de la rhétorique politique locale. Marseille se voit et se veut indépendante, voire rebelle. Elle a forgé son caractère dans le sentiment, parfois justifié, d'être négligée par l'État central, opprimée par le pouvoir jacobin. C'est dans ce modèle d'une « ville-État » que les Marseillais se reconnaissent le mieux, ce qui auréole la fonction de maire bien au-delà de ses compétences réelles. N'empêche, les Marseillais et leurs élus en appellent régulièrement au soutien de l'État.

Vingt-cinq années durant, je me battrai ainsi pour obtenir de grandes ou petites décisions de l'État en faveur de Marseille. Sans jamais demander l'impossible ou pousser des cris d'orfraie faute de l'avoir obtenu. J'ai répété mon credo, « Aide-toi, le ciel t'aidera », lors de la dernière visite d'Édouard Philippe à l'hôtel de ville. Suivant sa méthode tout en retenue, il m'a répondu : « Ne souhaitant pas décevoir ceux qui me demandent, j'ai pour règle de promettre peu. » Il a tenu parole.

À ceux qui croient de bon ton de dénoncer le cumul des mandats, je demandais, à l'époque, ce qu'il adviendrait des doléances des maires une fois qu'ils seraient privés de l'accès aux hémicycles parlementaires et aux ministères. À coup sûr, une perte d'influence et d'efficacité pour leur ville. Sauf cas particulier. S'il fallait une confirmation à cette conviction, la nouvelle cohabitation m'en apporte la preuve. Pendant cinq ans, jusqu'à l'élection présidentielle de 2002, je sollicite des entretiens avec des membres du gouvernement Jospin. J'attends longtemps, en général, une réponse. Si un rendez-vous finit par être accordé au maire de la deuxième ville de France, si certains me font parfois l'honneur d'un déjeuner de travail, on ne m'écoute que poliment. Rien de plus. À deux exceptions près, toutefois.

Ma rencontre avec Claude Allègre, ministre de l'Enseignement supérieur, de la Recherche et de l'Innovation, est à la fois directe et constructive. J'ai décidé de rompre avec la politique conduite en matière universitaire par Gaston Defferre. Politique alors encouragée, à Paris, par le ministre de l'Intérieur Raymond Marcellin. Traumatisé par Mai 68, le ministre du général de Gaulle puis de Georges Pompidou redoutait les colères étudiantes. Il préconisait donc d'implanter les facultés en périphérie des villes et de les disperser. Ainsi naquirent les sites universitaires de Saint-Jérôme, de Luminy et de Château-Gombert.

Désireux de rendre sa vitalité et son activité au centre-ville, je souhaite, à l'inverse, m'appuyer sur les étudiants. Je suis d'autant plus déterminé qu'il m'a toujours paru ahurissant de voir la deuxième ville de France incapable d'offrir des enseignements en sciences humaines. Et tout aussi ahurissant de contraindre des milliers de Marseillais à quitter leur famille ou à faire la navette jusqu'à Aix-en-Provence pour persévérer dans ces filières. Je souhaite implanter des facultés de droit et d'économie appliquée sur la Canebière. À deux pas du Centre information jeunesse que j'ai ramené de l'enclave du stade Vallier où ses collaborateurs se serraient dans un vétuste préfabriqué. Seulement, depuis les lois de décentralisation, les universités relèvent des compétences de l'État voire de la région. L'accord du ministre de l'Éducation m'est indispensable. « Je te donne mon autorisation si, bien entendu, tu paies la totalité de la construction », me répond Claude Allègre avec sa franchise habituelle. Ainsi est fait, avec l'aide de la région que je préside encore. L'État limite sa participation au paiement du matériel à l'intérieur des bâtiments.

La seconde oreille attentive parmi les ministres du gouvernement Jospin, je la trouve auprès de Jean-Claude Gayssot. Je désire transformer en parc urbain l'ancienne gare du Prado, devenue un immense terrain vague d'où ne part, depuis des décennies, qu'un train quotidien d'ordures ménagères en direction de la décharge d'Entressen ; un parc dont la présence revitaliserait l'ensemble des quartiers du Rouet et de Menpenti, aux portes de l'hypercentre. La gare n'a dû son existence qu'au projet d'implantation d'un nouveau port marchand, à la fin du XIXe siècle. Le Vieux-Port se révélant trop petit pour répondre au développement de la « porte de l'Orient », on avait envisagé de le déployer sur la côte sud de la ville, là où ne régnaient que champs et campagnes.

Une gare fut construite pour offrir une ouverture vers la Côte d'Azur et l'Italie aux marchandises qui auraient été débarquées. Sauf que cela n'eut jamais lieu. Il fut, en effet, décidé de construire les prémices de l'actuel grand port dans le prolongement direct du Vieux-Port, vers le nord. Seules les herbes folles ont régné depuis sur cet espace de dix hectares où mon prédécesseur avait projeté de couler les milliers de tonnes de béton nécessaires à la construction d'un centre commercial, que Claude Vallette a combattu sans relâche, en notre nom, avant mon élection à la mairie.

Ces hectares sont en déshérence en plein cœur de la ville, sans que nul puisse imaginer qu'un train vienne jamais justifier cette situation ubuesque. Pourtant, il me faut, pour mener à bien mon projet, livrer une rude bataille contre des élus communistes acharnés à conserver les lieux en l'état. Moins par espoir de voir circuler un train dans cette gare fantôme que sous la pression de la CGT, toute-puissante à la SNCF. Et aussi, ne soyons pas naïf, par crainte qu'une éventuelle évolution de la sociologie des quartiers environnants ne vienne menacer la prédominance du PCF dans l'un de ses derniers fiefs électoraux du sud de la ville. Je me rends donc chez Jean-Claude Gayssot, ministre des Transports et membre du Parti communiste, afin d'obtenir son appui. Il nous faut surmonter les peurs de la direction de la SNCF, réticente à l'idée de vendre cet immense terrain à la ville de Marseille. Et de déplaire à la CGT et aux communistes locaux.

« Ils m'ennuient tous avec leurs lubies et je ne les supporte plus, m'avoue Jean-Claude Gayssot. Je vais te donner mon accord, mais je ne peux pas les désavouer. Pour que j'aie la paix, il faut que tu fasses un geste. » Me voilà revenu au souk pour le troc rituel. Je consens, bien sûr, afin de débloquer la situation. C'est ainsi que, sous les espaces aujourd'hui vallonnés, boisés et verdoyants du parc du 26e Centenaire, existent toujours les rails d'une ligne de chemin de fer virtuelle, dans la perspective où quelque hypothétique besoin s'imposerait un jour !

Grâce à ce coup de pouce d'un ministre communiste, je peux donner le signal du renouveau des quartiers du Rouet, de Menpenti et de la Capelette, dont l'habitat se dégrade depuis des décennies. C'est aussi la clé qui ouvre la porte à l'opération « Marseille Grand Est », premier maillon d'un aménagement global qui, de la Capelette au pied de Marseilleveyre et de Sainte-Marguerite à la Valentine, s'impose comme le « pendant » d'Euroméditerranée à l'autre extrémité du tunnel Prado-Carénage. S'il fait la joie des habitants des quartiers environnants, ce parc constitue aussi l'une de mes principales satisfactions comme maire. Pas seulement parce qu'il traduit une autre option que le bétonnage du cœur de ville, mais parce qu'il s'ouvre sur l'Arbre de l'Espérance et sa fontaine. Deux réalisations nées de l'esprit créatif de Guy Philip, le « pilote » de la communication de la ville vers qui mes pensées se tournent souvent, et qui symbolisent les valeurs de solidarité, de fraternité et d'ouverture fondatrices de notre identité marseillaise. Ces valeurs, une structure unique en France, Marseille Espérance, les incarne et les porte en toutes circonstances. Et d'abord les plus troublées.

Créée voici trente ans par Robert Vigouroux, Marseille Espérance réunit autour du maire les responsables des communautés religieuses présentes dans notre ville. Au-delà d'initiatives diverses, cette instance exerce une mission symbolique mais essentielle de compréhension et de fraternité, dans le respect de la laïcité, entre tous les habitants de cette mosaïque d'origines, de cultures et de religions qu'est Marseille. Unir, toujours chercher à rassembler. Dans notre société fragmentée, où la tentation des replis identitaires est partout, où l'unité du tissu social est devenue fragile et les conflits intercommunautaires toujours possibles, Marseille Espérance représente un espace de dialogue et de rencontre. Dans chaque moment délicat où la tension domine, ces responsables religieux sont là, réunis autour du maire, pour lancer un appel à la cohésion entre tous, au sens des responsabilités de chacun, à la sagesse et au respect par principe. Je suis admiratif de la hauteur de vue de chacun des membres de Marseille Espérance, de leur courage et de leur dignité. Je suis fier d'avoir contribué, en permanence, à leur cohésion. Et fier d'y représenter officiellement la ville de Marseille depuis mon départ de la mairie.

52

Histoires d'eau

Depuis la Coupe du monde de football en 1998, j'ai mesuré l'importance des grands événements sur le développement. D'abord en raison de l'impact en termes d'image, un vecteur, désormais central, d'attractivité des villes et du territoire qu'ils symbolisent. En conséquence, la bataille est rude pour obtenir d'organiser ces grands rendez-vous. La Coupe de l'America compte parmi les compétitions à l'audience planétaire. Un levier envié pour une ville-port et une capitale de la plaisance comme Marseille. Tout commence par une rumeur : les Suisses vont gagner la Coupe de l'America en Nouvelle-Zélande, ils la remettront en jeu à Marseille quatre ans après puisqu'ils n'ont pas d'accès à la mer. À vrai dire, je ne suis pas fan de cette compétition légendaire. Elle m'apparaît comme un étalage de fric et une rivalité entre élites, aux antipodes de l'histoire et de la culture marseillaises. Je ne peux, pour autant, ignorer les assauts des « voileux ». Ils ne me parlent que de ça : « Nous devons dire aux Suisses, au team Alinghi, que Marseille est la plus belle rade du monde pour régater », me répètent-ils à l'envi.

La médiatisation de cette candidature prend des proportions qui m'étonnent. À Paris, dans l'avion, dans la rue, tout le monde m'encourage et nous nous préparons soigneusement, longtemps convaincus de pouvoir l'emporter. Un comité de soutien se réunit au palais du Pharo avec des personnalités prestigieuses, de Zidane à Charles Aznavour, d'Olivier de Kersauzon et Bruno Peyron à Jean-François Deniau, de Jean Peyrelevade à Jean-Pierre Foucault.

Nous composons le meilleur dossier technique possible, études météorologiques comprises. Le Premier ministre, Jean-Pierre Raffarin, promet 40 millions d'euros. En tout état de cause, nos efforts auraient été vains. D'abord parce qu'il aurait fallu entreprendre des travaux énormes, sur le J4, pour accueillir ces « F1 des mers » et j'entends déjà les protestations des Amis du Vieux Marseille. Ensuite, et surtout, parce que le roi d'Espagne, Juan Carlos, a exercé des pressions considérables sur son Premier ministre, José María Aznar, afin qu'il prenne des engagements financiers beaucoup plus conséquents.

C'est la ville de Valence qui est choisie. Ernesto Bertarelli m'en prévient quelques minutes avant l'annonce officielle. J'ai certes droit aux récriminations sépulcrales des mêmes qui se réjouissent en silence. Mon regret ne dure guère, à la vérité. D'abord, parce que notre candidature nous a beaucoup apporté, sans quasiment rien nous coûter. Ensuite, parce que Rita Barberá Nolla, l'alcalde de Valence, m'avouera avoir eu le plus grand mal à obtenir de l'État espagnol les crédits promis et ne pas trop savoir comment utiliser les superbes aménagements de son port pour lesquels elle a dû supporter des dépenses qu'elle n'avait pas envisagées. Non seulement nous avons ménagé les finances de la ville, mais encore le MuCEM a pu être édifié sur le site prévu pour accueillir ces bateaux.

J'avais déjà rencontré la maire de Valence, à Göteborg en 2006, lors de la finale de la Coupe d'Europe de football entre l'OM et Valence. J'en avais profité pour lui demander de nous restituer la chaîne qui barrait le port de Marseille, prise par les Catalans en 1573 et installée dans l'abside de la cathédrale de Valence. En vain. Apparemment, le sujet dépasse le niveau de compétence des ambassadeurs et même des nonces apostoliques que j'ai alertés. Il s'agit tout simplement d'histoire et on ne déplace pas un fragment d'histoire.

C'est aussi un « monument » de l'Histoire, qui vient à Marseille au printemps 2012. Mikhaïl Gorbatchev s'installe discrètement parmi les personnalités qui attendent François Fillon pour l'inauguration du 6e Forum mondial de l'eau, au parc Chanot. Depuis la désignation de Marseille, trois ans plus tôt à Madrid, pour accueillir, au nom de la France, ce rendez-vous de la « planète Eau », un travail considérable a été accompli par Loïc Fauchon, le comité d'organisation et Christian Frémont qui, en marge de ses fonctions de directeur de cabinet du président de la République, veille à une coordination efficace au niveau des ministères et de l'État. Une semaine durant, plus de 20 000 participants, 140 délégations ministérielles, des centaines d'entreprises, d'experts et d'associations débattent de cette ressource vitale, si abondante au Nord mais si rare au Sud.

Plus que Mikhaïl Gorbatchev ou le Premier ministre, plus que le prince d'Orange ou le prince Albert de Monaco, ce sont deux jeunes Maliens, un frère et une sœur en habit traditionnel anis, qui ont marqué les esprits. « Savez-vous ce qu'est la soif ? demande le jeune homme à l'assistance confortablement installée. Si vous l'avez connue, vous en souvenez-vous ? Je ne parle pas de la bouche un peu sèche que l'on a après un repas de fête mais du feu qui vous brûle la gorge. » La question reste en suspens.

53

Dénigrer, spécialité locale

Être maire, c'est être le premier à respecter et à faire respecter les règles. Ce n'est pas un hasard si, à la mairie ou à la communauté urbaine comme à la région auparavant, j'ai choisi Marie-Louise Lota et Bernard Jacquier pour présider la commission des marchés. Dans cette instance se jugent les offres des entreprises pour des marchés publics et se sélectionnent des candidatures avec des enjeux financiers parfois considérables. Elle doit être le « saint des saints » de l'honnêteté, de la transparence et de l'exemplarité. Avec l'un et l'autre de ces deux amis, pas de danger. Leur intégrité et leur rigueur sont absolues.

C'est aussi ma fierté de n'avoir jamais été concerné par des affaires de prise illégale d'intérêt ou de favoritisme. J'ai exprimé cette exigence à l'administration dès mes premiers jours de maire, et je l'ai répétée mille fois durant vingt-cinq ans. Épinglé par la chambre régionale des comptes pour avoir bonifié la retraite complémentaire des agents de la région, je leur ai demandé de rembourser les sommes indûment versées. Quand on m'a signalé l'illégalité de la prime de Noël accordée aux retraités de la ville, je n'ai pas hésité. J'ai supprimé cet avantage malgré les protestations des agents, qui m'ont reproché de priver de jouets leurs petits-enfants.

Je me suis souvent demandé d'où venait la capacité de Marseille à se dénigrer elle-même. Ce goût des Marseillais à critiquer leur ville, à manquer de confiance en son avenir, ses talents, ses atouts.

Je comprends les cris de révolte, mais il y a aussi la façon moins vertueuse de dire du mal de Marseille. Celle des articles sous-documentés. Ce sont souvent les titres qui font le mal essentiel. Lorsque, en février 2009, le journal *Les Échos* publie un article intitulé « Marseille coule-t-elle ? », je suis stupéfait qu'un quotidien économique de cette dimension enfourche le cheval des détracteurs de Marseille. À l'inverse, lorsque Patrick Mennucci publie dans *Libération*, fin 2011, une tribune sur la crise morale de Marseille, je devine qu'il est déjà en campagne électorale. Il choisit de dénigrer sa ville pour justifier sa candidature. C'est le signal du « Marseille *bashing* ».

Tout y passe. À partir de quelques faits divers, Marseille devient le territoire de l'apocalypse. Les médias dressent le bûcher des turpitudes de cette ville sauvage et impossible. Dans cette surenchère, Mennucci entre en concurrence avec Samia Ghali. Sénatrice et donc avertie *a priori* du fonctionnement institutionnel, cette élue socialiste n'hésite pas à réclamer l'envoi de l'armée dans les cités des quartiers nord pour lutter contre le trafic de drogue. Marine Le Pen n'aurait pas dit mieux. Ou pire.

Samia Ghali estime sans doute avoir atteint son objectif en devenant sinon la coqueluche, du moins une excellente cliente des médias nationaux chaque fois qu'un incident survient à Marseille. Comment les télés ne se précipiteraient-elles pas vers cette socialiste d'origine immigrée qui joue sans pudeur sur la corde frontiste, maniant la polémique et la démagogie mieux que d'autres la langue de bois ? Je dénonce cette campagne chaque jour, je défends les Marseillais contre ceux qui parlent sans savoir. Pendant la période noire de l'automne 2012, lorsque je reçois des journalistes parisiens, le seul sujet qui les intéresse sont les règlements de comptes et les difficultés de Marseille.

On m'a proposé d'organiser une campagne de communication sur la réalité marseillaise pour mettre en avant les réussites de la ville. Vaste programme ! Nous approchons de 2013 et de notre année comme capitale européenne de la culture. Certes, la préparation de l'année capitale a elle-même été passée dans la grande lessiveuse du dénigrement, mais je garde espoir.

La première bataille a lieu dès le 12 janvier, pour la fête d'inauguration sur le Vieux-Port dont la rénovation a été couronnée par le prix 2013 de l'aménagement urbain décerné par le groupe Moniteur[1]. Ce soir-là, 400 000 Marseillais « votent avec leurs pieds » en parcourant paisiblement et avec bonheur les rues de leur centre-ville. C'est un immense succès. Ceux des journalistes qui connaissent notre ville le comprennent et en conviennent avec enthousiasme. D'autres continuent sur le registre de la critique. Ils n'ont pas aimé la fête. C'est leur droit. Ils n'ont surtout rien compris de cette ville, ni de ce qui s'est passé ce soir-là sur le Vieux-Port. Les Marseillais ont tout simplement repris le pouvoir. Ils ont affirmé la vérité de leur ville et leur fierté d'être marseillais. Ils le confirment par les interminables files d'attente pour visiter, d'inauguration en inauguration, le MuCEM, le château Borély, le palais Longchamp...

Les attentats puis la Covid-19 ne permettent plus d'imaginer pareilles fêtes populaires. Comme « Entre flammes et flots », en mai 2013, qui relie les deux rives du Vieux-Port

1. Le groupe Moniteur est un groupe de presse français spécialisé dans la presse professionnelle, constitué autour de son titre phare, *Le Moniteur des travaux publics et du bâtiment*, revue hebdomadaire créée en 1903.

avec un pont flottant et des engins pyrotechniques, à la hauteur du fort Saint-Nicolas. Comme lors de la « Transhumance » avec 4000 chevaux, vaches et moutons offrant une célébration des traditions équestres et de la culture provençale. Toutes laissent des images inoubliables. Sans attendre que le programme culturel de 2013 soit achevé, chacun réfléchit aux suites.

54

Et la culture, nom de Dieu !

Au matin du 12 janvier 2013, je reçois un coup de téléphone de François Hollande : « Monsieur le maire, je ne peux pas venir inaugurer, aujourd'hui, l'année 2013 capitale européenne de la culture au MuCEM, comme je vous l'avais promis. Je tiens un conseil de défense cet après-midi. C'est le Premier ministre, Jean-Marc Ayrault, qui me représentera. Mais je viendrai dès que possible célébrer le musée des Civilisations de l'Europe et de la Méditerranée, la culture et Marseille. »

Le président de la République me fait faux bond car il va, le soir même, déclencher l'intervention militaire au Mali qui s'impose pour faire face à la poussée du djihad islamiste au Sahel. Mais il tient parole et vient quelque temps plus tard. Pour l'accueillir, je commets l'une de ces bourdes dont on ne se rétablit que par un éclat de rire. En m'adressant à lui, je commence mon intervention par un tonitruant « Monsieur le Premier ministre »... L'éclat de rire est heureusement général et bienveillant. Le Président inaugure ainsi le musée le même jour qu'est « baptisé », sous son parrainage, le *Jules Verne*, porte-conteneurs géant de la CMA-CGM. Deux symboles du renouveau de Marseille.

Je ne sais plus très bien situer le moment où Serge Botey, mon adjoint à la culture, et Jean Mangion, le directeur de l'action culturelle, m'ont parlé pour la première fois du label « capitale européenne de la culture » et d'une candidature pour 2013. En 2004, sans doute. Ils revenaient de Lille où ils avaient rencontré la municipalité. 2013 n'est encore qu'un horizon lointain et incertain. Leur enthousiasme est tel quant au potentiel de développement que ce label pourrait nous offrir, que je leur donne mon feu vert pour explorer le sujet.

Depuis l'invention de ce label en 1986 par Melina Mercouri et Jack Lang, les villes d'Europe ont pris conscience de l'impact d'un pareil rendez-vous. Partout, on utilise une candidature comme un outil de marketing et de promotion. Ce qui signifie des budgets toujours plus lourds. Le succès de Lille en 2004, désignée grâce aux contacts de son maire, Pierre Mauroy, avec les autorités européennes et françaises, a aiguisé les appétits. Dix candidatures se manifestent et la concurrence est rude autour d'un jury international qui doit retenir un vainqueur. Et si *Time Magazine* classe Marseille, en 2004, à la troisième place des 46 métropoles où il faut aller, juste après Rio et Paris, nous sommes loin de l'apothéose finale.

Je décide de faire appel à un « homme de l'art », une « personnalité connue et reconnue, capable de fédérer les acteurs et les atouts culturels de Marseille dans le cadre d'un partenariat territorial et institutionnel élargi ». Ce sera Bernard Latarjet, conseiller culturel de François Mitterrand durant dix années, libre après avoir achevé son mandat de président de la Cité des sciences de la Villette. Pour présider l'association qui portera une candidature forcément métropolitaine, le choix de Jacques Pfister, le président de la chambre de commerce et d'industrie, s'impose. Il représente la garantie de mobilisation des entreprises.

Après avoir accueilli sir Robert Scott à la gare Saint-Charles, je choisis de ne pas imposer ma présence au jury qu'il préside lors de sa deuxième visite à Marseille. Le staff 2013 embarque son équipe pour la prison des Baumettes, où une activité culturelle pour les détenus doit leur être présentée. Nous ne voulons pas d'une candidature conventionnelle mais d'un projet qui décoiffe. J'ai confiance, bien que l'on ne donne pas cher de nos chances et que la presse nous dézingue à qui mieux mieux. Le jury nous auditionne les derniers, après Lyon, Toulouse et Bordeaux. On me dit qu'accompagné de douze personnes, Alain Juppé a quasiment été seul à parler. Je comprends le message. Généralement bavard, je laisse chaque membre de la délégation marseillaise s'exprimer : les présidents d'institution, Michel Vauzelle, Jean-Noël Guérini et Eugène Caselli, les représentants du monde de la culture, Françoise Nyssen, à la tête des Éditions Actes Sud, et, bien sûr, Jacques Pfister et Bernard Latarjet.

Le positionnement de la candidature est singulier. Nous disons : « Marseille est la meilleure ville culturelle pour construire des passerelles entre les quartiers et des ponts entre les deux rives de la Méditerranée. » À dix-neuf heures, le vote est unanime en faveur de Marseille. Une joie immense pour moi et un nouveau challenge pour nous tous. D'autant qu'il ne s'agit pas de réussir une manifestation ponctuelle mais de s'appuyer sur ce tremplin pour doter Marseille des structures à même d'assurer une fréquentation touristique durable, fondée sur la culture. Je charge Didier Parakian de mettre en œuvre le « lieu central, vitrine d'image et d'excellence » dont il a l'idée au retour d'une visite au Pavillon de la Chine, à l'Exposition universelle de Shanghai. Ce sera le « Pavillon M » piloté par Guy Philip, notre regretté et talentueux directeur de la communication. Nous l'installerons sur la place Villeneuve-Bargemon, à côté de l'hôtel de ville, il sera visité par plus d'un million de personnes pendant l'année 2013.

J'entends renouer le fil de cette ambition à travers un projet de restructuration de nos musées. Les décisions s'enchaînent, les travaux aussi. Tour à tour, le conseil municipal vote la rénovation du palais Longchamp, du musée Borély et du musée Cantini, le transfert à la ville du musée des Docks romains et la réhabilitation totale du musée d'Histoire que plaide André Malrait, mon adjoint délégué au patrimoine – musée que je veux aussi exceptionnel que l'histoire de Marseille, vieille de deux mille six cents ans, et même de vingt-six mille puisqu'il la raconte désormais en treize séquences courant de la grotte Cosquer jusqu'à aujourd'hui. La réhabilitation du jardin des Vestiges, à l'entrée, vient couronner ce grand dessein en emmenant ses visiteurs sur les lieux mêmes du port antique. À ces chantiers s'ajoutent ceux des théâtres, la construction de la Nouvelle Minoterie sur la place de la Méditerranée, la rénovation de la Criée, le café-musique du Toursky, l'Espace Julien, le bâtiment de l'Opéra de Marseille, sans oublier le pôle théâtre de la friche de la Belle de Mai. Au total, plus de 630 millions d'euros d'argent public sont investis à Marseille à l'occasion de « l'année capitale », dont 220 financés par la ville.

Cette dynamique d'investissement est relayée par des initiatives privées. Celle de la famille Dumon, qui installe le musée Regards de Provence dans les anciennes consignes sanitaires construites par Fernand Pouillon au-dessus du J4. Celles qui, en matière commerciale, débouchent sur la construction des Terrasses du Port, la rénovation du Centre Bourse ou l'ouverture des Voûtes de la Major. La rénovation du Vieux-Port découle également de « 2013 ». Elle reste l'emblème, une fois les lampions de « l'année capitale » éteints, de la transformation urbanistique, économique et culturelle de la ville. Marseille gagne une dizaine d'années en termes d'investissements et d'équipements, et un capital énorme à faire fructifier.

La prochaine aventure de cette nature sera offerte par les Jeux olympiques en 2024, si la pandémie de la Covid n'en bouleverse pas indéfiniment le calendrier. Marseille doit en assurer la base nautique. En septembre 2017, Emmanuel Macron m'appelle : « Si les Jeux sont attribués à la France, est-ce que tu m'invites pour que je l'annonce à Marseille ? » Certes, il cultive déjà chez nous son image sportive. En s'affichant avec le maillot de l'OM pendant sa campagne électorale. En venant passer huit jours de vacances à Marseille, avec Brigitte, en août 2017. Le soir de son arrivée, il me téléphone pour m'informer de sa présence. Dois-je l'inviter ? J'ai hésité, pour ne pas perturber ces quelques jours de détente dont il a profité pour s'entraîner à la Commanderie avec les joueurs de l'OM.

L'annonce qu'il souhaite faire depuis Marseille répond à d'autres motivations, plus politiques que son seul attrait pour notre ville. Pressé par ceux de son entourage qui ont déjà tourné leurs yeux vers les municipales dans la capitale, le Président ne veut pas s'afficher aux côtés d'Anne Hidalgo. Le lendemain, c'est la maire de Paris qui m'appelle. « Macron a choisi de parler des JO de Paris à Marseille. Est-ce que tu m'invites ? » Est-ce que je l'invite ? Évidemment. Comment pourrait-il en aller autrement ?

Le Président visite le site de la base nautique du Roucas-Blanc où seront implantées les nouvelles installations et le village olympique. À l'hôtel de ville, qu'il rejoint en bateau, il félicite les acteurs de ce succès. Pour Marseille, cela s'est joué quelques mois auparavant, lorsque nous étions en compétition avec Brest, La Rochelle, Le Havre, Lorient et Hyères. L'expérience des autres villes olympiques nous enseigne que les Jeux offriront un formidable accélérateur pour le nautisme à Marseille et pour l'image de la ville, son attractivité et donc son développement économique. De nombreuses équipes de voile viendront s'entraîner dans la rade marseillaise les saisons précédentes. Des centres de préparation accueilleront d'autres disciplines, en plus des matchs de football qui se dérouleront à l'Orange-Vélodrome.

Les JO à Marseille marquent un aboutissement et une récompense. Grâce à ses ports de plaisance, ses équipements, ses écoles de voile, ses clubs et les atouts naturels de sa baie, ses îles et ses vents, Marseille est devenue une capitale du nautisme et des compétitions internationales. The Race en 2001, le Trophée Jules-Verne, l'acte 1 de l'America's Cup en 2004, l'Audi Med Cup, le Marseille One Design avec les bateaux à foil, les GC32 qui volent sur l'eau... Autant de courses qui ont rythmé la vie de la rade, le deuxième stade de Marseille. Son stade bleu. La base olympique qu'il convient d'aménager au Roucas-Blanc restera en outre en « héritage » pour des générations de Marseillais. Et le titre de ville olympique sera associé à Marseille !

Je sais qu'il existe des réticences à l'organisation de ce genre d'événements, prétendument coûteux et polluants. Pour les Coupes du monde de foot et de rugby, pour le Tour de France, pour les compétitions de voile que nous accueillons, l'engouement des Marseillais est profond. Je sais aussi leur goût pour la fête et leur passion pour le sport. Je mesure toutes les retombées dont Marseille, son économie et ses habitants profiteront. Je n'ai pas hésité.

55

Régler la facture

L'espace de quelques semaines, à l'automne 2007, le scénario d'un scrutin « facile » se dérègle. Localement, mon concurrent socialiste, Jean-Noël Guérini, réussit son entrée en campagne. Nationalement, la chute du chef de l'État dans l'opinion plombe les élections municipales. Nombre de Français considèrent que les épisodes successifs de douleur puis de bonheur personnel, d'affichage d'une vie intime ne s'accordent pas à ce qu'ils attendent de leur dirigeant face aux malheurs publics.

Je me trouve confronté à une campagne à laquelle je ne m'attendais pas. Elle est difficile à vivre. La plus pénible sans doute de celles que j'ai eues à subir. Jean-Noël Guérini occupe, depuis plusieurs années, la présidence du conseil général. Au sommet de sa carrière, il est parvenu à rassembler les multiples tendances de la gauche, des radicaux jusqu'aux anarchistes révolutionnaires. Il est même parvenu à agréger quelques personnalités. À commencer par le sociologue Jean Viard, qui lui fera élégamment polémique pour les menues retombées financières du livre écrit en commun en cette occasion. Ou par le docteur François Franceschi, classé jusqu'alors à droite et qui avait été candidat sous nos couleurs aux élections cantonales de 2004. La bataille s'annonce donc rude. Elle le sera.

Même si nous nous connaissons depuis longtemps, Jean-Noël Guérini et moi, même si nous n'éprouvons aucune hostilité personnelle l'un pour l'autre et refusons les arguments de caniveau, je sais qu'il n'y aura pas de cadeau. Guérini est convaincu qu'il peut emporter la mairie et il ne laissera pas passer sa chance. Secondé par Patrick Mennucci, il manœuvre auprès des présidents d'associations ou des acteurs culturels, qui craignent d'être privés des grasses subventions du conseil général s'ils venaient à me soutenir. Il récupère ainsi Maryline Vigouroux, la médiatique ex-épouse de mon prédécesseur, dont j'aide pourtant puissamment la Maison de la Mode depuis 1995.

Notre affrontement cannibalise la campagne et réduit les autres candidats au rang de comparses. Jean-Noël Guérini ne lésine pas sur les promesses. Il annonce « Marseille propre en six mois » en mettant fin au « fini-parti » qui réglemente depuis des décennies le temps de travail des employés municipaux chargés du nettoyage. La méthode consiste à « finir » le plus rapidement possible le ramassage des ordures dont ils sont chargés dans un secteur donné, afin de « partir » plus vite vers d'autres occupations, sinon d'autres activités, sans se préoccuper bien sûr du temps de travail légal ni de l'état réel des voiries. Les Marseillais, quant à eux, n'en peuvent plus de la saleté persistante des rues. Qu'importe si la modique somme de 2 milliards d'euros serait nécessaire pour honorer cette promesse. Guérini annonce aussi le prolongement du métro jusqu'à Septèmes-les-Vallons au nord et la Valentine à l'est. Il aborde ainsi l'ensemble des aspects de la gestion municipale. Une seule solution est proposée. Elle est magique : « Demain on rase gratis. »

En dépit de ces assauts démagogiques, j'effectue longtemps la course en tête. Je m'en tiens à un programme plus réaliste, fondé sur l'expérience et sur des dossiers précis, chiffrés et expertisés, même si l'ambition reste forte en cinq volets qui courent du développement durable à l'économie, du social à la culture et au rayonnement international. Trop sérieux, trop technocratique ? Sans doute. D'autant que c'est ma campagne électorale entière qui embraye mal, avec des affiches où je figure en minuscule, perdu au milieu d'une centaine de visages sortis d'on ne sait où, le tout surmonté d'un slogan si incompréhensible, « La réussite de Marseille vous réussit », que je me demande comment nous avons pu le retenir !

Une fois de plus, la vieille maxime ironique des Shadoks se vérifie : « Pourquoi faire simple quand on peut faire compliqué ? » Pourquoi ne pas dire simplement ma volonté de « partager la réussite » de Marseille entre tous les Marseillais, puisque tels vont être les deux maîtres mots de notre ambition. Bref, comment mieux se tromper de campagne ? Du coup, bien des Marseillais se demandent si je suis vraiment candidat.

Pendant ce temps, la gauche monte, monte et monte encore dans les intentions de vote. À la mi-février, alors que je suis en meeting salle Vallier avec Renaud Muselier et Bruno Gilles, la Sofres m'annonce la publication d'un sondage qui donne, pour la première fois, l'avantage à mon concurrent. Au mois d'octobre, on nous prédisait un second tour paisible, avec 55 % des voix en ma faveur, et voilà que cet institut en accorde 53 % à Guérini et me laisse à 47 %. Un coup terrible s'abat sur la tête de mon équipe rapprochée. Et sur la mienne !

Dès le lendemain, nous réexaminons la campagne. Désormais, je ne parle plus du bilan, qui n'est pas en cause et qui ennuie plutôt les gens, et je n'insiste plus sur mon projet. Je muscle mon propos pour dénoncer, plus durement, les illusions et les dangers du programme socialiste et communiste pour Marseille. Nous changeons et notre affiche et notre slogan, pour réintroduire la dimension affective, centrale dans une élection municipale où le lien de confiance entre les citoyens et leur maire est essentiel. Une dimension personnelle qui, en outre, m'avantage par rapport à mon concurrent.

Nous revenons à une campagne reposant sur les candidats. Le temps d'imprimer et l'affiche « J'aime Marseille, je vote Gaudin » inspirée par Jean-Pierre Chenal – avec un visuel « coup de poing » où un cœur remplace le verbe « aime », au-dessus de mon visage – couvre rapidement les panneaux électoraux. Elle fait basculer la situation. Dans le même temps, je n'élude aucun rendez-vous médiatique, en particulier la confrontation directe avec mon adversaire. Ce face à face sur la chaîne locale LCM, Jean-Noël Guérini le redoute et ne cesse de s'y dérober. Il exige, le plus souvent, que nous intervenions l'un après l'autre. Se sentant pousser des ailes, il commet un faux pas.

Alors que je suis en train d'être maquillé dans un corridor du cinéma Les Trois Palmes, où nous devons nous succéder face à un parterre de patrons, je l'entends regretter que « le débat direct n'ait pas lieu ». « C'est Gaudin qui ne l'a pas voulu », déplore-t-il sans ciller. Mon sang ne fait qu'un tour, je repousse pinceau et maquilleuse, je me précipite et grimpe allégrement sur scène : « On me cherche ? Me voilà. » Stupeur générale. Et d'abord chez Jean-Noël Guérini, qui pâlit. « Qu'est-ce que c'est que cette connerie ? Ce n'était pas prévu comme ça », lâche à haute voix Jean Viard, assis à ses côtés. Le débat peut commencer. Un vrai débat. En face, je vois Childéric Muller multiplier les grimaces en direction de Jean-Noël Guérini. Il me dira plus tard avoir voulu le conseiller. Je crois, au contraire, que ce mauvais théâtre, inspiré par une irrépressible peur panique, a déconcerté et déstabilisé un peu plus mon adversaire.

Guérini tente un dernier coup pour forcer le destin. Sur

les conseils de Jean Viard, qui vit dans le Lubéron et n'a comme implantation marseillaise qu'une simple boîte aux lettres cabossée dans le IIe arrondissement, il annonce que Samia Ghali occupera, en cas de succès, le poste de premier adjoint. Une jeune femme d'origine maghrébine, c'est médiatiquement bien joué. Je ne suis pas certain que la manœuvre communautariste, destinée à lui rallier cet électorat, lui ait été favorable. Mon changement de stratégie et le retour à l'offensive, eux, sont payants. Les sondages se redressent et me rendent une légère avance. Ils promettent un résultat serré. Bien vu, cette fois.

Au soir du premier tour, un seul secteur nous est acquis, le mien. Deux le sont à la gauche, ceux de Lisette Narducci et de Samia Ghali. Les cinq autres sont en ballottage. La campagne de l'entre-deux-tours ne change finalement rien. Si Jean Roatta perd son secteur de 500 voix au profit de Patrick Mennucci, Renaud Muselier conserve le sien contre Jean-Noël Guérini, qui m'appelle aussitôt pour reconnaître loyalement ma victoire. Et je reçois aussi, avec bonheur, les appels téléphoniques de Nicolas Sarkozy et du Premier ministre, le soir du 13 mars 2008. Mon succès à Marseille cache un peu, mais pas beaucoup, la lourde défaite de la majorité UMP sur le plan national.

Avec 51 sièges contre 49 pour la gauche et 1 au Front national, je sais que la gestion politique de mon troisième mandat sera difficile. Un journaliste de *La Marseillaise* croit prémonitoire d'écrire : « Avec deux voix de majorité, combien de temps pourra-t-il durer ? » Aujourd'hui, j'ai envie de lui répondre : « Six ans. Même s'il m'a fallu m'appliquer beaucoup, beaucoup plus que par le passé pour y arriver. Mais même pas six ans pour élargir ma majorité initiale ! » Il faudra néanmoins beaucoup de diplomatie, d'écoute et d'attention, pour parvenir à faire voter, pendant six ans, tous les rapports du conseil municipal.

Je ne serai dépourvu de majorité qu'une seule fois, pour un rapport qui concerne le paiement du voyage des joueurs de l'OM vers Shanghai, ville avec laquelle Marseille est jumelée et où je me suis rendu en visite officielle, à la tête d'une importante délégation de chefs d'entreprise locaux. Les Chinois ont insisté pour organiser un match avec l'OM à cette occasion et j'ai obtenu l'accord de Pape Diouf, alors président du club. Certains joueurs, en revanche, sont à tout le moins réticents. Dépités par cette « figure imposée », non contents d'avoir joué avec une désinvolture palpable au point d'être battus par une modeste équipe locale, et d'avoir abandonné les cadeaux préparés à leur intention par nos hôtes, ils ont vandalisé l'avion. La facture est lourde et l'agence de voyage se retourne vers la ville pour l'honorer. Pour accepter le paiement de ces 80 000 euros, un vote du conseil municipal s'impose. Or, à l'intérieur de la majorité, quelqu'un souhaite me mettre en minorité. À titre exceptionnel, le PS demande, curieusement, un vote à bulletin secret que le règlement du conseil municipal m'impose d'accepter. Au vote hostile de la gauche, une voix s'est ajoutée. Le rapport est rejeté. Un coup politique mesquin mais réussi.

Sans doute aurais-je pu présenter une seconde fois ce rapport « sanctionné ». Je préfère demander à Robert Louis-Dreyfus de régler cette facture. Je lui téléphone. Il n'hésite pas et accepte de faire le nécessaire, non sans paraphraser Otto von Bismarck, en 1870, lorsque la France réclamait à la Prusse de conserver la forteresse de Belfort : « Vous me demandez les pourboires de Bismarck. » Si la formule me fait sourire, c'est sans joie.

56

L'emploi, obsession et défi

Le premier mandat a été consacré à la mise en place d'une politique globale d'attractivité, avec autant de composantes que de pétales sur une marguerite ; le deuxième, à des décisions majeures pour les infrastructures et les équipements ; le troisième, à la préparation de l'année 2013, capitale européenne de la culture. Je place le quatrième sous le signe de la construction institutionnelle de la métropole Aix-Marseille-Provence.

La ville est en meilleure santé qu'en 1995 et les Marseillais y vivent mieux. La population est passée de 800 000 à 865 000 habitants. L'extension du métro a permis de desservir des quartiers en pleine croissance démographique. Le tramway est revenu irriguer un centre-ville élargi, nous avons obtenu la L2, le boulevard urbain sud a été relancé et cinq nouveaux tunnels réduisent la circulation de surface. Les touristes viennent par dizaines et centaines de millions. Bref, nous avons placé la ville sur une orbite nouvelle et gagnante.

En 2014, face à ceux qui dénigrent, jouent sur les peurs ou veulent le retour en arrière, je présente une liste de rassemblement et de renouvellement. Je dois annoncer moi-même, les yeux dans les yeux, à dix-huit conseillers municipaux sortants, dont douze adjoints, qu'ils ne peuvent pas revenir sur nos listes. Moment très douloureux pour des femmes et des hommes qui ont donné de l'intelligence et du temps à la ville, et très pénible pour moi.

Je ne veux pas d'une ville qui recule, se divise, bascule vers les extrêmes. L'affaire n'est pas jouée d'avance. La campagne est disputée mais nous gagnons cinq secteurs sur huit et même six avec le ralliement au second tour de Lisette Narducci. Je reste lucide sur ces résultats qu'expliquent aussi certains rejets. Celui de la politique socialiste nationale, celui d'une campagne de mon adversaire sous les auspices d'un « Marseille *bashing* » démenti par le succès de 2013, et celui d'un vrai « décalage d'affection » au détriment de Patrick Mennucci par rapport à moi. À la première réunion de groupe qui suit les élections, j'explique, en particulier aux nouveaux élus, que nous ne sommes pas près de retrouver pareils résultats.

Ce quatrième mandat va être malheureusement aussi celui des contretemps, des crises et d'un drame terrible. La crise, d'abord, dans le domaine des écoles. Lorsque Vincent Peillon, ministre de l'Éducation nationale en 2012, annonce la modification des rythmes scolaires, il surprend tout le monde – y compris, semble-t-il, le Premier ministre Jean-Marc Ayrault – en mettant à la charge des communes les activités périscolaires pendant deux demi-journées par semaine. Ce faisant, il inflige à Marseille une dépense supplémentaire de 20 millions d'euros. La plupart des maires protestent contre ce transfert de charges contraire à la Constitution. J'espère moi aussi que le nouveau Premier ministre, Manuel Valls, va revenir sur cette mesure pour la rentrée 2014. Il la maintient. Il nous faut recruter 3 000 animateurs pour les activités des mardis et jeudis après-midi.

Les écoles marseillaises reviennent dans l'actualité et le débat politique de la pire manière. Par la lettre ouverte d'une enseignante, en février 2016. Et par les médias qui n'en sont pas à une outrance près, attisés par une gauche et des collectifs qui trouvent là un chemin sensationnel jusque vers les prochaines municipales. Pensez donc, atteindre Gaudin, l'ancien prof, l'homme du plan « Lycée réussite », sur les écoles ! Du pain bénit que chacun exploite sans vergogne en instrumentalisant une situation que des audits et des expertises sans complaisance ramèneront à sa juste réalité. Celle d'une quarantaine d'écoles certes dégradées ou insuffisamment entretenues, mais sans danger aucun pour les enfants, les enseignants et le reste du personnel.

Au cabinet de la ministre, certains s'invitent dans la mêlée. Je fais savoir fermement au préfet Stéphane Bouillon que je n'accepterai pas, ni sur ce sujet ni sur aucun autre, la mise sous tutelle de la ville, dont certains, emportés par leur élan, se prennent à rêver. Plus tard, une députée LREM osera déposer une proposition de loi qui s'appuie sur un article du journal *Libération* ! Tous les excès sont permis. La « honte de la République » n'est assurément pas celle que l'on dit.

Ces combats toujours recommencés sont usants. Voici que débarque de Chine la Covid-19. À quelques jours près, nous n'aurions plus pu nous réunir. En ce 6 mars 2020 nous ne nous serrons déjà plus la main, nous ne nous embrassons plus comme les Marseillais affectionnent de le faire. Or, à moins d'une semaine des élections, je veux réunir les cadres de la ville, tous ceux qui l'ont administrée en dirigeant les équipes municipales.

J'ai participé à beaucoup de séminaires de cadres et d'agents municipaux. Pour fixer le cap, expliquer les orientations nouvelles, exhorter ce personnel à respecter les règles et les lois. Tous m'ont toujours témoigné de l'attention et de la reconnaissance. Ce sont des moments qui me portent et m'aident. Cette fois-ci, je n'ai qu'un seul message : merci. De leur côté, ces hauts fonctionnaires sont conscients de l'ampleur de la tâche effectuée et l'écrivent dans un document qu'ils me dédicacent. Il est intitulé *Le Récit*. Domaine par domaine, ils portent témoignage : 400 pages pour rééquilibrer la mémoire collective, parfois oublieuse ou biaisée par les critiques politiciennes et médiatiques, souvent altérée par le temps. Je les en remercie avec émotion.

Symboliquement, c'est un chef d'entreprise, de la nouvelle génération à la fois par son domaine d'activité et son âge, qui vient témoigner du changement que la municipalité et ses cadres ont porté depuis 1995. Kevin Polizzi avait dix-sept ans quand il s'est lancé dans les services informatiques. Il a surmonté tous les obstacles pour développer son entreprise dans les quartiers nord de Marseille. Il a créé Jaguar Network puis le nouveau bâtiment Quanta et maintenant le projet Theodora, un campus du numérique qui va sortir de terre en 2023. Cette performance lui vaut une réussite et une notoriété de dimension internationale. Il dit mieux que personne que Marseille s'est réveillée, transformée, qu'elle a créé de nouveaux secteurs d'excellence économique.

Revoilà l'économie. L'économie encore, l'économie d'abord et toujours. Mon dernier message à l'administration municipale est de ne pas lâcher ce fil rouge, celui qui commandera demain les progrès de la cité. « Ce qui manque à Marseille, c'est d'abord des emplois, ensuite des emplois, enfin des emplois », m'a dit un jour Rudy Ricciotti. En juin 2016, j'ai réuni un conseil municipal exceptionnel sur l'emploi. Grâce à l'interaction de la politique de développement économique et de celle de l'emploi, le chômage a été divisé par deux durant mes quatre mandats municipaux : 22 % en 1995 contre 11 % à mon départ. Pendant cette période, l'économie marseillaise a créé 20 000 entreprises et 50 000 emplois. Nous nous rapprochons de la moyenne nationale. Nous avons rattrapé le retard dans ce domaine crucial.

57

Clap de fin

Je n'ai jamais apprécié de tenir un conseil municipal pendant la période de fièvre d'une élection… *a fortiori* municipale. Gaston Defferre ne le faisait jamais. La continuité de l'action publique le nécessite pourtant et je m'y résous. Je ne le regretterai pas.

Nous nous retrouvons dans la nouvelle salle des délibérations, où nous nous sommes réunis pour la première fois le 6 février 2006, le jour de la Saint-Gaston. Ce nouvel hémicycle de la place Villeneuve-Bargemon offre à la deuxième ville de France une « maison de la République » enfin digne d'elle. Pendant des années, j'ai pressé le mouvement, et lorsque tout est prêt, je me dis : déjà ? J'éprouve de la nostalgie à quitter la salle historique du pavillon Puget, construit sous Louis XIV et dominant le Vieux-Port. J'y ai siégé pendant vingt et un ans. À combien de visiteurs, notamment des lycéens et étudiants, ai-je narré l'histoire des 44 maires de Marseille, depuis la Révolution, dont les noms sont inscrits au sommet des quatre murs de la salle ? Je les ai fait inscrire aussi dans le nouvel hémicycle.

Question confort de travail, il n'y a pas photo. Les élus y gagnent, la presse et le public aussi et la sérénité des débats encore plus. Dotée de 37 élus jusqu'à la guerre puis de 63 après la Libération, la ville en compte 101 depuis la loi

PLM de 1982. Dans l'ancienne salle, l'atmosphère était vite surchauffée et les conditions d'installation ne respectaient guère la conformité ni les normes de sécurité. Robert Vigouroux avait imaginé construire un nouvel hémicycle sur l'emplacement de la place Jules-Verne libérée des fouilles archéologiques où des bateaux grecs et romains ont été découverts, lesquels sont aujourd'hui exposés au musée d'Histoire de Marseille. De l'autre côté, le site laissé vide depuis la destruction d'une partie du Panier par les Allemands devait être consacré au musée César qui attendait la donation de plus de cent soixante œuvres par l'artiste marseillais. L'ensemble est à l'état de projet lorsque je prends en charge la mairie.

Deux événements m'amènent à reconsidérer ces projets. D'abord, les héritiers de César contestent la donation par l'entremise de leur avocat, Me Paul Lombard. Plus de donation, plus de musée. Ensuite, les maquettes du bâtiment du nouvel hémicycle font réagir les riverains, habitués depuis plus de cinquante ans à un espace libre et dégagé. Je lance donc un nouveau concours d'architectes, prescrivant d'installer la salle des délibérations et un espace muséal dans le trou déserté par le musée César.

C'est Franck Hammoutène qui présente le meilleur projet, avec un hémicycle complètement enterré et une grande place publique descendant en volées de gradins de l'Hôtel-Dieu jusqu'au Vieux-Port. Comme le dit lui-même l'architecte en recevant, avec moi, l'Équerre d'argent 2006 – sorte de prix Goncourt de l'architecture – pour cette réalisation, « c'est un exemple plutôt unique d'un bâtiment public qui ne se montre pas, l'inverse de la démarche traditionnelle qui met le pouvoir en scène et en majesté ».

Il s'agit en vérité de deux univers superposés qui se traversent mais de manière autonome. Sur les toits, une vaste promenade, rythmée de grandes marches, de placettes et de grandes banquettes où s'asseoir. À l'intérieur, une galerie qui surplombe un foyer, antichambre du conseil municipal en amphithéâtre, au mobilier de bois clair. Des couloirs relient les nouveaux espaces aux anciens bâtiments. Renaud Donnedieu de Vabres, ministre de la Culture, nous remet le prix, le 29 janvier 2007 à Paris, dans un Grand Palais frigorifié. Quelques jours auparavant, Rudy Ricciotti a, lui, reçu le Grand Prix national d'architecture pour le MuCEM. Le visage de la ville a pris, sur ce site de la mairie, sa forme aboutie et définitive. La transformation, après une interminable bataille, de l'Hôtel-Dieu en hôtel 5 étoiles, l'Intercontinental, parachève la nouvelle image de la colline historique du Panier où les Grecs se sont installés il y a vingt-six siècles.

Je n'ai pas souvent reçu les félicitations du journal *La Marseillaise*, ni celles des élus communistes. En tous les cas, pas pour la rénovation de la rue de la République ni pour l'édification de l'hôtel Intercontinental. En revanche, pour l'hémicycle Villeneuve-Bargemon, j'y ai eu droit. J'ai conservé l'article. Une pièce de collection !

Avant ce dernier conseil municipal de mon mandat, Patrick Mennucci prend les devants, à sa manière habituelle et déplaisante. Une dernière série d'attaques, d'amalgames et de contre-vérités est orchestrée à l'occasion de la publication des deux derniers rapports de la chambre régionale des comptes en décembre 2019. Tous les responsables de collectivités territoriales de France et de Navarre savent que ce genre de documents ne parle jamais des trains qui arrivent à l'heure. Au cours d'un débat de près de cinq heures lors de ce dernier conseil municipal, je prends acte des recommandations justifiées des magistrats de la chambre mais je dénonce aussi, avec des arguments et des chiffres incontestables, inexactitudes, iniquités et manquements à la déontologie. Les réponses de la ville sont publiées dans un « livre blanc » de 200 pages.

Pour juger de l'état de nos finances, il faut remonter à 1995, au moment où nous en prenons la responsabilité. La dette est abyssale, l'investissement faible, le potentiel fiscal inférieur aux villes comparables, les charges de centralité supérieures, l'aide du conseil général absente. Jean-Louis Tourret puis Roland Blum, mes adjoints successifs aux finances, s'appliquent avec énergie à « tenir » les cordons de la bourse, tout en investissant et en développant les services à la population. Ils y réussissent si bien que les agences de notation internationales ont maintenu la note A et A+ pour notre situation financière. Standard and Poor's la rehaussera même en 2020.

Plusieurs cycles financiers caractérisent les vingt-cinq années de notre gestion. Des dépenses d'investissement élevées de 2001 à 2013, dont un pic à 300 millions d'euros en 2013 pour la capitale européenne de la culture ; une épargne brute qui augmente de 12,8 % à 16,2 %, une dette qui baisse de 167 % et des recettes réelles de fonctionnement qui grimpent à 141 % lors de mon dernier mandat. Je ne comprends toujours pas comment des magistrats, experts financiers soutenus par leur collégialité, ont pu interpréter ces chiffres comme ceux d'une dégradation. Ni pourquoi ils n'ont pas retenu la stabilité des effectifs municipaux à moins de 12 000 agents de 2000 à 2020 en dépit d'une augmentation des missions de services publics et des équipements. Et encore moins pourquoi ils n'ont pas relevé que les dépenses de personnel par habitant sont à Marseille inférieures de 15 % à celles des autres grandes villes. Dieu sait pourtant que le préfet et le trésorier-payeur général, au titre du contrôle de légalité, surveillent le respect des règles budgétaires comme le lait sur le feu. Le préfet Christian Frémont a résumé, en 2005, la situation : « On n'est pas dans l'orthodoxie financière mais dans la régularité comptable. Les tendances lourdes sont les mêmes et les évolutions depuis dix ans sont sous contrôle. » Il ajoutait parfois, malicieusement : « Marseille ne changera jamais. »

L'ordre du jour de l'ultime session du conseil municipal dont j'assume la présidence est moins dense que d'habitude. Cent soixante-deux rapports seulement. La virulence des critiques et des oppositions n'est pas apaisée, bien au contraire. L'action de la mairie est taillée en pièces. Nous sommes évidemment en campagne électorale. Mais c'est le jour des adieux. J'en conserve un souvenir ému et heureux. Il faut savoir se dire au revoir.

Benoît Payan, le président du groupe socialiste et apparentés, me salue le premier. Il le fait avec un talent déjà bien rodé aux figures de l'art oratoire mais surtout avec le respect d'un nouveau chef à l'égard de son aîné. Il file une métaphore qui renvoie à mes affinités ecclésiastiques : « Vous avez dédié votre vie à la politique comme d'autres le font à la foi. Vous êtes entré en politique comme d'autres le font dans les ordres. Plus abbé que simple cénobite… Vous avez obtenu votre voix au chapitre… Rien n'était écrit pour le fils d'un maçon. Et en bon bénédictin, vous avez labouré la terre électorale à en devenir un expert incontesté et indétrônable… Vous avez désormais la sagesse pour poursuivre votre vocation dans une vie anachorétique, et bien prétentieux serait celui ou celle qui prétendrait gouverner Marseille sans consulter celui qui en a présidé les destinées pendant un quart de siècle… »

À vrai dire, les candidats de mon camp ne m'ont guère consulté pendant la campagne électorale. Je ne sais pas encore, en cette fin janvier 2020, qu'ils n'auront plus à le faire. Comme tout bon orateur socialiste, Benoît Payan conclut en citant les propos de Jean Jaurès à la jeunesse : « L'histoire enseigne aux hommes la difficulté des grandes tâches et la lenteur des accomplissements. Mais elle justifie l'invincible espoir. »

Peu importent les diatribes mille fois répétées et hors de propos dans lesquelles s'enlisent ensuite quelques médiocres intervenants. Stéphane Ravier, le président du groupe Rassemblement national, trouve, lui aussi, des mots malicieux et sympathiques pour m'assurer que les portes de mon ancien bureau me seront toujours ouvertes, quand il l'occupera d'ici à quelques semaines. Il dit avoir préféré le Jean-Claude du Sénat, à Paris, au Gaudin de la mairie à Marseille, prisonnier de ses proches, ses adjoints, ses « cerbères ». « Les uns et les autres sont vos héritiers, c'est ma chance », pointe-t-il en direction des élus de ma majorité. « Vous aimiez votre ville, vous l'aimez totalement, sincèrement… Vous l'aimez telle que vous croyez qu'elle est. Je l'aime malgré ce que vous en avez fait. » En dépit de leur puissance critique, ses formules ont cette rondeur, sinon ecclésiastique du moins sénatoriale, qui me parle.

Au moment de conclure définitivement, du moins est-ce ainsi que je l'ai vécu sur le moment, mes vingt-cinq années de présidence des séances du conseil municipal, Yves Moraine, président de la majorité « Marseille en avant », sans conteste le meilleur talent d'orateur de l'hémicycle, prononce les mots que j'ai le plus envie d'entendre : « Monsieur le maire, les Marseillais vous aiment, même lorsqu'ils critiquent votre politique… Vous incarnez Marseille, même si je ne vous ai jamais vu boire de pastis, ni jouer aux boules ou aux cartes… Aujourd'hui, le temps n'est pas à l'hommage funèbre. Simplement de vous dire merci pour ce que vous êtes, pour vos qualités d'humilité et d'humanité. Vous dire que nous serons nombreux à vous accompagner dans votre nouvelle vie, forcément angoissante… Au-delà de vos très attendus Mémoires, vous pouvez devenir, à partir du mois d'avril, un passeur de passion, un transmetteur d'enthousiasme, un détonateur de vocations… L'aventure n'est pas finie. Nous avons encore besoin de vous ! »

Applaudissements et standing ovation. La séance est levée à douze heures quarante.

58

Prolongations

La Covid-19 en a décidé autrement. Elle prolonge mon mandat de trois mois. Mon bureau était déjà vidé de mes bibelots et photos lorsque le président de la République annonce, le 13 mars 2020, le confinement et le report du second tour des élections municipales. Ce « fichu virus » est devenu « le maître des horloges », selon son expression lors d'une visioconférence avec les associations de maires, à laquelle il m'invite à participer en constatant que je suis « en pleine forme ». Je m'engage dans le combat avec une énergie et une détermination renouvelées, pour aider de toutes mes forces et de toute mon expérience les Marseillais à traverser cette terrible épreuve et à repartir de l'avant dans les meilleures conditions. La mémoire des grands drames de notre histoire, et d'abord la peste de 1720, m'accompagne pour être sur le pont, tous les jours et sur tous les fronts.

Cela ne me permet tout de même pas de solder mon ultime regret : celui de n'avoir dirigé que 198 conseils municipaux et de ne pas atteindre la barre des 200 en présentant un budget grevé par les millions engagés dans la lutte contre le virus, les nécessités de la solidarité et le soutien à l'économie locale. Ce n'est d'ailleurs pas le fait du hasard si près de 80 % des 31 589 rapports présentés dans les 198 conseils municipaux que j'ai présidés ont été votés à l'unanimité.

Pour atteindre la barre symbolique des 200, je peux y ajouter deux conseils municipaux extraordinaires qui permettent de faire venir, en l'absence du public et des médias, un invité que les conseillers souhaitent entendre.

Tel fut le cas, en 2011, pour les questions d'emploi et de sécurité. La délinquance n'est pas une exclusivité marseillaise mais la ville en accumule beaucoup de formes, démultipliées par l'importance de la population et l'étendue territoriale. Marseille intègre sa banlieue et ses quartiers pauvres à l'intérieur même de la ville. Ce n'est le cas ni avec la Seine-Saint-Denis pour Paris ni avec Villeurbanne pour Lyon. Les comparaisons ne sont donc pas pertinentes mais la réalité est bien là. À la criminalité violente des trafics de drogue dans les cités s'ajoute la délinquance au quotidien, insupportable aux habitants victimes de cambriolages, de vols de colliers, d'altercations, de menaces, d'incivilités diverses.

Marseille a été, un temps, surmédiatisée sur ces thèmes. La sécurité des personnes et des biens est une compétence de l'État. La police municipale qui existe dans nombre de communes (on décompte 35 000 policiers municipaux pour 300 000 policiers et gendarmes) n'est pas une force de sécurité publique et encore moins de maintien de l'ordre. C'est pourquoi j'ai longtemps refusé que les policiers municipaux marseillais soient armés, et que j'ai maintenu les effectifs au niveau de 200 policiers, ce qui constitue déjà un doublement par rapport à 1995. À partir de 2010, le préfet Hugues Parant me convainc progressivement de changer de doctrine et de dimension. Pour le citoyen, la sécurité est un tout et il ne comprend pas à quoi sert la police municipale si elle n'intervient pas dans une situation d'insécurité, voire face à la délinquance de rue.

Le 30 mai 2011, j'organise donc un conseil municipal spécial dit « informel » sur ce sujet. Le préfet, le procureur, les autorités de police, les représentants des comités d'intérêt de quartier s'y expriment largement, de même que les groupes politiques du conseil municipal évidemment. Le diagnostic est unanime, même si les solutions ne le sont pas : l'insécurité frappe d'abord les plus défavorisés, la première liberté à garantir pour un citoyen doit être la sécurité…

Nous aurons à faire face aussi à un autre péril, une autre menace qui accompagne les hommes depuis la nuit des temps mais que nous avions oubliée. Face à la Covid-19, j'ai fait, décidé, organisé tout ce qui m'était légalement et humainement possible de faire, de décider et d'organiser avec mes collaborateurs, résolus eux aussi à engager le meilleur d'eux-mêmes dans cet ultime combat pour Marseille. Du 21 mars au 28 juin 2020, date du second tour des élections municipales, je prends de nombreuses décisions qui répondent à une double exigence : assurer la meilleure protection sanitaire aux Marseillais, tout en leur offrant un service public de qualité malgré la cyberattaque dont la ville a été victime ; préparer un déconfinement progressif et sécurisé garantissant la reprise d'activité et le retour à une vie collective apaisée. Face à la difficulté de réunir un conseil municipal dans le respect des mesures barrière, j'organise plusieurs visioconférences avec les présidents des groupes politiques ainsi qu'avec les huit maires de secteur de la ville.

Nous relevons plusieurs défis. D'abord celui d'un dépistage indispensable pour circonscrire le champ de l'épidémie. Dans le sillage du professeur Didier Raoult, qui a symbolisé l'excellence de notre médecine et de notre potentiel de recherche, les initiatives de plusieurs maires de secteur et le dynamisme de nombreux laboratoires font de Marseille la ville la plus « testée » de France.

Le second défi en matière de sécurité sanitaire est celui des masques. Dès le début du mois de mars, nous en commandons des milliers, chirurgicaux, avec des difficultés d'approvisionnement sans pareilles, puis un million, en tissu, lavables et réutilisables, à deux entreprises locales. Nos couturières de l'Opéra, de la voilerie et des régies en fabriquent plus de mille par semaine elles-mêmes. Nous lançons quatre marchés publics supplémentaires, nous accélérons les procédures et la ville de Shanghai, notre jumelle, nous en offre 21 000. Témoignage de la solidité et de la qualité des liens qui nous unissent. L'organisation de la distribution de 1,5 million de masques est plus complexe encore, et inédite dans une ville de cette taille. Elle mobilise quelque 900 agents municipaux sur 48 sites aménagés à cet effet, sur les mairies de secteur comme sur le bataillon des marins-pompiers.

Cette crise illustre la diversité et la complexité des responsabilités du maire. Car le déconfinement inaugure un second chantier : la réouverture des écoles dès le 12 mai. Tout est prêt, ce jour-là, pour garantir la sécurité sanitaire des enfants, des enseignants et des agents municipaux dans 407 de nos 470 écoles, nettoyées, désinfectées et dotées des moyens d'hygiène nécessaires avec des sanitaires revisités. Près d'un quart d'entre elles et six crèches municipales avaient ouvert dès le début de la crise pour accueillir les enfants des agents mobilisés, soignants, policiers municipaux et nationaux, marins-pompiers.

Cette solidarité s'étend de manière concrète à travers une série d'actions pour favoriser le maintien à domicile des séniors et leurs soins infirmiers. Une plateforme numérique d'entraide permet le suivi social des personnes en situation précaire, le Samusocial poursuit ses maraudes, transporte les personnes démunies dans des hôtels ou des centres d'accueil et distribue 1 000 repas par jour, de l'eau, du savon ainsi que des kits d'hygiène et des couvertures. Nous fournissons aux familles en grande difficulté plus de

4 000 paquets de couches et j'obtiens de la Sodexo la réouverture de sa cuisine centrale pour permettre à des associations partenaires de distribuer 5 000 repas par jour.

Parce qu'il ne me paraît pas envisageable que des enfants soient privés d'alimentation du fait d'un manque de ressources de leurs parents, une aide financière est apportée avec la Caisse d'allocations familiales aux 2 000 d'entre eux qui bénéficient, en période normale, d'un repas gratuit à la cantine. Une cellule d'aide et d'écoute est mise en place pour chaque Marseillais rencontrant des difficultés au sein de son foyer ainsi qu'une structure de soutien réservée aux femmes victimes de violences.

Pour aider nos entreprises, nos commerces, nos bars ou nos restaurants à tenir bon, à passer le cap et à redémarrer, je les dégrève des taxes sur l'occupation de l'espace public, sur les enseignes ou sur la publicité pendant la période de confinement. L'équivalent d'une perte de recettes pour la ville de plus de 10 millions d'euros.

Nous accompagnons de la même manière les acteurs culturels locaux afin de sauvegarder leur savoir-faire et, parfois, leur activité même. Nous maintenons les subventions prévues, malgré l'annulation ou le report des manifestations. Nous assurons le paiement des rémunérations aux intermittents du spectacle en mars et en avril. Et pour permettre une réouverture progressive et sécurisée de l'ensemble de nos équipements culturels, j'accorde la gratuité pour l'entrée du public dans les musées municipaux.

À l'heure de passer le flambeau, je fais mien l'aveu du Premier ministre, Édouard Philippe, à la télévision : « Je ne prends que de mauvaises décisions mais j'essaie de prendre les moins mauvaises. »

59

Mon bureau

J'ai passé vingt-cinq années dans le bureau qu'a occupé Gaston Defferre avant moi et qui me faisait rêver lorsque j'étais le benjamin du conseil municipal, le bureau de ces maires dont les cartouches ornent l'ancienne salle des délibérations. Avec l'élection de Michèle Rubirola, le sommet des quatre murs est complet. Elle y figurera, sur le dernier emplacement libre, comme la seule femme élue dans cette fonction depuis 1789. Sauf à supprimer le nom des préfets ayant géré la ville entre 1938 et le 10 novembre 1946 dans le cadre du régime d'exception, il va falloir trouver un lieu approprié pour prolonger la liste.

Mon bureau. Une belle pièce au plafond haut et travaillé, au parquet en croisillons qui craque sous le pas et aux murs tendus de bleu. Du premier étage de l'hôtel de ville construit sous Louis XIV, deux hautes fenêtres, encadrées de lourds rideaux damassés et marqués aux armes de la ville, s'ouvrent sur le Vieux-Port. Quand je suis attablé, elles sont situées sur ma droite et laissent la lumière entrer à flots. En levant les yeux, j'aperçois au loin la basilique Notre-Dame-de-la-Garde et la statue de la Vierge qui la surmonte. La dernière vision de Marseille qu'emportent ceux qui la quittent en bateau. Celle qui m'accompagne au quotidien. Le spectacle toujours saisissant de cette Bonne Mère avec laquelle, comme chaque Marseillais mais sans doute plus que nombre d'entre eux, j'entretiens un lien affectif étroit.

Entre ces fenêtres, la photo du président de la République, ainsi que l'exige la règle républicaine. Il semble dominer mes échanges avec les collaborateurs et visiteurs qui se succèdent en ces lieux. Emmanuel Macron est le quatrième Président à m'avoir accompagné depuis 1995, après Jacques Chirac, Nicolas Sarkozy et François Hollande. Un constant rappel du caractère éphémère du pouvoir, de cette difficulté à durer. Au-dessus du portrait officiel, une belle Marianne de marbre blanc ; au-dessous, un écran de télévision que j'ai le tort d'allumer trop souvent pour m'infliger, le soir, les rituelles méchancetés de France 3. Un lourd médaillon à l'effigie du Roi-Soleil, qui a traversé sans encombre les multiples révolutions, trône face à moi, au-dessus de la porte à double battant par laquelle un huissier introduit les visiteurs. C'est par là que je suis entré, pour la première fois, dans ce bureau voici cinquante-cinq ans. C'était à la suite de mon élection au conseil municipal. J'y venais lors de chaque réunion de la majorité socialo-centriste de Gaston Defferre et de Jacques Rastoin qui précédait les séances du conseil municipal.

Voilà vingt-cinq ans, un quart de siècle, que je me suis assis dans ce fauteuil, que je me suis installé à ce bureau de bois sombre dont on dit qu'il remonte à l'époque du docteur Siméon Flaissières. Un de mes prédécesseurs qui a connu, par périodes dissociées, un séjour en ces lieux plus long encore que celui de Gaston Defferre. Peu de choses ont changé. Tout juste ai-je fait rehausser les pieds du bureau, étant plus grand de taille que mes prédécesseurs. Et tout juste ai-je fait retapisser, une fois, les fauteuils turquoise que les huissiers installent face à moi selon le nombre et la nature de mes interlocuteurs. Face aussi à l'immense miroir qui trône sur la cheminée de marbre noir, dans mon dos, entre deux magnifiques commodes sur lesquelles j'avais posé quelques photos qui me tiennent particulièrement à cœur.

Je les ai soigneusement rangées dans les cartons qui sont partis avec moi. La plus ancienne remonte à 1959. Le général de Gaulle serre la main de l'armateur Jean Fraissinet, patron du *Méridional-La France*, sous le regard de Gaston Defferre et de Francis Leenhardt, à deux pas d'Irma Rapuzzi. Il y a aussi celle sur laquelle le prince Rainier III me fait commandeur de l'ordre de Saint-Charles de Monaco et celle, à l'Élysée, où Jacques Chirac me décerne la croix de chevalier dans l'ordre national de la Légion d'honneur, aux côtés de mon ami Raymond Marcellin, l'ancien ministre de l'Intérieur. Et celle encore, prise lorsque le roi Mohammed VI me remet, au palais royal de Tanger, le grand cordon de Wissam Al Alaoui.

Quelques autres sont plus récentes. Ici, avec les membres du gouvernement Juppé 2 lorsque je suis ministre, entre 1995 et 1997. Là, en 2001, mon intronisation à l'Académie de Marseille avec Simone Veil, Bernadette Chirac et Pierre Messmer. Là encore, une photo avec Nicolas Sarkozy, alors président de la République, une autre avec le pape François, et celle à laquelle je suis très attaché, prise dans ce bureau un jour de 1965, alors que je m'apprête à célébrer le mariage de mon amie de jeunesse Mireille de Bono. Elle côtoie la photo de Gaston Defferre entouré de tous ses élus – dont je suis – au soir des élections municipales de 1965. Mon jour de gloire !

D'autres photos me font face, sur deux petits guéridons qui encadrent la porte d'entrée du bureau. Un photomontage des principaux acteurs de la série *Game of Thrones* y figure. Une main malicieuse a collé le portrait de ceux qui, voici deux ou trois ans à peine, s'imaginaient en successeurs.

La présence de ce cliché a sans doute nourri la rumeur me présentant en roi Cronos dévorant ses enfants[1].

Aux murs sont accrochées deux grandes toiles signées Griffoni, un peintre de l'école italienne. L'une évoque *Les Archéologues dans le forum de Rome*, l'autre *La Prédication de l'apôtre* toujours au forum. Un tableau de Pierre Mignard représentant Ninon de L'Enclos est également présent. Il a été repris en couverture d'un livre de ma collègue de l'Académie de Marseille, Jacqueline Duchêne, spécialiste du XVIIe siècle et auteure de plusieurs ouvrages sur François de Grignan ou Mme de Sévigné. À côté de la belle horloge, toute de dorures, qui semble vouloir me rappeler que ses aiguilles ont beaucoup tourné sans que je m'en rende compte, se trouve l'autoportrait d'Antoine Magaud. Il a dirigé durant vingt-sept ans l'école des Beaux-Arts et a notamment réalisé les plafonds de l'hôtel de la préfecture et ceux du palais de la Bourse, siège de la chambre de commerce et d'industrie de Marseille, la plus ancienne au monde.

Deux portes discrètes, sur ma gauche, s'ouvrent, pour l'une sur le petit bureau de Claude Bertrand, pour l'autre sur un escalier aussi étroit que pentu permettant d'accéder à l'entresol à un minuscule espace de repos et à une salle où je peux réunir quelques élus ou collaborateurs pour un déjeuner de travail. C'est par là que mon lointain prédécesseur, Michel Carlini, avait réussi à échapper à la fureur

1. Dans la mythologie grecque, Cronos appartient à la première génération des dieux. Il est le plus jeune des Titans. Pour se prémunir de la prophétie de ses parents qui lui ont annoncé qu'il serait détrôné par son fils, il engloutit ses enfants : Hestia, Déméter et Héra, puis Hadès et Poséidon, au fur et à mesure que son épouse Rhéa les met au monde. Lorsque arrive le sixième, Rhéa, sur le conseil de sa mère Gaïa, cache l'enfant en Crète et le remplace par une pierre, que Cronos engloutit. Ce sixième enfant porte le nom de Zeus.

de militants communistes survoltés et décidés à lui faire un mauvais sort, après son élection en 1947.

Ce bureau, mon bureau, j'y ai travaillé des heures et des heures chaque jour, j'y ai tenu des centaines de réunions, accueilli les plus prestigieux visiteurs, connu des moments de profonde inquiétude, de lourdes angoisses et d'immenses joies. Je l'ai fait mien et ne l'ai pas quitté sans un douloureux sentiment d'arrachement, de séparation d'avec un vieux compagnon. Comme pour mes photos, j'ai emporté les deux livres que j'ai toujours conservés sur ce meuble : celui que Michel Bourgat écrivit après l'assassinat de son fils et celui sur l'abbé Mélizan, qui œuvra tant au service des enfants. J'ai aussi emporté cette clochette avec laquelle Gaston Defferre rappelait à l'ordre quelque élu turbulent lors des conseils municipaux.

De ce décor que nous nous transmettions, plus grand-chose ne demeure, me dit-on. Michèle Rubirola, comme c'est son droit, a fait le choix d'une rénovation complète. Tout ou presque a été emporté par la modernité de ce monde qu'on dit nouveau.

60

La cérémonie des adieux

Cette fois-ci, ça y est. L'heure est venue. L'heure du départ et de mon retrait définitif de la vie publique. Certes, un virus invisible à l'œil nu, qui a mis le monde entier à genoux, fracturant les économies, tuant des centaines de milliers de personnes, réduisant au silence les plus puissantes des armes jusqu'à contraindre le porte-avions *Charles de Gaulle* à rentrer au port, m'a imposé de poursuivre mon mandat trois mois durant, au-delà du 27 mars 2020. Il m'a permis d'atteindre le mois de juin et de dépasser officiellement les vingt-cinq ans à la tête de ma ville. J'avais même fait mes adieux lors d'un conseil municipal que j'avais cru être le dernier et clôturé par quelques mots, les yeux rivés sur le court texte que j'avais préparé pour ne pas céder à l'émotion qui nouait ma gorge : « On n'arrête pas l'horloge du temps. Elle marque aujourd'hui pour moi l'heure du retrait. Pas celle de la nostalgie car je me retire de la vie politique la conscience en paix et avec le sentiment d'avoir fait tout ce qu'il m'était possible de faire dans les différentes missions que les Marseillais m'ont confiées. L'heure, pour moi, est celle d'un peu de repos et du travail de mémoire, des mémoires, les meilleures et les moins agréables. »

Au fond de moi, je suis convaincu en effet que le temps rendra justice à mon action et à celle des équipes municipales qui m'ont accompagné durant mes quatre mandats de maire. Seuls les responsables du déclin et leurs héritiers d'aujourd'hui, seuls les aveugles de circonstance et d'opportunisme électoraliste ne veulent pas voir la profonde mutation de Marseille en l'espace de vingt-cinq ans. Sa transformation urbaine, la modernisation de ses équipements, son attractivité et son développement économique, son rayonnement international retrouvé, sa démographie dynamique…

« Nos débats ont été riches, parfois vifs et souvent de grande qualité. Pas toujours respectueux du temps de parole officiel. Mais comment aurait-il pu en être autrement quand la passion les inspire ! Cette passion, la passion de Marseille, le goût de l'action au service du public, entretenez-la, avais-je encouragé les uns et les autres. Elle est essentielle pour la vitalité de notre démocratie dans une période où l'on semble parfois oublier les fondamentaux de la vie en République, où il est de bon ton de passer les élus au scanner de toutes suspicions… Ensemble, nous avons fait avancer Marseille et je suis fier de tout ce que nous avons réalisé malgré les difficultés de ce temps. »

S'en aller, ce n'est pas disparaître. Disparaître complètement. Ni sombrer dans l'indifférence à tous les commentaires. « Si ma morale comme ma culture et mes valeurs ne m'autorisent pas à intervenir dans le débat municipal ni à commenter l'action de mes successeurs, ai-je prévenu, je ne m'interdirai rien dans l'avenir, pour reprendre la formule à la mode. Rien de ce que ma mémoire exigera. »

Table des matières

Prologue 11
Prologue (2) 15

1. *Game of Thrones* sur le Vieux-Port 23
2. Passage de témoin 35
3. L'Élysée perd la tête 42
4. Les vents mauvais 48
5. Le virus de la division 51
6. Troisième tour sous pressions 56
7. Calvaire 60
8. La faute aux autres ! 68
9. De grands-pères en petits-fils 72
10. Mazargues 82
11. À l'ombre de l'Empereur 89
12. La gloire de mon père 96
13. « Je ne sais pas si je suis un bon député, mais j'ai été un excellent enfant de chœur » 102
14. La démocratie chrétienne 113
15. Entre Jacques et Bernadette 119
16. Privé ou libre ? 127
17. La nature a horreur du vide 134
18. Gaston 137
19. Premières campagnes 144

20. Grenouilles cherchent leur roi 155
21. S'imposer 160
22. « Si tout se passe bien, vous serez au gouvernement » 167
23. Médiatiser 175
24. Le drame de la rue d'Aubagne 182
25. Les tricheurs 192
26. Créer la région 208
27. Palais-Bourbon 219
28. Au cœur du pouvoir 225
29. Les déjeuners du mardi 232
30. Le petit marionnettiste de l'Élysée 243
31. « Mort, où est ta victoire ? » 250
32. La Terre promise du FN 262
33. Grand chelem 270
34. Légende médiatique et réalité gestionnaire 278
35. Durer 285
36. Le fruit des pesanteurs 292
37. Face à l'adversité 298
38. Adieu veau, vache, cochon… ministère 313
39. Le naufrage du *Titanic* 320
40. Plus belle la vie ! 329
41. Tant que nous serons unis… 332
42. « Tu n'as pas de temps à perdre, moi non plus » . 346
43. Les moines de Tibhirine 355
44. Une guerre désastreuse 364
45. Un CDD à durée réduite 375
46. Paroles, paroles 380
47. Revitaliser 391
48. S'unir ou périr 402
49. Une élection imperdable 416
50. Le maire de l'OM 423
51. Fais un geste 434
52. Histoires d'eau 443

53. Dénigrer, spécialité locale 446
54. Et la culture, nom de Dieu ! 450
55. Régler la facture 456
56. L'emploi, obsession et défi 462
57. Clap de fin 466
58. Prolongations 473
59. Mon bureau 478
60. La cérémonie des adieux 483

Composition : IGS-CP
Impression : CPI Bussière en mars 2021
Éditions Albin Michel
22, rue Huyghens, 75014 Paris
www.albin-michel.fr

ISBN : 978-2-226-45652-6
N° d'édition : 24223/01 – N° d'impression : 2055762
Dépôt légal : avril 2021
Imprimé en France